"十二五"普通高等教育本科国家级规划教材

高等学校市场营销专业主干课程系列教材

零售学

（第五版）

肖怡　编著

中国教育出版传媒集团

高等教育出版社·北京

内容提要

本书是"十二五"普通高等教育本科国家级规划教材。全书将零售企业经营活动各要素合乎逻辑而又清晰简明地联系在一起,整合了国内外学者对零售管理的最新研究成果,紧扣当前中国零售数字化管理创新实践,从战略和策略两个层面深入系统地介绍了零售企业管理的各个方面,包括零售概述、零售战略与组织、零售业务管理三篇,共12章。

本书设置了专论、资料、学习思考、即测即评、思考题、案例分析等栏目,并配有音频专栏"聊聊零售那些事儿"、微信公众号"零售与连锁经营",为学习者把握零售学课程、理解零售管理热点问题提供了指导。其中,即测即评栏目还增加了以下功能:教师通过扫描二维码,可实现在网上建立班级、发布作业、自动阅卷、成绩统计、试卷分析,方便了教学活动安排。

本书可作为高等院校市场营销专业本科生的主干课程教材和经济管理类相关专业本科生的选修课教材,也可作为职业院校学生、MBA学员、该领域研究者,以及零售企业从业者的参考读物或培训教材。

图书在版编目(CIP)数据

零售学/肖怡编著.--5版.--北京:高等教育出版社,2023.7(2025.5重印)

ISBN 978-7-04-058670-1

Ⅰ.①零… Ⅱ.①肖… Ⅲ.①零售业-商业经营-高等学校-教材 Ⅳ.①F713.32

中国版本图书馆 CIP 数据核字(2022)第 079745 号

Lingshouxue

策划编辑	李海风	责任编辑	李海风	特约编辑	吕培勋	封面设计	姜 磊
版式设计	杜微言	责任绘图	李沛蓉	责任校对	刘娟娟	责任印制	张益豪

出版发行	高等教育出版社	网 址	http://www.hep.edu.cn
社 址	北京市西城区德外大街 4 号		http://www.hep.com.cn
邮政编码	100120	网上订购	http://www.hepmall.com.cn
印 刷	北京中科印刷有限公司		http://www.hepmall.com
开 本	787mm×1092mm 1/16		http://www.hepmall.cn
印 张	23	版 次	2003 年 7 月第 1 版
字 数	570 千字		2023 年 7 月第 5 版
购书热线	010-58581118	印 次	2025 年 5 月第 5 次印刷
咨询电话	400-810-0598	定 价	52.60 元

本书如有缺页、倒页、脱页等质量问题,请到所购图书销售部门联系调换
版权所有 侵权必究
物 料 号 58670-00

第五版前言

当前,中国经济领域正发生重大变化。一方面,党的二十大报告提出,加快构建以国内大循环为主体、国内国际双循环相互促进的新发展格局。这已成为"十四五"期间和未来更长时期我国经济发展重大战略。另一方面,消费已连续 7 年成为中国经济增长的第一拉动力,各种新消费品牌、新消费场景接踵而来,一场新消费运动正在兴起。党的二十大报告提出,着力扩大内需,增强消费对经济发展的基础性作用。零售业作为畅通国内大循环、孕育新消费的重要领域,无疑将面临巨大的机遇和挑战。

与此同时,随着数字经济时代的到来,商业活动的逻辑正在被改变,甚至被颠覆,数字技术正在重塑组织的业务生态与价值创造方式,所有的生意都值得重做一遍。党的二十大报告提出,加快发展数字经济,促进数字经济和实体经济深度融合。中国新零售变革从提出到现在已经走过了 5 个年头,这期间线上线下零售企业所做的种种努力和尝试,在数字经济到来的今天,其实都在指向一个目标,即零售全面数字化。数字化已经不是一种选择,而是势在必行。

国内大循环、新消费兴起、数字化趋势,构成了中国零售业新一轮变革的三大动力。可以说,真正的新零售变革大潮才正式开始。"道阻且长,行则将至;行而不辍,未来可期。"中国零售企业唯有去深刻理解这场变革的大背景,反思企业经营是否跟得上时代变化的步伐,重新寻找企业存在的意义与价值,做一个顺应时代要求的企业,才能在一个全新的不确定性时代继续保持企业的竞争优势。

当然,无论时代怎样变化,总有一些东西是不变的,那就是"以顾客为中心",为顾客提供一切尽可能好的商品、服务和消费体验。这虽然是老生常谈,但在今天,愈发显出万变不离其宗的真正魅力。零售业发展的最终目的是为消费者谋幸福。当时代大潮把过去的成功涤荡一空的时候,管理者真正需要思考的,是自己能为消费者带来什么价值。这是企业得以生存的唯一理由。

笔者编著的零售学课程教材一直秉承三大理念:一是全面反映中国零售业目前正发生的重大变革及探讨变革背后的深层次原因;二是全面分析中国零售企业的各种创新活动及引入的最新管理模式和技术;三是系统介绍国内外学者对零售管理问题研究的最新理论成果。本次修订,笔者更是以深入领会党的二十大精神、努力将其要求有机融入课程教材为己任。

基于上述理念,《零售学》(第五版)对以下内容做了更新:

(1) 对第二章"零售业态"内容做了全新修改。根据 2021 年 10 月实施的新国标《零售业态分类》,教材对每一个零售业态的内容进行重新梳理,增加了一些新业态(如集合店、折扣店、无人值守商店等)的介绍,让读者对零售业中每一个业态形成的细分行业的发展情况有一个清晰了解。

(2) 对第十二章"零售数字化与智慧商店"做了全新修改,重点介绍了全渠道零售经营的关键指标,私域流量运营及由数据管理平台、客户数据平台和客户关系管理系统组成的私域数据,智慧商店的建设标准及相关智能技术的应用等。

（3）对其他章节的部分内容进行了修改。例如，补充介绍了中国零售业近几年发展的基本情况，重新归纳了零售企业竞争优势来源的显性和隐性能力，重新梳理了零售广告分类，增加了影响者广告，在销售促进策略中增加了直播带货和快闪店等。

（4）更新了绝大部分企业案例。为了凸显教材内容根植于中国本土环境的特点，教材大多选用的是本土企业案例。这些案例都是精心挑选的，极具代表性。笔者希望借此来展现中国零售业波澜壮阔的变革情况和丰富多彩的面貌。无论是成功的还是失败案例，都值得读者深思和借鉴。

（5）紧跟时代潮流，对中国零售业当前出现的热门现象进行了分析和介绍，包括电商直播、社区团购、直销品牌、网络平台、私域运营、快闪店、设计师品牌集合店、短视频电商、52周商品计划、渠道下沉、数据中台等。

（6）对所有相关数据进行了更新。数据是一种有说服力的解释，教材力求通过数据来呈现零售业发展的最新进展。

本书仍然沿用前一版的内容框架，分为三大部分，共安排12章。第一部分主要介绍国外零售业发展的历程以及目前中国零售业的发展（第一章），同时也详细分析了主要零售业态的特征及其发展特点（第二章），以便读者对国内外零售业的基本情况和发展趋势有一个大概了解。

第二部分从零售战略的角度出发，介绍了零售商为赢得竞争优势可以选择的各种竞争战略（第三章）和零售商在扩张战略中所面临的扩张方式、扩张速度、扩张路径和网点布局等抉择（第四章），同时也介绍了零售商为适应竞争战略和扩张战略可以采取的组织形式（第五章）。这一部分可以使读者从战略管理层面上了解零售商基本战略规划的设计与实施。

第三部分从零售策略的角度出发，详细介绍了零售经营管理中的各项业务决策，包括商品规划（第六章）、采购管理（第七章）、价格管理（第八章）、促销管理（第九章）、服务管理（第十章）、商场设计与商品陈列（第十一章）、零售数字化与智慧商店（第十二章）。这一部分可以使读者全面掌握零售商经营管理的基础知识和实际运作。

本次修订在每一章末增加了"学习思考"栏目。结合党的二十大报告内容，以立德树人为导向，探索零售学课程思政教学改革具体措施。在传递专业知识的同时，也注重教书育人，以帮助大学生树立正确价值观，引导大学生坚定道路自信、理论自信、制度自信和文化自信。此外，本次修订还增设了音频专栏"聊聊零售那些事儿"，以帮助学习者把握零售学课程的价值与学习方法；在即测即评中，增加了班级管理功能，教师通过扫描二维码，可实现在网上建立班级、发布作业、自动阅卷、成绩统计、试卷分析，方便了教学活动安排。

如果读者想了解其他更多、更及时、更详细的零售研究案例和行业动态分析，敬请关注笔者主持的微信公众号"零售与连锁经营"。真诚希望借助这一公众号打造一个零售理论学者和业界人士共同交流与分享的专业平台。

笔者在修订本书的过程中，得到了多位朋友和学生的大力相助，在此表示衷心的感谢。由于笔者学识有限，时间仓促，错误和缺点在所难免，恳请读者提出宝贵意见。

联系地址：广东财经大学工商管理学院（邮编510320）
E-mail:xy_gd@126.com

肖 怡

2023年5月于广州

第一版前言

零售业本是一个国家最古老的行业之一,如今它却成为中国经济最活跃、最具生气的领域之一。近十多年来,中国零售业的变化让人眼花缭乱,各种新兴零售业态诸如超级市场、专卖店、折扣商店、仓储式商店、便利店、邮购商店以及网络商店纷纷涌现,加上原有传统零售业态诸如百货商店、专业店、食杂店等,西方国家已出现的零售业态几乎都可以在中国找到。而零售组织也一改过去散、小、差、乱的局面,借着连锁经营方式正以令人兴奋的速度快速成长,焕发出勃勃生机。

毫无疑问,中国零售业正在发生着一场急剧变革。这一变革不仅表现在西方发达国家已经完成的以超级市场和连锁商店为标志的零售业第二、第三次重大变革正在中国同时进行,以及以电子商务为特征的第四次零售变革也在中国拉开帷幕,而且还表现在中国加入 WTO 后,跨国零售集团的进入和经济全球化浪潮将引起中国零售竞争格局发生巨大变化。

笔者十多年来一直从事零售学课程的教学研究工作,密切关注中国零售业所发生的点点滴滴变化,致力于零售理论研究。今天,非常有幸能承接高等教育出版社的《零售学》教材的编写工作,使自己多年来的研究成果和教学心得能与大家分享,这对我既是一种莫大的信任,也是一次严格的检验,深感责任重大。

全书内容分为三大部分,共 12 章。第一部分主要介绍国外零售业发展演变的历程以及目前中国零售业的环境变化(第一章),同时也详细分析了一些主要零售业态的特征及其发展特点(第二章),以便使读者对国内外零售业的基本情况和发展动态有一个大概了解。

第二部分从零售战略的角度出发,介绍了零售商为赢得竞争优势可以选择的各种竞争战略(第三章)和零售商在扩张战略中所面临的扩张方式、扩张速度、扩张途径和网点布局的各项抉择(第四章),同时也介绍了零售商为适应竞争战略和扩张战略可以采取的组织形式。这一部分可以使读者从战略管理层面上了解零售商基本战略规划的设计与实施。

第三部分从零售策略的角度出发,详细介绍了零售经营管理中的各项业务决策,其中包括商品规划(第六章)、采购管理(第七章)、价格管理(第八章)、促销管理(第九章)、服务管理(第十章)、商店设计与商品陈列(第十一章)、特许连锁经营管理(第十二章)。这一部分可以使读者全面掌握零售商经营管理的基础知识和实际运作。

本书具有如下特点:

第一,将零售理论与零售管理实践紧密结合。本书综合了国内外学者对零售管理问题的研究成果,并辅之以大量案例和图表进行解释,使读者更容易掌握理论的运用情况。由于篇幅所限,不得不删去大半案例,使许多观点不能充分加以说明,实为遗憾。

第二,密切关注中国零售管理变化,尤其注重当前企业界普遍关注的热点话题。本书立足于中国零售管理面临的实际问题,涉及许多目前大家十分关注的焦点问题,并以专论形式展开讨论,使读者能较快进入零售管理者的角色。

第三,为方便教师的教学,本书专门配备了一张相关内容的光盘,上面附有一份教学课件和大量精美的商品陈列图,以满足现代化教学所需(见"教学支持说明")。

本书力求将零售管理各要素合乎逻辑而又清晰地联系在一起,在文字表达上也力求新颖独特而又简明易懂。本书非常适合大专院校用作教材,也适合零售企业管理的实践者和理论研究者用作培训教材或阅读参考。

笔者在撰写本书的过程中,得到多位同行、企业界朋友和研究生的大力相助,在此表示衷心的感谢。笔者虽力图揭示零售管理中的各种问题,也力图克服当今教材编写中的若干"通病",但由于学识有限,时间仓促,错误和缺点仍然在所难免,恳请读者提出宝贵意见。

联系地址:广东商学院工商管理学院肖怡教授(邮编510320)
E-mail:xy_gd@mail.china.com 或 xiaoyi_gd@126.com

肖 怡
2003年1月于广州

目 录

第一篇 零售概述

第一章 零售导论 ... 3
- 第一节 零售及零售业 ... 3
- 第二节 零售组织发展规律 ... 9
- 第三节 西方零售业四次重大变革 ... 17
- 第四节 急剧变革的中国零售业 ... 23
- 本章小结 ... 29
- 学习思考 ... 30
- 即测即评 ... 30
- 思考题 ... 30
- 案例分析 ... 30

第二章 零售业态 ... 33
- 第一节 零售业态的含义 ... 33
- 第二节 百货商店 ... 37
- 第三节 超级市场 ... 39
- 第四节 便利店 ... 43
- 第五节 专业店和品牌专卖店 ... 45
- 第六节 购物中心 ... 48
- 第七节 网络零售 ... 51
- 第八节 其他零售业态 ... 54
- 本章小结 ... 59
- 学习思考 ... 59
- 即测即评 ... 59
- 思考题 ... 59
- 案例分析 ... 60

第二篇 零售战略与组织

第三章 零售竞争战略 ... 65
- 第一节 建立零售竞争优势 ... 65

- 第二节 环境分析与确定竞争战略 ·· 71
- 第三节 成本领先战略 ·· 81
- 第四节 差异化战略 ·· 85
- 第五节 目标集聚战略 ·· 88
- 本章小结 ·· 92
- 学习思考 ·· 93
- 即测即评 ·· 93
- 思考题 ·· 93
- 案例分析 ·· 93

第四章 零售扩张与选址 96
- 第一节 零售扩张战略组合 ·· 96
- 第二节 商圈分析 ·· 104
- 第三节 商店位置选择 ·· 113
- 第四节 两种具体的选址方法 ·· 121
- 本章小结 ·· 124
- 学习思考 ·· 125
- 即测即评 ·· 125
- 思考题 ·· 125
- 案例分析 ·· 126

第五章 零售组织设计 128
- 第一节 组织结构设计的内容和要求 ·· 128
- 第二节 组织结构设计程序 ·· 131
- 第三节 组织结构类型 ·· 134
- 第四节 组织文化 ·· 143
- 本章小结 ·· 149
- 学习思考 ·· 149
- 即测即评 ·· 150
- 思考题 ·· 150
- 案例分析 ·· 150

第三篇 零售业务管理

第六章 商品规划 155
- 第一节 商品经营范围的确定 ·· 155
- 第二节 商品结构优化 ·· 165
- 第三节 自有品牌开发 ·· 174
- 第四节 品类管理与单品管理 ·· 179
- 本章小结 ·· 182
- 学习思考 ·· 182

即测即评 ··· 183
　　思考题 ··· 183
　　案例分析 ··· 183

第七章　采购管理　186
　　第一节　商品采购流程　187
　　第二节　采购制度与人员管理　199
　　第三节　商品采购决策　205
　　本章小结　210
　　学习思考　210
　　即测即评　210
　　思考题　210
　　案例分析　211

第八章　价格管理　213
　　第一节　影响零售定价的主要因素　214
　　第二节　定价政策　217
　　第三节　初始价格的确定　220
　　第四节　价格调整　231
　　本章小结　236
　　学习思考　237
　　即测即评　237
　　思考题　237
　　案例分析　237

第九章　促销管理　240
　　第一节　促销及其组合要素　240
　　第二节　促销活动流程管理　243
　　第三节　零售广告　251
　　第四节　销售促进　256
　　第五节　零售公共关系　266
　　本章小结　270
　　学习思考　270
　　即测即评　270
　　思考题　270
　　案例分析　271

第十章　服务管理　273
　　第一节　服务的重要性　273
　　第二节　零售服务设计　279

第三节　服务质量的改进 ··· 287
　　本章小结 ··· 293
　　学习思考 ··· 293
　　即测即评 ··· 294
　　思考题 ·· 294
　　案例分析 ··· 294

第十一章　商场设计与商品陈列 ·· **297**
　　第一节　商场设计 ··· 297
　　第二节　货位布局 ··· 306
　　第三节　商品陈列 ··· 310
　　本章小结 ··· 322
　　学习思考 ··· 323
　　即测即评 ··· 323
　　思考题 ·· 323
　　案例分析 ··· 323

第十二章　零售数字化与智慧商店 ·· **326**
　　第一节　全渠道零售 ·· 326
　　第二节　零售数字化 ·· 334
　　第三节　智慧商店 ··· 342
　　本章小结 ··· 348
　　学习思考 ··· 349
　　即测即评 ··· 349
　　思考题 ·· 349
　　案例分析 ··· 350

主要参考文献 ··· **352**

第一篇 零售概述

第一章

零 售 导 论

  提起零售,很多人会联想起身边的一家家大大小小的商店。正是这些商店工作人员的辛勤劳作,才使我们的生活变得越来越便利和丰富多彩。然而,很少有人会去探究这些商品是怎样从四面八方汇聚到这里的,也没有人将这里的一切与高科技联系在一起,因为这实在是再普通不过了。

  但是,就是这些普普通通的商店却在我们身边悄悄地发生变化。终于有一天,当人们发现位居世界500强首位的不是石油公司,不是汽车大王,不是通信巨头,而是一家零售商时,人们再也不会对身边的商店持不屑一顾的态度了。人们开始关注零售业的变化,关注这群普通的人是如何创造奇迹的。

  只要我们留意考察一下就会发现,在最近两个世纪,零售业不断地快速变化着。在19世纪初,人们还未听说过有百货商店;在20世纪初,也还未出现超级市场;在70年前,新的购物中心形态简直不可想象;在30年前,人们对网络购物闻所未闻,更不用说拿着手机随时随地下单购物了。零售业的每一次变化都带来了人们生活质量的提高,甚至会引发一种全新的生活方式。

  这些变化不是无章可循的,而是有规律地从量变到质变的过程。因此,了解零售业所发生的变化及其背后的规律,对于今天的中国零售商无疑是必要的一课。

  史蒂德曼曾说:"无论一个组织过去多么成功,也不能确保将来也成功。如果说有的话,过去的成就恰恰是面对未来变革的障碍。对那些理解在它们的行业环境中正在发生变化的零售商们来说,未来代表着无先例可循的机遇。"

  本章所要回答的问题是:
- 零售、零售商、零售业的概念;
- 零售组织的分类方法及其类型;
- 零售组织发展演变的理论解释;
- 西方零售业经历的重大变革;
- 当代中国零售业发展历程。

第一节　零售及零售业

一、零售

  对于大多数经常逛百货商店、超级市场的普通消费者来说,"零售"一词早已耳熟能详,但要给它下一个准确的定义,恐怕还是比较困难的。这不奇怪,即使是在学术界,"零售"一词至今尚未有一个公认的标准定义,众多学者从不同的研究角度进行了诠释。

目前,不同学者对零售活动的边界认识不同,存在广义和狭义两种不同的零售概念。广义的零售包括所有提供给最终消费者的商品和服务的商业行为,即除了我们熟悉的百货商店、超级市场以外,还将诸如出售各种服务的理发店、美容店、酒店、宾馆、银行等都纳入零售活动范畴。这一概念显然不能区分零售活动与其他服务行业的商业活动。狭义的零售是指将商品出售给最终消费者的商业活动,并不包括出售纯服务的商业活动。

在我国现行的宏观商品流通统计中,零售额实际上是按最终消费者个人为生活消费品及其附带服务和社会集团为非生产性消费品及其附带服务所支付的价格计算的。其中的"零售"被实际界定为:向最终消费者个人出售生活消费品及其附带服务和向社会集团出售非生产性消费品及其附带服务的行为。在这一实际的界定中,零售活动出售的内容包括纯实物和附带服务,对象包括消费者个人和社会集团。

根据本书所涉及的内容,笔者将"零售"一词定义为:零售(retailing)是向最终消费者(个人或社会集团)出售商品和相关服务,以供其最终消费之用的全部活动。这里,出售纯服务的活动和出售生产资料的活动不属于零售范畴。零售这一定义涉及三个要素,用图1-1表示。

(1)人,指零售的对象,不仅包括个人,也包括社会集团。

(2)货,指零售的内容,包括商品和相关服务。零售活动常常伴随商品出售提供各种服务,如送货、维修、安装等。多数情形下,顾客在购买商品时,也买到某些服务。

(3)场,指零售的方式。零售的方式就是连接人和货的方式,既可以是线下店铺,也可以是网络方式。因连接方式不同而出现了不同的零售形态和经营模式。

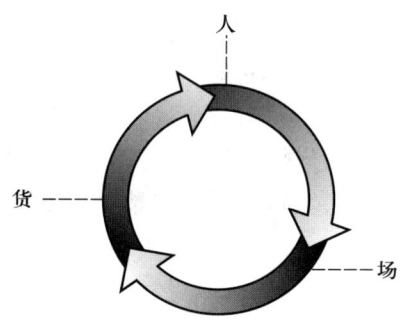

图1-1 零售活动中的"人、货、场"

二、零售商

零售是商品分销的最终环节。商品经过零售环节,卖给最终消费者,就从流通领域进入消费领域。在现代社会,消费品从生产领域向消费领域转移的过程中有不同渠道,如图1-2所示。商品经过的环节越多,则商品流通渠道越长;反之,则越短。

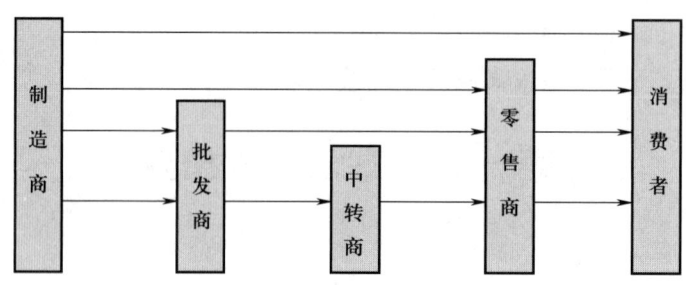

图1-2 消费品流通路径

从图1-2中可见,制造商也可以通过自建零售店,或者通过上门推销、邮售、网络销售等方式将生产出来的产品直接送到消费者手中,这些活动都进入零售范畴。因此,并不是只有零售商才提供零售活动,任何其他机构将商品及其相关服务直接出售给最终消费者,都是零售活动的提供者。

零售商是指介于制造商、批发商与消费者之间,以营利为目的并主要从事零售活动的组织和个人。事实上,零售商的角色颇类似于消费者的采购代理人。其一方面根据消费者的需要,集中购进商品;另一方面,则提供便利的场所及众多的商品,以便消费者用最短的时间、最低的代价,购进最满意的商品。同时,零售商在此活动过程中取得应得的报酬——利润。

【案例1-1】

淘宝直播与短视频电商

2016年4月,淘宝直播正式上线。这是传统电商发展的一个重大突破,它试图将人的因素加入商品和消费者之间,建立信任的链接。第一批主播主要来自"淘女郎"。2018年,淘宝直播GMV①超过1 000亿元,增速高达350%,而此时的直播已是大小商家的标配。到2019年,仅"双11"期间淘宝直播GMV就接近200亿元。2020年,淘宝直播GMV超过4 000亿元,提供直播内容超过10万场,近1亿件商品在淘宝直播间上架。

就在淘宝直播GMV水涨船高时,另一股势力也进入电商领域寻求突破。短视频类应用从流量端切入,尝试渗透交易端。据报道,2020年抖音电商GMV超过5 000亿元。而在未来的发展中,抖音计划让更多的交易量来自其抖音小店,即在抖音上形成独立电商交易闭环。另一家短视频巨头快手2020年电商GMV也达到了3 812亿元,其2021年一季度财报显示,快手一季度电商交易总额同比增长219.8%,至1 186亿元,其中快手小店占平台电商交易总额的比例从2020年同期的53%增至85%,其发展速度不容小觑。

电商、内容、互动、娱乐的结合是大势所趋,不可阻挡。一边是传统零售商在不断创新,一边是新兴零售商在不断涌现。它们在刷新我们对传统零售场景认知的同时,也在迫使我们对零售商这一概念进行反思,重新理解。

资料来源:中国企业家杂志微信公众号,2021-07-27。

在商品的流通过程中,零售商发挥着至关重要的作用。零售商作为制造商、批发商及其他供应商与最终消费者的中介,可以提高流通效率、促进生产、引导消费。例如,为了实现效率最大化,许多制造商往往只生产一种商品,并把全部存货销售给尽可能少的购买者;许多最终消费者却想从种类繁多的商品中选购数量有限的品种。于是,零售商聚集来自不同渠道的商品,大批量购买,小批量出售给消费者。这样,制造商和批发商由于只专注于商品生产和流通的某一个环节而获得了更高的效率,最终消费者也因为零售商提供了品种繁多的商品和便利舒适的购物环境而感到满意。同时,零售商源源不断地将制造商的产品信息提供给消费者,再将消费者的需求信息反馈给制造商,从而衔接了供需,促进了生产和消费。

---

① GMV即Gross Merchandise Volume,多用于电商行业,指一段时间内的成交总额,包含拍下未支付订单金额。

零售商要成功地承担起制造商、批发商及其他供应商与最终消费者之间的中介作用,必须合理地安排以下活动:

(1) 企业战略规划;
(2) 组织系统设计;
(3) 商店选址;
(4) 商店设计;
(5) 商品规划;
(6) 商品陈列;
(7) 商品采购与存货;
(8) 商品定价;
(9) 商品促销;
(10) 商店服务。

图 1-3 显示了零售商活动的各组成要素:

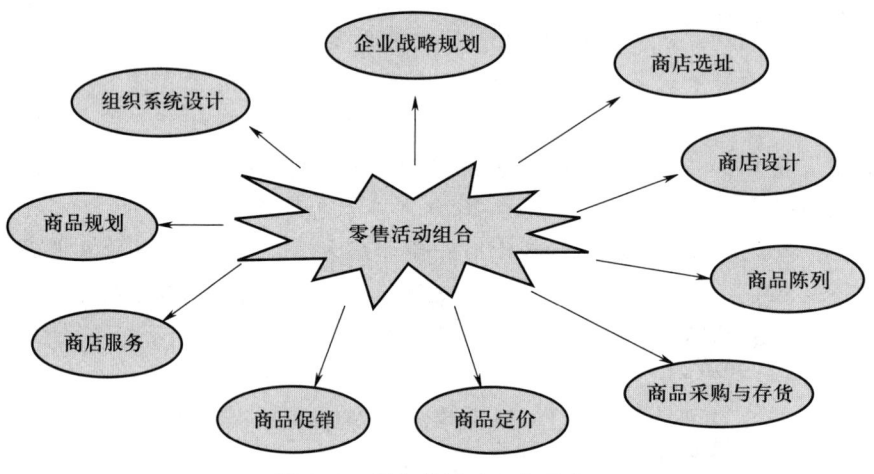

图 1-3 零售商活动组合要素

无论是中小零售商店,还是跨国零售公司,它们的成功主要取决于对零售活动各要素的科学合理的组织与安排。本书内容就是围绕这些零售商活动组合要素而展开介绍的。

零售商开展上述经营活动的核心是顾客,以及竞争对手和所处的环境。成功的零售商必须了解其目标顾客所需要的是什么,然后,提供满足这些顾客所需要的商品和服务。同时,成功的零售商必须比竞争对手拥有更多的竞争优势,只是简单地满足顾客需求是不够的,其必须密切关注竞争对手的行动,并努力比竞争对手做得更好以保持顾客的忠诚。此外,零售商还需要了解环境的变化,包括新的顾客需求、刚出现的竞争对手、各种新技术、社会道德标准和政府法规政策等,并随着这些变化做出相应的零售策略调整。

三、零售业

零售业是指以向最终消费者(包括个人和社会集团)提供所需商品及其相关服务为主的行业。

零售业是一个国家最古老的行业之一。沿街叫卖是最早的零售活动的写照,人类早期的商业就是从这种沿街叫卖的行商中起步的,并逐渐发展成后来的坐商形式,即现在的有店铺零售业。打开北宋画神张择端的《清明上河图》,其后段所描绘的汴梁街市实况,商铺店场鳞次栉比,百货俱陈,车水马龙。该画表明,我国北宋时期,零售业就已经十分繁荣了。

零售业也是一个国家最重要的行业之一。这不仅仅因为零售业所创造的产值在国内生产总值中占有举足轻重的地位,零售业税收是国家税收的主要来源之一,还在于零售业的发展与人们生活水平的提高息息相关。今天,零售商店聚集了世界各地的最新产品,让消费者充分享受人类文明智慧的结晶;超级市场为消费者提供了整洁舒适的购物场所,让人们告别了肮脏、杂乱、潮湿的集贸市场;网络零售让消费者随时随地下单以满足所需。可以说,零售业的每一次变革和进步,都促进了人们生活质量的提高,甚至引发了一种新的生活方式。

零售业是反映一个国家和地区经济运行状况的晴雨表。国民经济是否协调发展,社会与经济结构是否合理,首先在流通领域,特别是在消费品市场上表现出来。流通如同国民经济的血脉,不断地循环,不断地运作,随时调节着肌体内部各器官的运行状况。如果这个肌体出现问题,最先是由零售业反映出来的。

零售业是一个国家和地区的主要就业渠道。充分就业是所有国家和地区宏观经济的重要目标,如何扩大就业是人们普遍关注的焦点。零售业一个基本特征就是对劳动力的强吸附性,正因为这个特征,零售业才成为一个对充分就业有特别贡献的产业。从各国的实际情况来看,零售业的确承担了相当一部分的就业任务。由于零售业对劳动就业的突出贡献,很多国家甚至把扶持、发展零售业作为解决就业问题的一项经济政策。

零售业是一个充满活力且不断创新变化的行业。尽管零售业是一个古老的行业,但最近几十年来其旺盛的发展势头和不断创新的零售组织使之成为人们普遍关注的热点行业。今天,随着零售商连锁化、规模化、线上线下一体化发展,零售组织已经成为世界产业大军中一支不可忽视的力量。美国《财富》杂志公布了2022年世界500强排行榜,其中,沃尔玛多年来一直稳居第一。表1-1是进入2022年世界500强的前20名零售商情况。

表1-1 进入2022年"世界500强"的前20名零售商

编号	公司名称	2022年排名	2021年排名	2022年营业收入(百万美元)	2022年利润(百万美元)
1	沃尔玛(美国)	1	1	572 754.0	13 673.0
2	亚马逊(美国)	2	2	469 822.0	33 364.0
3	CVS Health 公司(美国)	10	7	292 111.0	7 910.0
4	开市客(美国)	26	27	195 929.0	5 007.0
5	家得宝(美国)	43	41	151 157.0	16 433.0
6	沃尔格林(美国)	45	36	148 579.0	2 542.0
7	京东集团(中国)	46	59	147 526.2	-551.8
8	克罗格(美国)	51	40	137 888.0	1 655.0
9	阿里巴巴集团(中国)	55	63	132 935.7	9 700.5

续表

编号	公司名称	2022年排名	2021年排名	2022年营业收入（百万美元）	2022年利润（百万美元）
10	塔吉特(美国)	87	78	106 005.0	6 946.0
11	劳氏(美国)	101	80	96 250.0	8 442.0
12	皇家阿霍德(荷兰)	115	87	89 385.6	2 655.5
13	家乐福(法国)	119	96	87 830.8	1 267.5
14	乐购(英国)	126	99	84 192.2	2 031.6
15	SEVEN & I 控股(日本)	147	188	78 458.3	1 890.0
16	永旺集团(日本)	148	100	78 155.3	58.3
17	百思买(美国)	258	238	51 761.0	2 454.0
18	伍尔沃斯(澳大利亚)	272	274	50 210.5	1 547.9
19	大众超市(美国)	283	253	48 393.9	4 412.2
20	Dollar General(美国)	419	361	34 220.4	2 399.2

资料来源：财富中文网。

零售业是一个普遍运用高科技的行业。现在，越来越多的零售商尝试转型为数据驱动型组织，它们采用各种人工智能技术改造传统门店，包括机器学习、人脸识别、大数据挖掘技术、传感器融合技术等，以便对变化中的消费需求迅速做出反应。在商店购买东西时，顾客的购买行为就被一系列电子设备记录下来，零售商会从中寻找线索，做出明智的零售决策。现代科学技术正越来越深地介入到零售活动中，而零售商也借助现代科技不断提升自身的竞争力。

【案例1-2】

新冠疫情下的"无人商店"

2020年2月2日，武汉火神山医院里火速上线了一家没有服务员的"无人商店"，雷神山医院紧随其后。这两家超市使用了多点Dmall的自助购系统。超市里没有店员，没有收银员，消费者选择好商品扫码支付即走。

与此同时，在更大范围里，超市里的自助购设备发挥了前所未有的作用，快递、外卖、生鲜到家纷纷推出无接触配送，甚至设立临时取货柜，社区、写字楼里的无人货柜也大受欢迎。在一些中心商业区、工厂、医院和园区内，快速搭建起了标准模块式"无接触便利店"。

这些"无接触便利店"需要对顾客从进门开始的一系列动作做出判断，包括是否佩戴口罩、体温是否正常。达标情况下允许顾客进店，但要对人数进行实时的自动化管控，同时分隔进出通道，避免人为接触。顾客购物结束只需直接走出商店，幕后的智能系统和算法就会自动辨识其所购买的商品并进行结算，全程避免人与人的接触。

> 无人商店借助人工智能视觉技术,会产生更多、更细致的新数据,包括一件商品到底被拿放了多少次,某位顾客更关注什么样的品牌,他拿起了哪些东西,在什么货架前面停留比较久,等等。这使得线下实体商店拥有线上电商平台一样的数字化能力。而如何融合线上线下,实现全渠道购物,将给零售商提出全新的挑战。
>
> 资料来源:赢商网微信公众号,2020-03-05。略有改动。

第二节 零售组织发展规律

一、零售组织分类

零售组织虽然与零售商的概念相近,但还是有一些区别的。零售商更多的是指一个独立核算的营利机构,而零售组织则强调这一机构所进行的零售活动组织方式。例如,百货商店、超级市场、便利店可以被称作不同的零售组织形式,但一个零售商可以同时拥有百货商店、超级市场和便利店三种经营形式。

由于零售组织形式繁多,划分的标准也不统一。这里,根据所有权性质不同将零售组织分成以下几种类型。

(一)独立商店

独立商店通常是由业主自己经营,在线上或线下拥有一个或少数几个店铺的商店。这类商店在零售机构数量中所占比例最高。

独立商店一般属于小型商店,投资少、开办简单、选址灵活,但竞争压力也很大。国内外每年都有成千上万家小型独立商店开业,同时也有为数不少的小型独立商店关门。尽管如此,独立商店仍然是各国零售业的一个重要组成部分。

独立商店具有一定的经营优势,如:在选址和经营方面具有灵活性;投资少、经营费用低;经营专业化,可在某一领域获得较高的经营效率;容易与顾客建立密切的关系。但独立商店也存在经营劣势,如:规模小,议价能力有限,难以降低采购成本;商圈较小,难以扩大经营规模;过分依赖业主的个人经验,经营的持续性难以保证。

正是因为独立商店服务的商圈范围有限,它可以与顾客直接联系并迅速对其需求做出反应,也能提供一种舒适的购物氛围而受到人们的喜爱。独立商店应利用接近目标顾客这一优势,尽可能以一种友好、随意的方式使顾客感到满意,并通过口头传播提升自己的地位。独立商店不应过分追求为过多的顾客提供服务或陷入价格战。

(二)直营连锁商店

直营连锁商店是连锁商店的一种形式。这是指零售商经营多个属于同一所有者的相同商号的商店,构成一个整体的单一的经营企业,通常实行一定程度的集中采购和集中决策。

直营连锁商店在国内外均发展得非常迅速,前面列出的进入世界500强的零售企业,大部分是采用直营连锁方式发展起来的。直营连锁商店具有明显的经营优势:集中采购能大量进货,议价能力强,能享受较大的价格优惠;容易扩大商店知名度,扩大商圈范围;专业化管理,容易提高管理水平,降低成本;能够利用现代化管理手段,形成规模效应等。

但是,直营连锁商店也同样存在一些劣势,如经营缺乏灵活性,过分集中决策不一定能适应各地的市场需求,投资成本较高,组织庞大而可能削弱了控制力。

人们常常担心直营连锁商店的发展最终会将独立的零售商赶出市场,这种担心并非杞人忧天。例如,沃尔玛早期在人口低于5万人的小镇上开店时,由于沃尔玛的规模经营和有效的管理系统,可以为当地居民提供更低价格的商品和更广泛的选择,这就迫使那些原本在小镇上经营的众多独立零售商店纷纷关门,同时也改变了社区零售组织结构。

尽管如此,直营连锁商店依然是线下零售业的主流。今天,一家直营连锁零售商要成功地发展其事业,应利用广为人知的企业形象,确保每家分店均达到该形象的要求。还可以利用规模经济优势,避免在适应市场变化时过于僵化。同时,还要重视线上线下一体化经营,实现全渠道发展。

(三)特许连锁商店

特许连锁商店也是连锁商店的一种形式。它是指商店所有者在经过授权的情况下,使用他人的品牌和经营模式,并在合同约定的统一经营体系下从事零售活动的商店。要了解特许连锁商店的本质,必须了解特许经营这一特殊的经营方式。

我国商务部于2007年颁布了《商业特许经营管理条例》,将特许经营定义为拥有注册商标、企业标志、专利、专有技术等经营资源的企业(以下称特许人),以合同形式将其拥有的经营资源许可其他经营者(以下称被特许人)使用,被特许人按照合同约定在统一的经营模式下开展经营,并向特许人支付特许经营费用的经营活动。

特许连锁经营可以分为商品商标特许连锁经营(product and trade name franchising)和经营模式特许连锁经营(business format franchising)两种。

商品商标特许连锁经营由来已久,最早是一种制造商和代销商的契约关系,即代销商专门为一个制造商销售商品,或者代销商直接使用制造商的字号、商标,成为制造商的一个销售部门。这样,制造商与代销商就形成了母公司和子公司的关系,产生了最初的特许连锁经营,因此也被称为"第一代特许连锁经营"。现在,商品商标特许连锁经营通常是指一个著名商标的拥有者将其商标的使用权特许给某一合作者进行商业开发,作为回报,该合作者定期向商标拥有者支付一定费用。例如,米老鼠和唐老鸭形象家喻户晓之后,品牌拥有者迪士尼将其商标特许给他人进行儿童服饰品开发,并从中收取一定的品牌使用费。

经营模式特许连锁经营被称为"第二代特许连锁经营",目前人们通常说的特许连锁经营就是这种类型。经营模式特许连锁经营不仅要求加盟店(加盟者)经营总部的产品和服务,而且要求加盟店的商店标志、店名、商标、经营标准、产品和服务的质量标准、经营方针等,都要按照总部的全套方式进行,即加盟店购买的不仅仅是商品的销售权,而是整个模式的经营权。加盟店必须缴纳加盟费和后续不断的权利金(特许权使用费),这些费用使总部能为加盟店提供培训、广告、研究开发和后续支持。经营模式特许连锁经营应用广泛,尤其在零售业、快餐业和其他服务业中最为突出,其中消费者较为熟悉的7-Eleven便利店就属于这种形式。

可以说,特许经营是一个双赢的经营模式。对于实施特许经营的企业来说,企业无须投入大量资金和人力,而是借助他人的力量,将已成熟的规范化的管理方式和独具特色的经营技术以及名牌化的品牌通过特许合同授予其他投资者来占领市场,特许经营对其就像复印机一样,可以"复印""克隆"出无数个加盟店,实现低成本扩张;对于投资者来说,其无须拥有一定的技术和经验,只要支付一定的加盟费就可以直接套用他人成功的经验和管理技术,得到特许企业的长期指导和服务,"借他人之梯,登自己发展之楼",从而省去探索时间,降低了投资风险。

特许经营在国外萌芽较早,已有100多年历史。但直到20世纪80年代,特许经营这一方式才如脱缰之马,飞速发展起来。人们熟悉的麦当劳、肯德基、7-Eleven便利店、希尔顿饭店、耐克、可口可乐、百事可乐、通用汽车等都是借助于特许经营发展起来的。现在,特许经营已经渗透到了商业、餐饮业、服务业等各个领域,并被认为是最被看好的连锁形式。著名的未来学家奈斯比特也断言:"特许经营将成为21世纪的主导商业模式。"

特许经营于20世纪90年代传入中国以来,发展势头十分迅猛,已从最初的超市、快餐店、服装专卖店扩展到了许多领域,如汽车销售、房地产开发、洗衣业、通信设备、教育、网络设计等。数据表明,特许经营正在成为中国最具获利能力的投资方式和企业扩张途径,在中国有着巨大的发展潜力。

(四) 租赁商品部

租赁商品部通常是零售商店(百货商店、折扣商店或专业店)将其店内的某部门或专柜出租给店外人经营,由承租者负责部门或专柜的全部经营活动,包括室内的设备和装饰,并从营业额中抽取一定比例作为租金交给商店,商店为确保总体协调一致对租赁商品部有各种要求。有时候,租赁商品部也以联营商品部的形式出现。

多数情况下,租赁商品部为现有零售商店所采用,目的在于将经营范围拓宽到零售商自身不具备的、需要高度专业化技能或知识的产品或服务项目。因此,租赁商品部经营的往往是围绕商店主要产品线的相关产品类别。最常见的租赁商品部有店内美容院、摄影室、珠宝手表部、眼镜部、化妆品部等。目前,在国内许多百货商店中,许多专柜也租给某些品牌商,作为其专卖点,形成大量店中店的现象。

租赁商品部的优点是:可以减少财务风险,节约经营成本;能扩大商品经营范围;可以解决人才不足的困难;可以扩大销售能力。其缺点是:商品售价由承租者制定,与本店经营的价格政策不一致,会影响商店形象;无法控制进货质量和服务质量;由于本店人员不参加经营工作,会导致自身管理、竞争、服务功能的萎缩,不利于本店人员素质的提高。目前,我国一些传统百货商店由于不能适应新形势,自身经营效益不佳,凭借优良的地理位置热衷将柜台出租,有些甚至全店划割出租,靠租金生存,这种过分依赖租赁商品部的做法从长远来看是有害无益的。

(五) DTC品牌商

DTC(direct to consumer,即直销)品牌商是指直接将产品销售给最终消费者的品牌商,其模式可以理解为"没有中间商赚差价"。这种零售组织过去被称为垂直营销系统,也有人称之为制造型零售商。但目前大家普遍采用"DTC品牌商"一词。

与传统零售商不同的是,DTC品牌商专注于打造独特的产品、发展忠诚的客户群,同时保持着对其价值链的完全控制。从设计、制造、分销到销售的整个业务流程,DTC品牌商在每一步都保持对自身品牌形象的控制，从而可以成功建立起与消费者之间的亲密关系。

目前，DTC 品牌商一般采取线下和线上全渠道方式销售其商品。线下一般以品牌专卖店形式为主，线上则进入各大电商平台，或通过自建的 App、小程序、官网等销售商品。同时，DTC 品牌商可以记录详细的用户数据，包括用户行为、用户搜索、客户评论、购买趋势、用户联系信息和用户询问记录等。这样，DTC 品牌商就能够改善用户体验，提高用户参与度，并与用户共同开展新产品研发。

DTC 品牌商在零售领域展现出四大优势：

（1）对价值链的完全控制。品牌的价值链包括设计、制造、订单处理、营销、分销和客户服务等过程。通过保持对价值链的控制，DTC 品牌商创建了一个统一的流程，不管消费者处于价值链的哪个位置，DTC 品牌商都能快速地对其反馈做出反应，从而提高客户的满意度和忠诚度。

（2）从品牌故事到品牌忠诚。掌握价值链的自主控制权，DTC 品牌商可以相对容易地创建一个更有凝聚力的品牌故事，有助于企业形成良好的品牌形象，并加强与消费者之间的互动联系，从而培养消费者的品牌忠诚度。最终，忠诚的消费者会成为品牌的拥护者，与朋友、家人和同事分享他们满意的体验。

（3）更高的毛利率。通常，一些企业会选择委托第三方公司来处理业务的某些环节，比如制造、营销或交付等。企业失去对价格的绝对控制权、被迫降低利润率的情况时有发生，这可能导致品牌产生损失。DTC 品牌商选择忽略中间商，全链路闭环，掌握绝对主动权，可以节省更多的成本。

（4）数字优化和数据驱动。今天的 DTC 品牌商不仅会拓展线下实体店，而且会利用网络平台和数字营销策略积极开展业务。在这种全链路经营中，DTC 品牌商具有收集关键消费者数据的强大能力，这些数据可以让品牌更好地迎合消费者，提高消费者满意度和保留率。客户数据是 DTC 品牌商非常宝贵的资源。随着客户数据的作用越来越大，DTC 品牌商需要加大数据能力上的投资，让自己的品牌处于领先地位。

（六）平台零售商

平台零售商是指搭建一个信息网络系统，为网络商品交易活动的双方或者多方提供网页空间、虚拟经营场所、交易规则、交易撮合、信息发布等服务，供交易双方或多方独立开展交易活动的零售商。阿里巴巴是中国最知名的平台零售商之一，于 1999 年在中国杭州创立。

阿里巴巴旗下的淘宝网和天猫就是国内知名的两大零售平台，前者是 C2C 零售平台，后者是 B2C 零售平台，上百万的个人零售商入驻淘宝，而许多著名的品牌商和零售商则进入了天猫平台。

平台零售商是一个非常重要的销售渠道。从网络分销角度来看，企业可以选择建立自己独立的网络站点，但互联网站点成千上万，让消费者找到实属不易，更难提高他们对网站的黏性。因此，充分利用知名的平台零售商资源是许多企业开展线上业务的一种重要选择。

目前，对很多企业来说，平台零售商已经成为它们国际化扩张策略中必不可少的一部分，因为平台深度渗透到了本土市场，拥有齐全的基础设施，能聚集大量潜在消费者。就像很多高级服装零售商那样，快时尚（Topshop）通过在天猫设立旗舰店成功进入中国市场；户外品牌 Mountain Warehouse 也通过在天猫商城开设网店，来争取中国消费者。

二、零售组织演化规律理论

美国零售专家罗伯特·F.卢斯先生于1982年出版了《零售商业企业经营管理》一书,书中归纳了零售组织变迁的五大理论:零售轮转理论、手风琴理论、自然淘汰理论、辩证过程理论和生命周期理论。后来,美国零售专家巴里·伯曼(Barry Berman)和乔尔·R.埃文斯(Joel R.Evans)在合著的《零售管理》一书中提出了商品攀升理论,该理论也十分契合现代零售组织发展的基本情况。下面结合罗伯特和巴里的观点,对目前比较流行的零售组织演化的六大理论进行介绍。

(一) 零售轮转理论

零售轮转理论又被称为车轮理论,是美国哈佛商学院零售专家M.麦克尔教授最早提出的。他认为,零售组织变革有着一个周期性的、像旋转的车轮一样的发展趋势。新的零售组织最初都采取低成本、低毛利、低价格的经营政策。当它取得成功时,必然会引起他人效仿,结果,激烈的竞争促使其不得不采取价格以外的竞争策略,诸如增加服务、改善店内环境等,这势必增加费用支出,使之转化为高成本、高价格、高毛利的零售组织。与此同时,又会有新的革新者推动以低成本、低毛利、低价格为特色的零售组织问世,于是轮子又重新转动。超级市场、折扣商店、仓储式商店都是循着这一规律发展起来的。零售组织轮转路径如图1-4所示。

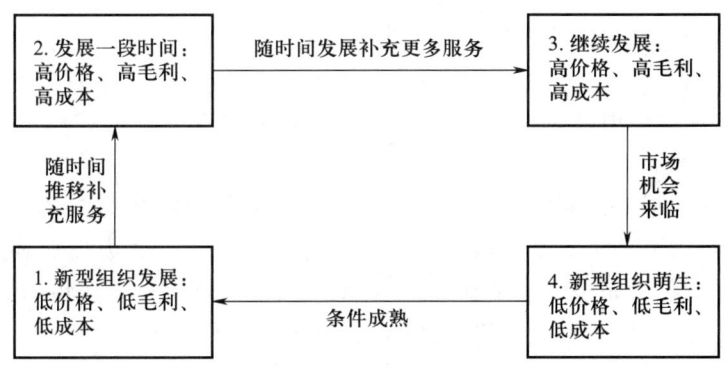

图1-4 零售组织轮转路径

零售轮转理论是建立在四个基本前提上的:
(1) 存在许多对价格敏感的购物者,他们愿意舍弃顾客服务、广泛的备选商品和方便的店址,追求较低的销售价格。
(2) 价格敏感型顾客的忠诚度通常为零,愿意转向售价更低的零售组织。
(3) 新型零售组织通常比现有零售组织运营成本更低。
(4) 随着零售组织沿轮转攀升,通常能带来销售增长、目标市场扩大和商店形象的改变。

零售轮转理论认为:现有零售组织在增加服务和从低价市场转向高价市场进行战略转移时应谨慎,因为价格敏感型的购物者通常不存在对商家的忠诚,他们很可能转向价格定位较低的零售组织。而且,该零售组织可能因此而失去曾使其赢利的竞争优势。这一点在美国目录展示室的发展历史中可以看到,目录展示室在美国曾经风光一时,而今它在美国已经衰亡。

(二) 手风琴理论

手风琴理论早在1943年就被提出,而后在1960年获得完善。它是用拉手风琴时风囊的宽窄变化来形容零售组织变化的产品线特征。手风琴在演奏时不断地被张开和合起,零售组织的经营范围与此相似地发生变化,即从综合到专业,再从专业到综合,如此循环往复,一直继续下去。拉尔夫·豪尔说:"在整个零售业发展历史中(事实上,所有行业都如此),似乎具有主导地位的经营方法存在着交替现象。一方面是向单个商号经营商品的专业化发展;另一方面,是从这一专业化向单个商号经营商品的综合化发展。"

根据这一理论,美国等西方国家零售业大致经历了五个时期(如图1-5所示)。

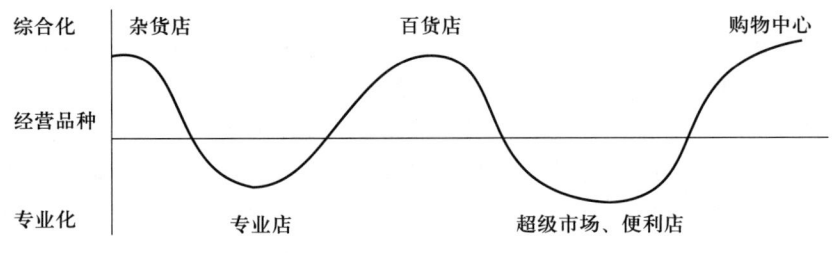

图1-5 零售组织循环周期示意图

(1) 杂货店时期;
(2) 专业店时期;
(3) 百货店时期;
(4) 超级市场、便利店时期;
(5) 购物中心时期。

手风琴理论主要是根据商品经营范围即产品线情况来划分零售组织的,并对其规律性进行说明——零售组织经营范围是不断地从综合化向专业化再向综合化方向循环发展的,每一次循环不是过去的简单重复,而是被赋予了新的内涵,从而出现了不同的零售组织。专业化与综合化互为主导,也互为补充,虽然各有风光之时,但从未完全取代另一方。

(三) 自然淘汰理论

零售业中的自然淘汰理论是直接从达尔文的自然选择理论中派生出来的。概括地说,达尔文的理论就是适者生存,即最能适应环境的物种最有希望生存下来。美国零售专家吉斯特把这一理论运用于零售业,他说:"各种零售组织都可以被看成不同的经济'物种',它们都面对着由顾客、竞争者和变化着的技术所组成的环境。因此,我们可以将自然选择理论移植到零售组织的变化中来,而且在一定程度上解释一些种类的零售组织的成功和另一些种类的零售组织的失败。"

这一理论的具体内容是:零售组织的发展变化必须与社会经济环境(如生产结构、技术革新、消费增长及竞争态势等)相适应。零售组织越是能适应这些环境变化,就越能生存下去,否则将会自然地被淘汰或走向衰落。

例如,美国在第二次世界大战后,社会经济发生了巨大变化,城市人口向郊区转移,这使得位于市中心的百货商店由于地理空间限制、交通拥挤、停车困难、客流量减少等原因,业务经营困难,而在市郊的购物中心则蓬勃发展。百货商店不得不采取措施摆脱困境以求生存与发展。例如,到购物中心设分支机构,设置廉价部,开发多元化经营等。

适者生存的思想,是公认的真理。环境不是僵化不变的,当环境发生变化时,就极有可能与零售组织之间产生不协调。因此,任何一种零售组织都难以永远辉煌。要生存和发展,就必须不断进行自我调整,适应变化的环境。当然,调整也不是无限的,当调整冲破了原有零售组织的边界,就表明这一类型的组织将消亡。

(四) 辩证过程理论

零售业的辩证过程理论基于黑格尔的辩证法。黑格尔认为,任何观念,正是由于其自身性质,产生出自身的否定物:初始观念(称作正题)与其否定物(称作反题)的结合产生了一个合题,这个合题又作为正题,此时,这一过程又重新开始。把这个理论应用到零售业中,正是指旧零售组织,反是指它的对立面,合则是两者竞争的产物。在新旧零售组织的竞争过程中,两者相互融合,最后产生了兼有两者零售形式的经营特点但又与它们有明显不同的一种更新的零售组织。下面是托马斯·马洛尼克用黑格尔辩证法对零售业的竞争行为的解释:

就零售业来说,辩证模型是指各零售组织针对对手的竞争相互学习并趋于相同的情形。因此,一个企业遇到具有差别优势的竞争者的挑战时,将会采取某些战略和战术以获取这一优势,从而消除了创新者的部分吸引力,而同时,创新者也不是保持不变的。更确切地说,创新者总是倾向于按其否定的企业的情况改进或修正产品和设施。这种相互学习的结果,使两个零售企业逐渐在产品、设施、辅助服务和价格方面趋向一致。它们因此变得没有差别,至少是非常相似,变成一种新的零售企业,即合题。这种新的企业会受到新的竞争者的"否定",辩证过程又重新开始。

这一描述带有普遍性,它揭示了零售组织发展变化的一般规律,即从肯定到否定,再到否定之否定的变化过程。但是,马洛尼的这一描述过于抽象,并把程度不同的变化等同起来。实际上,不少正、反、合的变化并没有引起组织形式的更替,只是各种零售组织自身进行了反向调整。

(五) 生命周期理论

美国零售专家戴维森等人认为,零售组织像生物一样,有它自己的生命周期。随着时代的发展,每一种零售组织都将经历创新期、发展期、成熟期、衰退期四个阶段。这一理论分析了各种零售组织从产生到成熟的间隔期,并对各个阶段零售组织的特点作了描述,提出了处于不同阶段的各零售组织可采取的相应策略,包括投资增长和风险决策、中心业务管理、管理控制技术的运用和最佳的管理方法等方面。

1. 创新期

在此阶段,出现新的零售组织,由于新型零售组织的许多特点与传统零售组织不同,因此,新型组织具有差别优势。企业的投资回报率、销售增长率和市场占有率都迅速提高。

2. 发展期

由于新型零售组织在竞争中获得优势,因此,有大批模仿者开始效法,而最早进入市场的新型零售组织也开始进行地区扩张。市场竞争异常激烈,市场占有率和收益率达到最高水平。

3. 成熟期

处在成熟期的零售组织,以前那种朝气蓬勃的生命力已经消失,逐渐受到处在创新阶段的新的零售组织的挑战,结果是市场占有率稳定或下降,投资收益率下降。但是,对大多数零售组织而言,成熟期是长期的。如果经营者善于应变,会使商店的经营管理适应市场变化的形势,能够保持稳定增长,取得中等水平的盈利程度。

4. 衰退期

处在衰退期的零售组织市场范围明显萎缩,反应迟钝,最终会退出市场。

生命周期理论具体研究各种零售组织成长与衰落的一般规律,由于各国具体情况不同,各零售组织的生命周期到底有多长,还需要进行具体的分析和研究。该理论说明,零售经营者不仅在该组织的发展期要做出有效决策,而且要在它走向衰落时,主动放弃并寻求新的能适应形势的零售组织,掌握主动权。

(六)商品攀升理论

与手风琴理论有些类似,商品攀升理论也是从零售组织的产品线角度解释其发展变化的。不过,商品攀升理论说明的是零售组织不断增加其商品组合宽度的规律,当零售组织增加相互不关联的或与公司原业务范围无关的商品和服务时,即发生了商品攀升。例如,一家鞋店原先经营的品种主要有皮鞋、运动鞋、拖鞋、短袜、鞋油等商品,经过一段时间的发展,其经营的商品种类越来越多,又增加了诸如手袋、皮带、伞、帽子、毛衣、手套等商品,这就是攀升了的商品组合。商品攀升最终可能导致零售商的跨界经营。

巴里·伯曼和乔尔·R.埃文斯认为,大量商品攀升现象的发生缘于以下原因:如零售商希望扩大销售规模;卖得快的和毛利高的商品和服务不断加入;消费者的购买冲动越来越多;消费者热衷一次购齐;可抵达不同的目标市场;受季节影响和竞争性可能降低。此外,还可能由于零售商原经营产品线的需求下降,使其不得不增加产品线宽度以稳定顾客基础。

商品攀升具有传染性,例如,药店、书店、花店和照片冲印店都受到超级市场商品攀升现象的影响。超级市场不仅经营食品和日用品,目前还不断增加经营药品、书、杂志、鲜花和季节性商品等非食品类商品,这使得上述专业店也被迫扩大商品经营范围,以填补超市经营给其带来的损失。这类商店增加了无关商品的经营,如玩具、礼品、贺卡、电池、相机等,这又影响了其他零售商的经营,后者也只有如法炮制。

商品攀升盛行意味着不同类型零售商之间的竞争加剧,对制造商来说,则因为销售分散到更多零售商而增加了分销成本。商品攀升还给零售商带来其他问题,如零售商在采购、销售其不熟悉的商品及提供相应服务方面缺少专业知识,与更宽的商品组合增加相关的成本(包括较低的库存周转速度),以及增加的商品经营不成功给零售商形象带来的损害。

【案例 1-3】

百果园的大生鲜战略

百果园公司自2019年4月推出大生鲜战略以来,经历了从"百果心享"到"熊猫大鲜"的迭代,从只卖给付费会员到全客群销售的转变。据悉,百果园大生鲜目前主要以"熊猫大鲜"为品牌的预售自提次日达模式展开,进驻了包含北京、深圳、广州、上海、南京、郑州、武汉、合肥等在内的20多个城市的百果园门店,覆盖数千家网点。

百果园围绕着自己的主流顾客群的饮食需求来做加法,于是便有了"水果+"的生意。百果园自称这是一种"线下做专,线上做宽"的经营模式。门店依然是以水果为核心品类,线上则扩展了水果之外的生鲜品类,门店就是生鲜商品的自提点和物流履约中心。

在生鲜商品开发方面,包括生鲜、标品、自有品牌商品开发采取同一个理念,即"四不三高一坚持"原则。

"四不",即不到源头不做,没有行家不做,没有专家不做,不感动自己不做。百果园大生鲜战略定位是现有的6 000万会员,一定要对品质有保障和追求。

"三高",就是高品质、高营养、高安全。

"一坚持",就是坚持高性价比。这不是靠补贴去获取的高性价比,长期来看一定是运营效率足够高,成本足够低,才能给顾客带来更高的性价比。所以百果园提出的生鲜理念叫"引领健康永续的生活方式",希望通过有品质的商品打通上游整个链条,真正去引领消费者一种新的生活方式。

资料来源:中国连锁经营协会微信公众号,2020-12-18。

上述几种理论都从某一角度解释了西方发达国家零售组织演进的道路,但每一种理论都有其局限性,不能解释所有零售组织演变与发展的情况。例如,零售轮转理论不能解释便利店的出现;手风琴理论不能解释目前购物中心与大型专业店蓬勃发展的现象;辩证过程理论不能解释网络商店的出现;生命周期理论不能解释专业店的持续兴旺;自然淘汰理论过于空泛,应用范围太广,不能视为零售组织特有的发展规律。当然,零售组织的演进不是偶然的或无根据的,而是适应社会经济和文化技术发展的产物。应该说,零售组织发展的每一次创新都更好地满足了消费者的利益和需求,更好地推动了工业生产的发展。

因此,可以认为,零售组织的发展动力无非来自两个方面:消费需求与工业生产。零售业实际上受到消费需求和工业生产两股力量的制约。在供给力量大于消费力量的卖方市场上,谁适应工业生产的要求,谁就能生存和发展,此时的商业只是起"桥梁"和"渠道"的作用。而在买方市场上,尤其是在今天人们的物质需求已获得相对满足、供给日益过剩的情况下,消费者已成为主宰市场的绝对力量。只有那些适应消费需求的零售组织才有生命力,此时的商业已不仅仅是"桥梁"和"渠道",而是一方面起着开发需求,另一方面起着引导生产的作用。谁能更好地发挥这种作用,谁就能获得发展,这正是零售业不断演进变革的真正动力和规律。

第三节　西方零售业四次重大变革

零售业是一个国家最古老的行业之一,从古代的沿街叫卖,一直发展到今天众多的零售组织形式林立,其间发生了无数次大大小小的零售业变革。我们无法详细阐述零售业这一现代化产业从古至今在演变进程中的点点滴滴的变化,但我们也不能忽略过去的历史。因为历史是未来的前奏,西方发达国家零售业走过的路程是我国正在走的路程。了解西方零售业的发展历史无疑对了解中国目前零售业的巨变有借鉴意义。因此,这里以西方零售业的几次重大变革作为脉络,来了解西方零售业不断地从量变转为质变的整个过程。

零售业中的某些变化之所以能提升到重大变革的高度,必须满足三方面的条件:一是革新性,即这一变化应产生一种全新的零售经营方式、组织形式和管理方法,并取得支配地位。二是冲击性,即新的零售组织和经营方式将对旧组织和旧方式带来强烈的冲击,同时也影响着顾客购物方式的变化和厂商关系的调整。三是广延性,即这场变革不是转瞬即逝,而是扩展到一定的空间、延续到一定的时间。从这几个方面考察,西方零售业历史上曾出现过四次重大变革。

一、零售业第一次重大变革:百货商店的诞生

最早的百货商店出现于19世纪50年代的法国巴黎。1852年,有一位名叫A. 布西哥的人,开办了一家"博尔马谢"(Bon Marhe)商店,这是世界商业史上第一个实行新经营方法的百货商店。博尔马谢立刻获得了成功,营业额1852年为45万法郎,1863年为700万法郎,1877年为6 700万法郎。紧接着,巴黎相继出现了卢浮百货商店(1855年)、市府百货商店(1856年)、春天百货商店(1865年)、撒马利亚百货商店(1869年)。19世纪60年代以后,百货商店很快在世界各地,尤其是在欧美各国发展起来。

零售业第一次重大变革是以具有现代意义的百货商店的诞生为标志。学术界称之为"现代商业的第一次革命",足见其划时代的意义。

我们来看看当时百货商店的革新性主要体现在哪些方面。

(一) 销售方式上的根本性变革

百货商店是世界商业史上第一个实行新销售方法的现代大量销售组织。其新型销售方法,概括起来就是:

(1) 顾客可以毫无顾忌地、自由自在地进出商店;
(2) 商品销售实行"明码标价",商品都有价格标签,对任何顾客都以相同的价格出售;
(3) 陈列出大量商品,以便于顾客任意挑选;
(4) 顾客对购买的商品如果不满意的话,可以退换。

这些销售方式,现在看来虽然十分平常,但它是随百货商店的诞生而产生的。

(二) 经营上的根本性变革

当时出现的百货商店最大的一个特点是,设有若干不同的商品部,即把许多商品按商品类别分成部门,并由部门来负责组织进货和销售。而且,百货商店的经营以生活用品为中心,实行综合的按不同商品和不同销售部门来经营,虽然每个部门的经营规模不大,但由于它是汇聚在一个经营体之中的,因而这种综合经营的规模比起之前的杂货店和专业店来说就十分庞大。因此,百货商店实行综合经营也是其适应大量生产和大量消费的根本性变革内容之一。

(三) 组织管理上的根本性变革

传统的城市零售店和乡村杂货店,店主不仅亲自营业,而且自行负责人、钱、物的管理。与此根本不同,百货商店由于同时经营若干系列的商品,规模庞大,因而其经营活动分化成相对独立的专业性部门,实行分工和合作;管理工作则是分层进行的,企业制定有统一的计划和组织管理

原则,然后,由若干职能管理部门分头执行。因此,百货商店是在一个统一的计划下,按商品系列实行分部门、分层次组织和管理的。

可见,百货商店以规模大、品种全、设施好、定时定位、系列服务和明码标价的经营方式,改变了历史上传统的小商贩摆摊设点或走街串巷、讨价还价、一物多价、没有固定时间和地点的经营方式,标志着零售经营由"贱买贵卖"、掠夺产销的封建小商人经营,转变为以大生产为基础的、依附于生产、实行等价交换的大商人经营。更重要的是,它的出现还掀起了商业领域中一次树立商业新风尚的运动高潮,从此,提倡为社会服务、创造良好职业道德成为新商人的经营宗旨。因此,百货商店的诞生被当之无愧地称为零售业的第一次革命性变化。

百货商店是世界商业史上第一个实行新销售方法的现代零售组织,它是零售业对以机械化为基础的大量生产的迅速发展以及城市化进程的加快在组织上的直接反映。19世纪中叶,蒸汽机的广泛应用在西方国家爆发了第一次产业革命。随着大机器生产广泛运用于生产领域,劳动生产率有了极大的提高,社会上的物质迅速丰富起来。一方面,这种机械化大生产的结果,造成了"商品庞大的堆积",传统的小商店根本无法满足社会化大生产的需求,这就客观上要求有一种大型零售组织来大量销售日益堆积的商品。另一方面,在大量生产方式走向成熟的同时,城市化进程的加快,把越来越多的人口和现代化产业积聚于大城市空间,从而使得大量消费成为普遍的社会消费格局。在大量生产与大量消费之间,越来越需要流通部门加快组织创新和经营方式的创新,从而使其有机地衔接起来,实现协调运转。百货商店正是在这种发展格局下出现的。它表明,商品流通系统通过自身的发展变革,能够在大量生产与大量消费之间,通过创造大量销售的组织形式,充分发挥协调功能。

二、零售业第二次变革:超级市场的诞生

1930年8月,世界上第一家超级市场"金·库伦"在美国纽约开业,它的出现被称为零售业第二次变革。超级市场的真正大发展是在第二次世界大战以后。很快,它的总销售额就超过了百货商店,成为零售业的主干力量。超级市场之所以能得到迅速发展,主要在于它创新性的经营方法。它在承继百货商店规模大、品种多的优势的基础上,进行自我创新,采取了开架自选售货方式以及低费用、低毛利、低价格的"三低"政策,从而使顾客购买商品时感到更方便、轻松、自如,体现了当时先进的生产方式和生活方式。

(一)超级市场的影响

超级市场标志着一场零售革命的爆发,其对零售业的革新和发展以及整个社会的变化带来了以下几方面影响。

1. 开架售货方式流行

开架售货尽管不是由超级市场首创,却是因超级市场而发扬光大的。超级市场采用的自选购物方式,作为一个重要的竞争手段,不仅冲击了原有的零售形态,而且影响了新型零售组织,后来出现的折扣商店、货仓式商店、便利店等都采取了开架自选或完全的自我服务方式。

2. 购物时间大大节省

随着工作时间的增多和闲暇时间的减少,人们已不再把购物当成休闲方式,要求购物更方便、更快捷。超级市场恰好满足了人们的这种新要求,将原本分散经营的各类商品集中到一起,

大大节省了人们的购物时间,使人们能将有限的闲暇时间用于旅游、娱乐、健身等活动,创造了一种全新的现代生活方式。超级市场实施的统一结算和关联商品陈列,也大大节省了人们选购商品和结算的时间。

3. 普及舒适的购物环境

超级市场所营造的整齐、干净的舒适购物环境,取代了原先脏乱、嘈杂的生鲜食品市场,使人们相信购买任何商品都能享受购物乐趣。

4. 促进了商品包装的变革

开架自选迫使厂商进行全新的商品包装设计,展开包装、标志等方面的竞争,由此出现了大、中、小包装齐全、装潢美观、标志突出的众多品牌,也使商场显得更整齐、更美观,造就了良好的购物环境。

(二)超级市场产生的背景

超级市场的出现和发展现在看来有其历史的必然。其产生背景是:

1. 经济危机是超级市场产生的导火线

20世纪30年代,席卷全球的经济危机使得居民购买力严重不足,零售商纷纷倒闭,生产大量萎缩,店铺租金大大降低,超级市场利用这些租金低廉的闲置建筑物,采取节省人工成本的自助购物方式和薄利多销的经营方针,实现了低廉的售价,因而受到了当时被经济危机困扰的广大消费者的欢迎。

2. 生活方式的变化促成了超级市场

第二次世界大战后,越来越多的妇女参加了工作,人们的生活、工作节奏加快,加上城市交通拥挤,原有零售商店停车设施落后,许多消费者希望能到一家商场,停车一次就购齐一周所需的食品和日用品,超级市场正是适应消费者的这种要求而产生的。

3. 技术进步为超级市场创造了条件

制冷设备的发展为超级市场储备各种生鲜食品提供了必要条件,包装技术的完善为超级市场中的顾客自选提供了极大的方便,后来的电子技术在商业领域的推广运用,更是促进了超级市场利用电子设备来提高经营效率。此外,冰箱和汽车在西方家庭中的普及使消费者的大量采购和远距离采购成为可能。

所有这些,都为超级市场创造了生存土壤。可见,超级市场的产生和发展是有其深厚的社会背景的。

三、零售业第三次变革:连锁经营的兴起

零售业的第一次、第二次变革着重反映的是零售业经营方式的重大变化,而以连锁经营为主要内容的零售业第三次变革,则是反映零售业组织方式和内部管理的变革。它在更大范围内和更高的层次上推动着零售业向现代化产业转变。

连锁经营是现代大工业发展的产物,其实质就是通过将社会化大生产的基本原理应用于流通领域,达到提高协调运作能力和规模化经营效益的目的。连锁经营的基本特征表现在四个方面。

(一)标准化管理

在连锁商店中,各门店统一店名,使用统一的标志,进行统一的装修,在员工服饰、营业时间、广告宣传、商品价格方面均保持一致性,从而使连锁商店的整体形象标准化。

(二)专业化分工

连锁商店总部的职能是管理,而门店的职能是销售。表面上看,这与单体店没有太大的区别,实际上却有质的不同。总部的作用就是研究企业的经营技巧,并直接指导门店的经营,这就使门店摆脱了过去靠经验管理的影响,大大提高了企业管理水平。

(三)集中化进货

连锁总部集中进货,商品批量大,可以得到较低的进货价格,从而降低进货成本,取得价格竞争优势。而且各门店在进货上克服了盲目性,不需要过多的商品库存,库存成本又得到降低。各门店不负责进货,就有更多的精力集中于销售,从而加速了商品周转。

(四)简单化作业

连锁商店的作业流程、工作岗位上的商业活动尽可能简单,以减少经验因素对经营的影响。连锁体系庞大,在各个环节的控制上都有一套特定的运作规程,要求精简不必要的过程,达到事半功倍的效果。

连锁商店的出现早于超级市场。1859年,大西洋和太平洋茶叶公司在美国纽约市建立了两家茶叶店,这是世界所公认的连锁商店鼻祖,但连锁经营的真正普及是在20世纪40年代以后,故称为零售业第三次变革。连锁经营是商业领域中的一次革命性突破,它的出现和发展将传统手工作坊式的小商业真正转变为现代意义上的大商业。要深入理解连锁经营所带来的革命性变化,需要将它与传统单店经营加以比较分析。连锁经营和传统单店经营的优劣势比较见表1-2。

表1-2 连锁经营与传统单店经营优劣势比较

	连锁经营	传统单店经营
优势	1. 资源整合,可获取规模效益; 2. 形象、商品和服务统一,易于维持消费者忠诚; 3. 网络化组织带来迅速扩张; 4. 现代管理技术,实现精细化管理; 5. 制度化规范管理,消除人为因素的影响	1. 商店自主性强,主动性高,能调动管理者的积极性; 2. 商店具有较高的灵活性,能随时根据消费者需求变化调整经营策略; 3. 管理层级少,沟通容易,能迅速做出决策; 4. 特色经营,能弥补市场空缺
劣势	1. 门店独立性有限,缺乏灵活性,难以完全满足当地消费市场的特殊需要; 2. 门店无法单独核算,盈利水平难以体现,影响了员工的积极性; 3. 容易出现总部与门店沟通不足和决策延误的现象	1. 辐射有限,难以获得规模效益; 2. 无法采用现代管理技术,仍是人工操作的粗放型管理; 3. 经验管理为主,容易受个人因素的影响; 4. 规模小,难以吸引消费者和合作者

四、零售业第四次变革:网络技术与人工智能技术的发展

信息时代,网络技术与人工智能技术的发展对零售业的影响是巨大的,深度和广度绝不亚于前三次生产方面的技术革新对零售业的影响。网络技术引发了零售业第四次变革,而人工智能技术则推动零售业变革不断走向深入,甚至改变了整个零售业。在前20年,网络技术的发展已经给零售业带来了巨大影响。这种影响具体表现在以下几方面:

(一)网络技术打破了零售市场时空界限,店面选择不再重要

店面选择在传统零售经营中曾占据了极其重要的地位,有人甚至将传统零售商经营成功的首要因素归结为"place,place,place"(选址,选址,选址)。连锁商店之所以迅速崛起,正是因为打破了单体商店的空间限制,拓展到了更大的商圈范围。而在信息时代,网络技术突破了这一地理限制,任何零售商只要通过一定的努力,都可以将目标市场扩展到全国乃至全世界,市场真正国际化了,零售竞争更趋激烈。对传统商店来说,地理位置的重要性将大大下降,要立足市场必须更多地依靠经营管理的创新。

(二)销售方式发生变化,新型组织形式崛起

在信息时代,消费者将从过去的"进店购物"演变为"坐家购物",足不出户,便能轻松在网上完成过去要花费大量时间和精力的购物过程。购物方式的变化必然导致零售方式的变化,网络商店应运而生,其已经与传统有店铺商业展开全方位的竞争;传统零售商为适应新的形势,也将引入新型经营模式和新型组织形式来改造传统经营模式,尝试在网上开展电子商务,结合网络商店的商流长处和传统商业的物流长处,综合发挥最大的功效。

(三)零售商内部组织面临重组

信息时代,零售业不仅出现了新型零售组织,而且传统零售组织也将面临重组。无论是企业内的还是企业外的,网络技术都将代替零售商原有的一部分渠道和信息源,并对零售商的企业组织造成重大影响。这些影响包括业务人员与销售人员的减少、企业组织层级的减少、企业管理幅度的增大、零售门店数量的减少,虚拟门市和虚拟部门等企业内外部虚拟组织盛行。这些影响与变化,促使零售商意识到组织再造工程的迫切性。

(四)经营费用大大下降,零售利润进一步降低

信息时代,零售商的网络化经营使内外交易费用都会下降。零售商可能节省的经营费用包括企业内部的联系与沟通费用,企业人力成本费用,大量进货的资金占用成本,商品保管费用,店面租金费用,商店营销费用和消费者信息调查费用,等等。另外,由于网络技术克服了信息沟通的障碍,人们可以在网络上漫游、搜寻,直至获得最佳价格,因而将使市场竞争更趋激烈,导致零售利润进一步降低。

前一阶段网络技术的发展,仅仅是打破了人与人之间、人与物之间的联系障碍,构建了一种全新的连接方式。而下一阶段的网络技术将使社会上所有的物与物全面连接起来,亦即物联网,我们可以称之为新信息社会。随着物联网的普及和人工智能技术的不断发展,零售业第四次变

革必将走向深入,并使得未来的零售业呈现出以下特征:

1. 未来的零售是智能零售

智能零售体现在三个方面:智能化产品、智能化店铺和智能化购物体验。所有这三方面都必须借助人工智能技术来实现。人工智能一般分为运算智能、感知智能、认知智能等阶段,后者往往比前者智能程度更高。过去,人机大战不断上演,在技术突破和资本催化下,这个信息时代的尖端技术正在逐步落地,助力各行各业升级,也给零售业带来颠覆性的创新。今天我们已经能够隐约感受到这样的变化。我们看到各种新事物不断涌现:拍照即可实现商品搜索和购物应用,营造沉浸式购物体验的虚拟现实、增强现实技术,支持自动结账、刷脸付款的无人超市,能够自动下单订购生鲜食品的智能冰箱……未来的智能零售会比我们想象的更快地进入我们的生活。

2. 未来的零售是精准零售

过去的零售和生产活动是以品类和市场为单位进行管理的,瞄准的是大众市场,提供的是批量商品,难以满足每个人独特的需求。随着消费者个性化需求不断加强,未来的智能感知技术将会赋予零售商洞察每个消费者个性化需要的能力,并且通过连接外部资源灵活地实现个性化需求,还可以通过智能算法使互动和交付更高效。这就是说,未来的零售将从面向所有人转型为面向每个人的商店,进入精准零售时代。从单品到单客经营,提供满足每个消费者个性化需求的商品和服务,引发消费者内心强烈的惊喜和共鸣,从而提升每个消费者的体验价值。

3. 未来的零售是人本零售

零售业第四次变革最终结果将与前三次有根本性不同,即消费者的地位发生了根本性的变化。在未来的新信息时代,消费者想消费什么产品,就有可能实现对这种产品的消费,消费者正在取得商品生产、流通和消费的主动权,从而宣告持续了千百年的"削足适履"的强制性消费时代的结束,真正满足消费者个性化需求的自由消费时代的来临。

4. 未来的零售是赋能零售

未来的零售商将从交易型组织转变为能量型组织,不仅拥有满足顾客需求和实现自身盈利的能力,还能将自身的能力赋予与之协作的组织,从而使整个体系都转变为经营生态圈和生态共建的赋能型组织。日本 7-Eleven 便利店就是一家典型的赋能组织。公司拥有 8 000 多名员工,80%的使命和工作就是为产业链上下游合作伙伴赋能。经过几十年持续的努力,它建立了六大赋能体系,包括基于经营哲学共识的文化赋能、工厂赋能、小店经营赋能、物流赋能、IT 赋能、金融赋能。

100 多年前,电力的发明改变了无数行业,几十年前出现的互联网亦是如此。今天,人工智能将会对各行业产生同样的影响。未来,人工智能的运用,尤其是机器学习能力的优化将是零售商竞争力的重要体现。在新的信息社会,人工智能技术无疑正改变着商业竞争规则,零售商必须适应这种规则,否则将被市场无情地淘汰。

第四节 急剧变革的中国零售业

一、中国零售业的变革历程

中国零售业的发展是与经济发展密不可分的。当经济发展到一个崭新阶段时,必然会使工业生产和消费需求两方面产生质的变化,从而导致零售业的重大变革。我国自改革开放以来,社会经济状况有了巨大的变化,工业生产得到了长足的发展,商品市场由原来的卖方市场向买方市场转变,人们的消费结构、消费习惯、消费水平都与过去有了较大的区别,因而零售业也出现了相应的变革与创新。纵观我国改革开放以来零售业的发展,可以从以下几个时间段来考察:

(一)第一阶段:改革开放初至1989年年底,传统百货商店占零售市场绝对主导地位

改革开放以前,中国主流零售组织形式是百货商店。这一零售组织在我国已有很长的历史,但在新中国成立后,百货商店一直作为计划经济体制的商品流通主渠道,承担着短缺经济下生活物资配给的职能,其主要任务是"稳定物价"和"保障供给",而不是满足消费、促进生产。改革开放以后的前10年,中国零售业格局没有发生太大变化,百货商店在我国流通领域依然占据垄断地位。究其原因,一是没有新型零售组织和经营方式出现;二是迅速成长的生产企业不得不依赖商品到达消费者的唯一正规通道——百货商店,因此,这一时期零售市场竞争压力不大。在这种情形下,百货商店并没有获得来自经济发展后工业生产变化带来的外在动力,因而错失了自身变革的有利时机,其经营方式也就没能发生根本性的变化。然而,日益蓬勃发展的工业生产并没有消极等待零售业自身的相应调整,而是寻找另一条出路将商品送上市场,这就是当时遍地可见的专业商品市场和个体经营者。20世纪90年代以前,中国的个体商贩成为商业界最为壮观的一道景观,从传统零售组织中夺去了相当一部分市场,也为中国商业民营资本的积累打下了基础。

(二)第二阶段:1990—2004年,各种新型零售组织不断涌现,实体店呈现百花齐放局面

20世纪90年代以后,中国零售业发生了根本性变化,发展呈阶段性跳跃,开始出现真正意义上的现代零售组织。1990年年底,东莞虎门镇出现了中国第一家连锁超市——美佳超级市场,其开架自选的售货方式、较低的价格和面向居民区的选址都给后来者产生了极大的影响,步其后尘者甚众,从此百货商店一统天下的格局结束了。1993年,是新型零售组织出现最多的一年,其中发展最迅速的要数品牌专卖店。在这一时期,中国品牌专卖店的发展呈现如火如荼的形势,不到一年,中国几个大城市的主要商业街,如广州的北京路、北京的王府井大街、上海的南京路周边迅速被各种品牌专卖店充斥,大大改换了街面店铺的容颜。此外,1996年开业的广州天河城成为第一家真正意义上的购物中心。

1996年,世界零售巨人在中国开始了市场拓展。全球第一大零售集团沃尔玛于1996年进驻深圳;全球最大的仓储式零售集团麦德龙于1996年进入上海;世界第一家仓储式商店万客隆于1996年进入广州。这些重量级的竞争对手给中国本土零售企业带来了巨大的压力,也促使着国内土生土长的现代零售商迅速成长起来。1999年,上海联华超市销售额终于超过上海第一百货公司,名列中国零售企业榜首,标志着中国零售业主导组织形式已成功转型。此时,各类零售连锁企业纷纷加快扩张步伐,尤其是以国美、苏宁为代表的家电专业连锁一枝独秀,成长迅速,成为世人瞩目的焦点。而兴起于20世纪90年代末的网络零售,因面临物流、支付和信誉三大难题而在初期发展缓慢。

(三)第三阶段:2005—2015年,网络零售崭露头角,对实体店冲击力度逐步增大

2005年以后,随着中国加入WTO的三年保护期期满,中国零售业竞争日益加剧,许多大型

零售企业相继倒闭。其中最引人注目的是几乎波及全国的普尔斯马特倒闭案,其累计欠债20多亿元,暴露出了一些零售企业在盲目扩张中无法掩盖的内部管理问题,也反映了中国零售业开始步入调整期。

而在这一时期,从事网络零售的电商企业走过了艰难的创业初期,迎来了发展的井喷期,众多电商企业相继诞生,以淘宝、京东、当当为代表,后来者包括唯品会、美团、大众点评等,并对实体零售产生了巨大的冲击。实体零售企业开始意识到巨大危机,也纷纷触网寻求转型。动作最大的要数苏宁,2005年苏宁网上商城面世,销售区域仅限南京;2006年年底苏宁开始面向上海、北京等大中城市线上销售;2007年苏宁网上商城覆盖全国;2009年苏宁电器网上商城全新改版升级并更名为苏宁易购;2013年2月,苏宁电器公告更名为苏宁云商。同年,大润发飞牛网设立;2015年万达非凡网悄悄上线。

2012年以后,实体零售不断传来企业因资金链断裂而倒闭的消息,网络零售的增长速度也逐步趋缓。许多数据表明,经历了10多年疯狂增长的电商也迎来了增长的"瓶颈",电商也面临着新旧动能转换问题。如何继续保持高增长?电商需要寻找新的突破口。

(四)第四阶段:2016年以后,新零售探索与传统零售企业数字化转型

进入2016年,随着"新零售"一词的提出和迅速升温,中国零售业步入一个全新的阶段,行业掀起一股"新零售"浪潮。

阿里旗下的盒马鲜生全国首店于2016年1月在上海开业,正式开启"生鲜超市+餐饮+O2O"新模式。在盒马的带动下,市场上涌现出了一大批新零售追随者,永辉的超级物种、京东的7FRESH、苏宁的苏鲜生、步步高的鲜食演义、美团的小象生鲜等,模式虽不尽相同,但都主打生鲜零售+餐饮堂食+即时配送。

紧接着是高科技对零售企业创新的推动。2017年7月,在淘宝造物节上,阿里无人零售店"淘咖啡"正式亮相。此后,无人零售概念一时间风头无两,无人超市、无人便利店、无人餐厅、无人货架、无人咖啡馆等层出不穷。但好景不长,行业快速迎来寒冬,无人零售项目纷纷衰落。直到2020年新冠疫情暴发之后,无人零售的价值才重新被人发现。

2018年7月26日,拼多多在美上市。从一家普通的拼团购物小电商,极速发展成为一家GMV过千亿美元的上市公司,拼多多创造了中国电商的"新神话"。以拼多多为代表的社交电商快速崛起,打破了电商原有格局,预示着电商新时代的到来。2019年,网络直播成为一个新风口。尽管淘宝直播的竞争程度已接近红海状态,快手、抖音、拼多多、京东、苏宁等平台和线上线下零售企业依然纷纷加入网络直播零售行业,这使得网络直播的竞争更加激烈。

2020年伊始,新冠疫情突然发生,给零售业带来了前所未有的挑战,大大加速了传统零售企业的数字化进程。网络直播和超市到家业务发展最为突出,同时结合了私域流量和社群运营技术。在消费者无法到店和不愿意到店的情况下,这些手段为保持企业运转和满足消费者需求方面作出了突出贡献。

近5年来,几乎所有优秀零售企业都没有缺席这场新零售的探索与尝试。零售企业转型的步伐加快。转型的方向主要有:一是线上线下渠道融合。电商加速抢滩线下市场,实体店也积极发展线上业务。二是不断尝试运用新技术。脸部识别、传感器融合、大数据分析、增强现实和虚拟现实技术、无人机等,迅速被运用于企业经营管理中。三是强化购物体验。实体店不断加入各种新鲜元素,店内布局常常令人耳目一新,首店效应十分明显。四是扩展经营业务。零售商不断增加商品品类,甚至尝试跨界经营,行业界限逐渐模糊。五是掌控供应链上游。不少零售企业自建生产基地,入股上游厂家,以控制整条供应链,快速响应消费者需求。

在持续的变革中,中国零售业获得了令人欣慰的发展。表1-3是2021年中国连锁企业前20强的销售额和门店数情况,从中可以看出中国零售连锁的发展速度和水平。

表1-3 2021年中国连锁企业前20强销售额和门店数

排名	企业名称	2021年销售额(含税,万元)	2021年门店数(个)
1	苏宁易购集团股份有限公司	19 719 900	11 281
2	国美零售控股有限公司	14 687 000	4 195
3	红星美凯龙家居集团股份有限公司	13 737 931	485
4	居然之家新零售集团股份有限公司	10 475 878	566
5	沃尔玛(中国)投资有限公司	9 903 600	396
6	永辉超市股份有限公司	9 896 898	1 090
7	高鑫零售有限公司	9 800 501	602
8	华润万家(控股)有限公司	7 816 771	3 245
9	物美科技集团有限公司	6 988 570	1 174
10	联华超市股份有限公司	5 571 381	3 254
11	王府井集团股份有限公司	5 430 670	91
12	长春欧亚集团股份有限公司	4 274 470	148
13	步步高投资集团股份有限公司	4 086 796	748
14	中石化易捷销售有限公司	3 540 000	27 950
15	天虹数科商业股份有限公司	3 475 278	434
16	武商集团股份有限公司	3 472 661	84
17	美宜佳控股有限公司	3 407 533	26 168
18	重庆百货大楼股份有限公司	3 405 587	304
19	银泰商业(集团)有限公司	3 377 012	61
20	家家悦控股集团股份有限公司	3 272 508	1 025

资料来源:中国连锁经营协会2022年6月14日发布的"2021年中国连锁百强"。

值得关注的是,受疫情催化,社区团购在2020年下半年再度成为风口。阿里、京东、苏宁、美团、拼多多、滴滴等互联网巨头相继入局社区团购,采用巨额补贴的方式,以远低于成本的价格来挤走竞争对手。对于这种扰乱市场秩序的不公平竞争行为,《人民日报》发评论批评。国家市场监管总局也及时出台社区团购"九不得"新规,明确要求互联网平台企业不得通过低价倾销、价格串通、哄抬价格、价格欺诈等方式滥用自主定价权,不得利用数据优势"杀熟"等。此后,社区团购的疯狂竞争行为才受到遏制。2021年2月,《国务院反垄断委员会关于平台经济领域的反垄断指南》出台,昭示中国零售业发展步入严格监管的法治轨道,过去那种无序的竞争环境有望得到改善。

二、中国零售业变革的动因

中国零售业目前正处于急剧变革时期,这一变革不仅表现在西方发达国家已经完成的以超级市场和连锁商店为标志的零售业第二、第三次重大变革正在中国同时进行,以及以网络技术和人工智能技术的运用为特征的零售业第四次变革也在中国拉开帷幕,还表现在跨国零售集团的进入和经济全球化浪潮引起的中国零售业竞争格局的巨大变化。

西方发达国家新老零售组织的交替都有一个间隔期,每一种零售组织在不同时期均发挥了各自的优势。但在我国,新型零售组织并不是按经济发展阶段依次进入的,大量新型零售组织几乎同时涌现,再加上国外成熟企业的冲击,国内零售商无疑面临一个加速成长的问题。因此,这就导致中国零售业变革比西方任何一次零售变革都更加猛烈而深入,也呈现出极强的中国特色。

对于中国这场正在进行的深入而广泛的零售变革,目前有三种解释说明其背后引发的原因和动力。

(一)第一种解释是零售业的变革源于技术进步力量的推动

近代以来,西方零售业的发展经历了三次重大变革,并在信息技术的催化下正在经历第四次重大变革,如今西方国家发达的现代零售业就是这几次零售革命的必然结果。近代零售业的多次变革中,每一次都能找到技术力量推动的影子。这种变革是伴随着同期技术革命所引发的产业革命而诞生的孪生兄弟。尤其是在信息时代,网络技术在社会、经济各个领域的广泛运用,电子商务的兴起,迫使传统零售商的管理观念、管理模式、组织结构和作业流程都将发生相应变革。而在中国,引发前三次零售变革的技术条件均已成熟,网络技术也已逐渐渗透到社会经济生活的各个角落,因而中国零售业的变革是大势所趋。与西方发达国家不同的是,中国零售业是多项变革同时进行,而不是呈阶段性发展,这就导致了这场变革的复杂性和急剧性。

(二)第二种解释是零售业外部市场环境变化导致零售业内部做出相应调整

根据零售组织自然淘汰理论的"适者生存"观点,零售组织必须同社会经济环境的变化相适应,才能继续存在和发展,否则就不可避免地会被淘汰。经过多年的经济体制改革,中国市场环境已经发生了根本性的变化,在从卖方市场向买方市场转化的过程中,消费者逐渐成为控制市场的主导力量,信息技术的发展使得消费者的个性化和多样化需求得到充分满足。如果零售商不相应调整经营方式,则制造商极有可能越过中间商直接向消费者提供商品和服务。同时,跨国零售集团的进入,使中国零售业的竞争在更高的平台上展开。这些都迫使中国零售商为赢得生存空间而进行全方位的变革与创新。

(三)第三种解释是经济发展进程中零售业自身发展规律所引发的内部结构调整

从近代西方发达国家零售业的发展路径来看,零售业有着自身的发展规律,如西方学者总结的零售轮转理论、手风琴理论、辩证过程理论和生命周期理论等,都从不同角度阐释了零售业发展演变规律,说明商品流通系统通过自身的发展变革,能够在大量生产与多样化消费之间,创造新的组织形式,充分发挥协调生产与消费的功能。在中国经济高速发展时期,零售组织的自我更新引起零售业的嬗变,西方新型组织形式和经营方式的引入促进了零售业内部质的变化。

专论:

消费升级带给中国零售业发展新机遇

在推动中国零售业变革求新的各种因素中,消费端的消费升级是一股不可忽视的重要力量。

改革开放以来,中国经济的高速发展,培育出了数以亿计的中等收入群体。他们不再盲目相信价廉物美,开始认真关注商品的品质和性能,愿意为好的商品支付好的价格。在他们身上,一种新的主流消费理念正悄然兴起。正是这种新消费理念,推动着中国新一轮的消费升级。

消费升级包括"物"和"神"两个方面。"物"是指消费品品质的升级,既是对材料和技术上的高标准,也是对设计感、色彩、外观等方面的高要求;"神"则是一种价值观上的认同,代表一种新的生活方式,即"每一次你花的钱,都是在为你想要的世界投票"。

事实上,消费升级意味着一种新的消费主权时代的到来,它带来了人们消费观念、消费习惯和消费行为的一系列变化。这种变化体现在:

一是消费者越来越注重自身个性的表达。他们的关注点从性价比、产品功能等共性特征转向美学设计、价值标签等个性特征,这对产品和零售的适配度提出更高要求。比如说,未来每个消费者可能都会拥有一个"个人信息账户",账户内记录了包括肤质特点在内的个人生物信息。根据肤质的不同,可以生成完全个性化的美妆用品提供给消费者。人的需求会变得越来越分散和个性化。

二是消费者的消费场景越来越分散。企业和消费者的触点不再局限于单一的商场、网站等高流量入口,而会变得空前丰富。比如说,未来消费者可以通过家里的智能冰箱自动识别鸡蛋、牛奶等常规食品的余量,自动下单;可以对着电视剧中喜欢的服装搭配随手拍照,自动识别售卖来源并实现购买;可以一边和虚拟助手聊天,一边让它购买朋友最近关注的时尚新品作为生日礼物……未来购物场景会变得即时化、碎片化。

三是消费者越来越注重同道人的意见。所谓人以群分,相同兴趣爱好和价值观的人会越来越多地走到一起,组成一个个社交群体。这种基于兴趣、价值观的细分消费者群体形成,是催生消费升级的直接原因。例如,运动爱好者、二次元群体、烘焙爱好者、影音发烧友、品酒爱好者等自成一个群体,正是因为他们有着某一方面的共同语言,因而更容易彼此沟通,更容易听取同道中人的意见。

> 四是消费者在消费过程中扮演越来越积极的角色。他们以前只是被动地接受企业提供的产品,现在为了与众不同,凸显自身的价值观,或追求一种新颖的体验,他们会抓住一切机会与品牌互动:从内容创造、设计参与、决策参谋、体验分享到品牌传播……最终,消费者会在整个价值链条的各个环节,与企业一起创造价值。
>
> 总之,近些年国内涌现出的数量庞大的中等收入群体对品质生活的追求,直接导致了一场消费升级运动。在这场运动中,零售商如果不能适应其需求的改变,就会失去一批最有价值的顾客群体。留心一下最近新开的购物中心,就可以得出上面结论。例如,虽然书店不赚钱,但很多购物中心依然开一个大大的书店供人们休闲。各种文化展览、活动讲座等展现形式落地到零售店和商场,让购物中融入美和艺术的乐趣。这些都帮助零售商和消费者建立了情感联系,以润物细无声的方式融入消费者的生活中。因为对这一消费群体而言,逛商城不仅仅为了购物,更是他们的一种生活方式。

可以说,中国零售业正处在一个前所未有的大变革时代,从原来单一的线下渠道到线下线上双渠道,再到全渠道零售乃至步入智能零售,整个零售业以人、货、场三要素为中心,正以不可思议的速度被重构。对于传统零售商而言,重要的是不能抱着旧体制得过且过,而应该主动迎接未来,从头学习什么是数字化、什么是智能零售、什么是消费者真正需要的购物体验,坚守应该坚守的,尝试应该尝试的,在新的浪潮中重新塑造自己的竞争优势,为自己寻找一个最佳位置。

本 章 小 结

零售是向最终消费者个人或社会集团出售商品及其相关服务,以供其最终消费之用的全部活动。零售是商品分销的最终环节。商品通过零售环节,便从生产领域进入到消费领域。零售商是指以零售活动为基本职能的独立的中间商,介于制造商、批发商与消费者之间,以营利为目的从事零售活动的组织。零售业是一个古老的行业,也是最重要的行业之一。

近代以来,西方国家零售业发生了四次重大变革:第一次变革是以百货商店的出现为标志,它彻底改变了传统小商人狭隘的经营观念和经营手法;第二次变革是以超级市场的出现为标志,它使开架自选售货方式和"三低"(低费用、低毛利、低价格)的经营思想在零售界普及;第三次变革是以连锁商店的普及为标志,它将分散的、单个的店铺组织起来,实行标准化管理,大大推进了零售业集中化进程;目前,信息技术和人工智能技术的发展正在引发零售业第四次变革。

中国零售业正处于一个急剧变革的时期,几乎所有优秀的零售企业都在参与一场新零售的探索与实验。尽管引发这场变革的动因有许多,但近几年中国零售业的巨大变化已是有目共睹。零售业已成为中国最活跃的领域,各种新型零售形式正以令人兴奋的速度不断衍生。这场历史性的变革无疑对每一个零售商来说都是一场严峻的考验。

学习思考

党的二十大报告指出:"坚持中国特色社会主义道路""我们始终从国情出发想问题、作决策、办事情"。改革开放以来,中国零售业发生了天翻地覆的变化。不仅发达国家的各种零售组织和零售模式都能在中国市场上找到样板,而且许多中国独有的零售新物种、新模式也正在这片土地上不断涌现出来。中国本土零售企业正在从模仿者角色演变成引领者角色。事实证明,中国零售企业不仅善于学习国外先进零售经验,更能坚持走有中国特色的发展之路。美宜佳便利店的成功就是一个例证。国外巨头7-Eleven便利店和全家便利店在中国市场上一直在艰难求生,而美宜佳便利店却获得了巨大成功,到2020年年底其门店总数超过了2万家,将外资竞争对手远远甩在身后。这充分说明中国本土企业不能照搬国外企业的经验,必须拥有自信心,不断创新,不断进步,才能保持企业的良性发展,也才能使中国零售业的发展始终充满生机、活力。

即测即评

 请扫描二维码,在线测试本章学习效果。

思考题

1. 什么是零售?零售在商品分销过程中处于哪一环节?
2. 商品从生产领域转移到消费领域可以经过哪些路径?零售商在这一转移过程中担任什么角色?
3. 零售业为什么是一个国家最重要的行业之一?其重要性体现在哪些方面?
4. 零售组织按所有权性质划分有哪些类型?
5. 零售组织发展演变理论有哪些?根据你对周围零售组织的认识,分析这些理论有什么局限性?
6. 近代西方零售业发生了几次重大变革?每一次变革都对当时的零售业带来了什么样的影响?

【案例分析】

案例一:多点Dmall的全渠道扩张

多点Dmall成立于2015年,是一家数字零售解决方案提供商。通过向零售企业提供基于Dmall OS、Mini OS系统的零售联合云服务,多点Dmall输出包含如智能补货、智能排班、智能陈列、会员管理等在内的完整数字化解决方案,助力零售企业实现线上线下一体化,以降本增效、优化消费者体验。

截至2020年年底,多点Dmall已与120多家连锁商超达成合作,覆盖全国15 000多家门店。依托这些商超与门店,多点会员总数已突破1.9亿,月度活跃用户数2 300万,连续三年蝉联各大榜单生鲜零售O2O行业首位。

以前多点Dmall服务C端的渠道主要为多点App。从2020年年底开始,在多点Dmall的核心客户之一物美宣布接入美团、饿了么等本地生活服务平台后,多点Dmall全渠道之路也已开启。

微信小程序也是多点Dmall全渠道的战略入口之一。在腾讯智慧零售不久前发起的第8期小程序倍增行动中,多点Dmall的小程序日均成交总额、日均活跃用户数、平均转化率分别增长108%、92%和128%。

多点Dmall要想实现全渠道覆盖,必须将生产流程和人力流程解构重塑,转向全面数字化。例如,零售门店在销售高低峰不同时期对收银员的需求相差很大,如何在保证顾客的服务体验不变的前提下,减少门店的人力投入?

针对这类问题,多点Dmall会先调取历史交易的会员数据,看每天门店有多少客流量、高峰期与低峰期分别在哪一时间段,以实现对未来客流量的预测。同时它会分析,这部分交易中有多大比例适合通过自助收银解决,如果将称重环节与收银环节合并,是否也能有效减少顾客的无效等待时间。这样一来,将具体需求重新解构分析,并用一套工具或流程固定下来,变成标准化的解决方案和实施体系,是多点Dmall服务各零售企业的基础和核心。

当2020年诸多生鲜到家电商平台进驻北京打起价格战时,多点Dmall选择的是夯实售后服务、配送速度、商品优化和客户满意度的基础,而非跟进去做补贴、促销等活动。例如,将"2小时达"升级为"半小时达",将"一日8配"升级为"一日最多可61配",优化退款、用户投诉以及用户意见反馈的渠道,并将用户评论和生产经营中的具体环节进行了打通。

在底层基础能力的建设中,多点Dmall与微信联手,在OS系统中拿出七个明星模块,结合腾讯云、腾讯支付等的优势,推出完整的零售解决方案并联合推广。在2020年10月多点Dmall的28亿元C轮融资中,腾讯作为老股东也再次跟投。

可见,零售业不仅是一个劳动密集型产业,也是一个智力密集型产业。在"多点Dmall+腾讯"的方案支持下,零售企业实现全面数字化改造之后,交易场景的叠加才能形成合力,发挥协同效应,最终实现"1+1+1>3"的效果。

资料来源:腾讯智慧零售微信公众号,2021-04-19(原载于"新商业情报NBT")。

问题:

多点Dmall全渠道扩张的动因是什么?为什么它不卷入2020年其他生鲜到家电商平台在北京掀起的价格战?

案例二:小米新零售的双重布局

小米集团正式成立于2010年4月,是一家专注于智能硬件和电子产品研发的全球化移动互联网企业,也是一家专注于高端智能手机、互联网电视及智能家居生态链建设的创新型科技企业。创业不到10年,小米就成功进入"世界500强"行列。公司创始人称小米也是一家零售公司,并提出了一套完整的小米新零售战略。

小米的新零售定义为:通过线上线下互动融合的运营方式,将电商的经验和优势发挥到实体零售中,改善购物体验,提升流通效率,将质高价优、货真价实的产品卖到消费者手里,以此实现消费升级的创新零售模式。小米的新零售模式形成了线上和线下四粒棋子的双重布局。

即线上的"小米商城"和"小米有品"、线下的"小米之家"和"小米小店"。

1. 小米商城。小米商城是小米新零售的线上基础，主打小米手机、平板电脑等科技数码产品，并逐渐延展至周边相关生活产品，如手环、箱包等，包括了生态链企业的系列产品。目标用户主要为核心米粉。他们热爱小米文化，积极参与小米产品发布会、米粉活动，是小米商城用户的中流砥柱。

2. 小米有品。小米有品是小米打造的一个开放式生活购物平台。除了小米、米家及生态链品牌，小米有品现已涵盖家居、日用、餐厨、家电、智能、影音、服饰、出行、文创、健康、饮食、洗护、箱包、婴童等品类。小米有品于2017年4月6日米粉节上线，依托小米生态链企业，它采用了多品牌合作的模式。小米有品扶持第三方品牌独立发展，共同服务于用户。

3. 小米之家。小米之家是小米线下布局的直营展示与服务中心，集展示、体验、销售、社交、互动于一体，小米用户可以深入体验产品功能、品牌调性、相关活动。小米之家通过选择人气商场、线上集粉、线下体验、活动联结、口碑落地的方式，再次深度联结粉丝，提升品牌吸引力。小米之家已经在全国几十个大中型城市同时铺开，目前已有近2 000家。小米之家单店坪效曾达到27万元，全国第一，世界第二，远超同业品牌专卖店，仅次于苹果专卖店40万元的坪效。

4. 小米小店。小米小店是小米新零售布局系统中比较特殊的一环，也可以说是进入小米新零售门槛最低的一个。它主要采用粉丝化的模式，而店主基本上是小米铁粉。小米小店是小米公司新增线下销售渠道的一种尝试。通过这种方式，实现个人卖家向小米的直接订货，以官网报价统一采购、统一发货，小米公司会按照小店的销售业绩向经营者支付报酬。采用这样的经营方式，小米的目的在于实现渠道下沉，实现在四五线城市的布局。

资料来源：时代光华出版微信公众号，2021-03-30。

问题：

小米新零售战略双重布局得以成功实施的关键因素是什么？

第二章

零售业态

30多年来,中国零售业的变化让人眼花缭乱,各种新型业态(如超级市场、便利店、品牌专卖店、折扣店、仓储会员店、购物中心及网络零售等)纷纷涌现,加上原有业态(如百货商店、专业店等),西方国家已出现过的零售业态都可以在国内找到对应形态。新旧业态的零售商共同争夺零售市场这块巨大的蛋糕,这不仅使中国的零售竞争格局发生了根本性的变化,而且使中国零售竞争的程度日趋激烈。

当前,中国零售业变革已经进入一个深水区,没有可以借鉴的成功样本,需要企业自己摸索前行。竞争的加剧迫使零售企业尝试各种创新,许多跨业态、跨行业的新物种如雨后春笋般涌现。这些新物种能否经得起市场的检验?是否代表未来零售业的发展趋势?要回答这些问题,需要回望零售业态的本质。基于本质看现象,才能看清楚新物种创新的价值。

任何一种零售业态的诞生和发展其实都是消费者生活追求的投射,反映的是其背后的生活方式。一种零售业态能很好地满足目标顾客的需求,才能被市场接受,才能继续存在和发展,否则就将不可避免地被淘汰。当一种零售业态已经走过了其生命的辉煌阶段而步入衰落期时,经营者要学会放弃或变革图新;当一种零售业态正处于不断成长的朝阳阶段时,经营者要善于抓住机会,不断创新,快速超越竞争对手。

本章所要回答的问题是:
- 零售业态的内涵及组成要素;
- 百货商店的特征及发展;
- 超级市场的特征及发展;
- 便利店的特征及发展;
- 专业店与品牌专卖店的特征及发展;
- 购物中心的特征及发展;
- 网络零售的特征及发展;
- 其他零售业态的特征及发展。

第一节 零售业态的含义

一、零售业态的特征及分类

"零售业态"(retail formats)一词是20世纪90年代初期随着超级市场的兴起而被人们接受

并得到广泛应用的。1998年6月5日,国家国内贸易部颁布了《零售业态分类规范意见(试行)》,表明该词得到了官方的认可。2000年我国正式实施国家标准《零售业态分类》。该标准于2004年、2021年先后两次修订并施行。

根据我国2021年10月1日开始实施的国家标准《零售业态分类》(GB/T 18106—2021),零售业态的定义是"为满足不同的消费需求,商品零售经营者对相应要素进行组合而形成的不同经营形态"。

(一) 零售业态的特征

零售业态包括以下特征:

(1) 零售业态是零售商将各种经营要素如商品结构、经营规模、服务功能、价格、选址和商店环境等组合而成的一种经营形态,这种经营形态可以让消费者识别出来。

(2) 零售业态是根据不同目标顾客和消费需求而形成的,每一种零售业态都是为了满足某一特定目标市场需求而存在的。

(3) 目标顾客需求决定了零售商店的经营效率,只有采取与目标顾客需求相适应的零售业态,零售商店的经营才有效益,否则很难立足。

(二) 零售业态的分类

在《零售业态分类》(GB/T 18106—2021)中,根据有无固定营业场所,零售业态可分为有店铺零售和无店铺零售两大类。

1. 有店铺零售

有店铺零售(store-based retailing)是指有相对固定的进行商品陈列、展示和销售的场所和设施,并且消费者的购买行为主要在这一场所内完成的零售活动。有店铺零售可分为便利店、超级市场、折扣店、仓储会员店、百货店、购物中心、专业店、品牌专卖店、集合店、无人值守商店等10种零售业态。

2. 无店铺零售

无店铺零售(non-store selling)是指通过互联网、电视/广播、邮寄、无人售货设备、流动售货车或直销等形式将自营或合作经营的商品,通过物流配送、消费者自提、面对面销售等方式送达消费者的零售活动。无店铺零售分为网络零售、电视/广播零售、邮寄零售、无人售货设备零售、直销、电话零售、流动货摊零售等7种零售业态。

零售业从最初沿街叫卖式的流动地摊零售,逐步发展出杂货店、专业店、百货商店、超级市场、便利店等多种形态。零售业态的不断丰富是零售业进步的表现,是随着生产领域商品渐渐丰富和消费领域人们需求的变化而产生的。各种新型零售业态的出现是社会发展的必然产物,它们的出现又推动着社会不断进步和人们生活品质不断提高。

二、零售业态的内在组成要素

在零售竞争中,许多零售商竞相采取不同的零售策略组合以加强企业形象,避免陷入与竞争者过于雷同的境地,从而使零售经营形式多样化。零售策略组合也是零售业态的内在要素组合,包括目标顾客、商品结构、价格策略、服务方式、店铺环境等因素。由于各要素选择余地大、组合变化多,就使得现代零售经营内容精彩纷呈,即使同一业态的零售商店也可能表现出不同的经营特色。

在零售业态内在组成要素中:目标顾客是指零售商店所选择的服务对象;商品结构是指零售商店为满足目标顾客需求而确定的经营各类商品的比例;服务方式是指零售商店采取的售货方式和提供的服务内容;店铺环境是指商店的内部装饰与商品展示所营造的购物氛围;价格策略是指零售商所采用的高价或低价策略;购买便利性是指零售商店的设址地点、营业时间等是否方便目标顾客。这些要素的组合使得零售活动能正常进行,零售业态的实质就是这些要素的组合形式,各种要素的组合形式不同,就形成了不同的零售业态。

图2-1列出了零售策略组合的若干要素,每一要素的两端都简单描述了零售商可以选择的两个极点。事实上,零售商可以在两个极点之间的任一点进行要素策略选择。

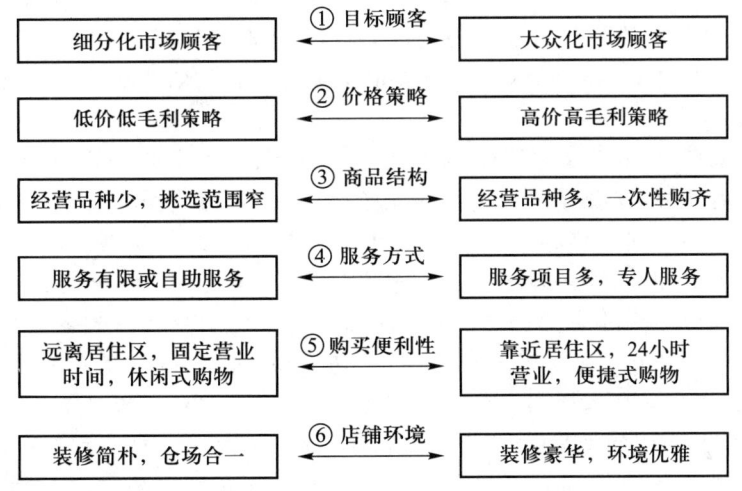

图 2-1　零售策略组合要素

零售业态的本质是上述各种零售要素的组合。这些零售要素可以有千变万化的组合,于是就产生了各种各样的商店形态。如果一家商店采取了这样的组合策略:目标顾客是家庭主妇,经营的商品以食品和日用品为主,服务方式为有限服务和自我服务,店铺装饰明亮、整洁但不豪华,价格策略采取低价策略等,那么这家商店就表现为超级市场业态。如果一家商店采取了另外的组合策略:目标顾客是周边居民,每天24小时营业,营业面积较小,经营商品为日常生活用品、饮料、烟酒、应急性商品,地址设在居民区内,附加各种便民服务等,那么这家商店就是便利店业态。可见,零售要素的不同组合形成了不同的零售业态。

每一个零售业态的要素组合是否可行取决于目标顾客的需求。当零售商的要素组合策略能很好地满足目标顾客的需求,这种商店形态便被市场接受,于是,它便能立足于市场而生存下来。如果一种要素组合不能很好地满足目标顾客的需求,或者是目标顾客的需求已经发生了变化,或者是出现了一种新的能更好满足目标顾客需求的要素组合,则原先的零售业态就无法生存或被其他零售业态替代。

专论：

跨界融合淡化零售业态边界

跨界是当今一个热门的话题。零售行业中跨界之风此起彼伏，成为人们追逐的一个热点。当一个零售商增加了与其原业态互不关联的商品和服务或增加了与其原零售经营范围无关的业务时即为跨界，或称业态融合。

日本的便利店在跨界经营上独具特色。最初，它们只是将经营范围延伸至其他零售业态。例如，便利店+药店、便利店+超市、便利店+书店、便利店+美容品店、便利店+玩具店等。随着电子商务的不断发展，日本便利店早已突破了传统商品范围，向全品类进军。这种跨界尚属零售业态之间的跨界。

后来，日本便利店逐步蚕食其他生活服务业，如餐饮业、冲印业、干洗业、打印复印、娱乐业等，可以说，被便利店涉足的行业其原先的经营渠道都受到了巨大冲击。此后，日本便利店还广泛渗透到其他行业，如金融业、养老保健行业、物流业、农业生产等。这种跨界属于不同行业之间的跨界。

零售商之所以跨界经营，目的是引入更高毛利商品，改善商品结构，增加利润；有时也为了抵达不同的目标市场，降低季节性影响和竞争性影响，希望能分摊经营成本和分散经营风险等。但无论是业态之间的跨界还是行业之间的跨界，都会淡化零售业态的边界，冲淡目标顾客对零售商既有的印象，导致零售商企业形象模糊，品牌定位战略出现游移。

跨界方向的选择通常要考虑两点：一是新业务与原有业务之间的关联性。二是新业务的吸引力。具体表现为该项业务的利润空间、市场空间、进入壁垒、退出壁垒、固定和库存成本、政府政策等因素。从日本便利店的实践经验可以看出，零售商跨界方向向连带消费的场景延伸，向商品功能的纵向需求延伸，向店铺网络增值效应延伸，都不失为好的选择。

任何一种零售业态的诞生和发展其实都是消费者生活追求的投射，反映的是其背后的生活方式。顾客到店里，除了买东西，还可以喝到喜欢的咖啡，吃上美味的点心，还能让小朋友上个早教，顺便再买些自家人喜欢的菜，甚至把衣服送来给信赖的机构洗，这些都是需求，是生活方式的全方位服务。所以，无印良品会跨界开设酒店，而一些奢侈品专卖店会引入咖啡酒吧。顾客在店里得到好的购物体验时，实际上就是给跨界经营增加了成功机会。

但是，企业盲目跨界也会带来巨大的风险，此类失败的例子数不胜数。因为跨界意味着要面对不同领域的竞争，面对资源过于分散、运营费用增大的陷阱，面对专业人才缺乏、原有品牌形象受损的危机，以及时机把握不当、节奏控制不稳的风险。尤其是当跨越了原来的经营范围而涉足其他领域时，被侵犯的行业也会如法炮制进行竞争。这就如同便利店将业务延伸至第三方物流领域，而顺丰也随之将业务延伸到便利店业务一样。不过，两者跨界经营的方向不同，所秉承的优势也不同，成功的概率也会不同。

可见，不是思想有多远，跨界就能走多远。企业跨界必须遵循顾客中心原则，因为，最终打败你的原因不是行业竞争对手，也不是黑天鹅，而是被顾客抛弃。因此要坚持顾客中心原则，这有两层含义：一是不断深化与顾客的关系；二是不断提高价值创造的能力。所以，你的跨界到底是损害企业价值还是创造企业价值，是带来品牌折价还是导致品牌溢价，是每个零售商都应该好好思考的问题。

第二节 百货商店

一、百货商店的定义和特征

百货商店（department store）是指以经营品牌服装服饰、化妆品、家居用品、箱包、鞋品、珠宝、钟表等为主，统一经营，满足顾客对品质商品多样化需求的零售业态。

根据《零售业态分类》（GB/T 18106—2021），百货商店的主要特征如下：

(1) 选址在市、区级商业中心或历史形成的商业集聚地；
(2) 目标顾客以追求时尚和品质的顾客为主；
(3) 营业面积一般在1万~5万平方米；
(4) 商品结构表现为商品种类齐全，以服饰、鞋类、箱包、化妆品、家庭用品、家用电器为主；
(5) 注重服务，逐步增设餐饮、娱乐、休闲等服务项目和设施。

百货商店的经营模式目前主要有四种：自营、联营、出租和代销。

（一）自营

这是指百货商店买断制造商或代理商的产品，在自己的店铺进行零售，所产生的自营费用由自己承担，利润归自己所有。在这一经营模式下，购销差价是百货商店最主要的收入和利润来源。目前国外兴起的买手制百货即是这种经营模式。

（二）联营

这是指百货商店不取得商品所有权，而是与制造商或品牌商签订合约各自独立经营，其权利和义务由合同约定。在这一经营模式下，百货商店按销售额的一定比例向制造商或品牌商收取的费用（一般称联营扣点）是其主要收入和利润来源。

（三）出租

这是指百货商店向制造商、品牌商、个体或其他商业组织出租柜台或铺面供其开展经营活动，并收取一定租金的行为。在这一经营模式下，百货商店不参与商品经营活动，租金是其主要收入和利润来源。

（四）代销

这是指百货商店接受制造商或品牌商的委托，在自己的店铺为其销售商品，通过收取一定代理费的方式赚取收入和利润，不负责代理商品本身的盈亏。在这一经营模式下，除产品本身产生的损耗费用外，百货商店运营的相关费用一般主要由自己承担，而代销费是其最主要的收入和利润来源。

在实际的经营中，百货商店一般会根据具体情况灵活采取上述某种经营模式，甚至在一家百货商店中采取混合式的多种运营模式。此外，根据目标顾客层的不同，国内百货商店在竞争中开始错位经营，逐渐演化出精品百货、折扣百货、大众百货、社区百货等多种形式。

二、百货商店的发展与革新

百货商店的出现是零售业第一次重大变革的标志。第一家百货商店诞生于19世纪中叶的法国,此后百货商店风靡了一个多世纪。中国第一家百货商店诞生于1900年,即俄国人在哈尔滨开设的秋林公司。20世纪初,若干百货商店相继在各大城市开业,中国百货业逐步走向繁荣。中华人民共和国成立后,百货商店一度在中国零售市场成为主导力量,它们靠商品短缺环境、相关政策、中心地段,创造了一个行业几十年"只赚不赔"的神话。

进入20世纪90年代,各种零售业态纷纷涌现,国内原有零售格局被打破,百货商店开始走下坡路。尤其是进入21世纪之后,随着网络零售的愈发兴盛,百货商店遭受电商的致命冲击,经营愈发艰难。2015年之后,不断传来某地的百货商店倒闭或被收购的消息,其中不乏玛莎百货、百盛百货、万达百货这样的大型百货商场。曾经作为国内消费者购物第一选择的百货商店,如今正经历一场大的转型阵痛。

2017年5月,作为中国第一店的上海第一百货商店宣告暂时歇业,重新装修改造。这家百货商店和东方商厦一起被整合为"一百商业中心",以跃层飞梯、连廊等方式,将两栋楼连贯打通,融入老上海的许多传统元素,打造成为"全客群、全时段、全业态、全品类、全渠道"的集购物、餐饮、文化、休闲于一体的一站式大型购物目的地。2018年11月,一百商业中心正式开业。

受到经济发展速度趋缓及电商、购物中心、专业店、社区店竞争的冲击,加上同质化严重,百货商店的生存和发展面临严峻考验,开始纷纷转型。有的直接改为购物中心,有的引进餐饮业态走向百货购物中心化,有的转为折扣店……上海一百商业中心正是国内许多百货商店转型的代表。但仍有部分百货商店坚守百货业态,积极创新,提升服务,赢得了自己的生存空间,银泰百货、信誉楼是其中的代表。

时代在变,消费者购物习惯在变,百货商店的经营模式也需要改变。目前国内一些百货商店正尝试以下方面的创新:

一是调整商品品类,改善品牌结构。一些百货商店尝试开发自有品牌,尝试转型为买手型百货,力求从品牌组合、品类分布及商品的新颖性等方面给顾客营造独特的印象,强化某些品类以形成各种主题场景化购物模式,让顾客能从舒适、优雅的百货商店里找到独一无二的商品,真正享受到购物的乐趣。

二是改变功能布局,优化商场环境。在功能布局上,尝试引入更多体验性元素,将咖啡、茶饮、娱乐、特色餐饮、宠物、绿植等巧妙安置到各个楼层中,不断扩充商场功能。设置不同的主题休憩场所,利用高科技营造美轮美奂的购物环境,将逛街与社交、娱乐、休闲融为一体,提升顾客购物体验。

三是加强私域运营,创新营销方式。一些百货商店尝试加快线上线下一体化的数字化转型,尤其在数字化会员管理上。它们通过公众号、社群、导购、直播四种形式的私域运营,加强与会员互动,增强会员黏性,并通过会员的传播进一步吸引潜在顾客,扩大商圈范围。同时,运用大数据技术改善每一个购物环节,使内容基于消费者偏好精准触达,与顾客建立稳固的链接,给顾客创造更高价值。

总之,未来几年,中国百货商店在竞争的压力下,将重新确定自己的差别化竞争战略,通过提高服务质量来提高商品附加价值,赢得对服务和品质敏感的顾客,并以商品丰富时尚、品牌信誉高、服务优良、具有展览功能和窗口功能、地处繁华地带、购物环境佳等竞争策略在市场上拥有一席之地。

【案例 2-1】

银泰百货以直播实现"云逛银泰"

近些年,百货业在电商冲击下经营越来越困难,新冠疫情的暴发更是让百货企业雪上加霜。但不是所有的百货企业都坐以待毙,有不少企业正在积极变革,尝试新的营销方式,并取得了可喜成绩。银泰百货就是其中一个典型代表。

银泰百货较早涉足直播带货,其电商直播发源于2019年,2020年新冠疫情期间的导购"云复工"活动,就有超过5 000名导购参与该活动,日均开播逾200场,暑期也成新零售直播观看高峰期。据银泰百货不完全统计,数百万"00后"通过淘宝直播实现"云逛银泰"。以杭州武林银泰店为例,2020年近半年直播"云逛街"人数是线下客流的3倍。2020年的"618"期间,300名素人走进银泰百货门店,累计直播了288小时,吸引50万线上客流、超700万次点赞。

在银泰的直播间里,护肤美体产品最受欢迎,其成交额占银泰直播总成交额的近40%,成交量占到银泰直播总成交量的逾15%。其他如婴童用品、女装、运动鞋等品类,也比较受欢迎。而珠宝黄金虽然销量仅排第十,但因高单价令其销售额占到银泰直播成交额的5.5%,直播潜力较大。银泰直播用户最多的20座城市中,浙江省占7个,这与银泰在当地建立的品牌知名度紧密相关。但在上海、广州、重庆、深圳、成都等未进驻银泰百货的城市,也吸引了相当一部分的直播用户。

银泰商业的一位管理者表示:"直播的方式打破了传统百货行业对时间和空间的限制。原来百货店早上10点开门,晚上10点关门,这个时间段以外是没有业绩的。同时受地理空间的限制,它只能辐射周边10千米的范围。上了直播以后,一是24小时可以播,二是90%都是新客,这些消费者所在的城市根本没有银泰。对一家百货行业来讲新客是特别重要的,这完全不是一个救急举措,我们要把它当成一个新的增长点。"

资料来源:未来消费 App,2020-04-14。

第三节 超级市场

一、超级市场的定义和分类

超级市场(supermarket)是指以销售食品、日用品为主,满足消费者日常生活需要的零售业态。通常采取开架销售,也可同时采取在线销售。门店内可提供食品现场加工服务及现场就餐服务。

根据《零售业态分类》(GB/T 18106—2021),超级市场有两种划分方式:一种是按照营业面积划分,另一种是按照生鲜食品营业面积占比划分。

(一)按营业面积划分,超级市场分为三类

1. 大型超市

大型超市是指营业面积大于或等于 6 000 平方米、商品种类丰富、满足一站式购物的超市。其主要特征是:

(1) 选址在市、区商业中心或城乡接合部、交通要道及大型居住区。

(2) 辐射半径 2 千米以上,目标顾客以居民、流动顾客为主。

(3) 营业面积大于或等于 6 000 平方米。

(4) 主要经营各类生活用品、包装食品及生鲜食品,可一次性购齐,注重自有品牌开发。

(5) 通常设不低于占营业面积 40% 的停车场,营业时间 12 小时或以上,可提供线上订货服务。

2. 中型超市

中型超市是指营业面积在 2 000~5 999 平方米、商品种类较多、满足日常生活所需的超市。其主要特征是:

(1) 选址在市、区商业中心及居住区。

(2) 辐射半径 2 千米左右,以商业区目标顾客、社区便民消费为主。

(3) 营业面积在 2 000~5 999 平方米。

(4) 主要经营日常生活用品、包装食品及生鲜食品,单品数少于大型超市。

(5) 营业时间 12 小时或以上,可提供线上订货服务。

3. 小型超市

小型超市是指营业面积在 200~1 999 平方米、食品类商品品种较多、满足日常生活必需的超市。其主要特征是:

(1) 选址在市、区商业中心及居住区。

(2) 辐射半径 1 千米左右,社区便民消费为主。

(3) 营业面积在 200~1 999 平方米。

(4) 主要经营包装食品及生鲜食品,提供日常生活必需品。

(5) 营业时间 12 小时或以上,通常提供便民服务,可提供线上订货服务。

(二)按生鲜食品营业面积占比划分,超级市场分为两类

1. 生鲜食品超市

生鲜食品超市是指生鲜食品营业面积大于或等于总营业面积的 1/3、满足消费者日常生活必需的超市。生鲜食品的有效单品数量通常占总单品数的 30% 及以上。其主要特征是:

(1) 选址在社区周边,或是大型购物中心的配套业态。

(2) 辐射半径 2 千米左右,以商业区目标顾客、周边居民为主。

(3) 营业面积一般在 200~6 000 平方米。

(4) 主要经营生鲜食品、包装食品,配置必需的非食品类商品,经营品种在 0.7 万~1.5 万种。

(5) 营业时间 12 小时或以上,提供生鲜食品简单处理、加工服务。可提供线上订货服务。

2. 综合超市

综合超市是指经营品种齐全、满足顾客日常生活用品一次购齐的超市。非食品类商品数量占比较高。其主要特征是：

（1）选址在市、区商业中心及居住区。

（2）辐射半径 5 千米左右，以商业区目标顾客、周边居民为主。

（3）营业面积一般在 2 000～10 000 平方米。

（4）非食品类商品单品数较多，经营品种齐全，在 1.5 万～3 万个。满足顾客日常生活用品一次购齐的需求。

（5）营业时间 12 小时或以上，可提供线上订货服务。

二、超级市场在中国的发展

中国引入超级市场概念是在 20 世纪 80 年代初。当时广州友谊商店附设了一个小型超市，用外汇结算，服务对象主要是外籍人士。1990 年 12 月，东莞虎门镇出现了中国第一家连锁超市——美佳超级市场，其开架自选的售货方式、较低的价格和面向居民区的选址都对后来者产生了极大的影响。与此同时，上海、北京、深圳、广州等地也出现了"超市热"。

1996 年左右，世界级零售巨头在中国开始了市场拓展，沃尔玛、家乐福、永旺等零售巨头纷纷以超级市场业态进入中国零售市场，给中国刚创立不久的本土超市企业乃至所有零售企业带来巨大的压力。压力也是一种动力，国内本土连锁超市迅速成长起来。1999 年，上海联华超市销售额超过上海第一百货公司，名列中国零售企业榜首。从此，持续多年的百货商店统治地位终告结束。

进入 21 世纪，超级市场承接之前快速发展的势头，继续高歌猛进，各地连锁超市纷纷向外地扩张，企业之间的联合、兼并与重组成为连锁超市扩张的重要方式之一，并迅速崛起了几家全国性连锁超市。但从 2012 年开始，大型综合超市受电商的冲击不断加大，增长势头逐步减缓，部分大型超市业绩下滑，并陆续传来倒闭的消息，一些外资企业（如英国乐购等）纷纷退出中国市场，原先风光无限的大型综合超市面临着转型的巨大压力。

2016 年新零售概念被提出之后，超级市场率先成为新零售变革的试验场，一场主打"生鲜超市+餐饮+O2O"的新概念超市纷纷涌现，如阿里巴巴的盒马鲜生到 2019 年年底已经开设了 250 家门店，永辉大力开发的超级物种也在一边迭代一边向全国拓展。还有京东的 7FRESH、苏宁的苏鲜生、步步高的鲜食演义、百联集团的 RISO、新华都的海物会，也纷纷加入新零售竞争中。

另一方面，小型生鲜超市开始风行，迷你超市成为近两年超市业态的竞争热点。2020 年 5 月盒马 mini 进入北京市场，7 月大润发试水迷你店、小润发 RT-mini 开业，9 月永辉 mini 改版，试水二代店型。迷你超市的风行，一方面是小店经营灵活，开店成本较低；另一方面，国内超市企业正在加速下沉，打通最后一公里，而迷你超市贴近居民，能够加大覆盖密度，为企业构筑更稳固的渠道结构。

为了覆盖一座城市的所有居民，各种不同规模和不同场景的超市接连涌现，一些主打到家业务，一些主打到店业务，一些主打到点（提货点）业务；一些定位中高收入阶层，一些定位大众阶层，一些定位年轻群体，使得超市业态急剧分化。一些零售巨头开发多个超市细分业态，如盒马旗下就拥有盒马鲜生、盒马菜市、盒马 mini、盒马 F2、盒小马、盒马里、盒马邻里等 10 多个不同定位的新型品牌。而华润万家旗下也开发了华润万家生活超市、社区超市、便利超市、Ole′精品超市、blt精品超市、万家CITY、万家MART。随着超市竞争日益加剧,一些外资企业如家乐福、欧尚等退出中国市场。

民以食为天,超级市场的主力商品是生鲜食品,这是一个巨大的消费市场。由于生鲜食品的物流配送独特性和消费者购买行为的多样性,线下实体超市很难被纯粹的生鲜电商取代,线上线下一体化经营是超市发展的必然趋势。超市竞争的异常激烈,不仅反映在电商巨头纷纷涉足线下超市经营,传统超市企业为生存发展而积极尝试各种创新活动,也反映在其他行业如房地产企业、物流企业等纷纷跨界加入超市行业的竞争中。

当前这场超级市场的新零售革命,主要以大数据技术为支撑,以线上线下融合、极速配送、全渠道会员服务和私域经营为特色,以降低获客成本,丰富商品种类,打通供应链前段,提升营运效率和消费体验。虽然这些创新还有待市场检验,但它们的出现使得国内超市行业呈现一派欣欣向荣的景象,既反映了消费升级和"90后"新生代消费群体的消费需求变化对零售创新活动的拉动作用,也反映了零售商主动顺应时代潮流积极应对环境变化的创新精神。

【案例2-2】

华润万家旗下的 Ole′ 超市

Ole′是华润万家旗下的一个精品超市品牌,于2004年在深圳创立。当时,华润置地要开一个一站式体验的高端购物中心,集团的时任领导要求该购物中心的超市必须由华润万家承接,当即指派负责人去开创一个与华润置地定位匹配的、为中等收入群体服务的精品超市,由此便诞生了国内最早的精品超市领导品牌——Ole′。

当时国内精品超市市场几乎是空白。究竟要开一个什么样的超市才能符合中等收入群体的需求?华润万家在调研了香港精品超市及不同零售业态之后,把超市品类重点放在了红酒、西式美食、面包三大品类上,逐渐明确了Ole′的商品定位:以优质的进口商品为主,突出红酒区+体验bar、全球精品糖巧及非常少见的芝士火腿、传递西式生活概念的健康欧包三个品类。

Ole′这一名字取自1998年世界杯的主题曲《生命之杯》。"go go go, ole ole ole"这句融合了英语和西班牙语的歌词当时在街头巷尾广为流传。于是,华润万家灵感闪现,"Ole′"这一名字由此诞生。它寓意要带给消费者开心、快乐、愉悦的购物体验。2004年,全国第一家精品超市——Ole′超市在深圳万象城揭幕。它颠覆了国内传统超市形态,立即引发了业界乃至全社会的关注。一直到现在,Ole′超市都是国内领先于行业的精品超市,很受一二线城市的中等收入群体消费者欢迎。Ole′超市同样具有很强的商品力。

之后的Ole′不断推陈出新,引入了生活方式的概念,对具有代表性的品类中心进行了强化,优化商品组合。作为生鲜区域及功能的扩展,在卖场内搭配了"美食区",给顾客更多便利选择。Ole′门店引入了牛排、咖啡的现场制售与堂食空间,并可供开展烹饪、品鉴课的"概念厨房"。Ole′的每一家新店都不会完全复制之前的店面样貌,而是根据周边的商圈特色来选择增加场景式体验形式。

资料来源:零售与连锁经营微信公众号,2020-09-08。

第四节 便 利 店

一、便利店的定义及分类

便利店(convenience store)是指以销售即食商品为主,满足顾客即时性、服务性等便利需求为主要目的的小型综合零售形式的业态。

根据《零售业态分类》(GB/T 18106—2021),便利店可以分成四类,每一类的主要特征如下。

(一) 社区型便利店

这类便利店位于社区周边,主要顾客群体为社区内常住人员。其主要特征有:
(1) 选址位于社区周边。
(2) 主要顾客为社区内常住人员,客源稳定。
(3) 门店面积一般在 50~199 平方米,货架组数在 15~25 组。
(4) 以日常生活用品、饮料、烟酒、应急性商品以及部分生鲜商品为主。根据社区档次不同,商品结构有所不同。
(5) 营业时间通常在 16 小时以上,可提供线上订货及多种便民服务。有些便利店提供送货上门或顾客自提服务。

(二) 客流配套型便利店

这类便利店位于公共交通枢纽以及景点、商业中心、医院、高校、园区等人流较为密集的区域及其周边,顾客群体以上班族、出行人群和特定人群为主。其主要特征有:
(1) 位于火车站、公交站、码头、地铁站等公共交通枢纽以及景点、商业中心等人流量较为密集的区域周边。
(2) 顾客群体以上班族和出游人群为主。
(3) 门店面积一般在 50~120 平方米,货架组数在 15~25 组。
(4) 以饮料、香烟、即食品、休闲食品、报纸杂志为主,位于旅游景点的店铺销售旅游纪念品。
(5) 以提供即食品服务(早餐、盒饭)、手机充电、ATM 取款、上网等服务为主。

(三) 商务型便利店

这类便利店位于写字楼集中的区域及其周边,顾客群体以办公人群为主。其主要特征有:
(1) 位于写字楼集中的区域及其周边。
(2) 顾客群体以收入较高的商务人士为主。
(3) 门店面积一般在 20~80 平方米,货架组数在 10~20 组;设置就餐简易设施。
(4) 以新鲜盒饭、即食商品、现冲饮料、新鲜水果、功能性饮料、蜜饯糖果、时尚小商品为主。
(5) 提供早、中、晚即食商品,以及信用卡还款、上网等服务为主。有些还提供线上订货服务。

(四) 加油站型便利店

这类便利店依托加油站,顾客群体以司乘人员为主。其主要特征有:

（1）地址设在加油站内。
（2）顾客群体以司乘人员为主。
（3）门店面积一般在10~120平方米，货架组数不等。
（4）以食品、饮料、香烟、应急商品、汽车养护用品为主。
（5）提供ATM取款等金融服务，以及洗车等汽车相关服务。

二、便利店在中国的发展

便利店起源于美国的南陆公司，当时它将营业时间从早上7点延长到晚上11点，故称7-Eleven商店。后来这家便利店的营业时间已演变成24小时全天营业，全年无休，总部也设在日本，但仍沿用"7-Eleven"这一脍炙人口的名称。

我国便利店几乎与超市同时起步，但早期发展速度远逊于超市业态。20世纪90年代初，广州的南方大厦率先尝试便利店24小时经营，但很快放弃了这种尝试。1996年，便利店巨头7-Eleven、罗森公司与沃尔玛、家乐福等企业同时进入中国市场，带来了先进的经营理念，也引来众多本土企业效仿，美宜佳便利店便是在此背景下创立于1997年。

便利店初期在国内发展并不顺利，不时传来倒闭的消息，如AM/PM公司、倍顺便利店、广州联华快客和21世纪便利店等，都因资金链断裂而被收购。究其原因，一是因为我国居民收入水平决定了消费者对价格因素仍十分敏感，高费用、高毛利、高价格的经营策略会失去主要顾客群体；二是我国消费者还没有生活紧张到可以用高价格换取购物时间的地步，且周边小商店的经营时间已经很长；三是迅速发展的连锁超市深入居民住宅区，使居民购物十分方便。

2010年后，随着网络零售的崛起并对传统零售企业冲击力度的日益加大，线下各种零售业态开始走下坡路。但便利店不但没有受到电商冲击，反而成为信息时代的宠儿，得到了快速发展。日本的便利店就大获成功，成为社会的基础设施，也印证了便利店巨大的发展前景。于是，不少投资者纷纷看好便利店业态，开始"跑马圈地"，中国便利店的发展步入快车道。2013年年底，作为国内加油站型便利店代表的中石化易捷公司创立，而美宜佳此时的门店数已突破了5 000家，意味着本土便利店找到了一条适合中国国情的发展路子。2017年5月，美宜佳门店数突破了1万家；2年之后，美宜佳门店数突破2万家。

目前，便利店成为零售业的一个风口行业，是继超级市场之后的又一个主力业态，发展潜力巨大。原因如下：

（1）中国居民生活方式在变化，生活节奏越来越快，家庭人口数不断减少，便利店以全天24小时便利的营业时间、紧邻住宅区的便利购物地点、配合各种便民服务措施较好地适应了现代人的生活方式，越来越受到年轻人欢迎。

（2）目前国内存在大量散而小的夫妻杂货店，这些商店经营规模小、商品质量无保证、经营费用较高、管理水平较差、竞争力较弱，由连锁形式的便利店来整合或取代已是大势所趋。

（3）便利店投入成本低、投资见效快，适合采取特许经营方式发展吸纳社会闲散资金开店拓展连锁网络，因而容易后来居上，形成迅猛发展之势。

（4）便利店一旦在市场上站稳脚跟，必然会不断扩大经营范围，将各种便民服务和其他业务吸收进来，逐渐向一站式生活中心演变，最后成为一种社会基础设施。日本便利店的这种发展过程将在中国市场上重演，这意味着便利店有可能取代周边的各类服务型小店，未来发展会有无限的想象空间。

（5）当前，网络购物已成为人们购物的一种重要渠道，席卷了各个商品品类。但在生鲜领域，就近配送的难题依然存在。而最接近居民的便利店恰好可以解决生鲜电商的物流瓶颈，社区团购的兴起便是利用了便利店这一渠道优势。后疫情时代，便利店通过强大的配送能力将网上所购商品送到距消费者最近的提货点，这一新的利润增长点使得未来的便利店具有广阔的发展前景，并成为各商家争夺的焦点。

目前，中国发展便利店的条件和时机已经成熟，其发展前景十分诱人。但由于大量资本涌入，便利店这一业态的竞争空前激烈。2020年，头部品牌7-Eleven、罗森等开始陆续抢占二三线城市新战场；本土便利店美宜佳、红旗连锁、便利蜂、见福等品牌也在跨区域铺设门店，快速扩张。与此同时，全时便利店大面积关门停业，苏宁小店宣布撤店3 000余家。扩张和收缩现象并存，表明中国便利店的发展威胁与机遇同在。便利店是考验经营者耐心的业态，也是需要精耕细作的业态，便利店企业未来发展可以从购物便捷性、体验场景化、品类升级、数字化驱动四个方面寻求突破。

第五节　专业店和品牌专卖店

一、专业店

（一）专业店的定义

专业店（specialized store）是指经营某一类或相关品类商品及服务的零售业态。如办公用品专业店（office supply）、家电专业店（home appliance）、药品专业店（drug store）、服饰店（apparel shop）、体育用品专业店（sporting goods store）和家居建材商店（home center）等。

根据《零售业态分类》（GB/T 18106—2021），专业店的主要特征如下：

（1）选址在交通便利或远离市中心的交通主干道旁，或者市、区级商业中心以及百货商店、购物中心内。

（2）目标顾客以有目的选购某类商品的流动顾客为主。

（3）以销售某类商品为主，体现专业性、深度，品种丰富，选择余地大。

（4）现场售卖人员可提供专业建议，而无人值守专业店由消费者自助完成购物。

（二）专业店的发展

专业店是一种比较古老的零售形式。早在百货商店出现以前，专业店就出现了，如布料店、鞋帽店、书店等。专业店可以说是零售业最早的差别化、个性化的基础业态。在零售业现代化进程中，专业店早已突破传统经营理念，发展成独立的一个现代零售业态，并深受消费者欢迎。

消费者经常去专业店购物的原因包括：熟悉售货人员，所经营商品有多样化选择，专业化服务，商店规模适度和店内氛围好，没有拥挤的人群，不会出现与他们要选购的品类无关的商品货架——因为那会使他们不得不在若干商品货架中穿行，费力寻找自己所需的商品。一些专业店为吸引中高收入的顾客，配置了精巧的货架、高档商品和一对一的专业服务；另一些则是折扣导向的，目标在于吸引价格敏感性强的顾客。

早期的专业店往往规模较小，经营商品种类有限。最近20多年，一种被称为"品类杀手"

(category killer store)的专业大店获得了飞速发展。"品类杀手"商店是一种面积相对较大的专业店。其特点是在它经营的专业店内可选品种很多,而且价格相当低,能够"杀死"那些经营同种商品的小商店和综合商店的专柜。在国外,以下几种"品类杀手"店发展十分迅猛,如家居用品、家用电器、运动用品、办公用品等专业店。

以某运动权威商店为例。其营业面积平均为4.2万平方英尺①,由于年销售额超过10亿美元,堪称世界上最大的运动商业专业连锁店。商店里从地面到天花板堆满了篮球、球棒、高尔夫球杆、曲棍球、钓鱼竿、运动鞋和滑雪板,是一个各种款式、规格、质量档次商品应有尽有的大商场。商店的货物如此之多,以至于顾客几乎不可能失望而归。因为"品类杀手"店控制着某类商品的主要营销渠道,所以能利用它们的购买力作为要求较低的进价、优惠的交货条件和保证稀缺商品供应的条件。

专业店一直是我国零售领域的一种重要零售业态。20世纪90年代以来,我国专业店借助连锁经营方式,取得了突破性的进展。从行业上,遍及服装、医药、护肤品、家电、通信器材等诸多行业;从繁衍方式上,有直营店,也有特许加盟店。但近10年来,由于网络零售的冲击,部分专业店的经营越来越困难。

未来哪些专业店会有成长空间?对于那些顾客购买商品时需要亲身体验或深度交流的专业店或者可以围绕核心商品和目标顾客做相关服务延伸的专业店,它们的地位不仅不会被取代,相反还会有比较大的发展空间。反过来,那些商品同质化、标准化的专业店,顾客购买时无须体验或体验感不强的专业店,那些纯粹卖货没有任何增值服务的专业店,都有可能受到电商的冲击而逐渐衰落。因此,决定一家专业店生存和发展的因素在于,能否实现数字化转型、与顾客深度交流、增强顾客购物体验、提供专业化增值服务等。

二、品牌专卖店

(一)品牌专卖店的定义

品牌专卖店(brand exclusive shop)是指经营或被授权经营某一品牌商品的零售业态。
根据《零售业态分类》(GB/T 18106—2021),品牌专卖店的主要特征如下:
(1)选址在市、区级商业中心、商业街,以及百货商店、购物中心内。
(2)目标顾客以中高收入消费者和追求时尚的年轻人为主。
(3)以销售某一品牌系列商品为主,销售量少,质优,高毛利。
(4)注重品牌声誉,从业人员专业知识丰富,提供专业服务。无人值守专卖店由消费者自助完成购物。

(二)品牌专卖店的发展

品牌专卖店是改革开放后才在国内出现的一种新型业态。1984年8月,第一家皮尔·卡丹专卖店在北京正式营业。1993年8月,广州市北京路第一家佐丹奴服装专卖店开业。从此,专卖店发展出现高潮。仅仅一两年时间,北京王府井大街、上海南京路、广州北京路迅速改变了样

---

① 1平方英尺=0.0929平方米。

貌,被各种品牌专卖店充斥。其中,除了中外合资品牌专卖店外,国内品牌专卖店也开始成长,如李宁服装店、三枪内衣店、杉杉服装店等。

除了服装品牌专卖店之外,计算机行业的专卖店也引人注目。以联想、连邦为代表的计算机软硬件连锁体系日趋完善。联想在1998年推出了联想1+1特许专卖店体系,使其形成直营与特许经营并存的局面。连邦则以销售软件闻名,1999年已在全国146个城市建有260家专卖店,完成该体系的构造,连邦用了5年时间。

当前,品牌专卖店发展依然十分迅猛,几乎涵盖了所有商品品类,除了传统的服饰、化妆品、鞋帽等外,其他如手机行业的苹果、华为、小米专卖店,汽车行业的本田、丰田、特斯拉等专卖店,以及代表"国货之光"的运动品牌(如李宁、鸿星尔克、安踏、特步、匹克、贵人鸟等)纷纷兴起,推动品牌专卖店不断发展。

品牌专卖店能在中国获得飞速发展,主要有以下几方面原因:

(1) 中国作为制造业大国,是许多国际知名品牌的加工基地。这些知名品牌如耐克、阿迪达斯等为开拓中国市场,纷纷采用品牌专卖店的形式进行品牌经营,从而培育了一批品牌忠实顾客,也为国产品牌建设提供了很好的借鉴。

(2) 随着经济的发展和人们收入水平的提高,中国消费者品牌意识逐渐提高,对假冒伪劣商品的担忧使之更相信专卖店商品。再加上国潮兴起,本土品牌专卖店越来越受到消费者欢迎。

(3) 国内一大批制造商从过去的外贸接单生产开始转为创建自主品牌,纷纷利用专卖店来构建营销渠道,控制营销主动权,实施整体营销策略,树立品牌形象。

在未来的发展中,品牌专卖店必须形成鲜明的市场定位和经营特色,不断开发新产品,提升产品品质,引入数字化营销工具,努力提高品牌价值,维持顾客忠诚。

【案例2-3】

林清轩的数字化转型

林清轩是一个国货护肤品牌,2003年创立,定位于国产高端化妆品市场。2008年,林清轩以品牌直营专卖店的模式进军商场,在上海中山公园龙之梦购物中心开设了第一家30平方米的门店。到2020年年初,公司共开设337家专卖店,员工2 000余人。

2020年年初突如其来的新冠疫情,成为很多零售企业的"至暗时刻"。农历正月初一到初七,林清轩线下门店业绩崩塌式下降90%,而公司账面上的资金只够支撑2个月。但到2月15日,林清轩的销量达到了上年同期的145%,部分门店甚至翻了一番。从最初7天的绝望,到后来的绝地反击,林清轩的逆袭成为特殊时期零售业备受瞩目的自救样本。而真正拯救这家岌岌可危的企业的,正是企业提前布局数字化转型的决策。

早在几年前,林清轩全体高层团队达成"all in 数智化"的一致决策,推进全链路数智化建设。林清轩投入了大量资金进行数字化建设,而正是这一套数字化系统,让林清轩得以把握先人一步的优势,创造了业绩不降反飙升的自救奇迹。2018年,林清轩基本完成了云上破局的系统升级和运营升级,调动全员拥抱数字化,实现组织在线、沟通在线、业务在线,提升了企业的全方位协同能力。

疫情期间,林清轩总结了11项创新策略,包括全员天猫直播、云集上线、蘑菇街直播、一线明星抖音视频、B站带货、成立疫情专项基金兜底、总部小程序分销、通过百货接入小程序实现业绩共享、成立内容工厂、取消考勤KPI并成立项目协同薪金小组、设立疫情期间大公关部。

正是这种组织的数字化升级,使得林清轩在疫情中能够快速适应市场变化和线上业务调整,同时也很好地缓解了线下员工的焦虑情绪,重建了企业的信心和战斗力,创造出了疫情期间比上年同期销售额大幅增长的奇迹。

资料来源:现代广告杂志社微信公众号,2020-03-21。

第六节 购物中心

一、购物中心的定义和分类

购物中心(shopping center;shopping mall)是指由不同类型的零售、餐饮、休闲娱乐及提供其他服务的商铺按照统一规划,在一个相对固定的建筑空间或区域内,统一运营的商业集合体。购物中心的出现给人类社会的生活带来了巨大变化,它是现代生活的重要组成部分,适应了现代社会高效率、快节奏的需要,满足了人们购物与休闲活动相结合以及对购物环境舒适性与安全性的要求,成为名副其实的现代乐园。

根据《零售业态分类》(GB/T 18106—2021),购物中心可以分为四类。每一类特点如下:

(一)都市型购物中心

这类购物中心满足顾客中高端和时尚购物需求,提供配套餐饮、休闲娱乐、商务社交等多元化服务。位于城市的核心商圈或中心商务区,辐射半径可以覆盖甚至超出所在城市。其特点是:

(1)选址在城市的核心商圈或中心商务区,街区型或封闭型建筑结构。

(2)商圈可覆盖甚至超出所在城市,满足顾客购物、餐饮、商务、社交、休闲娱乐等多种需求。

(3)不包含停车场的建筑面积通常在5万平方米以上。

(4)购物、餐饮、休闲和服务功能齐备,时尚、休闲、商务、社交特色较为突出。

(5)提供停车位、导购咨询、个性化休息区、手机充电、免费无线上网、ATM取款等多种便利服务。

(二)区域型购物中心

这类购物中心满足不同收入水平顾客的一站式消费需求,购物、餐饮、休闲和服务功能齐备,所提供的产品和服务种类丰富。位于城市新区或城乡接合部的商业中心或社区聚集区,紧邻交通主干道或城市交通节点,辐射半径约为5千米。其特点是:

(1)选址在城市新区或城乡接合部的商业中心或社区聚集区,紧邻交通主干道或城市交通节点,以封闭的独立建筑体为主。

(2) 辐射半径约在 5 千米,满足不同收入水平顾客的一站式消费需求。
(3) 不包含停车场的建筑面积通常在 5 万平方米以上。
(4) 购物、餐饮、休闲和服务功能齐备,所提供的商品和服务种类丰富。
(5) 提供停车位,通常还提供导购咨询服务、个性化休息区、手机充电、免费无线上网、免费针线包、ATM 取款等多种便利服务。

(三) 社区型购物中心

这类购物中心以满足周边居民日常生活所需为主,配备必要的餐饮和休闲娱乐设施。位于居民聚居区的中心或周边,交通便利。其特点是:
(1) 位于居民聚居区的中心或周边,交通便利,以封闭的独立建筑体为主。
(2) 辐射半径约在 3 千米,满足周边居民日常生活所需为主。
(3) 不包含停车场的建筑面积通常为 1 万~5 万平方米。
(4) 以家庭生活、休闲、娱乐为主,配备必要的餐饮和休闲娱乐设施,服务功能齐全。
(5) 提供停车位,通常还提供休息区、手机充电、免费无线上网、免费针线包、ATM 取款等便利服务。

(四) 奥特莱斯型购物中心

这类购物中心以品牌生产商或经销商开设的零售商店为主体,以销售打折商品为特色。在交通便利或远离市中心的交通主干道旁,或开设在旅游景区附近。其特点是:
(1) 位于交通便利或远离市中心的交通主干道旁,或开设在旅游景区附近。建筑形态为街区型或封闭型。
(2) 辐射所在城市或周边城市群,目标顾客为品牌拥护者。
(3) 不包含停车场的建筑面积通常在 5 万平方米以上。
(4) 以品牌生产商或经销商开设的零售店为主体,以销售打折商品为特色。
(5) 提供停车位。

现代购物中心是从 20 世纪 20 年代开始出现的。1922 年,美国密苏里州堪萨斯市的 J. C. Nichols 开发建设在大型住宅项目中的商业区。他开发的乡村俱乐部广场是一座别具特色的建筑,第一次将购物与休闲功能结合起来,并正式提出了购物中心的概念。

第二次世界大战之后,随着西方国家经济复苏、人口快速增长及向郊区迁移,郊区购物中心得到了迅猛发展,其内部环境越来越舒适,成为人们的主要消费目的地。1956 年美国兴建的明尼苏达州 Southdale 购物中心,是第一家完全封闭式、两层楼面设计的购物中心,设有中央空调和舒适的公共空间,并首次引进两家互为竞争的百货商店为核心店。这座购物中心可以说是第一座现代化的购物中心。在 20 世纪 80 年代,购物中心的发展势头虽有所回落,但区域及超区域型购物中心仍然大受欢迎,购物中心被认为是最具吸引力及可获得最佳回报的开发项目。

20 世纪 90 年代以来,购物中心产业发展的一个特征是娱乐风潮兴起。娱乐很快成为购物中心产业的流行话题,开发商试着创造令人流连忘返的游乐园,消费者可以在这里享受儿童游乐园、虚拟仿真游戏、秀场、电影院、多样化餐馆、旋转木马、震耳欲聋的科技效果、机械式感观的现代陈设及互动式的消费示范。20 世纪接近尾声时,购物中心开始建立自己的网站,消费者不管是来光顾购物中心,还是浏览网站,都可以得到满足。许多购物中心现在都有了网站,而且在广告及营销品上也都印上了网址;大部分购物中心的网站都有地图及如何到达商场的指引、零售商的一览表,以及营销活动的日程安排等。

二、购物中心在中国的发展

中国的购物中心出现比较晚。1996年,广州天河城诞生,这家按照现代商业业态布局并自营管理的零售场所是大家公认的中国第一个真正意义上的购物中心。此后,购物中心在中国扬帆起航,北、上、广等一线城市陆续出现了一批较为规范的购物中心,如北京的新东安、武汉的武汉广场、沈阳的东亚广场、广州的中华广场、上海的梅陇镇广场、重庆的大都会广场等。

从第一家购物中心天河城算起到2005年,仅仅9年时间,全国在建及立项的购物中心已达200余家,总面积约3 000万平方米。尽管这些购物中心与欧美相比还有一定差距,但已具备一站式综合体商业项目的基本特征,即商业面积远远大于百货商店,以容纳更多的商业元素;业态组合上采用全新概念,注重餐饮、电影、文化等业态的打造;建筑设计上强调大公共空间和通道。

2006年,以万达广场——城市综合体为标志,购物中心跨入向功能复合型转变的黄金时期。在这个阶段,购物中心不断膨胀,不仅包括大型商业中心,而且涉足酒店、办公楼、高级公寓等居住服务,影院、游戏、KTV连锁店等娱乐服务,甚至参与城市步行街建设,最终形成以购物中心为核心,集办公、居住、购物、餐饮、文化、娱乐等多种功能于一体的大型商圈。

从2012年开始,网络零售的高速发展,对实体店造成前所未有的冲击,加上房租高速上涨,人工成本年均两位数增长给购物中心带来巨大压力。在这个阶段,购物中心销售额开始停滞,租金收入增速逐年递减,如2012年至2016年,广州天河城购物中心销售额除2013年达58亿元外,其余均在55亿元左右。虽然平均出租率均在99%以上,而租金收入增速逐年递减,2016年呈现负增长。面对这种严峻形势,购物中心被迫开始寻求新的定位。

目前,国内许多购物中心均已处在调整升级之中,购物性质的零售商场占比普遍调低到近30%,餐饮占40%,其余为配套娱乐等。这使得购物中心更像是一个休闲娱乐中心。在创新浪潮下,除了购物中心原传统业态升级包装,走在革新前沿的标杆购物中心纷纷探索创新业态——儿童剧场、幼儿园、极限运动、VR乐园、运动馆、创客空间、室内动物园、医疗诊所、宠物市集等,都成为实体商业转型升级中的亮点。

从全球范围来看,除了在吸引儿童客源、增加家庭式消费上加强优势外,主题乐园、水族馆和滑雪场可算得上是三大首选业态,强化了多元化组合的概念,对聚拢人气、加深消费者的体验感都具有较大作用,近年来已开始在很多大都市涌现。同时,购物中心的选址也不再局限于郊区或市商业中心,一些人流聚集之地(如机场、高速公路服务区等),也大有开发成购物中心的趋势。

未来中国购物中心的发展方向是:一方面向着餐饮、休闲、娱乐、文化、亲子、教育等诸多复合业态的方向转变,另一方面引入体验式消费元素,加强服务功能,与电商形成错位竞争。普通的餐饮、娱乐已经不能满足购物中心转变为体验式消费的功能需要,更多新型异业结合才能起到平衡淡旺季与吸引客流的作用。

第七节 网络零售

一、网络零售的定义和分类

网络零售(online retail)是指通过电子商务平台、物联网设备等开展商品零售的活动。网络零售是目前最主流的无店铺零售业态形式。根据经营模式不同,网络零售可分为网络自营零售和网络平台零售两大类。

(一)网络自营零售

网络自营零售是指经营者利用自有网络平台或第三方电子商务平台,自主经营、销售商品的零售活动。又可分为以下两类:

1. B2C 网络零售

B2C(business-to-customer)网络零售是指企业对个人所开展的网络零售活动。例如天猫、京东平台上的商家所从事的零售活动,以及唯品会、网易严选等电商企业从事的零售活动,均属于 B2C 网络零售。

2. C2C 网络零售

C2C(consumer to consumer)网络零售是指个人对个人的网络零售活动。例如淘宝平台上的小店铺、闲鱼上个人从事的零售活动,属于 C2C 网络零售。

(二)网络平台零售

网络平台零售是指电子商务平台通过为商品经营者提供网页空间、虚拟经营场所等相关服务,助其完成商品交易的零售模式。又可分为以下几类:

1. 货架型网络平台和社交型网络平台

货架型网络平台是指像天猫、京东这类传统搜索型网络平台,商品按货架条目陈列在平台的店铺里,消费者一般具有较强的购物目的性,在平台上搜索商品并进行交易的零售平台。

社交型网络平台是指建立在社交基础上,通过社交活动、内容分享等方式吸引消费者关注商品并进行交易,最终实现商业变现的网络平台。例如小红书电商、快手电商、抖音电商等平台。

2. 综合型网络平台和垂直型网络平台

综合型网络平台是指经营的商品范围较广,品类齐全,能满足消费者一次购齐的网络平台。如天猫、京东、亚马逊、多点、拼多多等平台。

垂直型网络平台是指经营某一类或相关品类商品及服务的网络平台,是一个专业网络平台。如"得物 App"是一个专门提供球鞋类商品检测和交易的平台。

二、网络零售在中国的发展

网络零售具有独特的优势。它把传统购物过程中花费的时间和距离都大大缩短,消费者可在短时间内访问所有商店,并将各家商品进行比较选择,大大节省了购物的时间和费用。而且,网络商店的商品种类可以是无限的。以美国亚马逊(Amazon)为例,美国最大的实体书店只能陈列17万种图书,而亚马逊虚拟书架上陈列着250万册图书,这是任何一家有店铺书店都无法做到的。

中国网络零售起步于1999年,从第一笔网上交易达成至今,已经走过了20多年的发展历程。在此期间经历了由萌芽到爆炸式增长,由"野蛮"到逐渐规范的不断进化、扩展、丰富的生态演进过程。

1999年是中国网络零售的元年,8848网站、易趣、当当都是在这一年成立的。阿里巴巴虽然也在这一年诞生,但它当时主要从事B2B业务。而当当网的B2C标品图书、易趣的C2C电子交易平台,可以称得上第一批网络零售企业。此后不久互联网泡沫破灭,一批早期的网络零售企业也随之消失。

2003年5月,非典疫情尚未结束,阿里巴巴推出交易平台淘宝网,正式进军C2C零售市场。但因为缺少人与人面对面的场景,欺诈、假货问题在网购平台内肆虐,如何保护消费者成为一个亟须解决的核心问题。当年,阿里巴巴成立支付宝公司,推出了独立的第三方电子支付平台。第三方支付大幅改善了互联网信任问题,网络零售迎来井喷式的成长。

2004年1月,京东开始涉足电子商务,正式进军B2C零售市场。同年3月,主打母婴用品类的垂直型网络平台——红孩子上线。8月,亚马逊以7 500万美元收购卓越网,进军中国网络零售市场。2005年9月,腾讯拍拍网上线发布,与易趣、淘宝共同成为当时中国最有影响力的三大C2C网络平台。

2008年,B2C平台淘宝商城上线,2010年启用独立域名,2012年更名为"天猫"。同时,百度试水C2C业务,苏宁、国美等传统零售企业纷纷强化电商策略,电商行业的优化和细分趋势明显。如2008年7月网上超市1号店正式上线。2008年12月采取"精选品牌+深度折扣+限时抢购"的正品特卖模式网站唯品会上线。2010年3月"化妆品团购"模式网站团美网(后改为聚美优品)上线,并于2014年在纽约证交所挂牌上市,创造了当时互联网企业最短时间上市的神话。

此时,众多的平台让消费者眼花缭乱,出现了搜寻困难症,电商之间的横向、纵向整合势在必行。从横向来看,电商的并购、交叉持股、战略合作案例层出不穷;纵向来看,电商跨界快递、快递跨界电商以及电商与快递企业战略合作大戏也不断上演。最惨烈的搏杀集中在团购领域。据易观国际的数据,中国2010年3月仅有127家团购网站,到当年年底就已近2 000家。"千团大战"之后,不到一年时间,近千家团购网站倒闭,现在仅剩美团一家,其团购业务也早已转型。整合的最终结果,基本上形成了以阿里巴巴和京东两大综合电商为领头羊、其他细分市场中个别电商各领风骚的生态体系。

2015年是农村电商元年。从年初中央一号文件下发开始,当年涉及农村电商的政策文件达12个之多。截至2015年年底,阿里巴巴在200个县建设了1万个农村淘宝服务站;京东开设了600个县级服务中心、1 100个京东帮服务站,招募了12万名乡村推广员;苏宁在2015年元月才提出农村电商计划,到11月实际就已建成1 000家苏宁易购服务站。这一年,借助农村电商的大好形势,拼多多上线,定位为专注于C2B拼团的第三方社交电商平台,社交电商逐渐活跃起来。

2016年新零售概念提出之后,电商巨头一边到线下攻城略地,一边在互联网上寻求突破。2019年,中国网络零售进入了"直播元年",直播带货作为各大平台的标配,成了2020年新冠疫情期间最火爆的一种零售经营形式。2020年,社区团购再次兴起,跨境电商迅猛发展,使得网络零售在疫情冲击下的中国经济领域一枝独秀。根据商务部电子商务和信息化司于2021年5月推出的《2020年网络零售市场发展报告》,2020年,我国网络零售市场保持稳健增长,市场规模再创新高,全国实物商品网上零售额达到9.76万亿元,同比增长14.8%,在社会消费品零售总额中的比重为24.9%。

中国网络零售20多年的高速发展,主要得益于以下几个方面:

(1)中国互联网用户群体快速发展。据中国互联网络信息中心(CNNIC)发布的第48次《中国互联网络发展状况统计报告》,截至2021年6月,中国网民规模达10.11亿人,互联网普及率达到71.6%,10亿用户接入互联网,形成了全球最为庞大、生机勃勃的数字社区,也为网络零售提供了庞大的市场空间。

(2)网络零售业本身具有的获取产品信息的便利性成为其发展的根本动力。互联网的开放性,不仅为消费者提供了丰富的信息和便捷的产品获取途径,而且扩展了交易的地域,可以覆盖到传统零售渠道难以达到的范围。例如,一些名牌商品或奢侈品以前很难进入国内三四线城市的零售市场,而网络零售现在却成为这些地区潜在消费者获取名牌商品的重要渠道。

(3)传统厂商强势介入网络零售业成为拉升网络零售市场增长的又一力量。如苏宁易购、国美商城、百联商城、百丽商城、优衣库、李宁、联想等。传统零售商和各类品牌企业纷纷进入网络零售市场,通过自建网络零售商店或与大型网络零售网站合作的模式,将网络零售作为业务拓展的另一条主要渠道。

(4)物流配送和第三方支付体系逐渐完善,为网络零售业务扩展提供了必要的支撑条件。

近年来,网络零售通过大数据、人工智能、反向定制等新技术有效提升了供需匹配的精准度,满足个性化消费需求;线上线下深度融合创造消费新场景,激发消费活力;社区前置仓、无人配送、无接触物流等新模式克服疫情影响,帮助商品和服务精准触达消费者。但同时,一些网络零售平台的大数据杀熟、"二选一"不正当竞争、涉嫌垄断等问题受到社会各界的广泛关注。针对上述问题,国家市场监管总局、商务部等相关部门正在通过多种方式加强监管,完善法律法规制度,积极推动电商领域诚信建设,促进网络零售有序、良性发展。

【案例2-4】

小红书实施"号店一体"战略

小红书因"种草"闻名,经过8年发展,平台已经成长为多元化的生活方式社区。根据官方数据,2020年,小红书社区笔记中美食类发布量同比增长230%,教育类同比增长400%,科技数码类同比增长500%,体育赛事类同比增长1 140%,运动健身类增长300%,民宿类增长540%。从最初的泛时尚美妆到多元化的内容供给,小红书已经用内容拓展完成了对更多元人群的覆盖。

小红书宣布2021年8月2日正式推行"号店一体"战略。在新的机制之下,小红书将成为一个"零门槛开店"、为品牌提供"直连消费者"机会的平台。"号店一体"在产品端的展现形式是,每个开店账号都可以通过账号和店铺的绑定动作,将自己的店铺展示在账号个人主页上。让账号的内容属性和电商属性,更原生态地结合起来。

作为小红书电商业务的最新战略,"号店一体"将重塑小红书账号和店铺之间的关系,其中包括账号体系的升级、降低开店门槛、统一整合店铺体系,以及在产品端为双方提供新的连接方式。

据了解,"专业号"更像是一种账号标签,认证范畴既包含美食博主、健身博主等兴趣导向身份,律师、医生、教师等专业职业身份,也包含咖啡店、水果店、民宿主理人、美妆品牌、服装品牌等各层级商家身份。小红书内所有账号主体均可申请认证成为专业号,获得开店资格,平台不再要求只有粉丝超过1 000的账号才能开店。小红书将支持店铺商家在图片和视频笔记中添加"商品标签",用户点击标签即可直达"商品详情页"完成购买,"所见即所得"。以前,用户会在平台上发现喜欢的东西,但可能不知道去哪买,甚至需要打开其他平台去找,商品标签和@账号这样的能力都会让交易链条变得更顺畅。

根据公开数据,截至2020年12月,小红书社区汇聚品牌近8万种。而来自易观的数据显示,2021年2月小红书月活跃用户人数已近1.38亿。此前,由于受困于"用户只种草,不拔草",小红书一直在不同类型的电商模式间徘徊。而这一次,小红书更加明确了对于扶持生态内商家成长的目标。

资料来源:马蹄社微信公众号,2021-08-02。

第八节 其他零售业态

一、仓储会员店

仓储会员店(warehouse club)是指以会员为目标顾客,实行储销一体、批零兼营,以提供基本服务、优惠价格和大包装商品为主要特征的零售业态。

根据《零售业态分类》(GB/T 18106—2021),仓储会员店的主要特征如下:

(1)选址主要在城乡接合部的交通干道旁。
(2)辐射半径5千米以上,目标顾客以中小零售店、餐饮店、集团购买和流动顾客为主。
(3)营业面积一般在5 000平方米以上。
(4)以大众化衣、食、日用品为主,自有品牌占相当部分,商品种类通常在4 000~12 000个,实行低价、批量销售。
(5)设相当于经营面积的停车场,有些可提供线上订货业务。

中国的仓储会员店起步于1996年。当时一批在国际上享有盛名的跨国零售集团,如美国沃尔玛、德国麦德龙、荷兰万客隆等,均以仓储会员店形式抢滩中国市场。其中,沃尔玛旗下的山姆会员店在中国经营比较成功,而万客隆和麦德龙因种种原因,先后退出了中国市场。2019年,世界最大的仓储会员店Costco(开市客)正式进入上海开店,山姆会员店也在中国加快了扩张步伐,使得这一业态成为业界关注的焦点。以山姆会员店和Costco为代表的仓储会员店在中国大受欢迎的原因如下:

一是定位为中国的中等收入群体提供优质的高性价比商品。进入中国的两家外资仓储店,无不以中国的中等收入群体为目标顾客。这群人中有近些年从海外归来的留学生,也有本土成长起来的中等收入群体。他们对商品的品质颇为讲究,外资仓储会员店中高性价比的商品可以满足他们挑剔的眼光,并让他们忽略掉会员费。

二是以全球供应链为支撑。两大外资仓储会员店都有强大的全球供应链作为支撑,在这里可以找到来自全世界的优质产品,尤其是新鲜进口商品很受欢迎。这些商品提倡多买多省,尽量采用大包装。商品选择性不多,但都是精心挑选出来的畅销品。而减少种类、增加所选产品的购买量,可以最大限度地降低商品成本,保证客户所买商品低价优质。

三是仓库与卖场合二为一,卖场宽敞,装修简单,尽量降低商店运营成本。卖场内货架一般分为三层,上两层整齐地摆放复合包装还未拆包的商品,最下层摆放的是拆包的独立包装商品,这样的设计减少库存,节省空间,方便售货员陈列商品。而且,宽敞的购物空间对于经常在大城市拥挤的街道和写字楼中穿梭的人们是一种久违的畅快。

四是为迎合中国消费者购物习惯进行了适当的经营策略调整。例如,在选址上,由于中国人习惯全家出动,在购物时吃喝玩乐一并享受,所以中国的仓储会员店会出现在卫星城中心地带或者近郊区购物中心里面,周边必须有餐饮、娱乐等配套设施,有别于美国店大多开在交通便利的城市边缘地区的特点。在服务上,这些仓储会员店也适当增加必需的服务项目以迎合中国的中等收入群体购物习惯。

目前,国内零售企业也纷纷尝试仓储会员店。2020年10月1日,盒马第一家X会员店在上海浦东新区正式营业,成为仓储会员店中的首个本土化品牌。该店采用仓储式货架,线上线下一体化运营,覆盖半径约15千米,提供"半日达"配送服务。该店商品延续其主打活鲜类商品的基因,打造自有品牌"盒马MAX",提供契合中国消费者需求的商品。此外,永辉超市、华联综超、北国超市、联华等越来越多传统超市企业也在尝试落地不同类型的仓储店,标志着中国仓储会员店业态的竞争将会出现一些新的变化。

二、集合店

集合店(selection shop)是指汇集多个品牌及多个系列的商品,可涵盖服饰、鞋、包、文具、电子产品、食品等多种品类的零售店。

根据《零售业态分类》(GB/T 18106—2021),集合店的主要特征如下:

(1) 选址主要在市或区级商业中心、商业街,以及百货商店和购物中心内。
(2) 目标顾客为品牌特定消费者。
(3) 营业面积一般在300~1 500平方米。
(4) 汇集多个品牌及多个品类的商品,产品间有较强的关联性。
(5) 注重品牌声誉,从业人员专业知识丰富,提供专业服务。

集合店作为代表新消费的一种零售形态,是近些年演化出来的一种精而美的新型业态,有效地满足了目标顾客的某些特定需求,目前已成为中国零售业的一股新生力量,很受年轻人欢迎。集合店可以分为以下几类:

1. 有限品类集合店

这种集合店因面积限制一般经营几个品类的商品,不能归属于专业店,但每一类商品拥有多个风格相同的品牌,在每个品牌之间既有明显差异化的品牌定位,又有密切的关联,满足目标顾客的兴趣多样化选择。品牌与店铺之间大多不是租赁关系,而是买货、代理或者代销中的一种,对进货量、款式的选择权都属于店铺方。

2. 买手制精品集合店

这种店铺的面积一般不会特别大,以属于同一风格的多品类商品为主要组合方式,多品牌组合,类似于买手型百货,但比百货店规模要小很多。这类店铺销售的大多数都是一些定位一致或者是颇具潜力的非知名高端品牌商品,所有商品都能准确地阐述店铺的文化定位、遵循一致的店铺风格,彼此之间有着很和谐的关联性。

3. 生活方式类集合店

生活方式类集合店即以某种生活形态为店铺定位,产品全部围绕这类形态组合而成。在产品线上,一般会以全系列的方式呈现,包含男女服装、配饰、鞋包、文具、生活杂物等,有些大型集合店还会增加餐饮甚至画廊、酒店等经营类别,形成真正意义上的全方位综合型生活方式集合店。

4. 设计师品牌集合店

这种集合店主要经营不同风格的设计师品牌的商品,商店一般没有特定规划的商品品类,而是围绕设计师来选择商品,满足消费者对设计师品牌的选择偏好。中国目前已经涌现出一大批优秀的设计师,这些设计师的作品值得被消费者发现和认可。围绕设计师品牌而开发的集合店具有一定的竞争优势。

集合店经营模式是对线下传统零售业的一种冲击,它背后所代表的新消费潮流,成为这种零售业态各类商店大受欢迎的助推器。例如,近几年发展较快的KK集团,旗下拥有进口商品集合店KK馆、生活方式集合店KKV、美妆集合店调色师、潮玩集合店X11,这些集合店以高颜值的空间设计、高性价比的选品、快时尚的跨界创新,快速席卷年轻人的社交圈。集合店未来还会演化出不同的形态,并有着良好的发展前景。

三、折扣店

折扣店(discount store)是指店铺装修简单、提供有限服务、商品价格低廉的一种小型业态,通常拥有不到2 000个单品,自有品牌商品数量高于普通超市的自有品牌商品数量。

根据《零售业态分类》(GB/T 18106—2021),折扣店的主要特征如下:

(1) 选址主要在居民区、交通要道等租金相对便宜的地区。
(2) 辐射半径2千米左右,目标顾客主要为商圈内的居民。
(3) 营业面积一般在300~500平方米。
(4) 商品平均价格低于市场平均水平,自有品牌占有较大的比例。
(5) 用工精简,提供有限服务。有些可提供线上订货服务。

折扣店类似于超市,但又不完全像超市,它主要经营的不是食品,而是以日常生活用品为主。日本的百元店和美国的一美元商店都属于这种折扣店。日本著名管理学家大前研一在《低欲望社会》一书中描述了当代日本年轻人消费欲望不足、消费力低下的现象,这种状况给大创产业这类折扣店的生存提供了土壤。作为日本最大的折扣零售集团,大创产业在日本国内拥有超过3 150家门店。而美国由于经济不景气和失业率居高不下,越来越多的消费者进入一美元店寻找便宜商品。据美国研究集团调查,全美约三成消费者会在一美元店等廉价商店购物。而一美元商店(dollar general)目前在美国已经拥有1.3万家店,其店铺数超过任何一家零售连锁公司。

中国发展最成功的本土折扣店是名创优品,目前已经开设了4 000多家店铺,并把店铺开到了海外。名创优品的商品价格虽然比较低廉,但商品性价比很高,设计感也很强。所以,折扣店不是售卖质次价廉商品的场所,而是一种追求极致性价比的商店,因而在市场上很受欢迎。

四、无人值守商店

无人值守商店(unmanned store)是指在营业现场无人工服务的情况下,自助完成商品销售或服务的零售店。

根据《零售业态分类》(GB/T 18106—2021),无人值守商店的主要特征如下:
(1) 位于大卖场周边、社区、办公楼周边、购物中心内等可以补充其他业态销售的区域。
(2) 主要顾客群体为周边客群,追求快捷、方便。
(3) 营业面积一般在10~25平方米。
(4) 以饮料、休闲食品、应急性商品为主。根据区域不同,商品结构有所不同。
(5) 可24小时营业。

无人值守商店是一种探索与尝试,是人工智能技术在零售业的深度运用。早在2016年年末,美国电商巨头亚马逊提出了"无人超市"概念。此后不久,第一家无人值守商店Amazon Go在亚马逊出现,引发了一波零售热潮。2017年7月,在淘宝造物节上,阿里的无人值守商店"淘咖啡"正式亮相。无人值守零售概念一时间风光无限,引来众多投资者。京东无人超市、缤果盒子、小麦铺、Buy-Fresh Go等品牌纷纷落地,快速扩张。根据当时的媒体统计,仅2017年,全国无人值守超市就开业200余家。然而好景不长,由于技术不够成熟,运营成本较高,消费场景有限,行业很快迎来寒冬,无人值守零售项目纷纷衰落。直到2020年新冠疫情发生之后,"无接触"成了被人提及最频繁的词语,无人值守商店的价值才重新被人发现。

诚然,无人值守商店的技术还不成熟,消费者的购物习惯还有待改变,但这一业态也许是零售业一个新时代的开始。人工智能会带来怎样的冲击和影响现在还不得而知。乐观者认为,未来每个人都会有更充裕的休息时间;在悲观者看来,未来可能无工可打。但它影响的又何止零售业?各行各业都会被深刻改变,无论你愿意不愿意、接受不接受,人工智能的时代也许很快就会到来。

五、无人售货设备零售

无人售货设备零售(unmanned equipment retail)是指通过售货设备、智能货柜或贴有支付码的货架等进行商品售卖的零售业态。无人售货设备也是我们常说的自动售货机,一般都置于人多的公共场所,如车站、码头、机场、剧院、运动场、学校、医院、办公大楼等人流量比较大的地方。

根据《零售业态分类》(GB/T 18106—2021),无人售货设备零售的主要特征如下:
(1) 以交通节点、商业区等流动顾客和固定区域(如办公区、生活区)顾客为主。
(2) 以饮料、预包装食品和简单生活洗化用品为主,商品单品数通常在30个以内。
(3) 消费者通过自动售货机、无人货架、智能货柜等设备自助购买。
(4) 自助服务。

第一台自动售货机问世较早,但较广泛使用还是20世纪40年代以后。自动售货机以其灵活便捷、清洁卫生、24小时服务的方式满足不同消费群体的需求:满足人们对饮料、烟酒、报纸等日常生活用品的即时消费需要;对一些有隐私性的个人需要,通过"人机对话"可以免去到商店购物时羞于启齿的尴尬;对聋哑残疾消费者来说,可以直接买到所需商品。尤其对车船码头站点的旅客,在人生地不熟的情况下,可满足各种不同消费需求。

我国自动售货机在1993年开始出现,但发展一直比较迟缓。主要存在机器容易损坏、维修费用高、商品价格偏高、品种有限等各种制约因素。2017年,随着"无人零售"概念的兴起,猩便利、果小美、猎豹移动、丰e足食等无人货架,以及友宝、甘来、COCO STORE、娃哈哈、麦可酷等智能自动售货机一度发展迅速,很快就在我国部分城市人流密集的交通要道和办公大楼铺开。未来可以预见的是,随着物联网时代的到来,各种智能家居家电设施都可能卷进这个行业,成为我们生活中无所不在的购物入口。因此,无人售货设备零售的前景可期。

六、直销/邮寄零售/流动货摊零售

(一) 直销

直销(direct selling)是指在固定营业场所之外、由直销企业招募的直销员直接向最终消费者推销产品的零售业态。20世纪90年代,直销在我国发展比较火热,雅芳、安利、特百惠等直销公司业务发展迅猛。但同时,鱼龙混杂,各种不规范的直销公司严重扰乱了市场。自从2005年《直销管理条例》颁布施行以来,国内直销行业一直处于政府市场监管部门的严格监督与管理之下,推动直销行业步入了一条规范健康发展之路。

(二) 邮寄零售

邮寄零售(mail order)是指向消费者进行商品展示、推介时以邮寄商品目录为主,并通过邮寄等方式将商品送达消费者的零售业态。邮寄零售起步于19世纪的美国,为不方便进城采购的农场主服务。后来随着交通条件的改善,邮寄零售渐渐衰落。邮寄零售曾在国内短暂出现过,但没有做起来。在互联网时代,邮寄零售基本上被网络零售取代。

(三) 流动货摊零售

流动货摊零售(retail sale via mobile stalls)是指通过移动售货车或其他展示、陈列工具销售食品、饮料、服饰、鞋帽等日常消费品的零售形式。这种零售形式自古就存在,有时也被人称为地摊零售,是一种零售业态的补充形式。

七、电视/广播/电话零售

电视/广播/电话零售(television/broadcast/tele shopping)是指以电视、广播、电话作为商品展示、推介渠道,提供使用效果、方法等推介内容并取得订单的零售业态。这几种零售均属于传统媒体零售,随着传统媒体逐渐衰落,依附于这些媒体之上的零售活动要么凋零,要么转型。

值得一提的是电视购物,在中国有过一段黄金发展时间。2003—2010年,多家电视台开办的家庭购物频道相继成立,包括家有购物(贵州电视台)、快乐购(湖南广电集团)、好享购(江苏省广播电视总台)、爱家购物(北京电视台)、好易购(浙江广播电视集团)等。随着新媒体和网络零售的兴起,依赖传统媒体的零售业态逐渐衰落,仅剩下一些营销推广价值。

本 章 小 结

零售业态是指为满足不同的消费需求,商品零售经营者对相应要素进行组合而形成的不同经营形态。这些要素包括目标顾客、商品结构、价格策略、服务方式、店铺环境等。

根据有无固定营业场所,零售业态可分为有店铺零售和无店铺零售两大类。有店铺零售是指有相对固定的进行商品陈列、展示和销售的场所和设施,并且消费者的购买行为主要在这一场所内完成的零售活动。有店铺零售可分为便利店、超级市场、折扣店、仓储会员店、百货商店、购物中心、专业店、品牌专卖店、集合店、无人值守商店等零售业态。无店铺零售是指通过互联网、电视/广播/电话、邮寄、无人售货设备、流动售货车或直销等,将自营或合作经营的商品,通过物流配送、消费者自提、面对面销售等方式送达消费者的零售活动。无店铺零售分为网络零售、电视/广播/电话零售、无人售货设备零售、无人值守商店、直销/邮寄/流动货摊零售等零售业态。

每一种零售业态都是为了满足某一特定目标市场需求而存在的。如它能很好地满足目标顾客的需求,这种业态便被市场接受。如果它不能很好地满足目标顾客的需求,要么是目标顾客的需求已经发生了变化,要么是出现了一种新的能更好满足目标顾客需求的业态,则原先的业态就无法生存或被其他业态替代。

  学习思考

党的二十大报告指出:"优化民营企业发展环境,依法保护民营企业产权和企业家权益,促进民营经济发展壮大。"中国零售业在30多年的发展中,涌现出一大批优秀的民营企业和企业家。这些企业家不仅具有创新精神,同时也具有强烈的社会责任感。鸿星尔克就是一例。2021年7月20日,一场特大暴雨袭击河南郑州,导致当地灾情严重。资金并不宽裕的鸿星尔克公司不声不响地向灾区捐赠了价值5 000万元的救灾物资。知道实情后的中国消费者自发宣传,大家涌进鸿星尔克的直播室、网店和线下商店疯狂抢购。这一事例告诉我们,有社会责任感的企业才会真正受到消费者的爱戴和尊敬,也只有在一个充满正能量的社会里才会有人真正从心底去支持有社会责任感的企业。

 即测即评

 请扫描二维码,在线测试本章学习效果。

思考题

1. 零售业态的定义是什么？它有什么特征？
2. 百货商店的经营模式目前有哪几种？
3. 什么是超级市场？超级市场有哪些类型？

4. 什么是便利店？便利店在中国的发展前景如何？
5. 专业店、品牌专卖店和集合店有什么区别？
6. 什么是网络零售？它有哪些类型？

【案例分析】

案例一：盒马不断探索业态新物种

盒马作为阿里新零售的排头兵，自诞生以来一直在不断探索，针对周边不同客群的消费偏好、消费水平、年龄层次等进行业态创新和策略调整，不仅主力品牌盒马鲜生的经营模式已进行了多次迭代，同时还开发出了多个新品牌。盒马旗下拥有盒马鲜生、盒马菜市、盒马mini、盒马F2、Pick'n Go、盒小马、盒马里、盒马邻里、盒马会员店、盒马跨境GO等10多个不同定位的新型品牌。各品牌定位不同，旨在满足不同商圈和同一商圈不同消费群体的消费需求。

盒马鲜生主要完成对一二线城市核心商圈的覆盖。而盒马mini和盒马菜市两种业态主要针对社区、郊区和三四线城市进行渗透。盒马F2则是满足一线城市办公商圈餐饮和便利性的需求。盒马鲜生由于门店面积较大，选址以购物中心为主，使其门店扩张的灵活性不足。而盒马后来开发的不同业态均以盒马大店为支撑，并以开发小型业态为主，以便于深入城市毛细血管。这里介绍其旗下几个新业态。

第一个是盒马mini。这是一种小型门店，首店面积约500平方米，主要深入社区，布局低线市场。销售的生鲜商品以散装为主，主因是mini店以服务社区为主，而社区内老年消费者偏多，消费习惯上更加喜爱散装购买。此外，mini店还减少了餐饮面积，因为三四线城市消费者对于即时性餐饮的需求偏少。

第二个是盒马F2。这是一种即食餐饮服务业态，首店面积约800平方米，布局于办公商圈，针对办公室白领推出即食餐饮门店。主要满足上班人群早、中、晚餐的餐饮需求。因此，店内大部分面积为餐饮，用品品类偏少，其余面积有限陈列食品和生鲜水果。盒马F2不提供到家配送服务，仅支持线上下单、到店自提服务。

第三个是盒马菜市。定位是接地气的菜市场，深入社区发展。首店面积约1 000平方米，品类上涵盖了水果、蔬菜、调味品、日用、水产肉禽、乳制品等高频生活消费品。它与盒马鲜生的不同之处在于：一是高比例的散称蔬菜，配合社区消费习惯；二是更多的与品牌商联营商品，如禽类、豆制品、海鲜等引入了部分品牌商专柜。

第四个是盒马邻里。定位为盒马鲜生的延伸，即在盒马鲜生门店无法覆盖的地方开设盒马邻里，让周边消费者享受到与盒马鲜生一样品质的商品。采用网上下单、次日到店自提的模式，经营20 000个左右的最小存货单位(SKU)。增加了家居、母婴、小家电、化妆品等具有长尾属性的品类。由于采用了提前预售模式，商品周转率非常高，面积虽小但商品储存能力强大。

总之，盒马一边探索业态新物种，一边对现有品牌的经营模式不断调整，以更灵活的经营方式去服务好周边的目标消费者。相信这种探索没有止境，也没有一个标准答案。

资料来源：智慧零售展微信公众号，2021-08-06。

问题：

盒马为什么要不断探索业态新物种？对其他经营者有什么启示？

案例二：美宜佳孵化多个新业务，谋划生态布局

创立于1997年的美宜佳，目前是国内最大的连锁便利店之一。截至2021年7月24日，美宜佳宣布门店数突破24 000家，已进驻20个省份。作为在便利店行业深耕细作了20多年的本土便利店，美宜佳已经形成了强大的供应链能力、规模优势及资金实力，这为它在当今中国便利店业态面临整合并购挑战的环境下赢得了先机。目前，美宜佳在门店高速增长的同时，还低调布局了多个新业务模块，希望借助新业务积极展开生态圈的建设。

首先，从便利店业态的整体策略上，美宜佳以导入鲜食、咖啡品类的方式逐步升级已有适宜门店。美宜佳此前已尝试鲜食品类，并在广东开出鲜食旗舰店。为了优化商品结构，美宜佳还于2018年12月建成投产彩真鲜食工厂，并在上海等区域着力推动以鲜食为主打的商品优化策略。

其次，美宜佳大力推广自动贩卖机项目，并推出"三年全返"等让利活动吸引加盟商。该项目名为"美壹智超"，由美宜佳旗下广东彩乐智能零售有限公司操盘，主要有面包牛奶、果汁饼干、咖啡泡面、啤酒小食、能量饮料、日化用品六个品类，可实现170个城市一日一配的供应链支持。

最后，美宜佳于2020年成立了"广东美宜佳起刻便利店连锁有限公司"，注册资本1 000万元人民币，定位于"即食餐饮形式发展的高端便利店品牌"。这也说明了美宜佳希望提升门店定位、市场密度，同时进行多场景布局的打算。

美宜佳官方表示，它已经形成一个以便利店为主业、向多业态延展的生态产业链，触及智能零售、电商外卖、物流、金融、食品加工、培训、信息系统等多个维度。这些业务模板此前大多是由美宜佳内部需求衍生，后逐步发展成为内部市场化运作的子板块。随着项目发展，美宜佳会将其作为独立公司运营，从而在满足体系内供应需求外发展面向企业的业务，进行生态圈布局。例如，美宜佳金融自建的供应链融资平台已在2021年5月上线，并且开出首单。据其官方表述，美宜佳供应链融资平台主要为供应商在销售旺季、业务快速发展等节点提供融资服务，其优势在于节省供应商融资过程中的冗杂操作及时间，同时以美宜佳为信用担保，为上下游企业解决融资难、融资贵等问题。

目前来看，美宜佳打造的生态圈，是围绕便利店主业，向智能零售、电商外卖、物流、金融、食品加工、培训、信息系统等多个维度渗透，这样既可以避免业务线单一而成为便利店行业对标对象，也能展开面向企业的业务，拓展更多营收渠道。

美宜佳便利店有限公司董事长表示："美宜佳未来的模式是S2B2C，S是供应链平台。也就是说美宜佳要从一个渠道的角色向一个服务商的角色转变。在整个过程里，美宜佳要向上游，延伸到厂家、服务提供商。在中游，我们要直达门店。在下游，我们也要和消费者互动、互通，形成可反馈的数据化闭环。通过这样一个过程，美宜佳会实现千店千面的服务，同时构建供应链数据化、门店智能经营、会员精准营销三大类平台。"

资料来源：第三只眼看零售微信公众号，2021-08-06。

问题：

美宜佳为什么要谋划生态布局？它在生态布局方面具有哪些优势？

2 第二篇 零售战略与组织

第三章

零售竞争战略

由于不可能为所有消费者提供他们想要的任何商品或服务,零售商就不得不选择具体的目标市场,并通过商品、服务、店址、购物体验、低成本运作及信息管理系统等方面确立自己的领先地位。零售竞争战略是指零售商要确定主要服务于哪些目标市场的顾客以及提供什么样的商品和服务,并确定零售商将如何集聚长期战胜竞争对手的优势。

建立竞争优势,意味着零售商在竞争中为自己所占据的零售空间筑起了一堵围墙。这堵围墙使得竞争对手难以同自己所占据的零售市场中的顾客建立联系,有效地阻止了竞争对手的进攻,从而使该零售商可以保持优势,将竞争压力降到最低,并且在一段较长的时间内提高利润。

综观世界上成功的零售商,无不通过贯彻自己的竞争战略,在目标市场上建起了一堵堵围墙。如沃尔玛和名创优品都制定了一种以成本优势战胜对手的竞争战略;胖东来制定了以服务战胜对手的竞争优势;孩子王通过目标集聚战略赢得了一席之地。可以说,零售商所取得的竞争优势,无不在于选择了一个适合自己的竞争战略方向,并始终如一地坚持这一方向,不断超越竞争对手和超越自己。

本章所要回答的问题是:
- 零售竞争优势的来源;
- 零售环境分析;
- 零售市场定位;
- 成本领先战略、差异化战略与目标集聚战略在零售经营中的运用。

第一节 建立零售竞争优势

竞争优势(competitive advantage)是指零售商拥有不同于竞争对手的独特能力,这一能力使其在某一零售市场上处于领先地位,通过超越竞争对手的某些方面而赢得消费者。零售组织是由一系列经营要素有机结合而成的,当某一零售商能够比竞争对手更好地使用这些要素时,它就拥有了一定的竞争优势。零售竞争,实质上就是零售商能力的较量,谁能更有效地利用、整合各种经营要素,满足消费者需求,谁就能在竞争中脱颖而出。

这一竞争优势对零售商和顾客而言是双赢的。从长远来看,零售商是赢的(吸引顾客、扩大销售、获取利润等),顾客也必须是赢的(得到满意的商品、获得尊重、体验愉快等)。否则,零售商受损(顾客光顾竞争者商店),顾客也受损(不得不花费时间和金钱去了解其他零售商)。

一、零售竞争优势的来源

建立竞争优势,意味着零售商在目标市场周围筑起了一堵围墙,即建起了竞争壁垒或护城河。一般情况下,我们把消费者可以感知到的因素称为显性壁垒,而把那些在背后起支撑作用却不能被消费者感知的因素称为隐性壁垒。于是,零售商拥有的独特能力可以分为显性能力和隐性能力两大类,两大能力均是零售商竞争优势的来源。

(一) 显性能力

显性能力是指零售商所拥有的能让消费者感知到的能力,消费者会被其吸引前来购物而不会去竞争对手的商店。换言之,显性能力就是直接诱发消费者前来购买商品的各种因素。主要有以下五个方面:

1. 商品力

商品力是指零售商具有超越竞争对手的采购或自行开发商品的能力。零售商归根结底是为满足顾客购物需求而存在的。任何一项零售策略,都是为吸引顾客以满意的方式购买到称心如意的商品。如果离开了商品力这一关键因素,即使有更具竞争力的价格、更优良的服务、更便利的位置、更舒适的环境、更快捷的送货上门也是枉然。因此,商品力才是零售商最基本、最核心的能力。

零售商可以通过以下方面来提升自己的商品力:

(1) 商品范围更广,种类更多,更具选择性,能满足一站式购物需要。
(2) 商品质量更可靠,功能更齐全。
(3) 商品更具时尚性和新颖性或有独特 IP。
(4) 商品更新率高,给人一种常来常新的感觉。
(5) 采购独一无二的商品或进行品牌专营。
(6) 开发别具一格的自有品牌商品。

零售商的商品力不仅体现在满足现有的消费需要上,还体现在开发新商品以引导或创造新需求上。但不可否认的是,零售商经营的大多数商品不具有商品专有性(自有品牌除外),竞争对手在大多数情况下也能购进和销售同样的商品,因此,靠商品力来形成竞争优势有时是十分困难的。这就需要零售商与供应商建立良好的、稳固的关系,以保证畅销商品的供应。同供应商之间的关系,就如同与顾客的关系一样,需要经过长时期的培养才不会轻易被竞争对手侵蚀。

2. 价格力

价格力是指零售商经营同等质量的商品时其价格更具优势,即我们通常所说的性价比优势。它体现为一个零售商全方位控制采购成本和经营成本的能力。

价格力常常被商家误解,认为在今天的消费升级浪潮中,消费者为追求更高品质的生活会愿意放弃商品性价比。事实上,大多数中国人,包括相当部分的中产阶层,既对商品的品质有较高要求,又对商品的价格十分关注。这正是越来越多制造型零售商崛起的原因。如名创优品、小米、网易严选等都拥有强大的设计营销能力、质量控制能力和成本控制能力。这些企业将影响力辐射到整个供应链,通过有效控制供应链来向消费者提供更有价格竞争力的商品。

零售商具备价格力的前提是与竞争对手经营同等或相近质量的商品,但比竞争对手具有更好的控制成本能力。那些以低质低价来吸引消费者、纯粹玩弄价格技巧欺骗消费者,或者以巨额补贴形式强行压低商品价格吸引消费者的做法,都是不会长久的,因而也不具备真正的价格力。

3. 服务力

服务力是指零售商比竞争对手具有提供更优质服务的能力。零售业属于服务行业,消费者来到一家零售商店,除了希望得到称心如意的商品外,还希望得到令人满意的相关服务。在一定时期内,成本的降低毕竟是有限的,企业不可能无止境地降低价格,在各零售商经营的商品价格相差无几的情况下,服务水平成了顾客选择商家的一个重要因素。

服务是直接面对人的活动,它比产品质量、价格更容易影响消费者的内心。美国一家咨询公司调查发现,顾客从一家企业转到另一家企业的原因,10 人中有 7 人是因为服务问题。综观那些颇有建树的企业,无不在服务方面有口碑。京东的核心竞争力之一便是它的高效物流,它的送货速度无人能敌,京东因此赢得了物流服务上的声誉。这项服务有助于它保持顾客忠诚,竞争对手想建立可与之匹敌的声誉是很困难的。

当前,"用户思维"一词颇为流行,这是基于客户关系管理的经营思想。传统思维把下单付款视为交易的结束,而用户思维则把下单付款看成一段新关系的开始。零售商经营好客户关系将为企业带来两次、三次乃至更多次的订单。而要经营好客户关系,唯有靠服务,甚至是用户终身服务和深度服务,才能形成真正的核心竞争力和差异化,达成用户的深度依赖。

4. 沟通力

沟通力是零售商能比竞争对手更好地与顾客进行沟通的能力。许多零售商常常采用各种促销活动来吸引消费者,电商巨头积极打造"双 11""618"等各种活动进行商品促销。促销的实质就是沟通,是零售商向消费者传递有利于自己的各种信息。今天,信息来源越来越广,呈现出碎片化、即时化、圈层化趋势,零售商再用过去频繁的广告宣传和简单的促销活动已经很难成功。有沟通力的零售商会制造各种话题来吸引消费者关注,引导消费者主动进行二次传播。

此外,当今社会,越来越多相同兴趣的人走到一起,组成一个个社交群体,如运动爱好者、烘焙爱好者、影音发烧友、品酒爱好者等。因为有着相同兴趣,他们更容易沟通。于是,以内容为核心、以关键意见领袖为主导的沟通方式越来越受欢迎。

当然,线下实体店仍然是一个重要的沟通渠道,许多零售商采用首店、概念店、体验店或快闪店的方式,将自己的新形象和新故事传播出去。线下实体店的沟通还需要具有一定的温度和态度,有时候,提供极致的沉浸式体验,也是与消费者进行全方位沟通的一种良好方式。

5. 渠道力

渠道力是指零售商能比竞争对手能更快、更准确地接近目标消费群体的能力。渠道是商品与消费者发生联结的触点,也是传播引流和销售转化的重要场景。在新零售浪潮下,零售渠道不断演化,从线下门店到线上电商,再从双线渠道到渠道下沉以及渠道社交化和智能化,多元渠道格局已被构建出来。随着全渠道零售模式的出现,消费者可以在任何场所、任一时间轻松完成购物。

当前,零售渠道日趋多元化。快闪店、智慧门店、体验中心、沉浸空间、社群电商、社交电商、小程序电商、短视频电商、直播电商等新形式的渠道不断涌现,这些多元化的渠道和场景既是传播的触点,也是销售转化的销售点,即成为商品与消费者接触、发生直接交易的节点。

零售商的渠道力还体现在它的选址能力上。店址对零售商的线下开店是一个关键性的因素，好的位置是零售商的一笔无形资产，将为其赢得长远的竞争优势。对消费者而言，便利性依然是其选择商家购物的重要因素。如果购物成为一个艰难跋涉的过程，即使再好的商品和服务也会令人望而生畏，踌躇不前。

总之，零售商五种显性能力的综合体现，会让消费者获得一种整体零售体验（total retail experience），这种整体零售体验会激发或抑制消费者的购物兴趣。Pilgaard 曾这样介绍美好的购物体验："消费者不经意间瞥见店面，穿过精致的门廊，浏览着琳琅的商品，感受着温馨的服务，也许还可以到优雅的咖啡座那儿享用新鲜的香浓咖啡，一直到无可挑剔的产品被轻轻放到他手上——全部过程是如此美妙。"

（二）隐性能力

上述提到的五大能力都是消费者可以感知的，即消费者能明确知道自己会因什么因素而被某个商家吸引，会因为其中一个或几个因素而成为一家零售企业的顾客。实际上，这些显性能力容易被消费者感知，同时也容易被竞争对手模仿。隐性能力是消费者不容易感知的能力，同时也是竞争对手不容易模仿的能力。隐性能力是在背后支撑显性能力的，更应该被零售商重视。隐性能力主要有两种：一种是组织力，一种是生态力。

1. 组织力

组织力是零售商内部各机构、部门之间通过有效衔接而达成组织目标的能力。当今时代的商业环境正变得越来越动荡不定、危机四伏，真正能够在动荡的环境和激烈的竞争中取胜、能走过一个又一个经济周期的企业，无不是构建了一个优秀的组织，设计了激励人心的企业使命、愿景，以及符合人性内在的价值理念，使得整个组织在外部环境变化时，能够及时调整自己的应对策略，以适应环境，获得成长。

组织力是企业内部的一种连接力和凝聚力，也是企业员工的执行力。但组织力并不是仅为大公司所有，那些中小企业通过在组织中植入"韧性"的基因，提升企业的组织韧性和柔性，也能在不断变化的环境中获得生存发展的机会。当前一些零售企业纷纷采用合伙人制或小组制，或者采用柔性供应链管理，这些都是应对市场变化而产生的组织内部结构重组。当一家企业构建了这种组织韧性，即使在黑天鹅飞来时，也能避免灭顶之灾，甚至抓住机遇，获得新的发展。

组织力是消费者看不见的力量，也不会为这种能力去主动买单。这种能力内隐在企业中，它通过支撑企业的显性能力而成为企业内功。一家零售企业即使在显性能力出现短暂劣势的情况下，只要组织力依然强劲旺盛，就能走过公司的低落时期，重新焕发生机。

2. 生态力

如果说一个企业的组织力是企业的内部连接力和凝聚力，那么企业的生态力就是企业的外部连接力和凝聚力，它可以将企业与外部关联组织有效地连接起来，形成一个高效的生态系统，协同竞争，从而产生聚合效应，赢得单个企业所不具有的竞争力。今天，我们看到的一个个大型企业，如阿里巴巴、腾讯、京东、小米等，都在跨行业经营自己的生态圈，它们的产业边界变得越来越模糊。这种企业被称为生态型企业。

过去，企业一般都是从内部价值链角度挖掘潜力，从产品的研发、运营到营销，再到服务的价值链非常清楚,所有的环节都在为价值创造做贡献,以便形成持续的竞争优势。而当市场竞争的加剧使得企业挖掘内部资源的潜力慢慢枯竭,企业生态中的外部资源开始逐渐受到重视,而这一部分资源恰恰是企业未充分挖掘的资源潜力。

未来的市场竞争将不再是企业与企业之间的竞争,而是一个生态链与另一个生态链的竞争。"要么创造生态,要么融入生态"成为行业竞争的显规则。一个生态系统中,生态型企业要借助生态平台向每个组织进行赋能,以便帮助它们达成自己所不能达成的目标,这种赋能即是生态系统之所以存在的基础。但理想的赋能不是单方面的价值输出和能力增长,而是彼此之间平等互利的价值共创。

二、长远竞争优势

当一家零售商形成自己的竞争优势后,是否意味着这种优势能永久地保持呢?答案是否定的。零售业是一个进入和退出壁垒相对较低的行业,该行业竞争十分激烈。某个零售商已经在一个具有吸引力的市场筑起了一堵墙后,竞争对手们总会想方设法打破这堵墙。随着时间的推移,原有的竞争优势都会被这些竞争对手侵蚀。

有些优势在较长时间后仍能站得住脚,而有些优势却几乎立刻就能被竞争对手模仿,零售商要想在市场竞争中保持长期的竞争优势,必须拥有一种长期超越竞争对手的能力,即企业的核心能力。

核心能力是为企业提供在市场环境中竞争优势基础的多方面技能、互补性资产和运行机制的有机融合,是不同技术系统、管理系统及技能的有机组合,是识别和提供竞争优势的知识体系。企业核心能力具有如下特征:

(1)价值优越性。核心能力能使企业在创造价值和降低成本方面比竞争对手更优秀。

(2)异质性。企业拥有的核心能力是独一无二的,它决定了企业之间的异质性和效率的差异。

(3)不可仿制性。核心能力在形成中深深打上了企业特殊组成、特殊经历的烙印,其他企业难以复制。

(4)不可交易性。核心能力与特定的企业相伴生,无法像其他生产要素一样通过市场交易进行买卖。

(5)难以替代性。和其他企业资源相比,核心能力受替代品的威胁相对较小。

核心能力的形成是企业长时期、多方面培育的结果,而创新是企业形成核心能力的主要途径。从进化论的观点看,生存的压力源自竞争。企业之间的竞争就是市场选择和淘汰企业的过程。当企业拥有能取得竞争优势的核心能力时,才能生存和不断壮大;当企业没有优于竞争对手的核心能力时,就会处于竞争劣势,遭受失败和衰落,最终走向被淘汰出市场的结局。也就是说,那些取得了良好的经营业绩而生存下来的企业是由于获得了对它们有利的市场竞争地位的"能力",这又将促使处于不利竞争地位的企业去"创造"新的"能力"。这就迫使任何一个企业为了生存和发展而必须进行创新。可以说,没有创新,就没有企业的生存和发展。

长期竞争优势来源于企业核心能力,而企业核心能力的形成则必须对经营环境做出详细分析,确定自己的基本竞争战略,并坚持不懈地贯彻这一竞争战略。

专论：

大数据重构零售企业核心竞争力

普拉达服装品牌在纽约旗舰店的每件衣服上都有 RFID 码。当顾客拿起一件普拉达品牌的衣服进试衣间时，RFID 会被自动识别，同时将数据传递至公司总部。每一件衣服在哪个城市哪个旗舰店什么时间被拿进试衣间停留多长时间的数据都被存储起来加以分析。如果一件衣服的销量很低，以前的做法是直接淘汰。现在不是这样，还需要进一步分析。如果数据表明这件衣服虽然销量低，但却被顾客拿进试衣间的次数多，这就意味着，也许只要稍加改变某个细节，它很可能成为一件非常流行的商品。

过去，人们付款之前，一切有关消费兴趣的信息都被隐藏起来。但今天已经不一样了，无论你是浏览网页、网上购物、到 ATM 取款，还是去酒店登记入住等，在知情同意的情况下，个人的相关数据就会被记录。每个人都直接或间接地成了大量数据的贡献者。有时，这种信息是主动提供的。在亚马逊网站的成千上万种商品面前，消费者没有耐心一页一页地浏览完全部商品内容。于是，只要你提交关键词，告诉亚马逊你在寻找什么，亚马逊就会从浩瀚的商品大海中挑出符合你需求的商品，甚至还把你可能需要的相关商品一并呈现在你眼前。

人们的生活圈、交际圈、朋友圈，数据化的轨迹越来越明显。这些数据被记录之后再被深入分析、研究和挖掘，就形成了"数据生活圈"，并逐渐扩展到多个领域，孕育出一条有形的产业链。

数据能力一直都是零售企业的重要能力。只是在前信息时代，数据获取成本高，且受制于技术，数据获取残缺不全，导致其能力无法完全展现。今天，随着信息技术不断发展，线上零售商有能力追踪顾客的每一个搜索查询、每一次鼠标点击、每一笔交易，以及客户放进"购物车"最后却放弃购买的所有商品，从而可以真正将市场细分成一个个单一顾客，向他们实施个性化营销。

早在多年前，亚马逊就已经在分析这些问题：送货地址与最近的书店（或大商场）之间的距离对顾客在亚马逊的购物频率或消费金额是否会产生影响？如果顾客选择信用卡支付，对其今后的购物行为是否有预测作用？购买多类商品的顾客，从年销售额角度看，是否比只购买过书籍的顾客更有价值？每位顾客在订购商品时，白天与晚上的选择会不会不同？这些分析结果为亚马逊的众多决策，如在加大营销投入力度和实施减价策略之间进行取舍等提供了信息支持。我们如今看到亚马逊在各个领域的高速发展，其背后的原因正是大数据在支撑。

而线下实体店则可以通过各种支付方式、脸部识别、眼睛追踪设备、顾客行走路线、细小行为差别等收集大量消费者行为数据，并根据消费类别、消费能力、消费特点建立顾客图像，逐步形成门店消费模式及商品模型，展开精准营销。

无论是线上零售还是线下零售，大数据都在支撑其外因、提升竞争优势方面发挥出越来越重要的作用。而如果将线上线下数据连接起来，这一作用将更加凸显。这正是许多传统零售企业致力于转型为数据驱动型零售企业的根本原因。

> 移动互联网最大的贡献在于人与人可便利地链接,这种链接留下的"痕迹"使得消费者足迹可以追踪,并使预测其行为变成可能。在过往的100年中,影响全球零售业发展的最大因素可能是交通。从现在开始的未来几十年内,影响零售业发展的最大因素将会是大数据运用。
>
> 今后,所有的生意都是数字生意,所有的生意也是人的生意。在市场环境不断震荡的时代,很多问题不能再依靠个人的经验判断,必须借助于大数据分析,使营销从感性走向理性,使成功从偶然走向必然。

第二节 环境分析与确定竞争战略

在制定竞争战略之前,零售商往往要采用SWOT分析法对组织的宏观环境和内部环境进行深入分析,从而找出组织的优势(strength)、劣势(weakness)、机会(opportunity)和威胁(threat),以便确立企业的目标市场,选择自己的竞争战略,如图3-1所示。

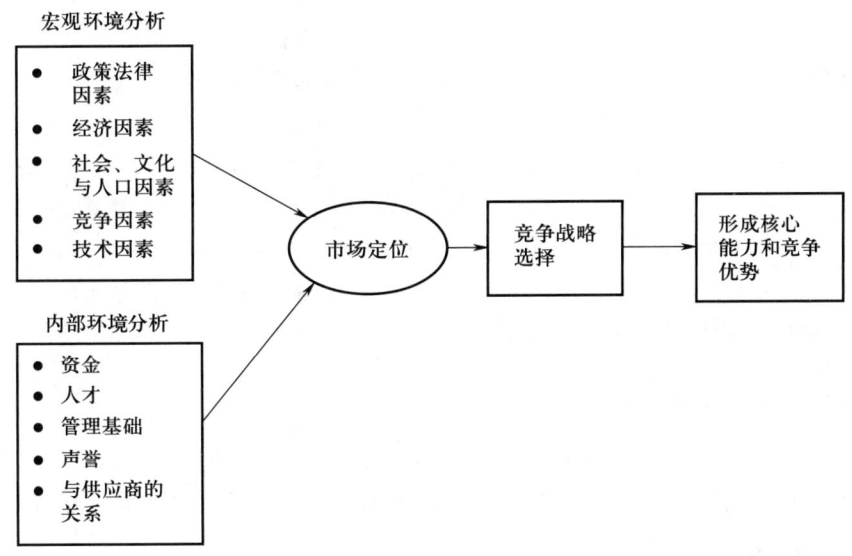

图3-1 零售竞争战略确定过程

一、宏观环境分析

一般来说,宏观环境因素可以概括为以下几类:政治法律因素,经济因素,社会、文化与人口因素,技术因素。宏观环境分析一般称为PEST分析。

(一)政治法律因素

政治法律因素的变化显著地影响着零售商的经营行为和利益。例如,地方政府的商业规划会影响零售商的选址策略;竞争政策决定着零售商的扩张能否采取收购策略;零售商如果对商店行窃者进行搜身、体罚或经济罚款,可能会因触犯了法律而在法庭上败诉。又如,消费者保护法的实施使零售商不得不采取各种保护消费者的措施,如设置明确的程序处理消费者投诉,审查广告信息的清晰度,发起消费者教育计划及培训员工学习正确地与消费者打交道。

以往的零售商曾更多地关注企业的经济和技术事宜,而今天的零售商则必须拥有更多地从法律和政治的角度处理问题的能力。它们正花费更多的时间预测国家的政策,将更多的时间用于会见政府官员,参加意见听取会和政府组织的会议。在进入或扩大国际市场之前,零售商需要对企业所从事业务将要涉及的国家的政治局势及各种法规政策做一个透彻的了解,这说明零售商意识到政府的政策法规已成为影响其决策的重要因素。

(二) 经济因素

经济全球化背景下,世界各国的经济更紧密地结合在一起,互相制约,互相依存。众多复杂的经济因素会影响零售商战略,这些因素如利率、消费者收入水平和支出结构、通货膨胀率、税率、财政政策、货币政策、国民生产总值、汇率、进出口总量、关税、世贸组织协议等。

中国改革开放40多年来,经济高速增长,人们收入水平较大幅度提高。但是,收入水平的提高并不意味着零售商的受益是均等的,与此相应,收入水平下降,也并非所有零售商均会受到同等的损失,因为消费者的支出项目不是随收入水平增长而同幅度增加的。德国统计学家恩斯特·恩格尔(Ernst Engel)曾对比利时不同收入水平的家庭进行调查,结果发现,收入的分配与收入水平之间存在一定比率,此比率随收入的增加而变化。在将支出项目按食物、衣服、房租、燃料、教育、卫生、娱乐等费用分类后,他发现,随着收入增加,各项支出比率的变化情况为:食物方面支出所占比率趋向减少,教育、卫生与休闲支出比率迅速上升。这便是恩格尔定律。这一定律被后人不断验证。因此,收入增加,消费者或许会购买一些质量较好的食物或服装,但由于他们还想把增加的收入用在购买其他的商品和服务上面,在食品和服装等方面的购买量总是有限的,这种支出结构的变化将迫使零售商的经营策略进行相应调整。

(三) 社会、文化与人口因素

社会、文化与人口因素的变化实际上对所有的产品、服务、市场和消费者都会产生重大的影响。所有行业中大的、小的、营利的和非营利的组织都将受到由这些变化带来的机会与威胁的影响。这些因素包括人口总量、年龄结构、地理分布、家庭组成、性别结构、文化水平、宗教信仰、价值观念、消费习俗、消费潮流、购买习惯等,这些因素的变化趋势正重塑当代人的生活、工作、生产和消费方式,新趋势正产生着新一类的消费者,进而要求有新的产品、新的服务和新的企业经营战略。

20世纪90年代以来,世界发达国家明显的社会发展趋势包括:消费者受教育程度提高,人口老龄化,体育健身活动盛行,关心食物安全,对保护自然环境更加重视,更多妇女参加工作,消费者保护运动兴起等。中国目前被视为世界上最大的潜在市场,因为中国人口众多,购买力不断增强。中国现有人口相当于欧洲和北美洲人口的总和,随着中国市场经济的发展,人们收入水平不断增长,生活质量不断提高。中国人的生活方式也在改变,一方面,中国人的生活节奏在加快;另一方面,中国人开始逐渐重视健身、休闲与娱乐活动。随着富裕程度的提高,人们更加重视时间的价值。顾客服务水平的提高、商品或服务的迅速可取得性、产品使用的高度方便性及维护和修理服务的及时性都正在变得更加重要。中国人比以往任何时候都更愿意为优质服务付更多的钱,只要它能够带来方便。这些变化都将为零售商的经营带来巨大的商机和挑战。

【案例3-1】

预制菜成行业风口,永辉推出"辉妈到家"

人口结构和生活习惯变化是零售业最值得关注的变量。近年来,随着中国老龄化、少子化、小家庭化等人口结构的变化,加上"宅""懒""快"经济的盛行、健康饮食理念的风靡,人们生活习惯也在发生改变,从而直接催生了一个新的行业风口——预制菜。

预制菜是科技进步和生活方式变化的产物。生产技术的发展,为预制菜最大程度保留厨师现场出品的口味提供了可能;冷链技术的普及,避免了长途运输中食品口味变化甚至变质的影响;不同食材使用不同材质包装,食品安全性大幅提升,菜品的新鲜度和营养也得到最大化保留;现代人生活节奏加快,预制菜帮助人们节省大量洗菜、切菜、深度烹饪的时间与精力成本,深受消费者欢迎。

在新消费需求的推动下,预制菜迅速兴起,成为当前各大商家竞相角逐的风口。永辉、盒马、家家悦等超市纷纷通过与第三方合作或自建中央工厂发力预制菜,将其作为业绩的新增长点。永辉超市于2021年7月正式推出预制菜品牌"辉妈到家",单品包括金汤酸菜鱼、外婆红烧肉、红烧狮子头、鱼香肉丝等10余款速冻熟制网红单品。自推出以来,这一品类销售额不断增长。

"辉妈到家"是永辉通过定制化产品研发、标准化生产加工、智能化冷链仓配、个性化用户服务等环节,实现产品的全链路管控,力求打造高品质、高性价比的预制菜。除商品品质过硬之外,永辉还创新营销,深化品牌形象,加强与消费者互动。比如在包装设计上,"辉妈到家"将地标产品与当地文化融合,采用地域方言的表达方式。如上海外婆红烧肉"曹豪切"、江苏南京糖醋排骨"老嗲额"、西域大盘鸡"亚克西看"、金汤酸菜鱼"巴适得板"等。从前期菜品选择、新品研发到后期外包装设计、卖场运营等各个环节,永辉力求原汁原味地将特色菜品呈现给当地消费者。

从趋势看,预制菜与农业产业化、标准化、工业化和数字化发展密切相关,也响应了乡村振兴的国家政策,是商超企业生鲜经营品类升级变革、寻求增量的重要抓手。

资料来源:农商网超市周刊微信公众号,2022-03-29。

(四)技术因素

既然技术的应用成为零售商竞争优势的来源之一,跟踪了解技术的发展并利用其不断改进管理方式便是十分必要的了。毫无疑问,技术进步使得零售商和供应商以及零售商和顾客之间的信息交流更加流畅,交易更加便利,带来了更高效率的运营、更快速而有洞察力的决策、更好的存货管理以及更高的员工生产率。目前,零售商已经不断尝试着将新技术引入公司的运营管理和决策中,如大数据分析技术、脸部识别技术、无人机等。

但是,零售商是不是应该亦步亦趋地追踪采用这些新技术呢?一般来说,研究先进技术是否应该应用于零售商的经营中需要考虑四个方面的因素:

(1) 新技术的价格和更换旧技术的代价如何。尽管新技术的价格在持续下降,但有时新技术取代旧技术所花费的人力、物力和财力的成本仍然使得该技术的应用不太值得。

(2) 零售商必须界定清楚技术和人的角色关系,并与组织使命和行业类型相匹配。尽管技术能帮助零售商提高为顾客服务的水平,但它也会出故障,一些顾客仍然会认为技术是非人性化的或是很"冷漠"的,因此,采用新技术时应尽可能平稳,最小限度地打扰供应商、员工和顾客。

(3) 顾客是否希望采用这一新技术使他们能很快完成交易,获得购买产品的反馈等。如果顾客期待采用这一新技术,即使只是为了竞争,零售商也不得不采用一些先进的技术。

(4) 采用先进技术对零售商而言能否获得不同于以往的竞争优势。

资料

大数据挖掘的13种应用情形

数据挖掘涉及公司运营的方方面面。下面以客户全生命周期管理为例介绍数据分析运用情形和挖掘主题。

(1) 发掘潜在客户(市场细分)。基于地区、性别和年龄段等粗粒度的指标,结合产品设计定位和目标客户群体进行匹配。

(2) 客户获取。对客户基本信息进行一个初步筛选,找出购买倾向性较高的客户进行深度跟踪营销,为其制定更个性化的产品或服务组合。

(3) 初始信用评分。根据客户性别、年龄及居住情况等基本信息对客户的信用进行预判。如中国移动的先付费客户的欠费额度和京东的"京东白条"业务。

(4) 客户价值预测。其中价值既包括以消费水平为代表的直接价值,也包括客户口碑宣传的间接价值。

(5) 客户细分(市场细分)。根据客户的基本信息,从人口学、工业统计信息、社会状态、产品使用行为等方面对客户进行细致的描述。

(6) 交叉销售。分析产品之间的关联关系,发现产品销售新模式。

(7) 产品精准营销。分析现有客户的属性和产品消费行为,确定响应可能性最大的群体进行营销。

(8) 行为信用评分。分析的变量加入了客户产品消费行为的信息,这使得对客户信用的评估更为准确。

(9) 欺诈侦测。也称异常侦测,是对客户(包括内部员工)涉及套现、盗用等异常行为进行的侦测,满足风险监管的需求。

(10) 客户保留。及时发现客户在购买产品方面的行为变化和满意度情况,从而及时更换产品组合。

(11) 客户关系网。可以很好地定位客户所处的自然生命周期,推荐与其品位相似的产品信息,明确网络中的重要节点,实施关键人营销。

(12) 流失客户时间判断。通过对已经流失客户的存续时间进行分析,一方面可以预判现有客户流失的高危期,另一方面为提高不同类型客户的存续时间提供技术支持。

(13) 流失客户类型判断。对流失客户的细分可以对改进产品和服务起到重要的指导作用。

(五) 竞争因素

以上宏观环境因素对零售商的生存具有广泛而深刻的影响,但这种影响可能通过较长时间才能显现出来。这种影响还有一个更重要的特点,即其范围涉及所有的企业,因此,只对几种宏观环境因素做广泛而深入的分析可能是不经济的,而且容易造成信息超载。更有效的方法是集中分析与战略形成直接相关的因素——行业竞争环境。

1. 竞争类型分析

竞争类型分析主要是帮助零售商界定竞争对手范围,并了解所处竞争环境的基本特征。竞争类型主要有以下四种:

(1) 同质竞争。同质竞争是指同一零售业态或相同经营风格零售商之间的直接竞争。这些零售商的店址越接近,竞争便越激烈;店铺风格越接近,竞争也越激烈。

(2) 异质竞争。异质竞争是指销售同一类商品的不同零售业态之间的竞争。如大型综合超市与百货商店在某些商品线上的直接竞争,专业商店与百货商店在同一品类上的直接竞争。随着商品攀升现象在不同零售业态的出现,这种异质竞争的竞争对手也是零售商在制定竞争战略时必须考虑的对象。

(3) 垂直竞争。竞争也可能发生在分销渠道的不同部分。垂直竞争是零售商与向零售商提供产品的供应商之间的竞争。例如,如果零售商销售的也是生产商或批发商在互联网上出售的商品,零售商与生产商或批发商之间就存在直接的竞争。

(4) 系统竞争。系统竞争是零售商向供应链上游整合,取得对整个产品供应链系统的控制,从而产生了与其他同类生产商和零售商形成的供应链系统的整体竞争。系统竞争也可能是生产商向供应链下游整合,建立自己的分销渠道,与其他同类产品供应链之间的整体竞争。目前,零售商对供应链控制的欲望越来越强烈,系统竞争也越来越普遍,反映出零售商的竞争对手越来越广泛,而一些零售商如宜家家居、玛莎百货都是这种系统竞争中的佼佼者。

2. 竞争结构分析

行业竞争结构状态直接影响行业竞争程度和行业的获利性。美国哈佛商学院的迈克尔·波特教授提出的"五力模型"是分析行业竞争结构的最主要工具之一,被各国学者广泛关注和引用。按照波特的五力模型,一个行业存在着五种基本的竞争力量,即潜在进入者的威胁、替代品的威胁、购买者的讨价还价能力、供应商的讨价还价能力以及现有竞争者之间的抗衡。这五种基本竞争力量的状况及其综合强度,决定着行业的竞争激烈程度,同时也决定了行业的最终获利能力。但是,不同的零售业态或某一零售业态的不同时期,各种力量的作用是不同的,常常是某一种力量或两种力量起支配性作用,其他竞争力量处于较次要的地位。图3-2是影响零售业竞争的五种力量分析框架。

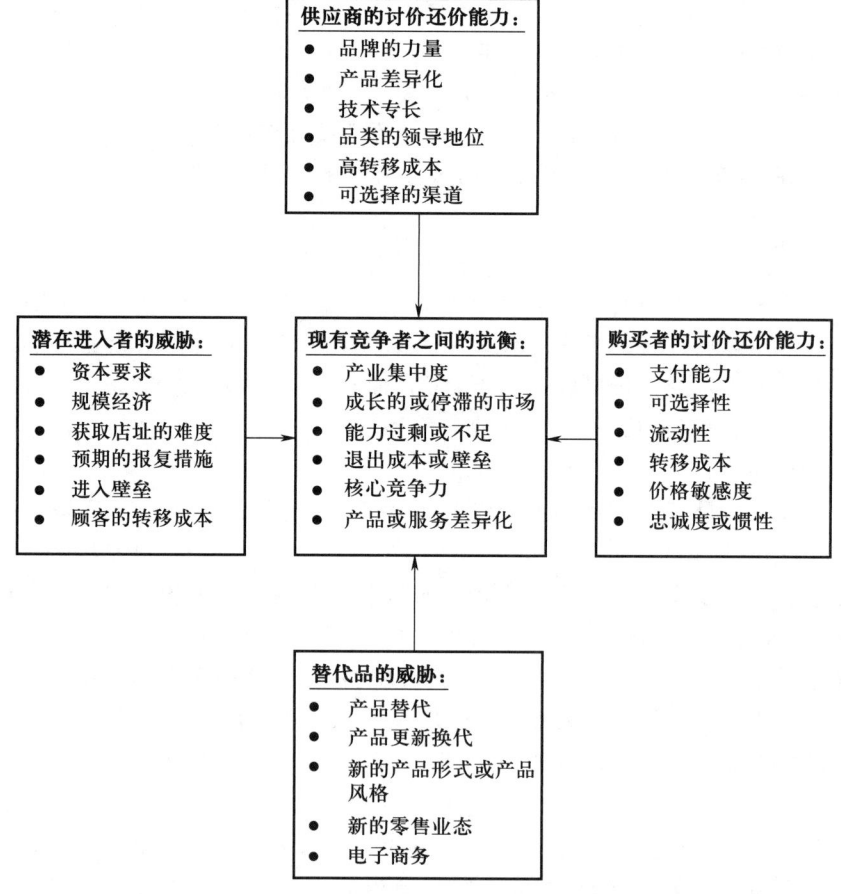

图 3-2　影响零售业竞争的五种力量分析框架

通过对零售商外部环境的分析,管理者可以判断有哪些机会可以发掘,以及组织可能面临哪些威胁。需要注意的是,即使处于同样的环境中,由于组织控制的资源不同,可能对某一个零售商来说是机会,而对另一些零售商来说却是威胁。可见,外部环境变化对一个组织来说,究竟是机会还是威胁,取决于该组织所控制的资源。

二、内部环境分析

内部环境分析的目的是考察零售商现有资源的质量和数量、资源使用的有效程度以及这些资源的独特性和竞争者的模仿难度,评价零售商的战略能力。资源可以分为实物资产、人力资源、财务资源和无形资源等。无形资源包括蕴含在零售商自有品牌和企业形象中的声誉。

零售商拥有什么样的经营技巧?它的物流配送系统的能力如何?信息系统的能力有多好?它的资金状况怎样?内部财务管理质量如何?采购人员的知识和技能水平有多高?与供应商能保持良好的关系吗?顾客的忠诚度如何?员工的流动率是否处于可接受的水平?公众对该零售商及其产品和服务的质量怎么看?通过对自身以上问题的分析,管理者能清楚地认识到,无论是多么强大的组织,都会在资源和技能方面受到某些限制。这些限制包括资金、人才、管理基础、声誉、与供应商的关系等。

在进行自我分析时,管理者通常需要回答以下问题:

(1) 我们的企业擅长什么?

(2) 我们的企业在哪些领域优于竞争对手?

(3) 我们的企业在哪些领域具有提供一种持续性的竞争优势的基础?

通过对零售商内部环境的分析,管理层基本上可以对组织的优势和劣势做出明确的评价,从而管理层能够识别什么是组织的与众不同的能力,即决定作为组织的竞争武器的独特技能和资源。再结合上面对宏观环境分析的结果,管理层便可以识别组织的机会,挖掘具有潜力的细分市场,并在这一市场上确立自己的竞争定位和竞争战略,如图 3-3 所示。

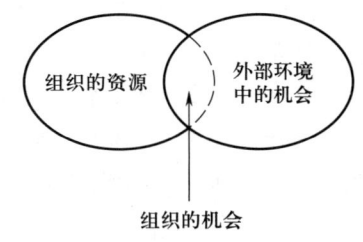

图 3-3 识别组织的机会

三、市场定位

定位(positioning)是指零售商首先明确自己所服务的目标顾客群体,然后,通过形象规划和一系列零售活动组合的设计与贯彻,为目标顾客提供一种独特价值,从而在目标顾客心目中确立一个清晰的和有特色的商店形象。定位强调的是在目标顾客心目中的形象,而不是在零售管理者心目中的形象,这一点是非常重要的。形象代表了消费者和其他人对某个零售商的认知。比如零售商是创新的还是保守的,是专业化的还是经营广泛商品的,是折扣导向的还是高档的。成功树立形象的关键是消费者按照零售商希望的方式认知零售商。

(一) 市场细分

既然没有一家零售商可以满足所有消费者的所有需要,也没有一家零售商能针对单个顾客的需求经济地提供商品和服务,零售商必须选定一类顾客群体,并将其目标定位在通过所提供的商品和服务来满足所选定的顾客群的需求。这就需要对整个零售市场进行市场细分。

零售市场细分(retail market segment)就是根据消费者明显不同的需求特征将整体零售市场划分成若干个消费者群的过程,每一个消费者群都是一个具有相同需求和欲望并要经历相似购买过程的细分市场。通过市场细分,企业能向目标市场提供独特的产品、服务及其相关的营销组合,从而使顾客需求得到更为有效的满足,并维持顾客的忠诚度。

不同的消费者由于年龄、性别、收入、家庭人口、居住地区、生活习惯等因素的影响有着不同的欲望和需要。这些不同的欲望和需要是企业据以进行市场细分的因素,也叫"细分变数"。这些变数所概括的消费者群的欲望和需要的差异,是细分零售市场的基础。细分零售市场所依据的变数一般可分为四大类:地理变数、人口变数、心理变数和行为变数。现在,消费场景也常作为细分变数。

以上四大类细分变数,在市场细分的实际运用上,要根据消费者需要差异综合运用。需要差异大的产品,可以运用较多的变数;需要差异小的产品,可以运用较少的变数。凡是需要差异大、市场竞争激烈的产品,往往要经过多次细分,才能从中筛选出符合本企业条件的分市场或子市场,方可以此作为企业的目标市场。

由上可知,市场细分实际上就是将异质市场划分成若干同质市场的过程。成功的市场细分意味着零售商在明确的细分市场上满足现有顾客和潜在顾客的某种需求。

【案例 3-2】

网易严选的场景设计

当前,一些零售商进行市场细分和商品分类时采用的不再是传统的分类变数,而是一种复合因素组成的消费场景变数。网易严选就采用了这样的场景变数。

以职场女士为例,将其一天的行为分为 12 个场景,分别是:8:00 化妆、9:30 工作、10:15 小食、12:30 午休、13:00 补妆、15:00 茶水间、18:00 开会、19:00 逛街、20:30 家务、21:00 敷面膜、21:15 追剧、22:00 手账。

结合上述一整天的具体场景,网易严选分别推荐了每一个场景的爆款产品,当用户不知道买什么时,看看专题便是很好的选择,每个场景的核心产品只有一件,不必纠结陷入选择困难症。

每件单品的介绍,网易严选都讲足了故事,典型的方式是:将用户引入一个美好的场景,通过产品材质、工艺、细节展示产品特点,并介绍规格、安全性、售后服务等问题,解决客户后顾之忧。它不仅贩卖商品,而且贩卖一种生活方式和生活态度,有温度,有感情,文案中透着一股蓬勃的生命力和生活气息。比如一个电动牙刷,除了常规的参数之外,网易严选是这么讲故事的:

清晨起床
注定是一场里外打扮的忙碌
而大家总是喜欢,藏住努力
只把最轻松的姿态展示在人前
心机便是
偷懒却不将就,一键自动
让每天的愉悦优雅从清晨的微笑开始

消费者很容易地被带入一种美妙的生活场景之中,没有太多心思去比较产品的价格、性能。这种做法有利于促进消费者购买,提升转化率。

资料来源:东吴纺服微信公众号,2017-05-14。

(二) 规划形象

经过市场细分,零售商选择了其中一个子市场或几个子市场作为目标市场,并根据零售业态的特点、竞争者的状况和目标市场顾客对形象的反应来规划其形象,据以设计自己的战略,确定一系列经营策略组合。如商品组合,是更多的商品种类,还是一类商品中有更多的花色品种可供选择?如服务组合,是提供有限服务以降低经营成本并以低价让利给消费者,还是提供更多的延伸服务以满足消费者对服务丰富度的追求?经营的商品是时尚流行的商品,还是传统风格的商品?如果这种规划的形象得到了目标市场顾客的认同,则零售商的定位便成功了。

我们以潮玩市场为例。逐渐成长的 Z 世代成为社会的消费主力。研究发现,Z 世代愿意为兴趣消费,社交需求旺盛,崇尚高颜值。潮玩的高颜值、限量版的艺术收藏价值、拆盲盒带来的话题度,都与Z世代的消费偏好相契合。于是,Z世代消费力量的崛起带动了潮玩消费的热潮。

目前,国内已经涌现出许多不同风格的潮玩IP主题店。我们来看看这些潮玩品牌店的不同定位和做法,如表3-1所示。

表3-1 中国潮玩市场部分品牌定位与经营特点

品牌	定位	经营特点
泡泡玛特	潮玩盲盒	手握超过80个IP,根据IP研发出制作精美的潮流玩偶,上新快、款式多,并设置隐藏款,消费者在购买之前并不知道买到的是哪款,好奇心大盛
IPSTAR潮玩星球	潮玩主题餐厅	围绕《名侦探柯南》、网络小说《默读》、初音未来等知名IP推出潮玩商品和主题甜品店
52TOYS	潮玩珠宝	旗下原创IP"招财宇航员"与本土珠宝品牌IP合作,打造限量珠宝礼盒
X11	潮玩平台	引入手办、盲盒、全系高达(覆盖从SD系列到PC系列)模型、拼装、BJD等10多种潮玩品类
十二栋文化	潮玩娱乐	以娃娃机为主的娱乐空间"LLJ夹机占"已在国内7座城市设有15家门店,客流如潮,很受欢迎

资料来源:赢商云智库微信公众号,2021-07-28。

定位确定之后,保持定位的连续性对商店来说就更重要了。顾客可能坐车跑几站路到某家商店购物,因为他们确信那里有他想要的东西。如果店里没有,这趟路就白跑了,以后他也不会再专门到这里来了。市场用脚投票,如果商店的定位经常变化,不管是有意的还是无意的,现有的消费者都可能流失。当然,商店必须适应竞争的实际情况,根据大众品位或者人口统计资料方面的变化进行调整,但定位的变化应该是慎重决策的结果,而不是缺乏连续性的表现。

市场定位决定企业采取哪些营销活动。在企业制定竞争战略和进行整体营销策划之前,应先回答下面的问题:

(1)是否真正了解顾客的需要,时刻倾听他们的声音?
(2)在潜在顾客心中,商店处于哪一位置?企业希望它能拥有什么地位?
(3)竞争对手拥有什么地位?对本企业的经营是否构成威胁?
(4)企业有无足够的实力挤掉竞争对手,占领顾客心中的位置,使梦想成真?
(5)企业有无足够的实力长期拥有这一地位?
(6)当环境发生变化,企业的地位是否会受到影响?需要加以调整吗?
(7)定位诉求确定之后,如何利用整体经营要素组合,将定位信息准确地传达到消费者心中?

如果对上面的问题都能圆满地回答并做到,零售商就基本上确立了自己的竞争地位。

四、竞争战略选择

当零售商确定了自己所服务的目标顾客群,并在目标市场中规划了商店形象和竞争位置后,接下来就是采用什么样的竞争战略来塑造这一商店形象,确立自己的竞争位置。竞争战略的选择是零售商对内部资源的有效运用,将优势最大化,同时将劣势的影响降到最低,它应当在尽可能避免或排除风险的同时挖掘机会,两项活动都朝着实现目标和创造有利的竞争位置而努力。

20世纪80年代初,美国管理学家迈克尔·波特在《竞争战略》一书中,提出了赢得竞争优势的三种基本竞争战略:成本领先战略、差异化战略和目标集聚战略。波特的竞争战略思想为指导企业竞争行为提供了基本方向,使企业更主动地培养竞争力,以掌握自己的命运。

成本领先战略是指企业的经营目标是要成为其整个行业中的低成本厂商。如果企业能够创造和维持全面的成本领先地位,那它只要将价格控制在产业平均或接近平均的水平,就能获取优于平均水平的经营业绩。在与对手相比处于相当或相对较低的价位上,成本领先者的低成本地位将转化为高收益。然而,成本领先者不能无视差异化战略,它必须在与竞争对手差异化的基础上创造价值相等或价值近似的产品或服务,以领先于产业的平均收益水平。

差异化战略是企业力求就目标顾客广泛重视的一些方面在产业内形成自己的特色。它选择被产业内许多顾客视为重要的一种或多种特质,并为其选择一种独特的定位以满足顾客的要求,它因其独特的定位而获得溢价的报酬。一个能创造和保持经营差异化的企业,如果其产品溢价超过了它为产品的独特性而附加的额外成本,就会成为其产业中盈利高于平均水平的佼佼者。差异化战略同样不能忽视对成本领先地位的追求,否则企业的价格溢价很可能被显著不利的成本位置抵消。

目标集聚战略是指企业着眼于在特定产业的某个狭小空间内做出选择,采用目标集聚战略的企业选择产业内一种或一组细分市场,并量体裁衣使其战略为它们服务,而不是为其他细分市场服务。通过对其目标市场进行战略优化,采用目标集聚战略的企业致力于寻求其目标市场上的竞争优势,尽管它并不拥有在全面市场上的竞争优势。这种竞争优势有两种形式:成本领先和差异化。在成本领先战略指导下企业寻求其目标市场上的成本优势,而差异化战略中企业则追求其目标市场上的差异性优势。

从图3-4可以了解波特三种基本竞争战略之间的区别。

	战略优势	
	被顾客察觉的独特性	低成本地位
全行业范围	差异化战略	成本领先战略
仅特定市场	目标集聚战略	

图3-4 三种基本竞争战略

上述三种基本竞争战略的成功实施需要不同的资源和技能,基本战略也意味着在组织安排、作业流程、控制程序和体制上的差异。因此,在波特看来,企业要想在三个方面都有所作为是不可能的,保持采用一种战略作为首要目标对赢得成功通常是十分必要的。表3-2是零售商采取三种基本战略需要的组织内部的资源和支持。

表 3-2 三种战略的基本资源和要求

基本战略	需要的基本技能和资源	对组织的要求
成本领先战略	• 持续的资本投资和良好的融资能力 • 科学的作业流程 • 对各环节的严格控制 • 低成本的分销系统	• 结构分明的组织和责任 • 以满足严格定量目标为基础的激励措施 • 严格的成本控制 • 制度化、详细的控制报告
差异化战略	• 强大的营销能力 • 对创造性的鉴别能力 • 很强的基础研究能力 • 在商品质量或服务上领先的声誉 • 在产业中有悠久的传统或具有从其他业务中得到的独特技能组合	• 在研究与开发、产品开发与采购和市场营销部门之间的密切合作 • 重视主观评价和激励,而不是定量指标 • 有轻松愉快的气氛,以吸引高素质的人才
目标集聚战略	• 针对具体战略目标,由上述各项组合构成	• 针对具体战略目标,由上述各项组合构成

在波特的战略管理理论中,一个企业如果要创造竞争优势,则它必须能够成功地贯彻其中一种基本战略,要么成为产业中的低成本领导者,要么在产品或服务的某些方面实现独树一帜的经营差异化,或者集中资源在某一特定的细分市场实现成本优势和差异化,那么它就能获得高于产业平均利润的超额利润。如果一个企业不能在某一战略方向上胜出,它就会被夹在中间。夹在中间的企业也可能因为模糊不清的企业文化、相互冲突的组织安排与激励系统而遭受种种麻烦。

在零售领域,能生存下来并获得发展的零售业态都是追求上述三种基本战略的结果。如在成本方面领先的货仓式商店、折扣商店等;在差异化方面领先的百货商店、购物中心等;在目标集聚方面领先的便利店、专卖店等。可以说,这些业态正是因为有了正确的战略定位,才能在激烈的零售竞争中相安无事,共同分享这巨大的零售市场。

尽快确定自己的基本竞争战略是一个零售商取得竞争优势的关键。零售商必须在三种基本竞争战略中做出抉择,因为成本领先和差异化是相互抵触的,差异化意味着增加成本,而降低成本则意味着牺牲差异化,同时实施两种竞争战略,常常会使企业陷入夹在中间左右手互搏的危险境地。而企业如果真正实现了其中一种战略目标,就已构成了竞争优势的来源。

第三节 成本领先战略

根据波特的竞争战略理论,成本领先战略就是指通过采用一系列针对本战略的具体措施在本行业中赢得成本领先优势。与采取其他战略的企业相比,尽管它在质量、服务以及其他方面也不容忽视,但贯穿于整个战略中的主题是使成本低于竞争对手。为了实现这些目标,企业必须在经营管理方面进行严格控制,发现和开发具有成本优势的资源。而企业一旦获得成本优势,则该企业就可以获得高于行业平均水平的收益,其成本优势可以使企业在与竞争对手的斗争中受到保护,因为它的低成本意味着当别的企业在竞争过程中已失去利润时,这个企业仍然可以获利。

从价值链观点来看,零售商选择成本领先战略以获取成本优势,其视角并不在于创造出高于行业平均水平的收益,而在于满足顾客的需要,为顾客创造更多价值。它们会把这种成本优势转化为价格优势,让顾客感到更加物有所值,从而吸引顾客、留住顾客,并最终为企业赢得竞争优势。

一、车轮理论生成机理:成市优势

从世界零售业的发展趋势来看,零售商业机构的发展存在着一定的规律。美国哈佛商学院零售学权威麦克奈尔(Malcolm P. Macnair)教授把这种规律称为零售业态发展的车轮理论。他认为,新型的零售商业机构的变革有着一个周期性的、像一个旋转的车轮一样的发展趋势。零售创新通常首先以低价格、低成本、低毛利形式出现,经过一段时间,这些革新者提高经营的商品等级、改善设施和顾客服务。随后,它们也开始受到新一轮低成本结构的折扣零售商们的威胁,于是轮子又重新转动。

麦克奈尔以美国零售商业的发展实践证明:超级市场、折扣商店、连锁商店等都是因追求低价格销售而出现的,但随着时间的推移,都不能始终如一地贯彻"三低"政策,不得不提高商品价格,而当价格提高到一定程度,又必然会走向反面,被另一新的零售机构代替。他认为,100多年来的美国零售业正是按照这种"轮转"假设发展起来的。

车轮理论不仅适合美国零售商业发展趋势,在世界范围内零售业也是循着这一轨迹发展起来的,许多专家学者的研究提供了有力的支持证据。F. G. Pennance和B. S. Yamey对英国的食品零售业进行细致的研究后发现,尽管现存的零售商为了保持优势偶尔会有降低毛利的做法,但从整体趋势来看,英国的食品零售业基本上是按照车轮模式发展的,即最初出现的是食品百货店,随后是食品连锁店,继而是廉价商品店和现购自运商店,而现在则是食品超市大行其道。以上的每种形式在出现时都是以低毛利、低价格的策略与业内现有竞争者进行竞争,然后,自己又发展成为高价格、高毛利的零售店。这完全符合车轮模式的发展规律。

从我国零售业的发展来看,在改革开放之前,零售业态比较单一,主要是百货商店和小型零售商。20世纪80年代以后,超市开始出现,并以低价、低毛利为优势与传统的百货业展开竞争。进入90年代,各种零售业态相继进入中国。以沃尔玛、家乐福、麦德龙、易初莲花为代表的一批大型综合超市和仓储超市更以比一般超市低的价格和毛利与之竞争。2000年以来,随着网络零售的崛起,大批传统实体商店纷纷倒闭,这一状况虽然有些悲壮,但却说明,从整体上看,我国的零售业也基本上是按车轮理论发展的。

车轮理论所揭示的零售业发展规律,实际上正是说明在100多年的发展历程中,成本领先一直是零售企业竞争的优势。它驱使着新型零售业态在竞争中不断替代旧零售业态,而当这一业态失去了成本领先优势时,又会被另一种以成本领先为竞争武器的零售业态替代,于是,零售轮子就是这样在成本领先的推动下不断向前发展。

目前,成本领先依然是我国零售商的主要竞争优势。在商业微利时代,在我国消费低增长的零售市场上,在消费者价格敏感度极高、相对议价能力极强的消费环境中,零售商必须充分发挥价格机制的作用,而价格机制又必须在与其成本控制的融合中发挥作用,因此,零售商只有通过加强成本控制,使成本降到最低限度,成为行业中的成本领先者,才能凭借低成本的优势,创造相对的价格优势,在激烈商业市场竞争中生存和发展。

美国学者 Barry Berman 和 Joel R. Evans 认为,要获得成本领先优势,零售商可以采取以下战略组合决策中的一种或几种:

(1) 运营程序标准化;
(2) 商店布置、规模和经营产品的标准化;
(3) 利用次等位置、独立式建筑以及在较老的狭窄商业中心区选址,或利用其他零售商废弃的店址(二手店址);
(4) 将商店置于劳动力成本低廉、建筑和运营成本低的小社区;
(5) 使用廉价的建筑材料,如裸露的矿渣砖块墙和混凝土地板;
(6) 利用简易的设施和低成本的展台;
(7) 购买重新修整的设备;
(8) 加入合作采购和合作广告团体;
(9) 鼓励制造商为存货提供融资。

事实上,今天的零售商更加充分地运用了其他策略来降低运营成本。

二、成本领先战略的盲区

(一) 过分强调成本优势而忽视了其他战略

波特认为,成本领先者能够获取优于行业平均水平的经营业绩,但它不能无视差异化战略。如果它的产品或服务价格虽低,但在产品质量上或服务上却被顾客认为与竞争对手相差太远而不能接受,则成本领先者只能将产品价格降到远低于竞争者的价格水平以吸引顾客忽略其质量或服务上的不足,这种较低的价格势必将抵消其成本低廉本应带来的收益。因此,成本领先者仅仅依赖降低成本来赢得竞争优势是不够的,它还必须关注其他消费者敏感的方面,要在其他方面做到行业平均水平,在此基础上寻求成本最低,才能给顾客以真正的物有所值的感觉。

无论是成本领先战略,还是其他竞争战略,其主要驱动力在于为顾客提供价值。然而,价值与许多因素有关,涉及整体购物经历。人们为某种商品所支付的价格是根据整体购物经历做出评价的。消费者希望以尽可能低的价格获得商品,但很明显的是,如果购物经历满足了他们的需求和期望,他们还是愿意支付较高的价格。零售商必须认识到,对大多数购物者而言,每日低价是最基本的期望,单凭价格就足以吸引和诱惑大多数人。但当消费者在迷宫般的商店中穿行的时候,整体购物经历将起支配作用。

【案例 3-3】

名创优品是如何保证商品优质低价的

近几年崛起的名创优品,很像日本百元店——在经济低迷时期仍保持高速增长。2020年名创优品销售额超过130亿元。名创优品的产品简约自然,品质优良且紧跟全球时尚潮流,产品价格大部分在10~39元,深受18~35岁的"小资""白领"等消费人群的喜爱。名创优品积极开拓国际市场,至今已在全球开店4 000多家。

名创优品早先经历过消费者这样的质疑:便宜没好货。为了扭转"便宜没好货"的形象,它做了两个工作:一个是严控质量关,全部商品都经过严格检验。一个就是从设计入手,开发出时尚的商品设计和店铺形象,要做低价,但不能做低端,这让原来看上去的廉价店成为时尚小百货的代名词。

名创优品具有强大的商品研发能力,其商品优质低价的核心在于所有的商品均为自有品牌,一方面降低了商品采购成本,即便每件商品价格亲民,依然有30%以上的毛利率;另一方面,自有品牌使得其商品成为独家,最大程度实现了差异化经营。名创优品每个月甚至每周都有新品出现,新品商品率都是以周为单位来计算的,这使得它能够不断推陈出新,吸引消费者的目光。

名创优品具有高效的店铺运营水平。零售的本质就是效率,名创优品不断优化门店运营系统以减少用工数量,提升门店效益。名创优品早期一家门店的员工配置为15人左右,而现在降到8~10人。

名创优品具有强大的供应链系统。它在国内拥有800家左右的供应商,其中不乏为国际一线品牌做代工的生产制造企业,其独创的物流系统和高效的自动仓储设备保证每家店每个月都能有新商品补充。

名创优品总部收益来自两块:一个是品牌使用费(以三年为期限,每家店15万元);另一个就是在商品价值链上8个点的利润。由此也可以看出,名创优品正在以轻资产的模式运作,它将设计、研发、供应链掌握在手中,而将门店租金、装修等"重"投入交给加盟商,从而减轻总部负担,使其能快速奔跑。

资料来源:第三只眼看零售微信公众号,2017-05-17。

(二)人们极易将成本领先看成简单的价格竞争,从而步入低价竞争的风险之中

商品低价销售,向来是零售竞争的一个有力武器,只要市场上存在价格敏感型的顾客,低价商品就有其无法抵挡的魅力。一个零售商选择成本领先战略,在实现其低成本运营时,其成本优势必然体现在价格竞争优势上。然而,成本优势并不等同于价格优势,在将成本优势转化为价格优势时,如果处理不当,也不会取得预想效果。因此,实施低价销售是有一定风险的。在以下情况下,价格过低带来的并不一定都是好处。

(1)当商品价格与商品质量联系甚密,而市场上又无这种商品的价格参照指标时,消费者以"一分钱一分货"来衡量产品,尽管消费者有降低价格的需求,但对这类产品质量更为看重,而企

业在没有其他沟通手段让消费者信服商品低价位下的高品质保证时,定价过低不一定带来销售的增长。

(2)企业一味压低经营成本追求成本优势,从而导致进货的产品粗制滥造、品质下降以及服务水准明显降低。只重视消费者对价格的敏感度而忽视了其对商品质量与服务质量的敏感度时,价格过低反而容易失去顾客。

(3)企业一味追求低价销售,造成企业盈利水平过低,发展困难,低价销售就是舍本求末,最终得不偿失。

(4)企业一味追求低价销售,发动价格战,引起竞争对手反击,树敌过多,而自己没有充分抵御对手反击的实力,反而容易造成经营被动。

(5)低价销售是企业的一个经营策略,但当低价销售与企业经营形象有较大冲突时,将造成企业形象的混乱。如一个面向高消费层的精品店,经常采用大幅度折价策略,则容易导致原有目标顾客流失,企业形象受损。

可见,低价策略是一把"双刃剑",使用得当,将有助于企业抢占市场,扩大销售,加速资金周转,树立物美价廉的良好形象,增强竞争力;使用不当,也会给企业带来意想不到的损失。成本领先战略实质上就是零售商通过改善经营管理、降低流通费用来降低商品价格的既有利于消费者又有利于商家的理智的低价销售。沃尔玛以成本优势立足于商界,它推行的"天天平价"是从进货、库存、配送到销售全过程尽力降低费用来保持每日低价,这种低价才是值得商家借鉴和效仿的做法。

第四节 差异化战略

差异化是零售商可以选择的第二种基本竞争战略。根据波特的竞争战略理论,在差异化战略指导下,零售商力求就顾客广泛重视的一些方面在行业内独树一帜。它选择在本行业内被许多顾客视为重要的一种或多种特质,并在此方面全力以赴做到最佳以满足顾客的需要。它将因其独特的地位而获得溢价的报酬。

一个能创造和保持差异化的企业,如果其产品价格溢价超过了它为产品的独特性而附加的额外成本,它就成为盈利高于产业平均水平的佼佼者。差异化战略要求企业选择那些有利于竞争的并使自己的经营独具特色的特质。企业如果期望得到价格溢价,它必须在某些方面真正独树一帜。然而,与成本领先相反的是,如果存在多种为顾客所广泛重视的特质,产业中将可能有不止一种成功的差异化战略。

在零售业,一个零售商要形成自己的差异化优势,可以从不同方面塑造自己的差异化形象,如与众不同的商品组合、别具一格的购物体验、胜人一筹的服务方式等。其中最常见的差异化战略便是差异化服务战略。

一、差异化战略与服务优势

零售业可以说是以服务为主的行业,是为顾客提供在合适的地点以合适的价格购买到合适商品的服务的行业。在如今同类商品质量相差无几的情况下,在消费者需求个性化、多样化日益突出的年代,差异化战略在零售领域更多地体现在服务的差异上,因此,美国商界有句经营名言:

"零售业唯一的差别在于对待顾客的方式。"

服务是直接面对人的活动,它比产品质量、价格更容易深入消费者的内心。好的服务能给消费者带来持久的愉悦,而差的服务给消费者带来的是无法忍受的烦恼。在顾客的周围,相互竞争的百货商店在同样的地点以相差无几的价格出售同样的商品,怎样才能脱颖而出呢?企业只有树立高品质服务的形象,才能比竞争对手多拥有一项竞争优势。

优质服务还有一个明显的好处是可以培养顾客的忠诚,稳定老顾客。有些零售商常常犯这样一个错误,认为开发新顾客对企业成长非常重要,属于一种积极、主动及进攻的策略;维系现状或老顾客是一种消极、被动及退守的策略。其实,培育顾客忠诚,维护老顾客具有积极的意义。

(一)维系老顾客的成本较开发新顾客的成本低

粗略计算,争取一位新顾客所投入的营销成本是留住老顾客所投入成本的 3~5 倍。因为忠诚的顾客能不断给企业带来更多的回报,他们会主动再来购买,使得在他们身上投入的营销成本,要比招来新顾客所投入的成本低得多,且企业对他们比较了解,不必在交易时花费更多的时间。

(二)老顾客可以成为企业最有效的推销员

一般来说,顾客对企业的期望是靠企业对待他们的方式来塑造的,但对新顾客来说,这种期望主要是靠朋友和同事的口碑来塑造的。口碑对购买决定的影响力要超过广告。遗憾的是,口碑不是企业能直接操纵的,口碑评价大多来自相当满意和极不满意的顾客。如果老顾客是一个感到满意的顾客,则很可能为企业四处宣传正面口碑,甚至影响亲友,进而使企业能有更多的交易机会。

(三)老顾客代表着许多潜在的营销机会

老顾客不但会重复购买,而且会购买商店所提供的其他产品或服务。据《追求卓越》的作者统计,杂货店的一位老主顾,会在 10 年内购买价值 5 万美元的商品;一位忠诚的汽车顾客,会在他的一生中给经销商带来 15 万美元的收入。

关于零售商如何实施差异化服务战略,从而建立服务优势,本书将在第十章服务管理中详细介绍。

【案例 3-4】

京东之家 1 小时达服务

京东之家诞生于 2016 年。目前在全国范围内京东之家、京东专卖店已突破 600 家,遍布全国 30 个省级行政区和超过 300 个城市。京东之家会员运营以全渠道用户心理洞察为基础,以线下门店和京东之家官方旗舰店为体验场景,以线上互联网工具为流量分发手段,形成线上引流、线下体验的全场景用户触达链路,精细化进行全生命周期用户运营,提升全渠道会员拉新数量、复购和转化质量。

> 以中山京东之家为例,门店增量优势最显著的项目是1小时达服务。为了提高店铺履约能力,做到承诺的15千米1小时达,公司组织了一个6人专业团队负责对接1小时达业务。除了由达达骑士专送外,对于距离较远的区域接合部、交通拥堵区域,还设置了门店自送服务,根据客户的收件地址来选择就近配送门店,提升时效性。顾客对京东之家1小时达服务反馈很好,对京东品牌认知度非常高,认为其提供了有温度的服务。曾经有客户手机坏了,需要尽快配送手机,京东之家将订单列为加急处理特殊订单,由员工打车第一时间送到客户手中。如果用户有诸如帮助充电、转移数据和通讯录、贴膜等附加要求,门店也会通过专送模式,让员工上门配合解决。
>
> 以1小时达服务为契机,京东之家门店逐渐在中山形成了口碑,在主要用户人群中建立了稳定的顾客社群。中山京东之家又趁热打铁,基于开展1小时达培养的客群、主要服务对象大数据、消费习惯洞察等维度,加强了对市场的精耕细作。中山京东之家收获了良好的顾客口碑,并促成了大量"回购"和二次销售订单。通过1小时达服务,当地京东之家的仓储、客服、营销推广能力也发生了脱胎换骨的变化,为未来进一步转型升级奠定了基础。
>
> 从承接线上手机业务的线下平台,演化为线上线下融合联动的全渠道平台,相信未来"无时不有,无缝切换,无处不在,无所不联"的零售场景终将到来,京东之家已凭借自己的打法率先实现了突围。
>
> 资料来源:中国连锁经营协会官网,2021-07-12。

二、差异化服务战略的误区

服务内容不是任何情况下都整齐划一的,服务不存在一个标准的模式。不同的顾客、不同的消费目的、不同的消费时间与不同的消费地点,顾客对服务的要求是不同的。例如,同一个游泳池就分早、中、晚三批不同的服务对象,同样是游泳,晨练的人目的在于锻炼身体,晌午训练的运动员、体校队员目的在于提高成绩,傍晚嬉水的人们目的在于娱乐休闲。所以,早晨游泳池的服务主要是提供运动水面、自来水设施,只要这两点满足了,晨练的人就能基本满意。参加训练的运动员则希望在这两点基础上,水面上牵起索道,更加符合比赛要求。傍晚休闲的人则更注重存衣、救生、更衣服务。所以,服务应区分对象而有不同的层次。

不同的企业经营方式对所提供的服务内容也不相同,这些服务有主次之分。有些服务必不可少,为主要服务,目的在于满足顾客的基本期望;有些服务根据需要灵活设置,为辅助服务,目的在于形成特色。快餐店的服务人员就没有必要替客人端茶倒水、上餐前小点。对消费者而言,大型百货商店提供的导购、送货上门、退换、售后保修等多项服务是期望之中的,对于超级市场和平价商店,人们期望更多的是购物便利与价格合算。在零售业中,由于企业提供的服务内容不一样,于是便诞生了百货商店、超级市场、专卖店、购物中心、货仓式商店、24小时便利店等多种零售业态,它们以各自的服务特色满足着不同消费者的不同期望。

实施差异化服务战略的零售商必须了解服务的主次之分,了解服务的提升与成本之间的关系,了解服务差异化是围绕顾客更好地购物这一中心环节来展开的。如果忽略了这些因素,服务就可能从经营优势转变为经营劣势了。郑州亚细亚集团在广州开设的分店——广州仟村百货商场,在经营一年多的时间后就被迫关门停业,其中服务内容的设计不当也是促成其早夭的一个主要原因。

仟村在服务方面可以说是绞尽脑汁,下了一番功夫的,且看其设计:

仟村将一楼大厅一半的空间开辟为托儿所,专为逛商场的父母免费照看小孩。里面设置的波波池、电子琴、电视、滑梯、少儿图书等,足以让孩子们尽情玩耍,流连忘返,让家长们免去后顾之忧,从容选购。

仟村开设的男士休息厅颇得丈夫们的欢心。当太太们去"疯狂"购物时,他们可以悠闲地坐在这里享受免费供应的茶水、书报、皮鞋刷、纸巾及健康咨询。为此,仟村每天要送出近4 000杯茶水。

仟村的售后服务也别出心裁。顾客在购买大件商品时,可以先使用一个月,感觉满意后再付款;对广州顾客提供的售后服务,若24小时内不到位,商场则赔给顾客300元。

此外,还有店内外服务队,服务项目包括搀扶顾客上步梯,帮顾客拎重物、打伞、打出租车、免费修单车、擦洗汽车等。顾客光临或离开商场,有若干线路的大巴免费接送。

仟村的服务在羊城确实曾引来四方赞誉,但是,何以如此体贴入微的服务却没有抓住顾客呢?其实,服务竞争是一个万花筒,没有统一的模式,每个商家都可以选择自己独特的服务方式。然而,不管商家选择何种服务模式,都必须围绕着购物这一环节来进行,其首要一点就是为顾客提供满意的商品。因为商场的基本功能是购物场所,无论装修得多豪华、营业态度多热情,离开购物这一环节,服务都成了无源之水。而仟村恰恰在组织物美价廉、适销对路的货源上做得很不够,甚至到后来出现货架空置、商品摆放不足。这又怎么能吸引到顾客呢?正所谓皮之不存,毛将焉附?空有特色服务也是枉然。

另外,服务项目的增加往往与经营费用的提高成正比。一个商场可以拥有较周全的服务,但须以较高的费用为代价;一个商场也可以拥有较少的服务项目,追求较低的商品价格。仟村的服务项目过多、过细,而价格与其他商场相差无几,若本身实力雄厚、资金充裕,这无疑是吸引顾客的一大优势。然而,亚细亚集团的盲目扩张,致使仟村资金极度紧张,这些服务反而成了商场一个沉重的负担。到了后期,大部分服务项目都被取消了。一种服务一旦超越了商场的经济承受能力,它本身都难以长久,还怎么救得了商场?

所以,任何企业都应该平衡服务内容与服务成本之间的关系,明确什么可为什么不可为,既要满足消费者的服务期望,也要满足消费者的价格期望。

第五节　目标集聚战略

目标集聚战略是企业可以选择的第三种基本战略,它要求零售商在本行业的一个狭小空间内做出选择。这一战略与其他战略不同,零售商选择行业内一种或一组细分市场,并量体裁衣使其战略为这一细分市场的顾客服务,通过对其目标市场进行战略优化,目标集聚战略的零售商致力于寻求其目标市场上的竞争优势,尽管它并不拥有在全面市场上的竞争优势。

目标集聚战略有两种形式:在成本集聚战略指导下零售商寻求其目标市场上的成本优势;差异化集聚战略中零售商则追求其目标市场上的差异化优势。目标集聚战略的这两种形式都是以目标集聚企业的目标市场与行业内其他细分市场的差异为基础,这些差异意味着全面市场上的竞争者不能很好地服务于这些细分市场,其在服务于部分市场的同时也服务于其他市场。因此,目标集聚战略的企业可以通过专门致力于这些细分市场而获取竞争优势。

如果实施目标集聚战略的企业的目标市场与其他细分市场并无差异,那么目标集聚战略就不会成功。如果一个企业能够在其细分市场上获得持久的成本领先(成本集聚)或差异化(差异化集聚)地位,并且这一细分市场的行业结构很有吸引力,那么,实施目标集聚战略的企业将会成为其行业中获取高于平均收益水平的佼佼者。由于大部分行业包含大量的细分市场,因此,一个行业中总能容纳多种持久的目标集聚战略的市场空间,这样,就为那些没有实力实施成本领先和差异化战略的中小企业创造了生存和发展的空间。

一、目标市场选择

目标市场选择对实施目标集聚战略的企业具有极为重要的意义。随着市场上新竞争对手的不断加入,企业之间的竞争日益加剧,将企业资源集中于某个目标市场将有助于企业投资于能够给其带来经济效益的领域,从而避免盲目投资而造成的资源浪费。同时,也有助于企业通过产品的差异化建立起竞争优势。即使在较为成熟的行业里,市场机会仍然存在。企业通过市场调查和市场细分将发现尚未被满足的顾客群体,如果企业能够根据这一顾客群体的需求特征设计出独具特色的产品和服务,将会获得巨大成功。

当零售商首先对消费市场按不同"细分变数"进行市场细分之后,就勾画出了市场的轮廓,展示出企业将面对的各种各样的机会。接下来的问题是如何评价各细分市场的机会,并确定出企业行动的优先次序和重点。目标市场的选择就是在市场细分的基础上,确定本企业应该进入哪个细分市场的问题。

(一) 目标市场的选择标准

企业要选择一个细分市场作为自己的进入目标,首先要考虑这个目标市场细分是否可行。通常可用如下标准来判断:

1. 可测量性

可测量性即细分市场的购买力和规模大小可以被测量出来。有些细分市场是很难测量的,企业应选择具有可测量性的细分市场。

2. 可盈利性

可盈利性即细分市场的容量能够保证企业获得足够的经济效益,否则,这一市场对企业来说是无意义的。如上海亲子百货虽选择儿童细分市场为目标,营业面积近 5 000 平方米,然而,由于细分市场的容量太小、产品线狭窄,缺少一定的目标消费群的支持,造成每平方米效益较低,盈利空间太小,从而导致失败。

3. 可接近性

可接近性即企业有足够的资源和能力接近该细分市场,并占有一定的市场份额。这里所说的资源不仅是自然资源和资本,还包括管理资源和人力资源等。如苏北某城市的一家商场,面积近 7 000 平方米,该商场在市场细分后实施经营高档进口、合资商品策略,但由于自身的管理资源、人力资源与之不相适应,因而未能实现自己的初衷。

4. 易反应性

如果一个细分市场对营销战略的反应同其他细分市场没有什么区别,则没有必要把它当成一个独立的市场。例如,如果一架飞机上的所有旅客都有相同的服务需求,那就不必要将座位划分成头等舱、商务舱和经济舱。

【案例 3-5】

孩子王的精准营销

截至 2020 年年末,孩子王在中国 20 个省的 131 个城市已运营了 434 家实体门店,所有的门店都在 8 万平方米以上的购物中心里,主要提供面向准妈妈及 0~14 岁孩子的玩具、食品、服装以及婴儿游泳、儿童游乐、早教、摄影、才艺培训、产后恢复等一站式服务。

零售就是拼规模化经营的成本节省、效率提升,这几乎是行业常识。但孩子王反其道追求单客增长、单个顾客的精细化运营。它不停地用大数据挖出一个个机会来。比如,顾客在孩子王买了奶粉,但从来没在这儿买过大号纸尿裤,孩子王就会在其会员账号里放 20 块钱大号纸尿裤的优惠券,然后告诉有效期只有两周。顾客用了这 20 块钱买了一包纸尿裤,孩子王虽一分钱没赚,但赚到了顾客在孩子王的消费习惯。孩子王期望用更多的一张张 20 元的优惠刺激用户的消费需求,这就是孩子王"把大化小"的商业思维。

孩子王很重视会员工作,基本上有 97%~98% 的销量都是会员创造的。它给每个用户都贴了很多标签,根据大数据去实现对每个用户的精准服务,为每一个用户提供一个工程师和一个育儿顾问的解决方案,即"科技力量"+"人性服务"。孩子王拥有超过 5 000 个经国家认证的专业育儿顾问,他们已经全部实现在线化服务,可随时、随地、实名、贴心地为用户提供差异化的优质服务。

经过几年的实践,孩子王逐步认识到,传统的促销等活动带来的增长都是有限的,而服务,尤其是深度服务才是真正的核心竞争力和差异化,能够实现用户的深度依赖。它认为用户愿意买单的服务才是真正的服务,在一个相对细分的领域,服务是唯一的标签,因此必须基于深度服务去不断创造价值。

资料来源:零售商学院微信公众号,2017-07-10。

(二)目标市场的评估要素

细分市场满足了以上四个标准,仅仅是满足了企业选择的基本条件。除此之外,企业还要仔细评估细分市场,看它是否最适合自己。只有既能发挥企业相对优势,又能提供足够的获利机会的市场,才值得占领。评估的要素主要有三项:

1. 细分市场的规模和潜力

细分市场的规模要适当,即应当与企业的实力相匹配。大企业可能对小的细分市场不屑一顾,而小企业则不宜进入较大的细分市场,以避免同大企业正面冲突。理想的细分市场应当具有一定潜力,是可以不断开发的,这样就为选择这一细分市场提供了长远的发展机会。但同时,有潜力的市场也会吸引更多的企业,使竞争加剧。

2. 细分市场结构的吸引力

具有适当的规模和发展潜力,并不足以确定就要以这个市场为目标市场。因为你看好的这个细分市场,可能也正是众目睽睽之地,甚至不乏虎视眈眈之辈。另外,细分市场的各种压力,也会影响到零售商是否决定进入这个市场。因此,要分析一下细分市场内存在的和可能出现的竞争对手,以便慎重决策。

3. 企业的目标和资源

评估细分市场时,应看它与企业的目标是否一致,而不能"什么来钱就干什么"。此外,还要考虑本企业进入该市场所需的各种资源是否具备,如人才、技术、资金、营销与管理能力等。俗话说"没有金刚钻,就别揽瓷器活",说的就是此意。

企业通过评估细分市场,最终会选择如下战略之一:

(1) 企业进入其中的一个细分市场。

(2) 企业选择若干细分市场,并对之制定不同的营销战略。

(3) 企业决定不对市场进行细分,而是向整体市场提供产品。这种情况的产生可能是因为市场太小而在细分之后企业无法在单个市场获利,也可能是因为该企业在市场上已经占据了主导地位,如果再选择其中的某些市场会使企业整体利润降低。

(4) 通过市场细分企业没有发现一个子市场是可行的,从而放弃该市场。

通常情况下,企业想开发一个全新市场几乎是不可能的。企业经过充分调查、研究后,如果发现没有办法开拓一个全新市场,就应该降低期望值,在现实市场中找到适合发挥自己特长的那个部分。许多新生事物,在开始阶段,因为没有其他竞争者介入,是事业发展的有利时机。所以,若企业找到一个全新的目标市场以后,应立即抢先确立其地位,占领制高点。另外,企业在选准的目标市场上一定要保持聚焦,锲而不舍,全力以赴。许多企业忽略了这一点,往往急于扩展到新的领域。这样做既错过了建立市场领袖地位的大好时期,又分散了自己的精力。等到发现在新的领域无所作为再回头时,也许,竞争者已抢占了该领域的制高点。当然,企业不能墨守成规,要不断尝试新的想法,但一定要扬长避短,守住已经攻下的领地。

二、目标集聚战略的实施

目标集聚战略取决于细分市场间的差异,同时服务多个细分市场时的协调成本、折中成本或缺乏灵活性成本的存在是可持久的目标集聚战略的基础。目标集聚者仅通过对一个或少数几个细分市场优化其价值链,较之那些目标广泛的企业,它可以在其细分市场或几个细分市场中获得成本领先地位或实现差异化。和市场细分不同,目标集聚战略涉及整个价值链,而不仅仅是市场营销的活动。

目标集聚战略可以包括具有强烈关联的数个细分市场,而不只是一个细分市场,但是,企业对于任何一个细分市场的优化能力通常都随目标的拓宽而减弱。也就是说,目标越集中,其服务的优越性越明显。如果某细分市场和其他细分市场间的差异随着时间的推移而减少,如果技术变革减少了服务多个市场的折中成本,或者如果为细分市场而特制的价值链相对于较为标准化的价值链变得过于昂贵的话,目标集聚战略的持久性就会受到损害。

当一个零售商选择了目标市场并实施目标集聚战略后,如何从各个方面来实现这一战略呢?以便利店为例,如果一家商店定位为便利店,它可以从以下几方面来体现。

(一) 店址

商店应尽量设在居民住宅区内,方便居民就近购买。国外便利店的主要服务对象是住在公寓里的老年人和单身职工,有些家庭主妇也会临时买些日常生活必需品。因此,店址越靠近顾客越便利。

(二) 时间

便利店的营业时间一般是每天 24 小时、一星期 7 天营业,可以让顾客在任何时间都能购买到所需商品。

(三) 商品

便利店出售的商品由于营业面积的限制不可能太多,但应包括基本日常用品,商品组合是广而窄的组合,种类较多,但选择性较少,每种商品或许只有一两个畅销品牌。

(四) 场所

商店招牌应突出"便利店"三字,国内有些便利店营业时间短一点,便标上诸如"8-12 便利店"的标志。场内应设有电子收款机,员工操作熟练,不会出现排队等候现象。许多便利店还设有吧台供顾客饮食,上面放有微波炉,顾客用它热面包和牛奶很方便。

(五) 附加便民服务

便利店还可以附设一些其他便民服务,如代收快递等,赢得社区居民的好感。一个零售企业只要将它的所有经营策略定位在"便利"的价值点上,便能体现出它与其他零售商店的区别,也就形成了"便利"优势。当然,随着信息时代的到来,信息技术导致其他零售店都能以较低的成本实现上述便利措施,则该零售店的优势便消失了。

本 章 小 结

要想在市场上居于领先地位,零售商必须拥有不同于竞争对手的独特能力,建立自己的竞争优势。零售商竞争优势主要来源于商品力、价格力、服务力、沟通力、渠道力五大显性能力和组织力、生态力两大隐性能力。零售商要保持长久竞争优势,必须建立自己的核心能力,这就要求零售商必须首先确定自己的基本竞争战略,并坚持不懈地贯彻这一竞争战略。

在制定竞争战略之前,零售商可以采用 SWOT 分析法、PEST 分析法和波特的五力模型对组织外部宏观环境和内部环境进行深入分析,以便找出组织的优势、劣势、机会和威胁,挖掘具有潜力的细分市场,并在目标市场上准确定位,从而选择适合自己的竞争战略。

成本领先战略、差异化战略和目标集聚战略是赢得竞争优势的三种基本战略。这三种战略的成功实施需要不同的资源和技能,意味着在组织安排、作业流程、控制程序和体制上的差异。若企业长期贯彻一种竞争战略,并因此而实现了其战略目标,它就获得了优于竞争对手的竞争优势。

> **学习思考**
>
> 党的二十大报告指出:"中华优秀传统文化源远流长、博大精深,是中华文明的智慧结晶"。当前,中国零售业的竞争十分激烈,企业不得不进行各种创新才能保持竞争优势;与此同时,中国零售业处在一个好的社会氛围中,存在许多机会。中国正在兴起新消费运动,"国潮"品牌的崛起就是一个例证。中国年轻消费者不再盲目崇拜外国品牌,而是对中国传统文化有较强的自信和浓厚的兴趣,体现中国传统文化的商品和商场环境都受到了年轻消费者的追捧。这为零售企业的创新提供了许多机会。同时,民族的也是世界的。要想走向世界,得到外国消费者的青睐,零售商必须坚守自己的民族文化,形成自己的特色。

 即测即评

 请扫描二维码,在线测试本章学习效果。

 思考题

1. 零售商的竞争优势主要来源于哪些方面?
2. 零售商主要采取什么方法对外部环境进行分析?
3. 零售竞争的类型主要有哪几种?
4. 零售商实施成本领先战略时容易产生什么样的误区?
5. 采用目标集聚战略的零售商在选择其服务的目标市场时要注意什么?

【案例分析】

案例一:到家、到店、到点"三位一体"成为步步高新常态

2020年新冠疫情发生以后,开展保供稳价、助力一线战"疫",是步步高作为区域零售领头羊的大企责任与担当。疫情期间,步步高集团迅速反应,积极作为,发挥着保民生的重要作用。值得关注的是,步步高在供应链与数字化运营上的投入为抗疫保供提供了强有力的支撑。2021年7月,张家界、株洲等地疫情突然升级,步步高以"小步乐购"到点业务和"better购"到家业务为支撑的线上业务全面提速。

"小步乐购"是2021年步步高基于到家业务,为适应社区居民一日三餐的需求而升级的社区拼团业务板块,现已拥有近2万名团长,服务300多万个家庭。依托步步高超市线下门店和团长建立的小区微信群,立足于服务距门店3千米之内的以社区为单位的消费者。顾客直接在微信群内下单,当天一日两次配送到小区团长提货点,所有货品均来自线下门店当天新鲜上架的货品,比普通的社区团购隔天配送的货品更新鲜。鲜活水产、蔬菜水果等商品很受顾客欢迎。

与"better购"到家业务不同的是,"小步乐购"的集中履约模式成本更低,一次一个小区送几十单,比到家一单一单送节约成本,也不太受骑手运力的影响,而且不受3千米距离的限制,一些相对较远的小区依然可以享受"小步乐购"的服务。

在不同地区,步步高线上业务对各种实际状况的应对也很灵活。在张家界,由政府统一安排,步步高每个门店负责20多个小区的供应保障,由门店员工和社区志愿者一起完成送货;在株洲,政府、物业、门店三方合力,开展"小步乐购"一日两配的业务,顾客满意度很高,多方共赢。

即使疫情期间,对线上的顾客步步高也提供了更高效的服务,所有线下门店享受的服务标准,线上同样享受。"步步高线上无忧服务"承诺:对于商品品质方面的问题,只要有照片或者小视频能够证明,就可以快速解决。通过小程序、400电话、社群或者服务台,都可以联系到人。

疫情大考下,步步高的线上数字化服务发挥作用显而易见,而疫情同时也加速了步步高的数字化进程。经过粗略计算,2021年7月起的疫情发生不到半个月时间,步步高就通过与街道、社区的沟通和合作,线上为长沙、株洲、湘潭、张家界等地超过8万户家庭提供了物资配送服务,完成线上订单配送近26万次。坚持数字化转型正在为步步高这艘零售航母提供全速航行的动力。

受新冠疫情、经济增速放缓等综合因素影响,国内零售行业受到一定程度的冲击。面对诸多挑战,步步高借力于腾讯、京东的合作赋能,升级"小步乐购"业务,推进数字化转型。截至目前,步步高数字化会员达2 800万人,上线小程序门店达350多家。线上数字化业务覆盖湖南、四川、广西、江西四省市所有省会市场以及部分重点城市。

资料来源:步步高时间微信公众号,2021-08-12。

问题:

步步高为什么要开展到家、到点、到店的全面超市业务?"三位一体"业务开展的基础是什么?

案例二:"中国李宁"凭国潮风格崛起

李宁品牌由著名运动员李宁于1990年创办,已走过了30多年的历程。在这些年间,李宁品牌走得并不是一帆风顺,而是经历了一个又一个险坡。尤其是北京夏季奥运会之后,由于公司对市场估计太乐观,导致大量的库存积压。最困难的时候,库存比销售额还高,经销商赊账进货,导致李宁公司应收账款增速远超营收增速,现金流几乎崩断。

财报显示,2012年李宁公司的营业收入比上一年下降25%,经营亏损约16亿元。面对大量库存积压、产品创新不足、门店经营低效等问题,李宁公司用尽一切改革办法,依然未能改变公司一路向下的发展势头。彼时,李宁公司就像走在悬崖边上,一不留神,就可能坠入万丈深渊。

将李宁公司带回巅峰的一把猛火,是2017年年底子品牌"中国李宁"的诞生。这一次创新,大起大落的李宁品牌终于找准了自己的定位,打出"中国李宁"这张时尚王牌,要把一个单纯的运动品牌,打造成国潮品牌。2018年2月,"中国李宁"亮相纽约时装周,一炮走红。

在 2018 年 2 月这场至关重要的纽约秋冬时装周上,"中国李宁"以"悟道"为主题亮相:上半场以"心之悟"为出发点,体现了中国文化及其天人合一的精神;下半场以"型之悟"为出发点,展现服装在街头、混搭、未来、中西、虚实、潮流与功能上的交汇。纽约大秀落幕当天,"李宁"一词的微信指数暴涨 700%;发布会结束后 3 天,有关李宁公司在纽约时装周的推文曝光总量超过了 1 500 万次。"中国李宁"偏爱复古元素,勾起了消费者对李宁最辉煌时刻的记忆,且它穿在身上是一种民族标志,重塑了品牌形象,让人不由自主地产生了自豪感,准确压中隐隐涌动的国潮风。2018 年,"中国李宁"服装系列销售量超过 550 万件,售罄率超过 70%;鞋系列销售量超过 5 万件,售罄率超过 70%。

接下来,李宁公司一边不断开发系列中国风的国潮品牌,一边继续在国际舞台上展示自己的风采。2019 年 2 月纽约秋冬时装周期间,李宁公司以"行"为主题,将中国河山大川旷世盛景融入主题探索中,产品按照城市和自然之间的旅程分为三大篇章:自然徒步者、城市漫游者、旅程探索者。2020 年 8 月敦煌时装周期间,李宁品牌以"三十而立·丝路探行"为主题的展览在具有文明交融意义的丝绸之路的起点举办,与有历史底蕴的敦煌相互映衬,打破外界对时装秀场的固有观念,丝绸之路寓示李宁"一切皆有可能"的探索精神和运动精神。

短短几年,李宁品牌再次迎来高光时刻,将投资人的信心值拉至巅峰,市值冲进 1 100 亿港元大关,消费者直呼"李宁,潮了"。主打中国风元素的李宁品牌,不仅走出了经营困境,还引领一股国潮运动风,促进了国潮品牌的崛起,让世界各国更加了解中国传统文化的魅力。

资料来源:亿邦动力微信公众号,2021-02-15。

问题:

李宁品牌再度崛起的主要原因是什么?"中国李宁"品牌定位的成功给我们带来什么启示?

第四章

零售扩张与选址

现在我们见到的和听到的所有大型连锁零售集团,都是从最初的一个商店发展起来的,且往往设在创业者家乡或居住地附近。例如,第一家沃尔玛商店设在美国阿肯色州的罗杰斯,之所以设在那里,不是因为那里对沃尔玛这样的折扣商店最具吸引力,而是因为那里靠近山姆·沃尔顿的家,而且租金也能承受。当沃尔顿的经营理念在那里获得成功之后,他便接着开设第二家、第三家……其经营理念也不断得到检验和完善。当沃尔玛商店克服了最初的困难开始腾飞后,自然而然地向更大范围扩张——首先遍及全美,进而走向世界。于是,一套成熟的企业扩张战略和选址策略便成形了,成为该零售商不断扩张的指导思想。

几乎所有成功的零售商都意识到,任何企业的成功都离不开特定的优势。规模扩张是一家零售商不断成长的必然要求,也是企业竞争力不断提升的标志。没有一个停止成长的企业能够长期保持卓越。幸运之神不会永远眷顾你。因此,零售扩张不再是一个简单的寻找店址的工作,而是经过一系列周密调查、科学论证的严谨而程序化的过程。

本章所要回答的问题是:
- 零售扩张的战略思想,包括地理战略、扩张路径、扩张速度及多元化和国际化扩张;
- 如何对现有和新开商店进行商圈测定和商圈分析;
- 选择具体的商店位置要考虑哪些因素;
- 商店选址方法介绍。

第一节 零售扩张战略组合

零售扩张战略主要由三个部分组成:地理战略、扩张路径和扩张速度。当零售商在自己国家的零售市场上不断扩张并达到基本饱和时,要保持原先的扩张速度,会面临两个选择:
(1) 向其他领域进军,谋求在一个崭新领域再现自己的成功;
(2) 向其他国家的零售市场进军,不断扩大自己的零售空间。

一、地理战略

零售商的地理战略,就是网点空间布局战略,犹如下围棋,先要有个通盘布局思路,方能落子。许多零售商在扩张时对店址位置的选择考虑周密,但对整个市场空间布局却没有长远规划,对每一家分店的选址孤立考虑,认为哪里有开设条件,就到哪里开,导致后来的发展非常被动。因此,在网点开发时,成熟的零售商必须有长远的观点,从大局着想。

(一)区域性集中布局战略

这是指在一个区域内集中资源密集开店,形成压倒性优势,以达到规模效应的目的。这种网点布局战略对消费相对分散且区域性竞争不明显的便利店、冷饮店尤为适用。这种布局战略有以下好处:

(1)可以降低零售商的广告费用。零售商一般采用地区性的电视台、电台和报纸、海报等作为广告媒体,一个区域内无论开设1家店铺还是100家店铺,广告费用总额都是相同的。因此,同一个区域内开店越多,平均摊到每个店铺的广告费用越低。

(2)可以提高形象上的相乘效果。在同一个地区开设多家店铺,容易树立该零售商的形象,提高知名度。

(3)节省人力、物力、财力,提高管理效率。总部管理人员可以在各个店铺之间合理分配时间,在同样的时间内增加巡店和指导的次数,便于对各店铺的管理。如果某店铺出现暂时缺货,可以从邻近店铺调配。

(4)可以提高商品的配送效益。为了使各店铺的存货降至最低,通常要求配送中心采取多品种、多批次、少数量的配送方式。在同一地区店铺越多,分摊到各店铺的运输费用也越低。如面包、糕点、饮料等,为保证食品新鲜可口,每天要送货2~3次,而且不能远距离运输,因此,必须采取集中开店战略,方能降低物流成本。

(二)物流配送辐射范围内的推进战略

零售商在考虑网点布局时,先确定物流配送中心的地址,然后以配送中心的辐射范围为半径向外扩张。这种战略与上面所述的集中布局战略有些近似,但更注重配送中心的服务能力,以充分发挥配送潜力。配送中心的辐射范围一般以配送车辆每小时60~80千米的速度,在一个工作日(12小时或24小时工作时间)内可以往返配送中心的距离来测算。零售商在配送中心的辐射范围内不断开设新店,可以合理规划运输路线,统一采购,集中配送,在削减车辆数的情况下,也能集中资源按时配送。对店铺而言,可以尽量缩短订货到送货的时间,提高送货效率,防止缺货,提高商品的新鲜度。这种布局战略对要求商品配送快捷高效的零售业态如标准超市、便利店等尤为适用。从我国一些运转较正常的连锁超市情况来看,配送中心的成本一般要占整个连锁超市销售额的4%,而占连锁超市总部成本的90%以上,所以,对配送中心的成本控制是整个企业成本控制的重中之重。尽力挖掘配送中心的潜力、降低配送成本是零售商在网点布局时不得不考虑的重点。

(三)弱竞争市场先布局战略

这是指零售商优先将店铺开设在商业网点相对不足的地区或竞争程度较低的地区,以避开强大竞争对手,站稳脚跟。较偏远的地区或城市郊区,往往被大型连锁零售商忽略,那里租金低廉、开店成本低,商业网点相对不足,不能满足当地居民的需要,零售商在该地区容易形成优势,取得规模效益,以便后来居上。沃尔玛创业初期即采取这种布局战略,从而有效地避开了与竞争对手的正面冲突。采取这种战略的零售商要充分考虑自己物流配送的能力,如果店铺之间地理跨度太大,企业物流配送跟不上,就难以满足各店铺的配送需求。同时,由于不同地区的市场差异性太大,企业难以根据不同市场的要求选择适销对路的商品,满足消费者的需要。

(四)跳跃式布局战略

这是指零售商在主要的大城市或值得进入的地区分别开设店铺。这种战略往往是零售商希望占领某个大区域市场,先不计成本,不考虑一城一池的得失,而是考虑网络的建设,对有较大发展前途的地区和位置,抢先布局,抑制竞争对手的进入。这实际上是对未来竞争的一种提前布局。对这些地区,零售商以后一定会进入,而由于各种竞争关系的存在,未来的进入成本必然高于目前。跳跃式布局的好处有两点:

(1)可以分散地理上的风险,当一个地区经济出现衰落时,不至于全盘失败。

(2)假设一种经营模式对营业地点有特殊要求,那么,尽早在主要市场锁定理想地点,签订租赁合同,将使零售商的扩张活动变得更为主动。

【案例 4-1】

下沉市场成京东增长新引擎

2021年3月11日晚,京东集团发布的2020年财报显示,京东在2020年全年营业收入为7 458亿元,同比增长29.28%;全年净利润为493亿元,同比增长314.94%。京东过去12个月的活跃购买用户数较2019年同期的3.62亿增长30.3%,至4.72亿,并且超过80%的新增活跃用户来自下沉市场。也就是说,下沉市场成了京东的增长新引擎。

京喜是京东渠道下沉的一大功臣。2019年9月17日,京东拼购App宣布更名为"京喜"并正式开业。11月1日,京喜直接接入微信一级入口,进入12亿微信用户的手机。从此以后,京喜开始高歌猛进。2020年"618"期间,京喜日均订单量超过700万单,其中18日当天突破1 000万单,新用户猛增5倍,所有新用户7成来自三线及以下城市。利用社交网络和拼购方式,京喜下沉到乡镇县城,把以前缺乏互联网平台的用户挖掘了出来,让京东的用户量与业绩重新进入快速增长通道。

由于京喜所针对的下沉渠道市场消费能力较弱,对性价比要求较高,要满足这些消费者需求,京东就不能局限于以前京东的供应链与大品牌货源,而是要挖掘性价比更高的产品,扶持相关产业带。结果,京东广泛布局产业带和货源地,利用产业集群的优势,扶持生产厂商直接接入京东,降低了渠道成本。目前,京喜在全国已经布局超过了150个产业带和货源地。而被京喜扶持的产业带和货源地,也不仅仅服务于京喜,它们同样给了京东老用户更多的选择。结果京喜不仅自己快速发展,还给京东带来了新的活力,让京东收获了用户增长、营收大增的巨大"惊喜"。

资料来源:创业邦微信公众号,2021-03-14。

二、扩张路径

零售商的扩张路径主要指企业进入市场的方式。不同的扩张方式有不同的适用条件,存在着不同风险。因此,选择适合的扩张方式,控制扩张的风险应成为零售商关注的重点。从全球零售商成功扩张的经验来看,扩张方式通常包括直营、并购、特许经营、合作联盟、管理输出五种方式。

(一) 直营

零售企业利用自有资金及自身资源,通过组建新的分公司或子公司来实现经营规模的扩大,就叫直营式扩张。直营式扩张还可分为自主新建分店和租用式直营扩张。自主新建分店包括购买土地使用权、建造和装修购物场所、置办必要的经营设备和设施、派遣管理人才和招聘员工等;后者是租用所在地物业业主房产,将其改建为分店,除不拥有房屋产权外,企业拥有绝对经营权。直营式扩张是零售企业扩张的主要方式,任何零售企业扩张中都或多或少地采取这种方式,以保证企业对店铺的控制力。

直营方式的优点是:有利于企业的一体化管理,原有的经营理念和经营模式能不折不扣地得到贯彻实施;事先对当地市场进行了周密的调查分析,这对新店开业后的经营有很大帮助。其风险是:前期需要投入大量资金,必须有雄厚的资金支持;发展相对较慢,当地消费者需要时间了解企业,新店需要市场培育期。

(二) 并购

并购是指零售商采取资本运营的方式,将当地现有的企业收购、兼并过来,再进行整合以实现规模扩张。并购式扩张是零售扩张战略中最快速的途径。近年来零售业的并购事件越来越多,并购成为零售商重要的扩张方式。家乐福、麦德龙等外资企业退出中国市场时都将中国业务出售给了中国零售企业,而阿里巴巴进行线下扩张时也收购了大润发等许多实体零售企业。

并购的优势是:可以共享市场资源,扩大顾客基础,增强与供应商讨价还价的能力;容易进入一个新市场,因为被并购企业熟悉当地情况,或者已经积累了一定的无形资产,易被当地消费者接受;可以利用被并购企业的人力资源,减少投资成本。其风险是:并购过来的企业文化与母体企业相差较大,有一个磨合阵痛期;寻找合适的被并购企业需要机会,可能贻误进入新市场的时机;并购及整合是一项复杂的工作,需要高超的管理技术和专业知识。

(三) 特许经营

特许经营是指零售商将自己所拥有的无形资产,包括商标、商号、专利和经营管理模式等给投资者或加盟商使用,加盟商按合同规定在总部的统一指导下从事经营活动。美宜佳、百果园和名创优品等企业都是通过特许经营方式实现快速扩张的。

特许经营的优势是:可以节省大量资金和时间成本,迅速提高市场占有率;可以节省总部的人力资源和财力,风险小;能充分利用加盟者在当地的人缘优势和经营积极性,提高成功率。其风险是:加盟更适合一些门面较小的商店,扩张范围受到限制;管理特许门店难度较大,加盟双方容易产生矛盾;个别加盟店经营失败会对总部品牌形象造成损害,不利于树立良好的企业形象。

(四) 合作联盟

合作联盟是指零售商与有合作意向的伙伴进行多方面合作,包括引入战略投资伙伴共同开发新市场,也包括与合作方结成联盟进入新市场。自由连锁也属于联盟方式,蚂蚁商联便是采取自由连锁的联盟方式迅速发展起来的。

合作联盟的优势是:可以利用合作伙伴的人力、财力、物力等资源,减轻投资压力;可以利用合作方的影响力占领市场,降低投资风险;双方可以互享顾客资源;合作形式较特许经营而言更容易被对方接受,双方是在平等的位置上谋求双赢。其风险是:合作伙伴也有权参与决策,不利于统一管理;市场开拓受到制约,开拓时间和速度不能控制;合作方式不太稳定,如有其他因素变化,容易导致合作失败或合作终止。

(五) 管理输出

这是指外部管理咨询团队接管某委托企业的部分或全部经营管理权,企业所有权和产权性质不变,该管理咨询团队按照与委托企业确定的协议条件行使经营管理权,并完成双方协议中确定的委托期间的经营管理目标。该外部管理咨询团队因输出了人力、智力和管理,以及使用了企业的声誉和资质等无形资本而从委托方处获得收益。该方式的优点是:轻资本运行,风险较低,可以深入了解当地市场行情,锻炼团队人员。其缺点是:合作不稳定,只有管理权而无股权,一旦对方掌握了核心技术,容易被撤换,而使得扩张战略流产。

三、扩张速度

零售业是一个进入和退出壁垒相对较低的行业,零售商相互之间容易模仿。如果一种经营模式要等到完全成熟,零售商才考虑扩张,也许会因为等得太久而被他人抢先,从而失去竞争优势。而且,零售业也是一种规模出效益的行业。这些都决定了零售商会尽力拓展自己的事业,加快开店步伐。然而,没有基础的盲目扩张有时会适得其反,出现欲速则不达甚至不堪设想的后果,日本八佰伴集团的失败就印证了这一点,类似的例子还有很多。所以说,以何种速度进行扩张,需要零售商在扩张之初就列入发展战略规划中。

扩张速度取决于三方面:管理基础、资源条件和市场机会。

(一) 管理基础

一个零售商的管理层在管理 10 家连锁分店时,可以应付自如,管理十分到位。可是当他们管理 100 家甚至更多的商店时,就可能束手无策、漏洞百出了。因为当企业发展壮大时,对管理的要求不一样,组织机构需要重新设计,信息管理系统需要进行修正和扩容,仓储和配送能力也要跟进。当这一切尚未准备好时,盲目扩张会带来不良的后果。

(二) 资源条件

零售商还要考虑各种资源条件,包括资金实力、人力资源、信息资源等,这些因素都会制约扩张步伐乃至以后的经营业绩。

(三) 市场机会

扩张速度还取决于机会本身,如果市场机会转瞬即逝,或是错过了一个店址机会将损失巨大,零售商也许会冒进前行,因为对它而言,为了不丧失或许是千载难逢的机会,即使是牺牲眼前的利益或是股权被稀释也是值得的。当然,盲目冒进和谨小慎微的保守做法都是不足取的,零售商唯一可行的是在稳扎稳打、步步为营以降低风险和孤注一掷以获取跳跃式增长之间权衡利弊,从中找到一个最佳的扩张速度。

进入21世纪,中国零售业不断传来"做大"的消息,零售企业的扩张步伐纷纷提速。某些企业正步入一种误区,即盲目追求网点数量的扩张,忽略了企业内涵的提升,在"做大做强"中把"做大"放在了首位。诚然,表面上看,零售商的竞争优势取决于"规模效应",连锁企业发展就意味着规模的扩张,即所谓的"规模经济",但许多零售商只看到了表面的现象,而忽视了后面的决定性因素,而正是这些因素决定了企业发展的快慢。事实上,企业核心竞争力在企业成长过程中才真正发挥着关键作用。沃尔玛之所以能获得成功,不是因为它具备的现有规模,而是因为其背后强大的超越竞争对手的核心能力支撑着它不断扩张,才有现在的规模效应。企业只有首先做强,然后才有可能做大。中国零售企业的发展应着眼于内涵的培养,立足于核心能力带来的竞争优势,而不是盲目追求门店规模的外延式扩张,企业只有不断培育和提升自己的核心竞争力,才能在未来的竞争中脱颖而出。

四、多元化扩张

多元化扩张是指零售商进入一个全新的领域,试图在这一领域再一次演绎成功。零售商多元化扩张可以选择向商品供应链(商品供应链是指商品从最初的原材料供应到生产加工,再到批发零售,最后到达消费者手中的整个过程)前一环节扩张,从而进入企业的供货领域。这种选择往往出于以下考虑:

(1) 企业的供货方不可靠,货源成为企业快速发展的瓶颈,企业涉足供货领域可以获得稳定可靠的货源。

(2) 供货成本太高,企业涉足供货领域可以有效地降低供货成本,从而稳定其商品价格。

(3) 现在所用的供货商利润丰厚,这意味着它所经营的领域属于值得进入的产业。

目前,一个值得注意的现象是,许多国内外大型零售企业纷纷投资建立自己的加工厂生产自有品牌商品,这种商业资本向工业资本的渗透正成为一种流行趋势。

零售商多元化扩张的另一种选择是投资到完全新的、与原有事业不相关的产品和服务领域。这种扩张的主要目的是分散投资风险。所谓"西方不亮东方亮",当企业某一事业陷于不利境地时,企业不至于全军覆没,而当一个多元化经营企业与另一个多元化经营企业竞争时,双方多市场的接触会减弱相互竞争的强度,使企业可以在一个竞争相对缓和的环境中生存。

然而,多元化扩张战略也可能是一个陷阱。

(1) 由于零售商在不同的领域经营,企业内部的管理与协调工作大大增加,有时甚至产生管理观念上的冲突,导致管理效率大大降低。

(2) 投资的不确定性因素增加,当零售商进入一个完全陌生的产业环境中,由于不具备在此产业中经营的经验,缺乏必要的人才、技术等资源的支撑,就很难在此产业中立足并取得竞争优势,从而难以得到满意的投资回报,甚至会削弱企业的整体竞争力。

多元化扩张战略在20世纪60年代和70年代十分盛行,而80年代后出现了逆转,多元化现在并不十分受宠。哈佛商学院的迈克尔·波特曾说过:"管理者发现他们不能管理野兽。"而彼得和沃特曼建议企业"固守自己的本行"而不要离开自己擅长的基本领域太远。鉴于此,一些零售商正出售或关闭与主营业务不相关的业务部门,并集中精力于核心业务。

专论:

生态竞争将成为零售扩张战略新方向

最近几年,由于新技术应用层出不穷,尤其是移动互联网和智能技术普及后,产业环境、消费者需求发生了巨大变化。一方面,整合性的需求提高。消费者不再满足于单一产品功能,而是希望通过简单、极致的交互,从极小的触点上获得一揽子个性化解决方案。另一方面,行业跨界增加了竞争的不确定性。"黑天鹅现象"不断出现,对身处其间的企业来说,竞争对手和合作伙伴可能来自意想不到的跨界领域,它们必须时刻准备进入陌生领域、应对跨界异业者的挑战。在此背景下,商业链条的"生态系统"成为炙手可热的概念,企业越来越重视"生态优势"。

这里的"生态"是指具有异质性的产品、业务和企业在相互依赖和互惠的基础上形成共生、互生和再生的价值循环系统。企业的优势不仅仅来源于内部价值链活动的优化和资源能力的积累,还来源于对外部资源的有效利用,也就是企业组合商业生态圈元素,协调、优化生态圈内伙伴关系的能力。

一个平台级商业模式的成功,往往是因为背后拥有的超级生态系统。苹果公司的成功是因为其多年打造的生态系统,而不是饥饿营销,是借助个人电脑产品、iPod等产品,深度打造的横跨美、亚、欧三大洲近200家供应商的供应链体系,还有基于其应用商店(从 iPod 的 iTunes 蜕变而来)的上万个企业和个人开发者开发的大量应用软件。

面对市场环境的变化和挑战,企业需要在生态系统的高度上思考商业模式,不断根据自身成长和所处的生态系统位置,调整甚至变革自己的商业模式和发展战略。

1. 大企业:营造生态系统

互联网时代的商业竞争,越来越多地表现为整个生态系统之间的竞争。有条件的大企业可以不断扩张自己的版图,打造自己能控制的生态系统,通过自己布局主要业务或投资控股,借助其他的外部资源来保持生态系统不断延伸,并确保平台的有效性和用户黏性。

阿里巴巴紧紧围绕电商交易核心,构筑了自己的商业生态圈。阿里巴巴的生态圈主要包括四大块:阿里电商平台、阿里物流、阿里金融、阿里技术。在这个版图中,电子商务、金融是绝对领先业务;本地生活O2O、文娱媒体、医疗健康、企业服务(云计算)是相对领先业务;旅游、硬件、游戏、教育、汽车、房产是持续投入与突破业务。在电子商务板块主打全球化、农村电商、物流体系,在金融板块进行全面扩张和更广的竞争,在本地生活O2O板块进行更多场景建设,在泛娱乐板块通过"自营+投资"的方式搭建涵盖影视、文学、音乐、体育的文娱帝国,在云计算板块积极布局,另外在旅游、房产、汽车交通、房产、教育、硬件等方面也均有涉足。

2. 中小企业:在一个生态系统中占据一个位置

对更多的中小企业来说,生态竞争是挑战更是机遇。中小企业不应该一味地追求大而全、做大平台,而应该集中自己的优势资源,发挥自身产品或服务的独特性,进入一个生态平台牢牢占据一个自己的位置。在移动互联网时代,基于去中心化的开放平台,面对越来越个性化和社群化的用户,中小企业创造良好用户体验的成本不一定比大企业高,反而更有机会发挥专注、灵活的优势。因此,在一个良好的生态环境中,中小企业可以集中自己的力量,瞄住精准的目标用户,发掘出用户的痛点,以自己的产品服务好目标顾客群,以此成为生态竞争中不可替代的一部分。

扑面而来的生态竞争图景,正在加速企业的组织方式、激励机制和工作方式的变革。产业的融合和动荡不允许企业故步自封,消费者的需求升级也迫使企业必须保持开放、灵活的运营思维。仅仅培养自身的核心竞争力已经不够了,想要在新的商业环境下乘风破浪,要善于连接外部资源,优化企业所在的商业生态链条,这才是未来企业扩张发展之道。

五、国际化扩张

随着经济全球化的进程加快,向母国之外的国家和地区进行直接投资以开拓海外市场已成为大型跨国零售商的主要经营特征之一。跨国零售商的国际化比率基本上保持了与经济全球化程度的同步调增长。所谓国际化比率,是指所有销售额中来自母国之外的投资对象国的销售额比率,该指标很大程度上能反映跨国零售商拓展海外市场的深度与广度。

在向国际市场进军的过程中,零售商们运用了两种战略:全球化战略和多国化战略。

(一)全球化战略

全球化战略是指零售商将母公司成功的经营模式移植到各国的分公司中,即在不同的国家复制同样的商店,并让所有商店采取一致的市场态度。麦当劳、肯德基便是采用这一战略而取得成功的典范,零售业中如宜家、玛莎公司等也采用这一战略。

尽管不同国家和地区人们的消费习惯、文化背景和生活方式有一定的差异,但采用这一战略的零售商忽略了这些差异,它们认为世界范围内的需求和期望不可避免地趋向一致,它们完全可以从全球的角度定义各个细分市场上的顾客,并为这些顾客提供标准化的产品和服务。

全球化战略的零售商一般都会采取权力高度集中的做法,所有涉及公司的决定包括商品范围、商品销售、服务水平和联系方式等都由最高层做出,不鼓励所属商店的创新精神。各地的商店只需严格遵从总部制定的规章和程序,它们不会对整个公司的经营技巧有任何影响。这种管理模式尽管抑制了商店的积极性,也可能导致公司对当地市场的细微变化反应迟钝而阻碍其跟上市场发展的趋势,但由于可以重复使用一个已被证明行之有效的模式,因此,零售商可以从标准化的经营活动(诸如产品、销售、商店管理、广告和人员培训)的规模经济中获益,并可以非常迅速地扩张。

(二)多国化战略

多国化战略是指零售商根据所在国的市场状况在分公司中建立行之有效的不同于母公司经

营模式的战略。分散在各国的分公司基本经营理念保持不变,但为适应每一个国家市场的特殊要求要进行一些改变。如大型综合超市的"一站式购物"在许多国家都落叶生根,但是,产品种类和品牌却根据每个国家顾客期望的不同而有所区别。

多国化战略的零售商一般采用分权化管理,母公司做出主要的战略决策,各分公司管理层有相当大的自主权,可以决定商店经营的组合策略。例如,选择产品的种类和供应商,根据当地竞争状况设定边际利润,决定所提供服务的水平,决定广告主题并选择广告媒体。这种经营的差异尽管不会使多国化零售商从规模经济中获益太多,但却使组织成员从全球各地学到了丰富的经验,并培养锻炼了一批国际零售管理人才。与全球化零售商相比,多国化零售商更适应当地市场的变化,并从中获得更多的市场机会。

第二节 商圈分析

零售商要不断地扩张,就必须不断地在新的区域开设新的网点,提高零售商的市场占有率。零售业是地利性产业,任何一家零售商的销售活动都受一定的地理条件制约。不论零售商的主观努力程度如何,零售商店所处的地理区域、范围对零售商的经营效果有着极大的影响。地理位置的优势会带来高收益,因而,店址选择对商店经营成功与否关系十分重大。好的店址是商店的一笔无形资产,可以使其兴旺发达,而选址不当则易造成商店经营困难,甚至倒闭。许多人把商店经营成功的首要因素归结为"place,place,place"(选址,选址,选址),可见店址选择举足轻重。由于店址一旦确定便很难改动,对于新开设的商店,详细规划商店的地理位置显得尤为重要。

商店选址决策包括以下步骤:
(1) 分析每个地理区域(商圈),确定最有吸引力的开店区域;
(2) 分析新开商店的具体位置,找出最有吸引力的地点;
(3) 对店址进行评估,预测未来的经营效果。

一、商圈构成及影响因素

商圈(trading area)也称零售交易区域,是指以零售商店所在地为中心,沿着一定的方向和距离扩展,吸引顾客的辐射范围。简言之,商圈就是零售商吸引其顾客的地理区域,也就是来店购买商品的顾客所居住的地理范围。商圈可分为成熟商圈和未成熟商圈。成熟商圈是指早已形成的比较固定的商业区域,一般不受个别门店开设的影响;未成熟商圈是指尚未成型的商圈,某一门店的进入会对其范围大小产生一定影响。

商圈分析,是指商店对其商圈的构成情况、特点、范围以及影响商圈规模变化趋势的因素进行实地调查和研究分析。这一分析有以下几方面现实意义:
(1) 可用于新开商店的选址,商店的选址必须以选择适当的商圈作为基础;
(2) 可以具体了解消费者的构成及其特点,从而确定商店的目标市场和经营方针,并随时根据商圈内消费群的变化灵活调整营销组合策略;
(3) 可以预测新开商店的经济效益,根据商圈购买力的大小及在本店的购买概率大体测算本店的销售额;

(4) 可以帮助零售商计算出特定地理区域内的最佳网点数；

(5) 可以帮助零售商了解周围环境的其他因素变化，如竞争状况、城市建设、政策法规、经济增长等情况。

(一) 商圈的构成

商店的商圈一般由以下三部分组成：

1. 主要商圈

主要商圈(primary trading area)，是指最接近零售商店并拥有高密度顾客群的区域。通常商店的 55%～70% 的顾客来自主要商圈。

2. 次要商圈

次要商圈(secondary trading area)，是指位于主要商圈之外、顾客密度较稀的区域，覆盖了商店 15%～25% 的顾客。

3. 边际商圈

边际商圈(fringe trading area)，是指位于次要商圈以外的区域。在此商圈内顾客分布最稀，商店吸引力较弱，规模较小的商店在此区域内几乎没有顾客。

商圈的形状如图 4-1 所示。

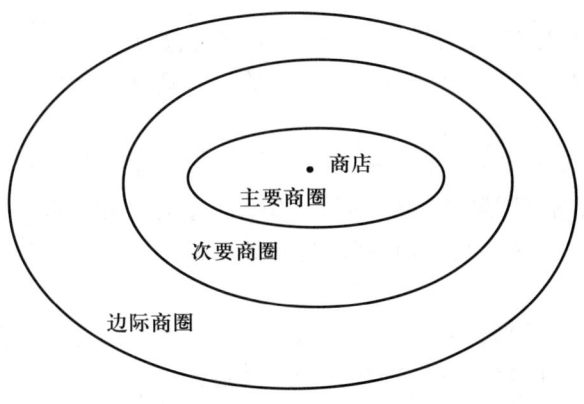

图 4-1　商圈形状图

商店的商圈范围及形状常常由于商店内外部环境因素的变化而变化。商圈实际并非呈同心圆形，而表现为各种不规则的多角形。为便于分析研究，一般将商圈视为同心圆形。

(二) 影响商圈形成的因素

影响商圈形成的因素是多方面的，可以归纳为企业外部环境因素和内部因素，主要有：

1. 商店规模

商店规模越大，其市场吸引力越强，越有利于扩大其销售商圈。这是因为商店规模大，可以为顾客提供品种更齐全的选择性商品，服务项目也将随之增多，吸引顾客的范围也就更大。当然，商店的规模与其商圈的范围并不一定成比例增长，因为商圈范围的大小还有许多其他影响因素。

2. 经营商品的种类

对于经营居民日常生活所需的食品和日用品,如食品、牙膏、卫生纸等的商店,一般商圈较小,只限于附近的几个街区。这些商品购买频率高,顾客为购买此类商品,常为求方便,不愿在此比较价格或在品牌上花费太多时间。而经营选择性强、技术性强、需提供售后服务的商品以及满足特殊需要的商品,如服装、珠宝、家具、电器等,由于顾客购买此类商品时需要花费较多时间精心比较商品的适用性、品质、价格及式样之后才确认购买,甚至只认准某一个品牌,因而零售商需要以至少数千米的半径为其商圈范围。

3. 商店经营水平及信誉

一个经营水平高、信誉好的商店,由于具有颇高的知名度和信誉度,吸引许多慕名而来的顾客,因而可以扩大自己的商圈。即使两家规模相同,又坐落在同一个地区、街道的商店,因其经营水平不一样,吸引力也完全不一样。如一家商店经营水平高、商品齐全、服务优良,并在消费者中建立了良好的形象,声誉较好,则其商圈范围可能比另一商店大两三倍。

4. 促销策略

商圈规模可通过广告宣传、推销方法、服务方式、公共关系等各种促销手段赢得顾客,如优惠酬宾、有奖销售、礼品券、各种顾客俱乐部等方式都可能扩大商圈的边际范围。香港百佳、惠康超级市场经常做广告,通过每周推出一批特价商品吸引边际商圈顾客前来购买。

5. 家庭与人口因素

商店所处外部环境的人口密度、收入水平、职业构成、性别、年龄结构、家庭构成、生活习惯、消费水平以及流动人口数量与构成等,对商店商圈的形成具有决定性意义。

6. 竞争对手的位置

竞争对手的位置对商圈大小也有影响。如果两家竞争的商店相距有一段路程,而潜在顾客又居于其间,则两家商店的商圈都会缩小;相反,如果同业商店相邻而设,由于零售业的"群体竞争效应",顾客会因有更多的选择机会而被吸引前来,则商圈可能因竞争而扩大。

7. 交通状况

交通状况也影响着商圈的大小,交通条件便利,会扩大商圈范围,反之则会缩小商圈范围。很多地理上的障碍,如收费桥梁、隧道、河流、铁路,以及城市交通管理设施等,通常都会影响商圈的规模。

二、商圈划定方法

商圈划定方法对已设商店和新开设商店而言各有不同。对于已设商店,通过抽样调查记录、售后服务登记、顾客意见征询等途径收集有关顾客居住地点的资料,从资料统计分析中即可掌握本企业客流量的大小,其中哪些人是固定消费群体,哪些人是流动顾客,根据固定消费者住址,在地图上加以标明,即可分析出商店的主要商圈、次要商圈和边际商圈。在国外,零售商常常根据顾客信用卡或其他邮寄资料中的地址分析来估计商圈范围。但在我国,信用交易与邮购不够普遍,这些资料的获得比较困难。

无论采用哪种方法划定商圈,都要考虑时间因素。如平日与节假日的顾客来源构成比重不同;节日前后与节日期间顾客来源构成比重不同;开业不久的商店在开业期间可能吸引较远距离的顾客,在此之后商圈范围则可能逐渐缩小。所以,要正确估计商圈的范围,必须经常进行调整。

对于新开设的商店,划定商圈主要根据当地零售市场的销售潜力,运用趋势分析,包括分析有关部门提供的城市规划、人口分布、住宅建设、公路建设、公共交通等方面的资料,预测未来的发展变化趋势。还可以应用各种调查方法,收集有关顾客为购物所愿花的时间与所行的距离,以及其他吸引人们前往购买的资料。例如,新开设商店附近已建有同类型的商店,也可参考该店消费者客流量和购物距离进行统计调查。根据以上资料进行类比分析和综合分析,即可大体测出新开设商店的商圈。

具体来说,划定商圈主要有以下几种方法:

(一) 雷利法则

在划定商圈方面,美国学者威廉·雷利(Willian J.Reilly)提出了一套法则,称为"零售引力法则",也称"雷利法则"。雷利认为,商圈规模由于人口的多少和距离商店的远近而有所不同,商店的吸引力是由最邻近商圈的人口和里程距离两方面发挥作用的。雷利法则的基本内容是:在两个城镇之间设立一个中介点,顾客在此中介点可能前往任何一个城镇购买,即在这一中介点上,两城镇商店对此地居民的吸引力完全相同。这一地点到两城镇商店的距离即两商店吸引顾客的地理区域。此法则用公式表示如下:

$$D_{ab} = \frac{d}{1 + \sqrt{P_b/P_a}} \tag{4-1}$$

式中:D_{ab}——A 城镇商圈的限度(沿公路从 A 往 B 方向到中介点的距离);

P_a——A 城镇人口;

P_b——B 城镇人口;

d——城镇 A 到 B 的里程距离。

假设:A 城镇人口 9 万人,B 城镇人口 1 万人,A 城镇距 B 城镇 20 千米。代入式 4-1 得:

$$D_{ab} = \frac{20}{1 + \sqrt{1/9}} = 15(千米)$$

$$D_{ba} = \frac{20}{1 + \sqrt{9/1}} = 5(千米)$$

则该中介点与 A、B 两城镇的相对位置如图 4-2 所示。

```
A •————15(千米)————•————5(千米)————• B
                              中介点
```

图 4-2 中介点位置图

计算结果表明,A 城镇吸引与中介点距离为 15 千米内的顾客,B 城镇吸引与中介点距离为 5 千米内的顾客。即中介点往 A 城镇这边的居民主要在 A 城镇购物,中介点往 B 城镇这边的居民主要在 B 城镇购物。这就帮助零售商划定了 A 城镇中的商店和 B 城镇中的商店的商圈范围。

如果有各自独立的 A、B、C、D 四个城镇,A 城镇到其他城镇之间的距离也已测算出来,且每个城镇的人口也已知道,可以利用上述公式分别计算出 A 城镇吸引顾客的与 B、C、D 三个城镇之间距离的中介点,将三个中介点连接起来,就可以得出 A 城镇的大致商圈范围,在此范围内居住的顾客,通常都愿意到 A 城镇购买所需商品,如图 4-3 所示。

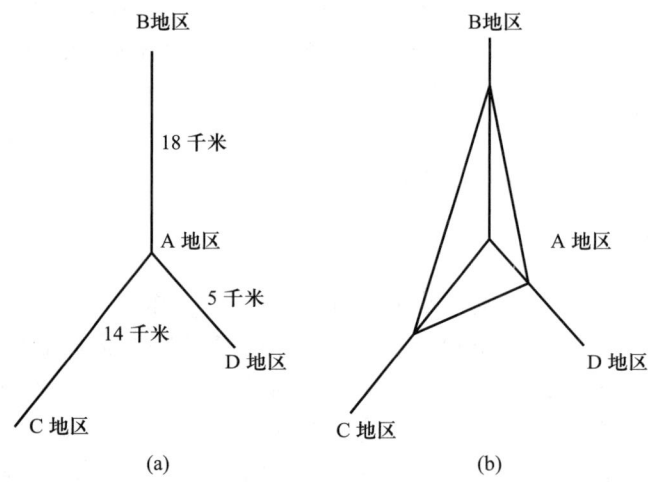

图 4-3　A 城镇的商圈范围图

上述雷利法则的成立必须有两个前提:
(1) 两个地区同样地接近主要公路;
(2) 两个地区的零售商经营能力一样。

顾客之所以被吸引前往人口较多的城镇,主要由于当地的商店设施和商品种类较多,值得多花时间前往。

雷利法则既可用于不同城市商业区之间的定量分析,也可以用于同一城市内不同商业区之间的定量分析。利用雷利法则划定商圈的优点是计算简便,特别是在资料不全时尤为适用。但它的使用也有一定的局限性。雷利法则只考虑到两地商店的里程距离,而未考虑需要花费的实际距离,如果道路拥挤或设施不全、行走困难,即使里程距离较近,也会在顾客心里产生遥远的感觉。且该法则只适用于出售日常用品的商店,而不适用于出售挑选性强的高档消费品的商店。此外,若存在广告的影响,顾客对某特定商店忠诚和某些商店有特殊吸引力时,会减弱雷利法则的有效性。

(二) 赫夫法则

赫夫法则是美国零售学者戴维·赫夫于 20 世纪 60 年代提出的在城市区域内商圈规模预测的空间模型。赫夫法则是从不同商业区的商店经营面积、顾客从住所到该商业区或商店所花的时间及不同类型顾客对路途时间不同的重视程度这三个方面出发来对一个商业区或商店的商圈进行分析。赫夫认为,一个商店的商圈取决于它的相关吸引力。商店在一个地区,以及其他商店在这个地区对顾客的吸引力能够被测量。在数个商业区(或商店)集中于一地时,顾客选择哪一个商业区(或商店)的概率,是由商业区(或商店)的规模和顾客到该区(或商店)的距离决定的,即一个商店对顾客的相关吸引力取决于两个因素:商店的规模和距离。商店的规模可以根据营业面积计算,距离为时间距离和空间距离。大商店比小商店有较大的吸引力,近距离商店比远距离商店更有吸引力。

赫夫法则的数学模型为

$$P_{ij} = \frac{S_j/T_{ij}^\lambda}{\sum_{j=1}^{n} S_j/T_{ij}^\lambda} \quad (4-2)$$

式中：P_{ij}——i 地区的消费者在 j 商业区或商店购物的概率；

S_j——j 商店的规模（营业面积）或 j 商业区内某类商品总营业面积；

T_{ij}——i 地区的消费者到 j 商店的时间距离或空间距离；

λ——通过实际调研或运用计算机程序计算的消费者对时间距离或空间距离敏感性的参数；

S_j/T_{ij}^λ——j 商店或 j 商业区对 i 地区消费者的吸引力；

$\sum$——同一区域内所有商业区或商店的吸引力。

消费者在诸多商店中选择特定的商店购买商品，取决于该商店的相关吸引力。该模型认为消费者到特定商店的可能性等于该商店对消费者的吸引力与在这一地区内全部同类型商店的吸引力综合的比率。

例如，一个消费者有机会在同一区域内 3 个超市中任何一个超市购物，已知这 3 个超市的规模和这 3 个超市与该消费者居住点的时间距离如表 4-1 所示。

表 4-1　3 个超市的规模和与该消费者居住点的时间距离

商店	时间距离（分钟）	规模（平方米）
A	40	50 000
B	60	70 000
C	30	40 000

如果 $\lambda = 1$，每个超市对这个消费者的吸引力是：

A 的吸引力是：50 000/40 = 1 250

B 的吸引力是：70 000/60 = 1 166.67

C 的吸引力是：40 000/30 = 1 333.33

该消费者到每个超市购物的概率分别是：

到 A 的概率 = 1 250/(1 250+1 166.67+1 333.33) = 0.333

到 B 的概率 = 1 166.67/(1 250+1 166.67+1 333.33) = 0.311

到 C 的概率 = 1 333.33/(1 250+1 166.67+1 333.33) = 0.356

在计算出 P_{ij} 值后，还可以按如下公式计算出 i 地区的消费者到 j 商店人数的期望值及在 j 商店购物（销售额）的期望值：

$$E_{ij} = P_{ij} \times C_i \quad (4-3)$$

$$E(A_{ij}) = E_{ij} \times B_i \quad (4-4)$$

式中：E_{ij}——i 地区的消费者到 j 商店人数的期望值；

C_i——i 地区的消费者人口数；

$E(A_{ij})$——i 地区的消费者在 j 商店购物(销售额)的期望值;

B_i——i 地区的消费者平均每人在 j 商店的购物金额。

赫夫模型是一个很实用的模型,国外在调查大型零售店对周边商圈的影响力时也经常使用这一模型。赫夫法则对预测新设商店的销售非常有意义,零售商在进行新店址策划时,可以借助赫夫法则的数学模型评估新店址的潜在商圈,预测销售额。

(三) 实验法

实验法是通过观察或访问方式,对潜在的顾客进行直接调查、收集资料和分析,然后以此划定商圈的一种有效方法。实验法有以下几种具体操作方法:

1. 实地调查

访谈前往邻近其他商店购买商品的顾客,了解顾客住址及其所购商品,以此推断商店的商圈范围。这是唯一的面对面交谈的方法,成功访谈的概率很大,还可借此对商圈内的顾客情况进行进一步了解分析,但需耗费过多的人力与时间。

2. 电话询问

电话询问即通过电话了解顾客住址和购买情况。这种方法获得资料速度快,调查成本低,但易打扰调查对象,可能造成调查对象的反感而不易获得合作。

3. 邮寄问卷

邮寄问卷即通过邮寄方式询问潜在顾客,由返回的资料推断开设商店的地理区域,划定商圈。这种方法成本低,可广泛了解受询者的分布情况,不受时间和地点的限制。缺点是收回率很低,可能平均只有 10% 的回函,且花费时间较长。为克服收回的数量及时间难以控制的问题,可随之附上赠品来诱导回复,如彩券、优惠折扣等。

4. 提供服务

向顾客提供信用购买、售后服务时获得顾客住址及工作地点资料。这种方法资料取得容易,但有一定局限,主要适用于出售挑选性强的耐用消费品。由于我国信用购买不太普遍,故采用此方法有一定困难。

三、商圈分析的要点

商圈划定之后,企业就可以对商圈进行分析。商圈分析有大环境和小环境分析之分,大环境决定该区域的零售潜力,小环境决定潜在顾客是否愿意光临该商店。这部分主要从大环境来分析,小环境分析放在下面的位置选择时介绍。因此,这里的商圈分析主要包括以下几方面内容:

(一) 人口统计分析

这是指对商圈区域内人口增长率、人口密度、收入情况、家庭特点、年龄分布、民族、学历及职业构成等方面的现状和发展趋势做调研。这些统计资料,有利于把握商圈内未来人口构成的变动倾向,并为市场细分和企业定位提供有用的第一手信息。有很多渠道可以收集这些人口变动信息,如我国每 10 年进行的一次人口普查结果以各种形式发布。上面除了对每个家庭进行基本的人口统计外,还对一定比例的家庭进行深入的问卷调查,这就意味着可以通过计算机统计有关区域家庭住房情况、家庭财产、就业情况和家庭收入等。但是，人口普查每 10 年才进行一次，而且不能及时公布，因而很难满足商圈分析的需要。此外，零售商可以从各地的统计年报中得到一些相关信息，也可以请专门的市场调研公司帮助收集相关信息。在商圈分析中，要注意分析有没有人口增加的潜在趋势。在一个人口逐渐增加的新区开店较易成功，在一个人口逐渐减少的老区开店较易失败。

（二）经济基础和购买力分析

商圈内的住户有了主观的购买需求，但还要有足够的购买力，这涉及商圈内的经济结构是否合理、区域的经济稳定性、在较长时间内居民收入的增长可能性等。考察一个区域的经济基础特点至关重要。经济基础反映了一个地区的商业和工业结构以及居民的收入来源。追求稳定经营的零售商通常偏爱多元化的经济结构（拥有许多彼此关联不大的产业和金融机构），而不太喜欢过分依赖某一产业的单一经济结构，后者往往容易受到经济周期及产品需求变动的冲击。

在进行商圈分析时，零售商应该考察以下一些经济因素：各行业或各类从业人员的比例、运输网络、银行机构、经济周期波动对地区或行业的影响、某些行业或企业的发展前景等。在分析中，一个有关需求的指标尤其应引起重视，这就是购买力指数。比较不同商圈的购买力指数，可为发现潜在的消费市场提供依据。

$$购买力指数 = A \times 50\% + B \times 30\% + C \times 20\% \quad (4-5)$$

式中：A——商圈内可支配收入总和（收入中去除各种所得税、应偿还的贷款、各种保险费和不动产消费等）；

B——商圈内零售总额；

C——具有购买力的人口数量。

（三）竞争状况分析

竞争状况是商圈分析中的一个非常重要的因素，除非某个零售商具有很大的竞争优势，可以忽略现有的竞争对手，否则，新开的商店不得不面临被竞争对手拉走销售额的可能。例如，一个区域的潜在图书购买力是每人每年 25 元，而这个区域已经有很多书店，它们的累计销售额已达到 24 元，则新加入者的市场空间就很小了。因此，尽管某个区域的消费者特点与零售商的目标市场很接近，经济状况良好，但如果竞争过于激烈，仍然不是最佳选择。同样，一个区域即使人口较少，经济状况一般，如果竞争较缓和，也可能不失为较好的开店区域。

考察一个地区的竞争状况，应着重分析以下因素：现有商店的数量和规模、新开店的发展速度、各商店的优势与劣势、近期与长远的发展趋势以及商圈饱和度。这里，着重介绍一下商圈饱和度的数量分析方法。

商圈饱和度是判断某个地区商业竞争激烈程度的一个指标，通过计算或测定某类商品销售的饱和指标，可以了解某个地区同行业竞争者是过多还是不足，以决定是否在此地开店。通常位于饱和程度低的地区，开店成功的可能性较高度饱和地区要大，因而分析商圈饱和度对新开设商店选择店址很有帮助。

商圈饱和度指数(IRS)的计算公式为

$$IRS = \frac{C \times RE}{RF} \quad (4-6)$$

式中：IRS——某地区某类商品商圈饱和度指数；
　　　C——某地区购买某类商品的潜在顾客人数；
　　　RE——某地区单位时间内每一顾客的平均购买额；
　　　RF——某地区经营同类商品的商店营业总面积。

例如，一家经营食品和日用品的小型超市需测定所在地区的商圈饱和度指数。假设该地区购买食品及日用品的潜在顾客是 40 000 人，每人每周平均购买额是 50 元，该地区现有经营食品及日用品的营业面积为 50 000 平方米，则计算该商圈饱和度指数为

$$\frac{40\,000 \times 50}{50\,000} = 40$$

该地区商店每周每平方米营业面积的食品及日用品销售额的饱和度指数为 40，用这个数字与其他地区测算的数字比较，指数越高则成功的可能性越大。

根据商圈饱和度指数计算的结果，可以将分析的零售区域分为商店不足区、商店过多区和商店均衡区。商店不足区是指销售某一类产品或服务的商店太少，以至于难以满足所有消费者的需求；商店过多区是指销售某一类产品或服务的商店数量太多，以至于某些零售商店难以获取正常利润；商店均衡区则是零售商店数量与消费者需求大致相符，同时零售商店又能获得正常盈利水平。很显然，新店址选在商店不足区更容易成功。

商圈饱和度指数只是从定量角度考虑了某一地区经营某类商品的同业竞争程度，而没有考虑原有商店，尤其是信誉好、知名度高的老字号商店对新的竞争对手的影响，且计算资料不易准确获得，因而新设商店为了做出正确的决策，必须根据具体情况进行具体分析。

（四）基础设施状况分析

区域内的基础设施为商店的正常运作提供了基本保障。连锁经营的零售企业需要相应的物流配送系统，这与区域内的交通通信状况密切相关，有效的配送需要良好的道路和顺畅的通信系统。此外，还与区域内基础设施有关，包括相关法律和法规、执法情况的完善程度等。这些都需要零售商认真分析。

资料

商圈分析工具——地理信息系统

今天，越来越多的零售商利用地理信息系统(geographic information system, GIS)软件进行商圈分析。地理信息系统能够提供绘图资料，从而能形象地描述商圈特点，包括人口特点、顾客购买情况以及当前和潜在竞争对手的位置等。过去，零售商进行商圈分析，不得不搬来一叠厚厚的地图，对考察区域以及竞争对手的位置进行手工资料收集和分析；现在，它们借助地理信息系统，将人口统计等诸多数据纳入地理数据中的自然地理要素、行政区划和有关的地理位置数据，就可以很直观地对区域内各方面条件做出综合判断和分析，并对不同区域内的情况进行比较。这对

零售商的投资与开发会产生积极的作用。全球最大的零售商沃尔玛就是地理信息系统的最大受益者。

GIS软件的用途很广。例如,零售商可以利用GIS软件考察目前哪些分店的商圈内家庭年均收入超过5万元,在开店前利用该软件预测新店的销售额及其对原有商店销售额的潜在影响,通过GIS软件确定最佳位置上的顾客特点,并据此设计模型在全国范围内找到最好的店址,甚至还可以利用GIS软件考察市场渗透率,明确其地理位置的优势和劣势。

地理信息系统发展的初期,是以土地资源管理为根本目的的信息系统,一般都是由政府出资建造的。这些系统往往需要很高的软件、硬件方面的投资,并且要依赖专业人员的操作。随着计算机软件、硬件的技术进步以及地理信息系统技术的日趋成熟,出现了新一代的桌面地理信息系统,例如MapInfo、ArcView等。桌面地理信息系统以个人计算机为平台,配合低价格的软件,加上良好的用户界面,促进了地理信息系统的普及,令其在许多领域得到了广泛的应用。尤其是以ArcView等为代表的桌面地理信息系统还专门发展了专用的商业分析模块,从而为建立商业地理信息系统提供了方便的软件平台。

资料来源:巴里·伯曼和乔·R.埃文斯.零售管理.吕一林,宋卓昭,译.北京:中国人民大学出版社,2011:264.

第三节 商店位置选择

在经过商圈大环境分析之后,即可判断某个区域是否具有开店价值。接下来的商圈小环境分析主要是确定具体的商店位置。目前我国许多零售商店对位置分析不够深入,造成经营效益不佳,骑虎难下,后来者应从中吸取教训,避免选址中的失误。

一、商店选址的原则

(一) 方便消费者购买

商店地址一般应选择在交通便利的地点,尤其是以食品和日用品为经营内容的普通超级市场应在居民区内设点,应以附近稳定的居民或上下班的职工为目标顾客,满足消费者就近购买的要求,且地理位置要方便消费者的进出。

(二) 方便货品运送

零售商店经营达到规模效应的关键是统一配送。在进行网点设置时要考虑是否有利于货品的合理运送,降低运输成本,既要保证及时组织所缺货物的供给,又要能与相邻连锁店相互调剂、平衡。

(三) 有利于竞争

零售商店的网点选择应有利于发挥企业的特色和优势,形成综合服务功能,获取最大的经济效益。大型百货商店可以设在区域性的商业中心,提高市场覆盖率;小型便利店越接近居民点越佳,避免与中大型超级市场正面竞争。

(四)有利于网点扩充

零售商店要取得成功,必须不断地在新的区域开拓新的网点,在网点布置时要尽量避免商圈重叠,在同一区域重复建设。否则相隔太近,势必造成自己内部相互竞争,影响各自的营业额,最终影响总店的发展。

二、商店位置类型的设计

在选择具体位置之前,零售商首先要确定新设商店应处于何种环境中,这就需要对商店位置的三种类型进行分析。不同的位置类型具有不同的优势和劣势,零售商关键是要找到适合自己商店的位置类型。

(一)孤立店

这是指商店独立开店,不与其他竞争对手比邻相设。

优势:无竞争对手,租金较低,具有灵活性,开店费用低,能见度高,有选择和扩大规模的潜力,有利于顾客一站式购物或便利购物。

劣势:如果商店规模不够大,不易吸引远方顾客,商圈较小;广告费可能较高;在多数情况下,建筑不能租用而必须新建;通常情况下,顾客更愿意去多功能的商业中心区购物。

大型综合超市和仓储式商店等零售业态因为商品种类齐全、价格低,本身对顾客具有较大的吸引力,能满足顾客一站式购物的要求,不必设在繁华商业中心,可以独立设店,但商店的可见度要高,交通要方便,并配有较大的停车场以满足开车购物者。

(二)经规划的购物中心

这是指经过仔细规划设计并集中管理的商店群,通常是由房地产公司事先规划设计,兴建完工后再把各铺面出租或出售给零售商等。一个典型的购物中心有一家或一家以上的主力商店,及各种各样较小的商店,还包括餐馆、快餐店、邮局、银行以及一些游乐场所,适合家庭购物及休闲。购物中心的管理者通常规定各类零售商在总面积中所占的比例,限制每家零售商出售的商品类别,并说明哪些类型的公司可以取得无限期租约。通过均衡配置,经规划的购物中心的商店在新提供商品的质量和品种上相互补充,商店的类型和数量紧密结合,以满足周围居民的全面需要。西方国家由于人口往郊区迁移,郊区购物中心的发展日趋兴旺。

优势:协调规划,商品和服务品种组合合理,拥有完善的设施、宽敞的停车场,具有各具特色又统一规划的购物中心形象,有较大的商圈,适合家庭购物及休闲。

劣势:这些地方通常租金较贵,营业管理易受限制,竞争也较激烈。

(三)自然形成的商业中心

这是指未经规划自然发展起来的商业中心。这种自然形成的商业中心可以分为中心商业区、次级商业区、邻里商业区和商业街四种类型。

1. 中心商业区

中心商业区(central business district,CBD)是一座城市商业网点最密集的购物区,吸引着来自整个市区的消费者,包括所有阶层的人。在此开店,可以借商业集聚效应吸引较多较远的顾客群,是百货商店或专卖店的首选地址,但开办费用一般较高,新建店址难以寻找。目前,在西方国家,由于城市商业区交通拥挤、停车困难、空气污染及犯罪率增高等原因,再加上许多居民纷纷迁往郊区居住,零售商在市中心开设新店的热情有减退的趋势。

优势:可以借助商店集聚效应扩大商圈,交通方便,设施齐全,客流量大,成功的可能性较高。

劣势:开办费用高,交通拥挤,停车困难,新店址难以寻找且扩展潜力小。

2. 次级商业区

次级商业区(secondary business district,SBD)是分散在一座城市的多个繁华程度较低的购物区域,通常位于两条主要街道的交叉路口,至少有一家百货商店或大卖场和几家专业店或专卖店。此外,周围还聚集了许多小商店。这一商业区主要面向城市的某一区域消费者,以销售家庭用品和日常用品居多。在这里设店,交通比较便利,人员不太拥挤,店址也相对好找,但供应的商品和服务不均衡,难以吸引较远的顾客。

3. 邻里商业区

邻里商业区(neighborhood business district,NBD)是为了满足住宅区居民购物和服务方便而自发形成的小型商业区,主要由若干小商店组成,如标准超市、便利店、冲印店、快餐店、干洗店、美容院等。在邻里商业区设店竞争程度低,最接近顾客,能保持良好的顾客关系,但商圈小,价格通常也不优惠。

4. 商业街

商业街(string)是由若干经营类似商品的商店聚集在一起形成的。在许多历史悠久的城市往往会自发形成一条条特色商业街,这是城市发展积淀下来的商业文化,极大地丰富和活跃了城市居民的消费生活。由于这些商业街形成历史较长,有些商业街甚至享誉国内外,如北京著名的古玩一条街、广州的文化用品一条街等。在这里设店,可以与同类商店一起分享商业集聚效应带来的大范围商圈,是小型专业店重要的位置选择之一;缺点是竞争程度高,能见度低。

三、位置选择因素分析

(一) 客流规律

1. 客流性质

客流是商店经营成败的关键性因素。一家商店若要获得成功,必须有足够的顾客来源。一般来说,任何一家商店的客流都可以分成三种类型:分享客流、派生客流、本身客流。

(1)分享客流是指从邻近其他商店形成的客流中获得的,而不是本身产生的客流。这种客流往往在大型商店与小商店之间或同类商店之间产生。如邻近大商店的小商店,顾客主要目的不是到小商店来选购商品,而是专程到大商店购买,顺便进入邻近的小商店逛逛,这些客流是小商店的分享客流。

(2)派生客流是指顾客到某地并不是专程购买商品,而是为其他目的,顺路进店所形成的客流,如设在火车站旁的商店,顾客来此地的目的主要是乘坐火车,在候车时间顺便进店看看。还有设在交通枢纽附近及旅游点附近的商店,其大部分客流均是这种派生客流。

(3)本身客流是指专程到此商店来购买商品形成的客流。大中型商店的客流大部分属于本身客流。本身客流的形成和发展是零售企业获得经营成功的重要因素。

2. 潜在固定顾客

所有的人都是消费者,很自然地也是商店的潜在顾客。要了解商店的客流规律,必须分析当地的人口总数、人口密度、人口分布及年龄结构、购买力水平等。人口最多的区域产生最多的潜在顾客,未来人口成长的趋势决定着商店的发展规模。商圈内人口的增长情况、新婚家庭的数量、人口年龄结构等都是零售商开设新商店必须事先了解的。国外调查资料表明,现代化超级市场近50%的顾客来自距商店10分钟路程内的区域,因此,在考虑一家新超级市场的可能地点时,一般都要求在计划地点0.5千米半径范围内,必须有1万人定居。由于我国一些地区的居民还没有普及现代化交通工具,去超级市场购物主要靠步行,商圈范围在步行20分钟之内,因而在这些地区要求商圈内人口居住密度更高。

3. 流动顾客

过往行人也是商店客流来源的一个重要组成部分,其流动规律同样不能忽视。

(1)要了解行人的年龄结构,因为有些过路者如儿童、青少年不一定是顾客。

(2)要了解行人来往的高峰时间和稀薄时间。

(3)要了解行人来往的目的及停留时间。在商业集中的繁华街道,行人的目的一般以购买商品为主或进行与购买商品有联系的观光浏览,为以后购买做准备。这些行人多表现为速度缓慢,停留时间长,希望获得比较各种商品价格、品质和式样的最大满足。这种行人的目的对商店最为有利,也是许多商店愿意设在中心商业区的原因。另外,有些地点,如车站、码头等交通枢纽,机关、工厂、学校、公园附近,车辆通行干道等,虽然有相当多的行人来往,但行人的目的不在于购物,只是顺便或临时冲动购买一些商品。这类客流一般停留时间短,流动速度快,是商店的派生客流,只有进行一些特殊宣传,才能吸引他们的目光。

(二) 周边商店聚集状况

一个地区的商店聚集情况可以分为四种类型。

1. 异种零售业的聚集

这是经营商品种类完全不同的零售企业的聚集,如超级市场与服装专卖店、电器专卖店的聚集等。这种聚集,商店之间不会产生竞争,反而还会给商店带来更强的市场吸引力。需要注意的是异种零售业的形象也需要有一定的关联,不能过分冲突,如一家服装专卖店与一家鞋店相邻会十分协调,而与一家自行车修理店相邻则形象反差太大。

2. 有竞争关系的零售业的聚集

这是指经营同类商品的商店在同一个地区的聚集。这种聚集的结果,使这一商业区企业之间既产生竞争,又产生集聚效应。一方面,使消费者能在同类商店进行商品质量、价格、款式及服务的比较,从而加剧了商店之间的竞争;另一方面,商店的集聚又会产生集聚放大效应,吸引更多的消费者来商业区购物,从而有效地扩大购物商圈。当然,同类型商品的商店在同一地区绝不能集聚过度,否则必然导致商店之间竞争过度,几败俱伤,尤其是经营食品及日常用品的超级市场,因选择性小,在选址时更应注意避开竞争对手。某一类型零售业态,如工艺品、礼品专业店,适于集中布店。因为购买此类商品的消费者都希望有广泛的挑选余地,又由于商品的独特性,专业店本身不可能经营齐全,如北京琉璃厂街的古玩店、书画店等。

3. 有补充关系的零售业的聚集

补充关系是指两个以上的商店经营商品互为补充,以满足消费者的连带需求为目的。如家电产品与家电配件商品的聚集即形成相互补充关系。互为补充的几种零售业态也可以在共同的商业区内布店,如百货商店周围聚集的服装专卖店、饰品专卖店、鞋帽专卖店等,它们提供了互相补充的、更加全面的商品种类,能共同吸引客流,这种现象在国内大城市的传统中心商业街中比比皆是。

4. 多功能聚集

零售业与饮食业、服务业、娱乐业,以及邮局、银行的聚集,是一种多功能聚集。它有利于放大集聚效应,从而有效地扩大该地区的购物与服务商圈。

(三) 竞争对手分析

商店周围的竞争态势对零售经营的成败会产生巨大影响,如果不能有效建立大于对手的竞争优势,就不可能在该区域站住脚,因此,在对商店开设地点做选择时必须分析竞争对手,对直接和间接的竞争者了如指掌,如他们为消费者提供商品和服务的种类、其市场占有率和营销策略等。一般来说,在开设地点附近如果竞争对手众多,该商店经营独具特色,将会吸引大量的客流,促进销售增长,增强店誉;否则与竞争对手相邻而设,将难以获得发展。对竞争对手的分析主要包括以下内容:

(1) 竞争店与所开设新店的距离,以及在地理位置上的优劣势;
(2) 竞争店的销售规模与目标定位;
(3) 竞争店的目标顾客层次特点;
(4) 竞争店的商品结构和经营特色;
(5) 竞争店的实力和管理水平。

(四) 交通地理条件

交通是否便利,地理位置是否优越,也是选择店址的一个重要因素。为此,必须从以下几方面具体分析:

1. 交通的便利性

方便的交通要道,如公共汽车的停车站附近、地铁出站口等地,由于来往行人较多,具有设店的价值。交叉路口的街角,由于道路四通八达,能见度高,也是设店的好位置。但是,在有些地方,其道路中间隔了一条很长的中央分向带或栏杆,限制行人、车辆穿越,则会影响设店的价值。

2. 街道特点

由于交通条件、公共场所设施、行走方向习惯、居住区范围及照明条件等影响,一条街道的两侧客流往往并不均衡,或者同一街道也可能因地段不同而客流量不同,因此,在选择店址时要分析街道客流的特点,选在客流较多的街道一侧或地段。

3. 地形特点

新商店通常应设在能见度高的地方,如两面或三面临街的路口、公共场所的迎面处等,其能见度较高,还可通过尽量扩充橱窗面积、增开出入口等方法提高能见度。

此外,还应研究该地点过去的情况。是否曾有商店?其经营状况如何?有无失败记录,失败原因是什么?虽然过去商店的成败并不能意味着新设商店的成败,但研究这些资料可为新设商店选择地址提供参考。

(五) 城市发展规划

城市发展规划也会给商店将来的经营带来重大影响,有些地点从近期来看,可能是店址的最佳选择,但随着城市的改造和发展可能出现新的变化而不适合设店;相反,有些地点近期看可能并不理想,但从规划前景看又可能很有发展前途。例如,1996年新开张的广州吉之岛百货公司,选择设在广州天河城的负一层,当时看来似乎交通并不便利,但这地点恰巧是广州市规划中的未来地铁出站口。事实证明,吉之岛的选址十分理想。商店地址选定之后一般不会轻易迁移,即使迁移也必须付出极大代价,这就要求在选择新店址时,一开始就应从长远、发展的角度着眼,因此,要详细了解该区的街道、交通、市政、绿化、公共设施、住宅及其他建设和改造项目的规划,使选定的店址既符合近期环境特点,又符合长远规划,避免造成损失。

(六) 店址周围环境

店址周围环境将对零售经营的成功与否产生巨大影响,任何一家新建商店,即使规模大得足以支配其环境,也必须对店址周围环境诸如建筑、治安、卫生等情况进行仔细分析。如地点附近有许多空建筑,会令人感到颓废衰落而不愿涉足;某些地区被传治安状况欠佳,无论是否属实,都会妨碍顾客前来;其他如发出不良气味、噪声大、灰尘多、外表破旧或道路狭窄的环境,都会降低设店的价值。此外,当地居民的受教育程度、宗教信仰、经济状况、年龄等都对人们的购买习惯有影响,在选择店址时,必须予以注意。

(七) 物业成本

商店的租赁和购买成本(物业成本),对零售商具有决定意义。如果物业成本与销售潜力不相上下,就不值得去开发。物业面积和形状也要与零售商的设计思路相吻合。

【案例 4-2】

屈臣氏选址考虑的因素

截至2020年年底,屈臣氏在中国已拥有3 600家店。屈臣氏在选择这些店铺时,是怎样做评估、判断和决定的?屈臣氏店铺选址的原则是:紧跟目标消费群。屈臣氏的目标消费者是18~35岁的优质女性消费者。

要判断目标消费者在哪,屈臣氏会首先考虑"目标消费群密度""捕捉率""租金成本"这3个关键的考量指标。一般情况下,屈臣氏的捕捉率预估会在8%~10%,通过这个可以计算出店铺的预计销售额。例如,在某一店铺位置的门口,从上午10:00到晚上10:00,经过的目标消费群有10 000个人,按捕捉率8%计算,则预计能够捕捉到800个有效消费者。按屈臣氏店铺平均客单价50元计算,则平均每天的销售额可达到40 000元。另一方面,租金成本与销售额和商品毛利率成一定的比率。通过对这些数据的计算分析,就可以得出店铺投入与产出是否合理的结论。

> 根据以上的选址策略,屈臣氏坚持其店铺的选址方向基本如下:(1)人流量集中的商业街道、办公区;居住人口多的社区。(2)大型百货商店、超大型卖场、大型商业中心。(3)中心城市的地铁站沿线。(4)向肯德基、麦当劳等具有共同目标消费群的商铺靠近。
> 　　结合店铺是否靠近街道的情况,屈臣氏将店铺分为"街铺店"和"非街铺店",使用面积为200~500平方米。对于"街铺店",有两种情况:(1)最好在楼层1楼,有独立的进出口。(2)如位置很好,可考虑2楼,但在临主街的位置上必须有独立、便捷的进出通道,形象展示好。临主干道、人流汇集点,可视性好,有较好的招牌广告位。对于"非街铺店",必须在主要人流量的通道上。同时,在进出口的位置上必须有非常明显的广告标识或者广告位置。
> 　　资料来源:零售商学院微信公众号,2017-04-10。

四、店址评估

商店选址的最后一个步骤是为可供选择的开店地址进行未来经营效益分析,预估出新店损益状况。企业在评估时往往侧重对新店开业后第一个月,开店后第二、第三个月,开店后第四、第五、第六个月进行经营效益预测,半年之后,商店的经营效益基本可以稳定下来,从而可以判断选址成功与否。

(一)新店营业潜力

新店营业潜力可通过预测商店营业额来确定。这种预测可以根据过去在类似环境中的经验、同行业的一般水平,或者经过调查后采用统计分析方法计算出来。有一种测算方式比较简单易行,即根据已知的商店商圈内消费者的户数、离店的远近、月商品购买支出比重及新商店在该区域内的市场占有率四个因素来估算。现举例说明商店营业额估计值的计算方法。

假设新开超级市场的商圈有三个层次:第一层次的主要商圈内居民户数为2 000户,第二层次的次要商圈内居民户数为4 000户,第三层次的边际商圈内居民户数为6 000户。若平均每户居民每月去商店购买食品和日用品为500元,则

主要商圈居民支出总额:$500\times 2\,000=100$(万元)

次要商圈居民支出总额:$500\times 4\,000=200$(万元)

边际商圈居民支出总额:$500\times 6\,000=300$(万元)

据调查分析,新开超级市场的市场占有率在主要商圈为30%,在次要商圈为10%,在边际商圈为5%,则

主要商圈购买力为:$100\times 30\%=30$(万元)

次要商圈购买力为:$200\times 10\%=20$(万元)

边际商圈购买力为:$300\times 5\%=15$(万元)

该新店营业潜力可估计为:$30+20+15=65$(万元)

(二)开店投资与经营费用测算

通过商圈调查可以估算新店的营业额,但该新店是否值得经营,还必须把营业额与投资额相比较,评估出损益状况。

1. 开店前期投资预估

开店投资主要体现在以下方面:

(1) 设备,如冷冻冷藏设备、空调设备、收银系统、水电设备、车辆、后场办公设备、内仓设备、卖场陈列设备等。

(2) 工程,如内外招牌、空调工程、水电工程、冷冻冷藏工程、保安工程等。

(3) 商业建筑和停车场费用,如果开店的物业是自己投资建造的,这笔建筑费用也要考虑在前期总投入中。

2. 开店后经营费用预估

经营费用可分为固定费用和变动费用两类。固定费用是指与销售额的变动没有直接关系的费用支出,如工资、福利费、折旧费、水电费、管理费等;变动费用是指随商品销售额的变化而变化的费用,如运杂费、保管费、包装费、商品损耗、借款利息、保险费、营业税等。上述各项费用要控制在多少以内无一定标准,但最基本的前提是毛利率要大于费用率。同时应注意以下各类:货损控制在4‰以内;店员薪资总额不得超过总费用的一半;总费用与销售额之比,便利店要在18%以内(以25%的毛利率为基础),超市要在12%以内(以17%的毛利率为基础);总费用与总利润之比要维持在80%之内;固定费用占总费用的比例应在85%以上。

(三) 损益平衡点分析

损益平衡点是指店铺收益与支出相等时的营业额,新店预期营业额若超过平衡点营业额即有盈利,若低于平衡点营业额即会亏损。

实际损益的计算公式如下:

$$实际损益 = 税前损益 - 分担总部费用 \qquad (4-7)$$

式中:税前损益 = 销售毛利 - 变动费用 - 固定费用

销售毛利 = 营业收入 - 销售成本

损益平衡点营业额的计算公式如下:

$$损益平衡点营业额 = \frac{固定费用}{毛利率 - 变动费用率} \qquad (4-8)$$

经营安全率计算公式如下:

$$经营安全率 = \left(1 - \frac{损益平衡点营业额}{预期营业额}\right) \times 100\% \qquad (4-9)$$

此比例是衡量店铺经营状况的重要指标,一般测定标准如下:经营安全率30%以上为优秀店;20%~30%为优良店;10%~20%为一般店;10%以下为不良店。

此外,有些零售商还会对新商店未来的销售利润率、资产利润率和资金周转率等指标进行测算评估,全面分析该店址的综合经济效益。

五、选址分析报告

目前,随着国内连锁企业迅猛发展,选址工作越来越被人们重视,店铺选址也成为一个新兴行业脱颖而出。一般连锁企业总部都设有开发部或拓展部,其中店铺选址员的主要工作包括市场调研、选址、谈判等几个部分。他们要对拟开发店铺所在城市的基本情况了如指掌,对于诸如人口、交通、购买力等现状做全面的调查,确定该公司拟开发店铺的商圈,选择一定的消费群,进行市场定位,并判别该区域的环境能否达到基本要求。同时,还要对城市的规划、投资政策环境、未来经济发展重心、城市土地行情等都有所了解。店铺选址员在确定了一个合适的店址后,需要做一份详细的选址分析报告,以供主管部门经理和公司领导审核。

商店选址分析报告的内容如下:
(1) 新店具体位置及周围地理特征表述(附图说明);
(2) 新店开业后预计能辐射的商圈范围;
(3) 新店交通条件评估及物业特征;
(4) 新店商圈内商业环境评估和竞争店分析;
(5) 新店商圈内居民及流动人口特征、收入和消费结构分析;
(6) 新店的市场定位和经营特色及经营策略建议;
(7) 新店的经营风险和效益预估;
(8) 新店未来前景分析。

选址报告不仅要详细分析新店址的基本情况、商圈特征和投资效益,而且要对日后新店经营的风险进行分析,对日后的经营策略提出建议。这就涉及选址信息的利用问题。在选址过程中收集到的大量信息,如果仅仅是用于选择一家店址就丢弃实在是一种浪费。除了选址之外,所收集的信息至少有两种用途:

(1) 为本新店日后的经营活动做参考。选址调查中得出的对当地居民职业和消费习惯的分析,能给新店经理带来很多实际的帮助;对顾客行走路线的考察可以直接决定今后的促销宣传画和户外广告设在哪个方向上。

(2) 为下一次选址做参考。许多国内连锁企业在选址方面的投资是捉襟见肘的。公司方往往要求选址员每次都付出全力去寻找"最完美"的店址,但选址员苦恼的是:一方面,他们的经费不够;另一方面,公司方没有足够多的信息积累给他们做支持。常见的一种不良现象是"每一次几乎都得从零开始"。因此,为防止选址信息的流失,最好在选址过程中就规定选址员必须为日后的经营给出建议,同时,每次选址的详细信息都应该保存下来,供以后的选址工作参考。

第四节 两种具体的选址方法

一、市场需求与供应密度分析方法

这种选址方法是通过对一个区域市场的零售潜力(需求密度)状况,结合当地已有的零售商店情况和可供选择的店址(供应密度)进行综合分析,最后在合适的商圈确定可选用的合适店址的一种选址方法。该方法相对简化了商圈分析的内容,对大型商店的选址较为适用。

(一) 需求密度

一定的户口区或一部分地区对零售商业提供的商品和商业性服务的潜在需要,称为需求密度。对于不同业态的零售商而言,其需求潜力的影响因素是不同的。例如,一个地区对超级市场和儿童玩具店的需求潜力是不一样的,因此,要确定需求密度,首先必须根据企业特点弄清楚什么是影响潜在需要的主要因素。下面举一个例子。

例如,某个连锁百货公司正在对某个地区开设商店的可能性进行评估。这家百货公司确定的影响潜在需求的最主要因素有三个,分别是:中等家庭收入,超过40 000元;每平方千米的住户数超过2 000户;最近三年每年人口平均增长率至少为2%。

该百货公司拿到的这个地区的地理图如图4-4所示。它是由23个户口区组成的。这个地区的西部边界是山区,北部和南部是主要的公路,东部是铁路区。在图4-4中,可以绘制需求密度的范围,上述三个条件对正在进行估价的这23个户口区中的每个户口区都是适用的,这样,就可以不费力地评估每个区的潜在需求密度。根据调查分析得出结论:有三个区(6、10、17)符合所有三个条件;有四个区(1、5、11、16)符合三个条件中的两个;有五个区(8、9、14、15、18)只符合其中的一个条件;另外11个区(2、3、4、7、12、13、19、20、21、22、23)一个条件也不符合。

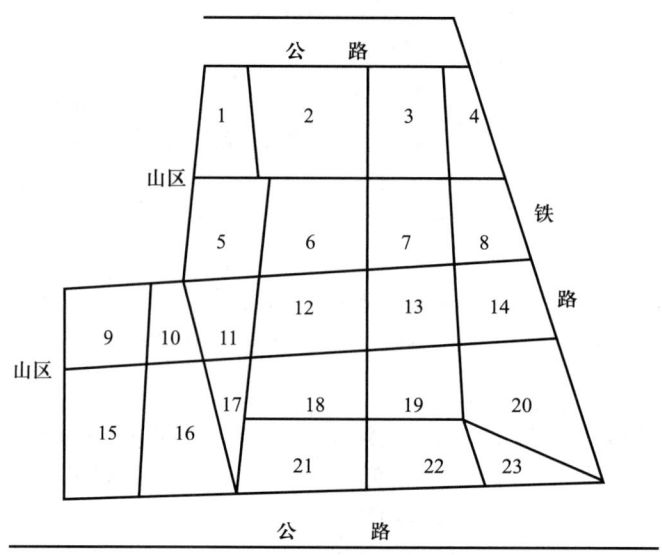

图4-4 需求密度图

(二)供应密度

需求密度图清楚地反映了整个地区中潜在需求最大的那一部分地区。接下来,再分析供应密度或者说零售企业在不同的户口区聚集的程度。把现有竞争对手的开设地点和可供开店的地点也绘制成图,如图4-5所示。

图4-5中所示的是整个地区的商店密度和可供选择的开店地点。从中可以发现,两个户口区(10和17)最具有立地建设的潜力,这两个区需求密度大而无竞争商店。此外,有的户口区的需求密度也是相当有吸引力的,在那里,现今还无竞争商店进入(如1区和5区)。

当然,在某些户口区需求超过供应,并不意味着马上就可以在这些户口区开设商店。要开设商店,一定要有可用的场所。从图4-4中也可以看到在条件最好的7个户口区(按需求密度划分,有第6、10、17、1、5、11、16区)中,仅第10户口区有可用的场所;在第1、5和17户口区,现在没有零售商店,也没有开设商店的可用场所。

在图4-5中,除了图中表示的唯一一个好的潜在的可用场所之外,也可以考虑一下其他区。

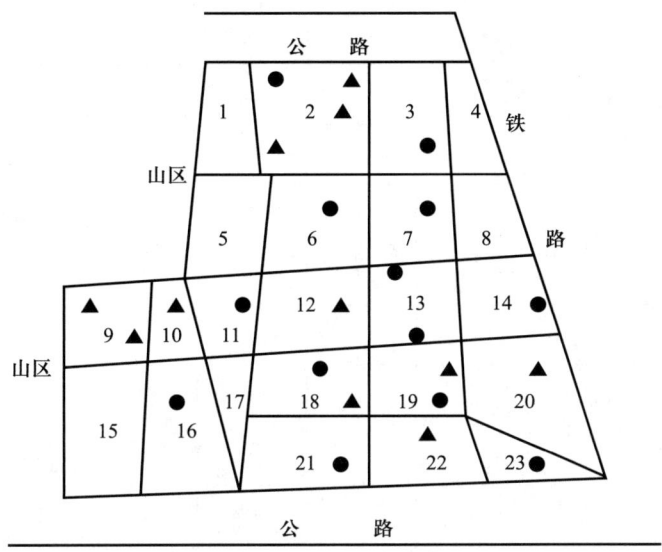

图解：●表示现有商店　▲表示可供选择的地点

图 4-5　商店密度和可供选择的开设地点图

第 9 户口区临近需求密度高的第 10 户口区，这个区现在没有商店，却有两个场所是可用来开设新商店的。另外，第 12 区邻近第 11 区和第 17 区，后两个区均有吸引力，但是，缺少可用场所，而第 12 区却有一个可用场所。因此，不妨将第 9 区和第 12 区作为备选的立地店址。

二、多因素组合分析法

这种方法是先确定影响商店位置的各种因素及其重要程度，然后对各个备选店址进行评分，最后确定最佳店址的方法。其步骤如下：

第一步，图上作业，找出商店设置的可行店址。通过商圈分析，可为商店确定未来发展的商圈。在商圈图上标示出该地区现有的各类网点；标示出该商圈内可能产生竞争和可能与之共同形成商业聚集地的网点；标示出该区域内的交通线路和公交站的分布，特别要标示出可能产生较强购买力的人口密集区。在考虑市政规划的基础上，综合评价上述因素，选择若干可行地点作为商店的备选店址，在各备选店址中进行选择。

第二步，零售商根据各种因素影响店址的重要程度确定权重，并对各备选店址进行因素评分；然后，计算出各店址评价结果的总数。如下例，影响商店位置的因素主要有 14 项，每个备选店址各因素的评分及计算结果如表 4-2 所示。

从计算结果看备选店址 3 最佳，店址 2 次之，店址 1 最差，但这并非意味着店址 3 是事实上的最佳选择，还需要做进一步分析。

第三步，就店址做进一步相关分析。主要分析内容有：店址条件与新开商店相符程度；销售前景分析；竞争地位分析；与周围其他类型商店的相容能力分析。在相关分析后，零售商可以找到预期获利最佳的店址，这实际上是一个优化决策问题。

从备选店址的参数得分中可知：

（1）店址 1 竞争激烈，进入这一市场可能因竞争过度而无利可图，甚至可能拖垮企业；

表 4-2 商店选址的多因素分析

选址因素	权重	预选店址得分			权重×预选店址得分		
		店址 1	店址 2	店址 3	店址 1	店址 2	店址 3
商圈内人口多	5	8	7	9	40	35	45
商圈内收入高	5	5	7	6	25	35	30
接近目标顾客	5	6	5	6	30	25	30
机动车流量大	3	7	8	7	21	24	21
非机动车流量大	3	5	5	6	15	15	18
行人流量大	5	5	6	6	25	30	30
与邻店关系融洽	2	-4	3	4	-8	6	8
物业费低	4	6	5	-3	24	20	-12
广告费低	2	5	6	3	10	12	6
商店能见度高	3	3	5	5	9	15	15
营业面积合适	3	4	-2	6	12	-6	18
店面可扩充	2	-6	-2	-2	-12	-4	-4
停车位充足	3	-5	3	6	-15	9	18
与开发商关系融洽	2	7	5	4	14	10	8
合计					190	226	231

说明：每一因素按重要程度分成5个等级，每个地址各因素评分分布在-10~10的区间内。

（2）店址 2 位于流动人口多、居住人口少的商业区，如果新开商店是超级市场的话，则与该业态接近居民区的要求相差较远；

（3）店址 3 的流动人口多，人口分布集中，竞争者少，交通运输和场地条件较好。

相比之下，店址 3 是最优店址。

本 章 小 结

任何一家大型零售集团最初都是从一家商店发展起来的，成功的零售商在扩张过程中，往往先会确定一个既能满足其整体目标又清晰连贯的扩张战略，包括地理战略、扩张路径和扩张速度。而当在国内市场上的网点扩张基本达到饱和时，为了继续保持一贯的扩张速度，零售商可以有两种选择：一种是向其他零售业态或其他领域进军；一种是向国际市场进军。

商店的商圈可以分为三个层次：主要商圈、次要商圈和边际商圈。影响商圈大小和形成的因素是多方面的，一些是外部的不可控因素，一些是内部的可控因素。商圈分析一方面要分析该区域是否具有一定的营业潜力，一方面要分析商店对商圈内顾客的吸引力大小。其中，对人口发展状况、购买力水平、经济基础、竞争程度和城市基础设施等因素的分析能判断出某个商圈是否具有开店价值。

零售商必须从不同类型的位置中选择合适的地方开设商店，此外，还需考虑某一具体位置的客流规律、周边商业聚集状况、竞争对手状况、交通地理条件、城市发展规划、周围环境和物业成本等因素。最后，零售商还必须对拟选店址进行评估，通过预测该商店的营业潜力和投资经营费用分析该商店开业后的盈亏平衡情况，以便确认该新开商店能否盈利。

  学习思考

党的二十大报告指出："完善产权保护、市场准入、公平竞争、社会信用等市场经济基础制度，优化营商环境。"规模扩张是零售企业竞争力提升的重要体现。但零售商的规模扩张必须是合法的良性扩张，而不应该仅为追求规模而进行无序扩张。由于零售业扩张需要大量资金，一些企业便出现了违规操作。例如，瑞幸咖啡在上市之后，为了得到投资者的青睐，采取了账面虚报销售额的造假行为。消息传出后令市场各方十分震惊，它最后不得不退市。这种行为不仅给企业自身带来了十分恶劣的影响，也对中国企业在国外上市募集资金造成了不良影响。无独有偶，2020年年末，快手网红辛巴团队被爆所售燕窝造假，其名声一落千丈。这些事例告诉我们，企业必须诚信经营，这是做人、做企业的基本底线。也许造假能带来短期的收益，但从长远来看，必定会加速企业衰亡。做企业如此，做人也是如此。一个人只有诚信为本，方能得到社会的认可，任何投机取巧的行为都是不可取的。

 即测即评

请扫描二维码，在线测试本章学习效果。

 思考题

1. 零售商的扩张路径有哪些？各有什么优势和风险？
2. 零售商的扩张速度取决于哪些因素？
3. 用雷利法则测算商圈范围存在哪些不足之处？
4. 商圈饱和度指数在零售商的商圈分析中有何作用？
5. 孤立店、经规划的购物中心和自然形成的商业中心，三种店址位置的利弊何在？
6. 商店选址分析报告主要包括哪些内容？

【案例分析】

案例一：大参林医药集团的扩张战略

2021年4月19日晚，大参林医药集团公司发布一系列公告，其中重点披露了公司在2020年的表现：实现营业收入145.82亿元，比上年增长30.89%；净利润10.62亿元，比上年增长51.17%。

尽管受到新冠疫情的影响，但大参林在2020年的扩张势头不减——坚持"深耕华南，布局全国"的核心发展战略，通过"自建+并购+加盟"的方式，持续下沉渗透华南地区，聚焦拓展长三角、东北地区及中部地区。截至2020年12月31日，旗下共有已开业门店6 020家（含加盟店315家），覆盖广东、广西、河南、河北、江西、福建、江苏、浙江、陕西、黑龙江10个省份。全年共净增门店1 264家。其中，新开门店845家，收购门店250家，加盟店261家，关闭门店92家。

2020年，大参林通过对门店持续优化管理和数据化升级，扩充门店的服务半径，稳步提高老店的收入规模，积极拓展筹备新开门店，对低效门店进行升级改造，门店内生增速稳定增长。同时，该公司还进一步下沉广东、广西的全部县城、乡镇，开拓河南、河北、江苏等省份的空白区域，在重点城市提升规模效应，强化抗风险能力，最终实现各区域市场盈利能力持续增长。报告期内，华南市场销售额增长26.57%，华中市场增长33.54%，华东市场增长66.59%，东北、华北及西北市场增长186.86%。

2020年，大参林依托线下门店规模和线上渠道流量的资源互补，在技术、政策和市场的驱动下，加速互联网+经营模式和专业药房模式的拓展创新。该公司充分利用（医）院边店、DTP（直接面向患者）药房、O2O等渠道承接长处方外流。报告期末，旗下共拥有（医）院边店595家，较2019年增加37家。同时，大参林还加快了DTP药房和慢病特病药房建设，实现新药特药的规模化销售增长——报告期末，共发展89家DTP门店。

2020年，大参林快速转变，推动药事服务场景线上化，O2O、B2C和电商业务持续增长——报告期内，线上业务收入同比增长160%。线上问诊和药房线下配送的无缝对接，让患者足不出户地体验到大参林"医+诊+药"的平台化服务，构建了处方+新零售的销售闭环。疫情期间，大参林凭借网点密度、信息化系统和品牌服务的综合优势，承接广东省政府的口罩预约购买的保障供应工作，作为向基层社区群众提供公共卫生应急物资的重要渠道，凸显了社会药房对基层卫生防疫工作的支持。

后疫情环境下，顾客更加重视健康保健和中医养生，大参林因此加大了自营中药饮片产能，强化质优价廉的品牌形象，结合养生讲座培育参茸药材的忠实用户。同时，积极加入各省药品集采平台，完善处方品类品规，高频次与上游知名药厂联合销售，合作共赢。此外，它还在积极探索药品和保险业务相结合的增值模式，在全国门店推广商业保险业务，增值类销售实现同比大幅增长，借此推动公司从单一医药零售向"医药+服务+产业生态经济"多元化领域拓展。

资料来源：中国药店微信公众号，2021-04-20。

问题：
大参林医药集团在2020年的扩张战略中呈现出哪些特点？

案例二：唯品会线下扩张的迷失与回归

在电商领域，除了阿里，能保持长期盈利的很少，唯品会是个例外。根据其2021年第一季度财报，公司已经连续34个季度实现盈利。目前，唯品会注册会员超过3亿人，活跃用户数4 580万人，复购用户占比超88%。由于新增了男装、3C电子产品和运动户外品类商品，唯品会的男性用户也有了大幅增长。

早在2017年的时候，唯品会就已经开始尝试线下实体渠道建设。当年10月，唯品会开出了第一家"品骏生活"线下生鲜社区店，主要经营蔬菜、海鲜、肉类、熟食等。生鲜与唯品会的主业是完全不相关的行业，它进入这个领域似乎与大气候有关。那时，新零售概念刚提出没多久，阿里系的盒马鲜生风头正劲，很多创业者都把新零售的切入点选择在生鲜这个细分品类上。唯品会也跟着进入这个赛道，甚至提出了3年开10 000家门店的目标。

在打造"品骏生活"的同时，唯品会又在2017年12月推出了网易严选模式的唯品优选线下体验店——优选阁，通过严筛品牌供应商，主打"特卖+去品牌化"，主营品类包括杯壶餐具、居家床品、出行装备、简约家居等。唯品会线下渠道经营的品类与线上品类的脱节并没有为公司带来协同效应，反而耗散了公司的资源。2018年7月，唯品会承认了转型失败，宣布回归"特卖"这个核心业务，强调做自己擅长的事。唯品会内部认为"未来用户会在线上线下多重购买"，于是，公司又启动了线下渠道的布局，试图进一步强化线上和线下的特卖生态体系。

在大的战略方向确定后，唯品会的线下渠道思路变得清晰，它开始尝试快闪店和实体门店两种线下业态。2018年9月，唯品会在成都银泰中心开设了为期3天的唯品会"不时尚未来馆"快闪店。当年10月，唯品会首家线下品牌特卖店在北京国瑞城购物中心开业；2021年3月，唯品会旗下社交电商平台唯品仓的线下店在广东、上海、天津、四川等地密集开业。线下特卖店和唯品仓是唯品会的两大线下形式，前者开在购物中心里，后者开在社区里，售卖的品类与线上核心品类一致。这类门店从2018年第四季度陆续开出，从一线城市到五线城市都有布局。

重仓投资线下奥特莱斯式企业，则是唯品会线下布局的重要一步。2019年7月10日，唯品会以29亿元人民币现金收购杉杉商业100%的股权。杉杉商业的主业是运营奥特莱斯，目前有5家奥特莱斯广场在运营，还有5家在规划建设中。

尾货无疑是个独特的商品品类。有潮流特征的服装鞋帽类商品，对于厂家和渠道来说，有很强的清仓需求。受新冠疫情影响，服饰行业的去库存压力明显，品牌商加速去库存销售的需求也更加强烈，这对唯品会而言是一个利好消息。唯品会打造的线上线下一体化的"特卖"全渠道格局，让它在风云变幻的零售市场上做自己"擅长的事"。

资料来源：亿欧网微信公众号，2020-10-12。

问题：

唯品会早期的线下扩张做错了什么？它重新回归"特卖"主业后是如何实现线上线下一体化经营的？

第五章

零售组织设计

任何组织都在努力解决如何进行组织设计这个问题,每个零售组织和每个零售组织的管理者都会涉及组织结构设计与组织结构调整的问题。当外部环境、技术、规模或竞争战略发生变化时,过去行之有效的组织结构也许就不太有效了,不能适应消费者的变化,不能适应新的零售技术的应用,不能适应日趋庞大的组织规模,甚至不能适应竞争战略所做的调整。此时,对组织结构重新设计变得十分必要。

零售企业的组织结构必须与其竞争战略相匹配。一旦一家零售企业确立了一项新战略,其管理者就应设计或重新设计组织结构,从而协调组织行为,以最优方式来获得竞争优势。零售企业的组织结构也会随着企业类型和规模的不同而变化。例如,一个只有一家商店的零售企业和一个在全国范围内拥有上百家连锁店的企业往往会采用完全不同的组织结构。

面对日益激烈的竞争,零售管理者面临的挑战是要懂得如何通过设计组织结构来实现对顾客需求的快速反应,进而实现企业的战略目标。

本章所要回答的问题是:
- 零售组织结构设计要求;
- 零售组织结构设计程序;
- 小型独立商店、百货商店、区域连锁商店的组织结构范式;
- 组织文化塑造。

第一节 组织结构设计的内容和要求

一、组织结构设计的内容

零售企业确定了其经营宗旨和战略目标之后,接着就需要为实现战略目标设计相匹配的组织结构。组织结构(organization structure)是指一个组织内各构成要素以及它们之间的关系,主要涉及企业部门构成、基本的岗位设置、权责关系、业务流程、管理流程及企业内部协调与控制机制等。可见,组织结构设计不仅仅是描绘一张正式的企业组织结构图表,或根据企业的人员配备和职能管理需要增设或减少几个职能部门,更是要帮助企业围绕其核心业务建立起强有力的组织管理体系。

组织结构设计的内容主要有:
(1)按照企业战略目标要求,建立合理的组织架构,包括各个管理层次和职能部门。

（2）按照业务性质进行分工，确定各个部门的职责范围。

（3）按照所承担的职责赋予各部门、各管理人员相应的权力。

（4）明确上下级之间、个人之间的领导和协作关系，建立畅通的信息沟通渠道。

（5）设计企业的业务流程、管理流程和相应的组织文化，以保证所建立的组织结构有效地运转。

（6）根据企业内外部环境因素的变化，适时地调整组织结构。

不同的组织结构有着不同的功能和效率。现代管理研究认为，决定一个企业是否出色、是否可持续发展的，是企业的组织结构是否能让平凡的员工通过不平凡的努力创造伟大的业绩；反之，则会让优秀的员工做出平凡的业绩。那么，是什么导致了这两种截然不同的效果呢？或者说，为什么会出现"1+1>2"或者"1+1<2"的现象呢？其根本的原因就在于组织结构不同，要素组合在一起的方式不同，从而造成了要素间配合或协同关系的差异。

【案例 5-1】

"都市丽人"的组织转型

在智慧零售这一赛道上，都市丽人公司算是先行者。早在2018年8月，都市丽人就与腾讯签署战略协议，双方联手发力智慧零售。2020年都市丽人组织架构重新调整，并与有赞连锁合作全面推进智慧零售。

在组织转型上，都市丽人总部成立了智慧零售事业部，小程序、直播、社群、会员业务由智慧零售事业部全面统筹，再通过打造标杆门店来提炼方法论，最终实现赋能各级运营机构与终端导购的目的。

在推进步骤上，都市丽人通过采用多级组织架构灵活管理的模式，在高度可控的直营门店立标杆、跑模式、走通之后，再将打法推广至加盟商。如此可减少改革风险，以最小化成本，探索可复制路径，最终实现大面积推广。

在内容赋能上，都市丽人通过采用销售员系统对导购进行管理，总部统一组织策划、统一输出内容素材，助力导购持续激活沉寂社群，提升业绩转化率，同时融入业绩竞赛等，加快推广速度。而在运营模式上，让社群、企业微信、直播等模式百花齐放。

在供应链层面，都市丽人依托全国建立的七个现代化中心仓，实现了当天下单、当天出货，即便是三级市县门店，也能实现72小时以内出货，为智慧零售的落地提供了可靠的物流配送保障。

资料来源：中国连锁经营协会官网，2021-07-12。

二、组织结构设计的要求

在现实生活中，组织结构是千姿百态的，普遍使用的唯一的、最好的组织结构是不存在的。管理者必须根据所面临的特定情况，选用一种最适合于本企业的结构设计方案。一个零售组织往往同时面临提高内部效率和增强外部适应性的要求，这就要求零售组织结构设计必须满足三方面的需要：目标市场的需要、企业管理的需要、员工的需要。

(一) 目标市场的需要

企业是营利性的经济组织。零售商作为一种企业组织,其从事经营活动时要想顺利生存发展,就要能够通过一系列零售活动获取利润。一方面,零售商通过向消费者提供品种繁多的商品和适当的服务来谋利,这些商品和服务能否满足消费者的需要,将决定该零售商是否有利可图,或者是否有存在的价值。另一方面,所经营商品的结构和所提供服务的内容又影响组织结构的设计,例如,提供昼夜服务就要求设计几组店面营业人员轮班。因此,建立组织结构时,必须认真研究目标市场的需要。

下面列举一些目标市场的需要对零售组织设计产生的要求:
(1) 能否提供目标顾客所需的各种服务(如热线电话、送货服务、昼夜服务等);
(2) 能否提供品种齐全、适销对路、价格实惠的商品;
(3) 能否保证随时货源充足,不会缺货;
(4) 能否满足各连锁门店当地顾客的特殊需要;
(5) 能否适应顾客需要的变化;
(6) 能否及时反馈顾客的需求信息;
(7) 能否及时处理顾客投诉意见。

(二) 企业管理的需要

从管理的角度理解,组织结构的设计是为了保证管理职能的正常发挥。因此,组织结构的设计应该考虑管理的需要。

下面列举一些企业管理的需要对零售组织设计产生的要求:
(1) 部门之间权责是否清晰;
(2) 信息能否及时传递和反馈;
(3) 决策能否迅速做出和得到执行;
(4) 各部门能否协调一致、配合适当;
(5) 管理层次是否明晰,各层次能否协调发展;
(6) 管理幅度是否合适(每个管理者能否有效管理其直接下属);
(7) 是否具有灵活性,以适应业务拓展(如区域扩张)的需要。

(三) 员工的需要

对人的管理构成零售组织管理的一个重要组成部分。根据零售组织承担的职能和任务对人力资源做出具体安排,也是组织结构设计的重要方面。因此,满足员工的要求,以实现有效激励,是组织结构设计应该考虑的问题。

下面列举一些员工的需要对零售组织设计的要求:
(1) 人际关系是否和谐;
(2) 岗位责任是否明确;
(3) 联系渠道是否畅通;
(4) 良好的表现是否得到奖励;

（5）职位是否有充分的发展前途；
（6）是否具有有序的晋升计划；
（7）公司是否实行内部提升制度；
（8）职务内容是否有挑战性。

总之，零售组织结构设计必须有效地满足目标市场、企业管理和员工的要求。一方面，目标市场的需要提出了零售组织应该完成的职能和任务，企业管理和员工则对保证有效完成这些职能和任务的组织结构提出了具体要求和限制条件。一个零售组织即使能成功地满足内部管理和员工的要求，如果不能满足目标市场需要，也不能继续生存和发展。另一方面，如果一个零售组织不切实际地为目标市场提供过多的附加服务，导致员工劳动强度的加大和经营管理成本的提高，也会对盈利能力造成损害。因此，关键是协调三者的要求。一种既能有利于保证企业在人力资源方面的投资收益和降低经营管理成本，又能调动员工积极性，提高劳动生产率，并满足目标市场需要和适应其变化的组织结构，正是值得追求的目标。

第二节　组织结构设计程序

同其他组织一样，零售商的组织结构建立过程可以分为以下四个步骤。

一、弄清楚企业要履行的商业职能

职能的分析是建立组织结构合乎逻辑的起点。通常零售商需要履行以下商业职能：

（1）采购职能，即购进商品时采取的一系列相关活动。
（2）销售职能，即销售商品时采取的一系列相关活动。
（3）仓储职能，即商品购进之后，在进入商场销售之前，零售商需要使用自己的仓库，储存商品。
（4）运输职能，即连锁零售组织总部为将商品从仓库配送到各店铺，需要使用自己的运输车进行运输。此外，商品从商场到达消费者手中，有时也需要进行必要的运输工作。
（5）加工职能，即承担适当的商品流通加工职能，如生鲜商品的分等、挑选、改变包装、加工和再加工等。
（6）信息职能，即建立信息管理系统，履行信息收集和处理职能。

需要说明的是，上述各职能并不一定全部由零售商承担，其中一些职能或某些职能中的一部分工作，可以由制造商、批发商、专业公司或顾客来执行。例如，可以将一部分配送到店铺的商品运输工作交给制造商或物流企业完成，可以将市场调研、销售预测等信息收集处理工作交给专业市场调查公司承担，可以将运输职能和仓储职能包给第三方物流公司等。

对零售商而言，只有目标市场迫切需要且没有更合适承担者的商业职能才由自己去执行。这种职能往往也是零售商的核心职能。将一部分非核心能力性工作任务外包，可以使零售商降低这部分工作的营运成本。当然，这种外包一定要考虑失去对某些活动过程控制力的可能性。

二、将各职能活动分解为具体的工作任务

在确定零售商必须执行的基本职能之后，需要将其进一步分解为具体的工作任务。职能是

按业务范围的大类划分的,一种职能可能包括多种具体的工作任务,如仓储职能包括商品验收、堆码、维护等任务。下面列举一些零售商经常性的工作任务。

(1) 店址选择;
(2) 商品采购洽谈;
(3) 商品经营结构调整;
(4) 商品销售价格制定;
(5) 广告及促销活动安排;
(6) 商品陈列;
(7) 店面清洁;
(8) 商品验收;
(9) 商品维护;
(10) 存货数量控制;
(11) 商品统计;
(12) 财务会计;
(13) 店面设备的维修和保养;
(14) 店面安全保障;
(15) 消费者投诉处理;
(16) 消费趋势研究;
(17) 商场收银;
(18) 人员招聘;
(19) 员工培训;
(20) 顾客服务。

三、设立职务,明确职责

零售商弄清楚需要履行的商业职能并将其分解为具体的工作任务之后,就须将各项任务划分为若干职务,并明确相应的职责,使每一个职务包括一组类似的工作任务,担当一定的责任,也就是具有确定的职责。这些职责在整个组织中应该相对持久和稳定。

表 5-1 是将工作任务划分为职务的简单例子。

表 5-1 工作任务划分为职务的示例

任务			职务
陈列商品	商品标价	清洁货架	理货
商品验收	商品堆码	商品维护	仓管
商品退换处理	顾客投诉处理	顾客咨询	顾客服务
招聘员工	业务考核	员工培训	人事管理

零售商在把工作任务归集为职务时,应考虑专业化分工。在专业化分工条件下,每名员工只对有限的职能负责。专业化分工的优势包括:任务范围明确,专业化管理深入,降低培训费用和

时间等。但过度专业化也可能产生一定问题:士气低落(工作枯燥无味),员工意识不到其他职位的重要性,需要雇用更多的员工等。

职务的划分有四种方法:

(1) 按职能分类,即按照采购、人事、财务、销售等职能范围划分职务。这种划分具有专业化的优点,但是,对横向协调要求高。

(2) 按商品分类,即根据经营商品的类别来划分职务。这种分类法的理由是经营不同种类的商品对工作人员的要求各不相同,职务按商品划分也有利于提高商品管理的水平。

(3) 按地区分类,即按照分店所在经营地区来划分职务。这种方法有利于协调连锁事业管理的集中统一性与各地区分店适应当地具体环境的灵活性之间的矛盾,在连锁企业由区域性向全国性、由全国性向国际性发展的过程中应用较多。

(4) 按职能、商品、地区三项因素综合分类。这是实践中常用的方法。建立连锁经营企业的组织机构,通常既按职能,又按商品、按地区划分职务,只是三者的重要程度和相对地位因连锁事业的规模、发展阶段、经营商品结构等因素不同而有所区别。

任务一旦归集完毕,职务说明书就形成了。职务说明书概括了每个职务的名称、目标、任务和责任。它是对员工进行聘用、监督和评价的工具。下面举例说明职务说明书的内容。

职务说明书范本:

职务名称:××分店经理

该职务上级:企业高级副总裁

该职务下级:××分店所有员工

职务目标:经营管理好××分店并取得良好效益

任务和责任:(1) 员工的招聘、筛选、培训、激励和评价;
　　　　　(2) 商品陈列;
　　　　　(3) 库存盘点和控制;
　　　　　(4) 批准商品订单;
　　　　　(5) 分店之间的商品调动;
　　　　　(6) 销售预测;
　　　　　(7) 预算;
　　　　　(8) 处理商店收据;
　　　　　(9) 银行业务往来;
　　　　　(10) 顾客投诉处理;
　　　　　(11) 商店财产保管;
　　　　　(12) 所有业务的检查;
　　　　　(13) 向上级主管提交报告。

需参加的会议:(1) 商店经理检查委员会的会议;
　　　　　　(2) 每月参加由高级副总裁主持的会议;
　　　　　　(3) 监督部门经理的每周例会。

四、建立组织结构

零售商在设计组织结构时应明确地规定和划分各项职务及其相应职责,还必须规定各项职务之间的关系。也就是说,不应该孤立地看待各项职务,而应该从系统观点出发,把它们看成整体中有机联系、相互作用的各个组成部分。这样,就能按照综合的、协调的方式,根据各项职务及其相互关系的要求建立起相应的组织结构,形成健全统一、有机协调的企业组织。组织结构设计最后要形成一个完整的组织结构图,上面清晰地标上零售企业的所有部门及其相互关系。此外,对企业的每一个业务流程都应设计出相应的流程图。

第三节 组织结构类型

一、小型独立商店的组织结构

在世界各地,到处可见一种小型的独立商店。这些商店一般由店主自己打理,外加一两个亲戚或小工。人们把这种商店称为"夫妻店"或"小杂货店"。这种小型商店的组织结构非常简单,由于人员有限,没有必要进行专业化分工,店主每天给人员分派任务,并亲自实施监督。

随着销售规模不断扩大,当店里员工数量增多,店主开始雇用管理人员时,管理分工就形成了。不过,此时仍然是简单的分工,即将某些经常性工作指派给某个员工专门负责。有时,店主也会雇用会计公司来完成财务管理工作。

图5-1是一个店主之外还有7~8位员工的小型独立商店组织结构图。该图将每一位员工负责的业务明确列出,使每一位员工皆明白自己的职责,并且知道权责线是经售货员、送货员、经理至店主,同时,使店主明确地知道员工的职责而使管理方便、奖惩分明。

图5-1所示的组织图将各个员工的职责加以明确划分,并不违背员工之间的合作原则。某一员工被指派办理一项事务时,如情况需要,其他员工必须随时听其调遣,即指派某人负责一项工作,并不表示由该人独立完成。

二、区域零售企业的组织结构

区域零售企业往往采取连锁经营的方式。有多少种零售业态,就有多少种连锁商店形式。但只要这些业态的商店是连锁经营的,就具有一些共同的特征,这些特征为其组织结构的设计提供了相互借鉴的内容。这些特征是:

(1) 根据管理的专业化程度划分职能部门。

(2) 权责高度集中,各分店经理负责销售。为适应当地市场,企业也考虑一定程度的分权。

(3) 运营标准化。

(4) 完善的控制体系使管理保持一致。

区域性零售企业的组织结构一般是一种按职能和地区组织的平等型结构。以正规连锁超市为例,图5-2给出了组织设计的一个基本图示。

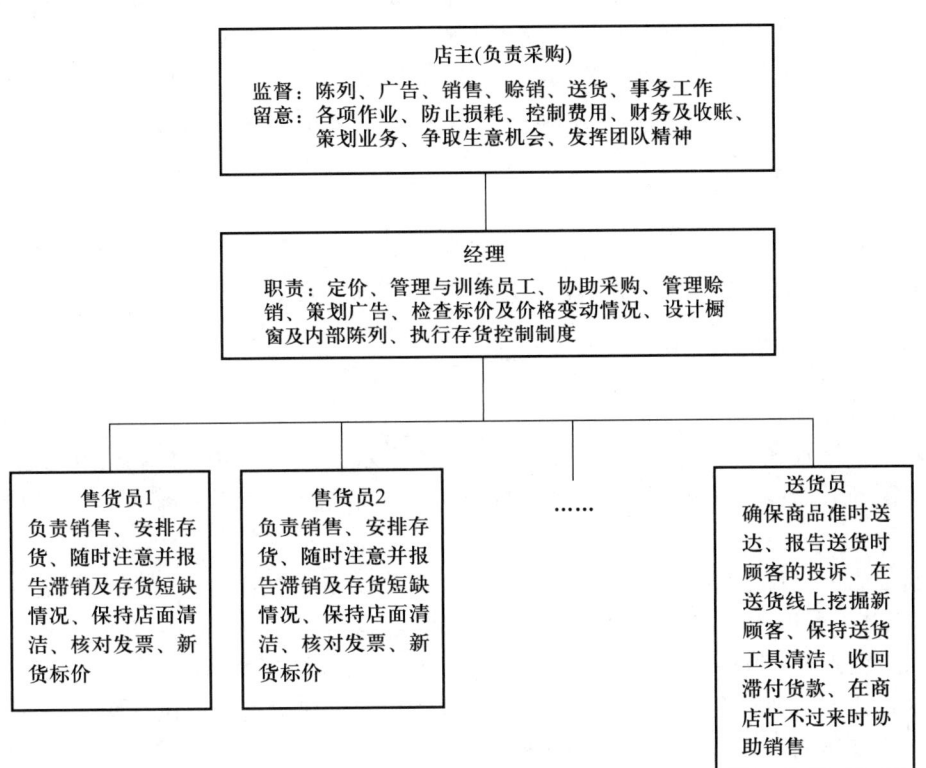

图 5-1　小型独立商店组织结构图

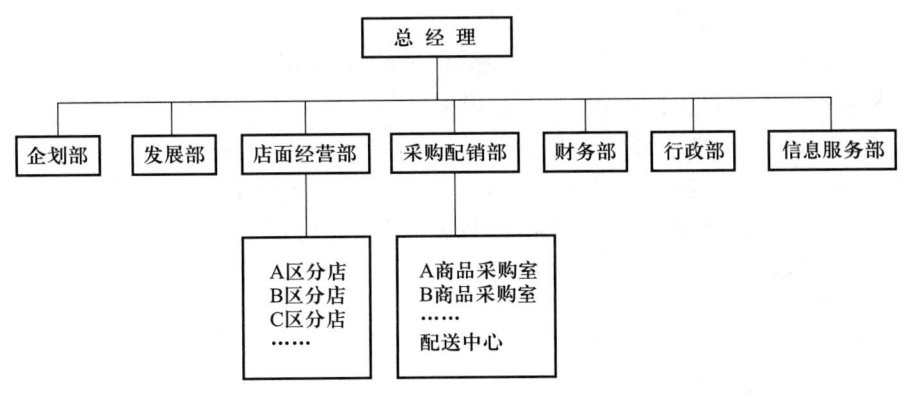

图 5-2　区域性连锁超市组织结构图

该组织结构图中,多数部门按照职能设置,科室也是基本按照职能划分,只有店面经营部按照营业区域设置分店,采购配销部按照商品类别设置采购室。分店根据连锁超市区域的扩大和店面数量的增多而增加设置;采购室根据经营商品类别的增加或商品类别的划细而增加设置。

需要指出的是,是否设置科室及科室数多少取决于企业经营规模。如果企业规模不是很大,就不必设置科室,以免不必要地增加管理层次,影响信息交流,增加管理成本,降低管理效率。这时只需要在部门职员间进行适当的分工即可,以后随着企业的发展壮大再适时设置科室。

(一)企划部的职责

企划部是企业的参谋部,主要职责是把握企业经营现状和宏观环境动态,就企业的组织发展与经营事业制定、调整战略目标与规划,供总经理及其他部门参考。

(二)发展部的职责

发展部职责包括:
(1)新开店选址调查,包括人口数、家庭结构、收入水平、消费偏好、行业竞争状况等。
(2)编制新开店投资预算,估算投资回收期和投资收益率,交财务部审核以申请店面开发资金。
(3)制定店面建设、装修、设计的统一标准,依此建设新店,进行内外装修,或者包给外单位承建,但需要对工程进度和质量进行严格监督和控制。
(4)店面营业设备的采购与安装。
(5)制定店面营业设备的使用和保养制度,监督和不定期检查店面执行情况。
(6)店面及店面营业设备的维修和保养。

(三)店面经营部的职责

店面经营部的职责包括:
(1)店面经营业绩考核制度的制定与执行。
(2)店长工作业绩的考核与人事变动的建议。
(3)店面岗位责任、作业规范、服务规范的制定与执行情况的监督与考核。
(4)将采购配销部制定的商品销售计划,根据区域分店的具体情况(市场环境、经营规模、经营状况与潜力等)分解并具体化后下达各分店,指导店长执行与实现。
(5)店面经营的指导,包括商品陈列、POP广告设置、店员培训等。
(6)推广先进店面的经营经验,督促和帮助落后店面改进经营状况。
(7)分店、分区域促销计划的制定和执行。

(四)采购配销部的职责

采购配销部的职责包括:
(1)商品采购制度的制定与执行。
(2)制定企业分品种商品销售计划并相应制定和执行商品采购计划。
(3)制定商品开发政策,开发新商品,淘汰滞销商品,调整经营商品结构。

（4）定价策略的制定以及各种商品价格的制定与执行情况监督。
（5）企业统一促销策略的制定，统一促销活动的策划、执行、推动及效果评价。
（6）商品配送制度、仓库管理制度的制定与执行。
（7）物流活动的开展与管理，包括到货商品的验收、保管与维护，适当的流通加工（如分装、分等、配组），库存控制，对各分店的商品配送服务等。

（五）财务部的职责

财务部职责包括：
（1）资金筹措、分配与使用等管理制度的制定。
（2）审核各部门开发项目的投资预算或经营活动的经费预算，负责筹措资金保证供给或提出预算修改建议。
（3）经营费用管理制度的制定与执行情况监督，营业成本控制工作的监督。
（4）总部与各分店财务核算制度的制定与执行。
（5）企业的财务收支，包括供应商货款结算、税金交纳等。
（6）提供会计报表与财务分析，提出财务方面存在的问题与建议。
（7）开展内部审计工作，对各分店及配送中心实行定期的盘点作业监督和不定期的盘点抽查，以预防和消除分店的经营舞弊现象。

（六）行政部的职责

行政部职责包括：
（1）企业劳动工资、福利待遇、岗位考核、人事变动等人事制度的制定与执行。
（2）劳动人事合同和档案管理。
（3）人力资源开发，包括员工招聘和员工培训计划的制定与执行。
（4）企业人际关系与员工士气调查、分析、发扬或改进。
（5）企业后勤服务。
（6）保持和促进公共关系，包括与消费者协会及工商、税务、消防等机构关系的协调与增进。
（7）接受消费者投诉，做出回复，监督有关部门处理，或上报总经理责成有关部门处理。
（8）企业安全制度的制定与执行。
（9）企业办公用品采购与管理制度的制定与执行。

（七）信息服务部的职责

信息服务部的职责包括：
（1）企业管理信息系统的开发和维护，既包括硬件设备的购置安装，也包括软件的设计；既包括总部的主机系统，也包括各分店以及配送中心的终端。
（2）系统使用人员培训。
（3）商品经营进、销、存各环节的数据统计整理和分析，满足有关经营部门对经营商品信息的需要，为提高商品管理水平服务。
（4）定期或不定期地自主或应有关经营部门要求展开专题市场调研活动。

（5）保持与外部环境的密切联系，随时随地收集消费需求变动趋势、行业竞争状况、经济景气等有关信息，进行加工处理，写出分析报告，提供给有关部门参考。

三、大型零售企业的组织结构

大型零售企业的特点是门店数量较多、地域分布较广，有些企业甚至跨国经营，或者因业务类型增加而趋向多元化经营。此时，组织形式一般采用多层次或事业部型组织。下面分别针对跨区域大型零售企业和多元化大型零售企业来分别介绍其组织结构特点。

（一）跨区域大型零售企业组织结构

对于跨区域零售企业，由于连锁门店或业务分布范围广、数量较多，因此，宜采用三级组织模式，即"总部—区域管理部—门店"（见图5-3）。在三级管理中，企业总部的部分职能转移到区域管理部的相应部门，主要承担企业政策和发展规划的制定、监督执行，协调各区域管理部的职能活动。区域管理部据企业发展、区域扩展需要而设立，拥有自己的经营管理组织，在总部指导下负责本地区经营发展规划，处理本地区门店日常经营管理。区域管理部实际上是总部派出的管理机构，不具备法人资格，仅有管理与执行能力，在许多重大问题上的决策仍由总部做出。

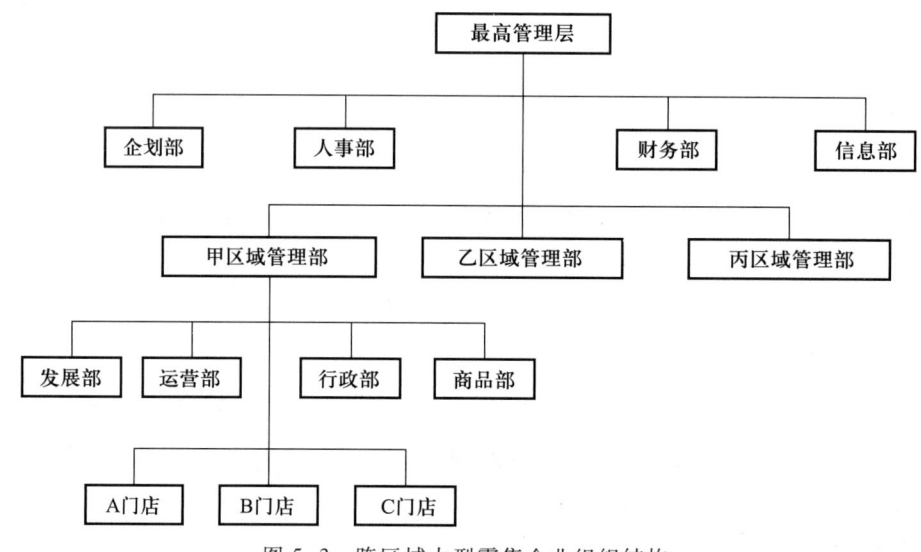

图5-3 跨区域大型零售企业组织结构

在我国全国性连锁商店组织设计中，地区管理部往往分为七大区域管理部：华北区、华东区、东北区、西北区、西南区、华中区、华南区。七大区域所管辖的省市因企业不同而不完全一致。

如果零售企业的业务发展跨出了国界，那么其组织结构也要有相应的变化，一般是在总部设立国际事业部负责海外事业发展，在相应海外发展地区设立合资或独资公司，实现法人当地化来具体执行业务。而当事业进一步扩大，跨国经营逐渐成为企业主要利润来源时，以国际事业部来管理海外业务不利于资源与优势整合。因此，组织结构又会出现新的变化，国内业务和国际业务不再被严格区分开来，而是并行设立亚洲事业部、欧洲事业部、北美洲事业部、非洲事业部等来一视同仁地管理各区域的事业，而此时的零售企业就真正成长为国际性零售组织了。

(二) 多元化大型零售企业组织结构

世界许多大型零售企业都是多元化发展的企业,即企业拥有多项业务单元并独立发展。例如,美国沃尔沃斯公司就是从百货连锁发展出了肯尼鞋店连锁、男式服装连锁、折扣服装连锁、儿童服装连锁等 13 个连锁体系。在多元化经营的零售企业中,有些业务是高度相关的,如沃尔沃斯公司的连锁鞋店和服装店,有些业务相关性不大。通常多元化经营的零售企业采取事业部的组织形式。事业部是总部为促成某专项事业的发展而设置的,拥有一定的经营管理权,并独立核算,具有法人地位。图 5-4 是一个按事业部设置的零售企业组织。

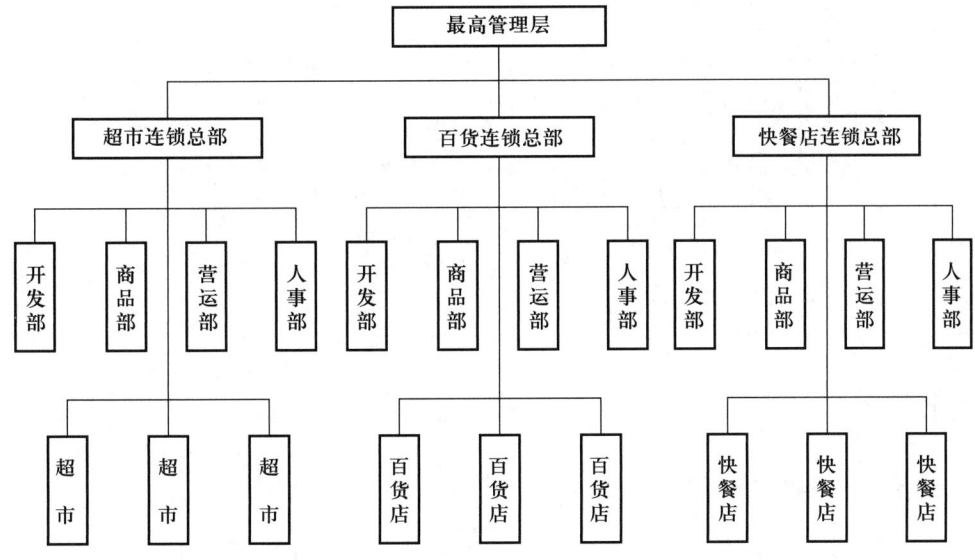

图 5-4 多元化大型零售企业组织结构

多元化经营的零售企业在各项事业发展到一定规模时,每个事业部下面再设区域管理部来管理门店的营运工作,由此形成四层或五层的管理体制。尽管事业部拥有较大权力,企业总部仍要考虑企业的长远发展方向和投资重点,也需要考虑在不同业务体系之间进行有效控制以达到营运程序和目标上的一致,并避免形象和广告的冲突。

【案例 5-2】

华润万家的组织结构设计

华润万家是中央直属的国有控股企业、世界 500 强企业——华润集团旗下优秀零售连锁企业,创立于 1984 年。华润集团旗下拥有华润万家、万家 CITY、万家 MART、万家 LIFE、苏果等多个产品。2020 年华润万家全国自营门店实现销售近 900 亿元,自营门店总数超过 3 240 家。截至 2020 年年底,华润万家已进入全国 28 个省、自治区、直辖市和特别行政区,113 个地级以上城市,员工人数逾 17 万。在中国连锁经营协会发布的《2020 年中国连锁百强榜》上,华润万家名列第六。图 5-5 是华润万家的组织结构图。

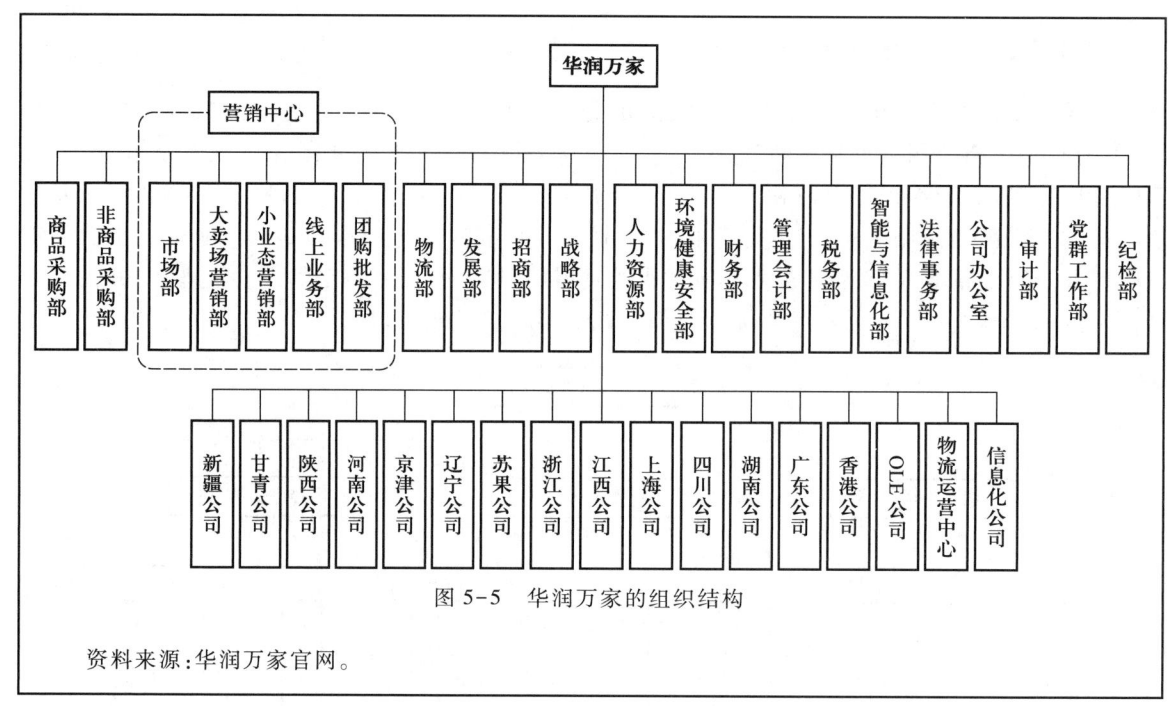

图 5-5 华润万家的组织结构

资料来源：华润万家官网。

四、组织结构设计的注意事项

（一）经营部与采购部的协调

零售商经营活动的本质是商品买卖，买是为了卖，卖了才能继续买，所以，购销关系的协调最为重要。对于连锁经营的零售商来说，由于分店只负责销售，这种重要性就更加突出。购销职能的协调一致，在前述组织结构中，是总部通过店面经营部与采购配销部的协调来实现的。

这两个部门的协调通常采取三种方式：

（1）部门职员间（尤其是部门负责人间）正式和非正式的日常交流。

（2）部门负责人会议。在会议上，总经理召集各部门负责人就企业经营中出现的问题，以及未来经营工作的计划等进行讨论，各部门之间的问题可在此得到协商解决。

（3）总经理进行的协调。

职能协调的另一种可参考的方法是改变前述的部门设置，即首先将店面经营部和采购配销部合并成为商品部，然后按商品类别设置科室，最后把科室职员按职能分为采购员（主管采购）、中间管理员（既管采购又管销售）、店面指导员（主管销售）。这样，就可由科室负责人协调分管类别商品的购销环节，由部门负责人协调各商品类别之间的均衡，即保持商品结构的合理化。

（二）配送中心的设置

从我国的实际情况来看，这个问题主要是讨论零售企业应该自建配送中心还是接受社会化物流企业的配送服务。一般地，前一种选择与后一种选择相比较，其优点在于：

（1）可以全权控制配送中心，保证配送服务水平，满足各分店需要。

(2)信息交流较畅通。

但是,其缺点也是显著的:

(1)初始投资很大。

(2)如果建设水平低,将来改造困难大;如果建设水平高,在企业规模较小、店面较少的情况下,配送中心的效益就难以体现。

从国外零售企业的实践来看,采用哪一种方式的企业都有成功的,也有失败的。因此,并没有确切的结论。我国零售商应该根据自身的经济实力、长期发展战略和组织发展规划,以及所在区域社会化物流企业的信誉和服务水平等具体因素,做出适当的选择。

(三)数字中台的建设

在数字经济时代,数字技术正在不断重塑组织的业务模式与价值创造方式。在中国零售业目前的组织变革中,有一个颇有争议的做法是构建数字中台战略。一些大型零售企业由于内部业务众多,数据割据现象严重,多条业务线重复建设信息基础工程,既耗费了资源,也导致内耗严重、公司数字资产不统一、增加机会成本等。于是,一些零售巨头提出"大(数字)中台,小(业务)前台"的组织战略,把公司所有数字资源先接入中台,然后再赋能前台。如今,许多稍具规模的零售企业都在尝试建设数字中台,但实施效果不一。有些零售企业依靠中台战略迅速扩张业务,而有些零售企业则显得力不从心,反而束缚了组织的灵活性和创新性。究竟一个企业应不应该设立数字中台?零售商需要认真权衡利弊。其实,没有一个组织模式适用于所有企业,每个企业在不同发展阶段需要解决的主要问题是不一样的,因此对中台的要求也是不一样的。在激烈的市场竞争中,不少企业领导人对中台的性质和风险认识不足,盲目追随,结果适得其反,降低了原有组织的竞争力。

【案例5-3】

完美日记的中台架构

2020年11月19日,国货美妆完美日记母公司逸仙电商在美国纽约证券交易所挂牌上市,成为国内首个在美股上市的美妆集团。这家公司从创立到敲钟上市仅仅用了4年的时间。以社交平台营销为基础,建设数字中台,然后布局可控的供应链体系,被视为其在当下美妆领域脱颖而出的主要原因。

据了解,完美日记的数字中台,打通了线上线下的数据,使千万级别的消费者体验数据与流量数据共同构成消费者数据库。巨量的粉丝数量及流量数据在强数字中台的转化下,充分为产品研发赋能。逸仙电商的产品研发周期从概念诞生到产品发布往往少于6个月,而不少国际品牌需要7个月至18个月的时间才完成这一过程。

在完美日记,有一个电商小程序运营团队,主要负责"小完子玩美研究所"等18个微信公众号或社群的运营。而在这个运营生态背后,有两个十分关键的支撑:数字中台和营销中台。在数字中台,可以清楚识别每个用户浏览了哪些产品、可能对什么产品感兴趣、将哪些产品加入购物车,最终收集到用户消费偏好和购买意愿。在营销中台,可以完成数字化营销内容的生产、自动化分发和组织个性化营销活动。

完美日记的数字中台,在 2020 年一季度线下门店生意停滞的时候发挥了十分重要的作用。当门店受新冠疫情影响大规模暂停营业之后,它有能力把线下业务转成纯线上业务,不同门店的彩妆师也会通过社群向各自门店的顾客推送直播信息。而通过直播等形式,这些门店彩妆师反而加强了与用户的联系。在新冠疫情期间,完美日记灵活调配线下门店员工支援线上客服,40 多家门店的彩妆师变身为网络主播开展直播。2020 年完美日记单品包揽多项彩妆业单品冠亚军,也是国内唯一在 2020 年毛利为正的彩妆品牌。

资料来源:云徙科技微信公众号,2020-11-27。

(四)组织的柔性与韧性

大型零售企业组织机构容易出现两个问题:一是"大企业病",即组织僵化,官僚作风严重,对外反应较慢,丧失对市场的敏锐嗅觉;二是为了适应环境、反应灵活而下放权力,结果造成企业形象不统一、管理不统一、标准不统一,失去了零售企业的本质特征。组织结构是零售企业正常运行的基础,应保持相对的稳定性,避免情况稍有变化就使系统出现混乱进而影响正常的工作秩序。同时,组织结构又是企业实现经营目标的工具。随着客观条件的变化,企业的目标和战略必定会进行必要调整,这就要求组织必须随之相应变动,保持对外部环境和组织目标的适应性。企业领导的责任就是使稳定性和适应性有机地结合起来。一个一成不变的组织是一个僵化的组织;一个经常变化的组织,则是一个创造不出成绩的组织。

专论:

员工合伙制在零售业中的兴起

随着外部环境的变化和企业经营压力的不断增大,尤其是互联网时代消费者对消费主权的维护和员工对个性的释放,过去那种传统的自上而下的层级制、集权式的管理方式正面临着越来越大的挑战。如何更好地发挥员工的积极性和主动性?企业试图通过员工合伙制解决传统企业经营管理中的一些顽疾。

合伙制过去总是被用在管理层的激励机制设计上,很少延伸到普通员工身上。但如今,员工合伙制应运而生,开始出现在企业的管理模式中。一直以来,雇佣制是企业的主流模式,但合伙制是对传统雇佣制的巨大改变。从资本雇佣劳动变为资本与劳动的合作,从单纯的员工变为合伙人,资本与员工更多地融合。

按照德国理论物理学家 H.Haken 的观点,组织从进化形式来看可以分为两类:他组织和自组织。如果一个系统靠外部指令而形成组织,就是他组织;如果不存在外部指令,系统按照相互默契的某种规则,各尽其责而又协调地、自动地形成有序结构,就是自组织。合伙制组织正是这样的自组织,它可以减少来自外部的控制和监督成本,从组织内部激发出一种全新的动力,并推动组织结构和运行模式不断完善,提升其对环境的适应能力。

企业最大的一个管理风险来自企业内部不同角色的员工之间的对抗(包括管理者与被管理者之间、所有者与经营者之间、上下级之间、同级之间)。人心对抗会产生防不胜防的破坏,

> 极大地增加考核、监督成本。而心与心的靠近与换位思考则能够化解一切视角、逻辑的不同。因此,员工合伙制本质上是为了调动员工的内在动力和生命激情参与到经营管理工作当中,用角色的改变达成组织内部上下级之间基于目标的一致性,完成人心的统一,降低管理成本,提升组织效率。
>
> 目前,包括永辉在内的许多零售企业纷纷尝试员工合伙制,已经取得了初步成效,尚需不断完善,但组织发展的大方向是对的。巴纳德说过,"有效的组织有三个要素:共同的目标,贡献的意愿,有效的沟通"。合伙制首先能解决"共同的目标"和"贡献的意愿",这两个问题解决了,同时也促进了有效沟通。
>
> 在工业化的社会里,传统的管理方式更强调自上而下的权力指挥和控制,权限和决策是自上而下决定的。而未来的组织,需要让更多"听得见炮声"的人参与决策,即由未必一定是最高级别的人参与决策。组织的发展需要启动自下而上的动力,需要调动每一个组织的细分单元和个体的生命力,避免传统组织和管理模式走向僵化和扼杀创新的风险。
>
> 在转型升级大背景下,战略、组织、人力资源是企业变革成功的三大战场。未来的商业竞争已不是企业间的竞争,而是生态间的竞争。要想基业长青,企业应考虑如何激发组织创新力、构建组织新生态以实现战略目标。

第四节 组织文化

目前,组织文化是学术界的一个热门问题。随着对这一问题研究的深入,人们越来越认识到文化的力量。它甚至超越了任何有形的手段成为企业最高层次的管理方式。企业文化研究产生了大量问题:我们能够识别文化吗？文化与企业战略怎样相互协同？如何来管理和改变文化？许多零售商正在探索如何通过文化来提高生产率,提高员工对组织的认同感。

一、组织文化的表现和内涵

组织文化(organizational culture)是指一系列指导组织成员行为的价值观念、传统习惯、理解能力和思维方式。像部落文化中拥有支配每个成员对待部落人及外来人的图腾和戒律一样,组织拥有支配其成员的文化。在每个组织中,都存在着随时间演变的价值观、信条、仪式及对周围世界的反应模式等。当遇到问题时,组织文化通过提供正确的途径来约束员工行为,并对问题进行概念化、定义、分析和解决。

组织文化代表了组织中不成文的、可感知的部分,通过经验丰富的成员一批又一批地传授给年轻成员。这种传授代替了一些书面的政策和程序。每个组织成员都身处组织文化中,但通常不会感觉到它的存在。只有当组织试图推行一些违背组织基本文化准则和价值观的新战略或经营策略时,组织成员才会感受到文化的力量。

组织文化是一个非常抽象的概念,至今还没有人能够完全准确地给出一个定义。为了识别和解释文化的内容,需要人们基于可观察到的表象来推断,如组织的礼仪和仪式、被传播的故事、各种物化的表征(如某种图案)、口号和名言等。

语言是文化的表象之一。许多企业使用一句别致的谚语、口号、歌曲或其他形式的语言向其员工传递特定的含义。在沃尔玛,无论什么时候,总部经理参观任何一家店铺时,都会带领员工高呼Wal-Mart的口号:"给我一个w!给我一个a!给我一个l!给我一个波线(横线经常以波线的形式出现)!给我一个m!给我一个a!给我一个r!给我一个t!这能拼写出什么?Wal-Mart!这能拼写出什么?Wal-Mart!谁是第一?是顾客!"这种口号加强了员工间的联系,加强了他们对共同目标的认同。

上述可观测到的表象只是文化的一个方面,它是企业用以塑造基本价值观的一个重要手段,它实际上反映了组织内更为深层次的东西。许多企业以为模仿了这些表象,就是建立了与成功企业一样的组织文化,这是一个误解。文化的内涵来自组织成员思想中对各种事物一致的看法,这种看法可能在组织内部的任何位置产生。但是组织文化通常是由组织创始人和早期领导者倡导的,他们清楚地把特定的理念和价值观表达出来并贯彻为愿景、哲学或商业战略。当这些理念和价值观让组织成功后,它们就会制度化,那些反映组织创始人或领导者的愿景和战略的组织文化随之出现。

例如,每个沃尔玛商店都贴有一个"10步规则"(或称"三米原则"),这是创始人山姆·沃尔顿在他无数次走访商店的时候对员工们的鼓励:"无论什么时候,在你离顾客10步远时,你要看着他的眼睛,问候他,并问他你能帮他做些什么。"他自小就是这么做的。他从小就有远大的志向,上大学时他就想成为学生会主席。用他的话来说:"我很早就明白做校园的领袖是最简单的:在路上走时,在别人还没有说话前先说话。如果认识他们,就称呼他们的名字;即使不认识他们,也仍然和他们说话。别人都以为我是他们的朋友。"山姆不仅被选为学生干部,而且把他的理念带到了零售界。现在,全世界的沃尔玛员工每天都在实践这个"10步规则"。

所以,组织文化存在于两个层次之中,正如图5-6所示。在表层上是可见物象和可观测行为——组织成员之间共享的有关人们穿着和行动的方式、表征、故事和仪式。但是,文化中的可

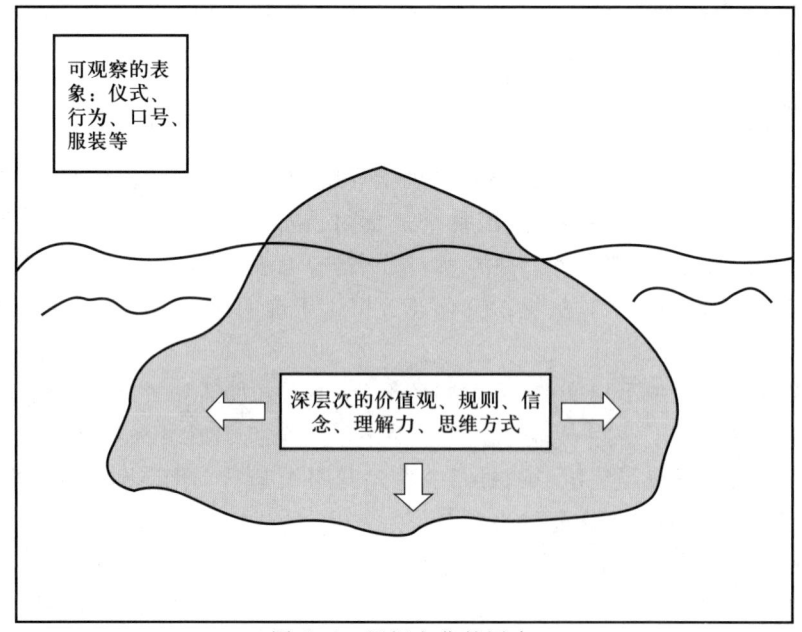

图5-6 组织文化的层次

见因素反映了存在于组织成员思想中的深层次价值观。这些深层次的价值观、信念和思维过程才是真正的文化。

许多零售商创立了自己强有力的组织文化,并用它来指导员工,使其思考他们应当在工作中做些什么,以及应该怎样做才能与公司的战略相一致。每一个人都具有某些心理学家所说的"个性"。一个人的个性是由一套相对持久和稳定的特征组成的。当人们说一个人热情、富有创新精神、轻松活泼或保守时,他们正在描述他的性格特征。一个组织也同样有自己的个性,这种个性是由文化所带来的差异。例如,诺顿公司和沃尔玛公司的文化就具有不同的个性。

诺顿公司强大的组织文化是强调为顾客服务。诺顿在给新员工的规章手册中阐述了自己的组织文化。在手册中有这样一条:缺少书面规则并不意味着诺顿公司的员工没有行为指导和约束。公司的组织文化指导员工的行为,新员工要向老员工学习,应该穿诺顿公司出售的服装;他们应该将车停在停车场的边上,以便顾客能将车停在更方便的地方;他们应该迎上正走进商店的顾客;他们应该接受顾客退掉的任何商品,即便这些商品不是在诺顿公司买的;他们应该帮助顾客将包裹搬上车等。

沃尔玛的组织文化则集中于降低经营成本,以使公司能够为顾客提供廉价的服务。沃尔玛公司使用一些标记和标志性行为,以强化公司重视控制成本和与顾客保持密切联系的形象。设置标记是一种有效的与员工沟通的方式,因为员工很容易记住标记所代表的概念。在沃尔玛总部内,复印机上都装有杯子,目的是让员工在个人复印时交费。每一张纸都是双面写上字后才被扔掉,员工会因为扔掉有一面空白的纸被人们视为浪费而觉得可耻。员工胸前都戴上一块标有笑脸的牌子,以提醒人们时刻保持微笑。

二、强文化和弱文化

组织文化在组织中发挥两个关键的作用:
(1) 整合组织成员的思想,以使他们知道该如何相处;
(2) 帮助组织适应外部环境。

内部整合意味着组织成员发展出一种集体认同感并知道该如何相互合作以有效地工作。外部适应是指文化能帮助组织迅速地对顾客需求或竞争对手的行动做出反应。

组织文化作用的发挥有赖于该文化的强弱,因而组织文化有强文化和弱文化之分。文化的力量指组织成员间关于特定价值观重要性的意见一致程度。如果对某些价值观的重要性存在普遍的一致性意见,那么该文化就是具有内聚力的且是强势的。如果很少存在一致意见,那么这种文化就是弱势的。当组织文化处于强势时,它会对组织施加强有力的影响,但并不一定总是正面的影响。

在强文化中,几乎所有的成员都能够清楚地理解组织的宗旨,这使得管理当局很容易把组织与众不同的能力传递给新成员。像诺顿百货公司就具有强文化,这种文化包含着服务意识和使顾客满意的价值观,因此,比起那些只有弱文化的竞争对手来,能够在更短的时间里将企业文化的价值观灌输给新成员。

在强文化中,即使没有一些约定俗成的规章制度,在意外情况发生时,员工也能非常清楚地知道什么行为是组织鼓励的,自我判断并采取正确的行为。例如,一个顾客在沃尔玛一家商店购买一套橡胶圈,商品包装上打着的价格是 33 美分,但当收银员扫商品时却显示 37 美分。顾客当即表示质疑,收银员在核对价格后对顾客说:"很对不起,正确的价格应该是 37 美分。这是我们工作的失误,为了表示歉意,我们将这个商品免费送给您。"这个员工并没有接受任何指示在这种情况下该如何处理的培训,但他凭着对公司价值观的理解,很容易地判断出让顾客满意是公司赞赏的行为。

当然,强文化的消极面较之弱文化更难于改变,强文化可能成为组织转型的重大障碍。除非文化能促使公司对外部环境健康地适应,否则不能适应公司外部环境的强势文化较之弱势文化更容易对组织的成功造成伤害。事实上,王安公司强文化无疑妨碍了公司最高管理层对顾客需求的及时察觉,致使其在 20 世纪 80 年代未能采取新的公司战略适应计算机产业的变化。

组织文化需要很长的时间才能形成,但一旦形成,它又趋于稳定不变。一个强势的组织文化,由于得到员工的普遍认同,要改变它是很困难的。因此,当一个既定的组织文化,随着时间的推移而变得对组织不合适或成为其发展障碍时,要改变它则需要一定的时间。

三、重塑组织文化

零售商应当重视和强化现有企业文化中那些支持企业竞争战略的方面,而消除或弱化与竞争战略相矛盾的方面。大量研究表明,企业采取的新的竞争战略往往是被市场驱动的,并受到竞争力量发展趋势的支配。因此,改变企业的文化使其适应新的战略通常比改变竞争战略使其适应现有文化要更为有效。改变企业文化的方法有多种,包括招聘新雇员,人员的培训、调动和提升,企业组织结构的变革,榜样示范及正面加强。下面介绍重塑组织文化的三个关键内容。

(一) 订立基本价值准则

要想建立一个适应企业竞争战略的组织文化,首先必须告诉员工怎么做是对的,怎样的行为是不允许的。企业基本价值准则陈述了那些为管理者所期望的和那些不会被管理者容忍或支持的行为和价值观。美国商业伦理研究中心的一项研究表明,财富 500 强公司中的 90% 都已订立了企业价值准则。准则表明了企业对员工行为的期望,阐明了企业的理念,即企业希望其员工能认识到企业鼓励的价值观与行为伦理。这是建立健康的强势文化的基础工作。

美国零售学教授肯尼·斯通(Kenneth E. Stone)认为:"经营好一个企业,必须坚持某些基本原则。无论企业的规模是大是小,成功者总是那些把最基本原则落到实处的企业,而失败者,大多是因为忘记了这些本不多的基本原则。"人们常问:"沃尔玛成功的秘诀是什么?"为了回答这个问题,山姆·沃尔顿在他 1992 年出版的《美国制造》一书中列出了 10 个因素,被称为"山姆的商业规则"。

【案例 5-4】

沃尔玛的十大商业规则

规则 1:献身于你的事业,信奉它胜过任何人。如果你热爱你的工作,你会每天去尽你的最大可能把事情做得尽善尽美,不久你周围的每一个人都会感受你的激情,就像发烧那样。

规则2:和所有的员工共享收益,视员工为你的合伙人。员工也会视你为合伙人,齐心协力。员工的表现会超出你最大胆的预期。如果你喜欢的话,可以控制一个企业。但是,你要做得像在合伙人关系中的一个提供服务的领导。鼓励你的员工拥有公司的一部分。让员工持股,以使员工无后顾之忧。这是公司领导能做的最有价值的一件事情。

规则3:激励你的合伙人。仅有钱和有权是不够的。不断地、日复一日地想出新的、更有意思的方法来激励和挑战你的合伙人。制定高的目标,鼓励竞争,把成绩记录下来。付出超乎寻常的奖赏。如果事情停滞不前,让经理人互换岗位,让员工不断接受挑战。要使每个人都不断猜测你下一个花样是什么。不要让人太猜得着。

规则4:把你所能交流的每一件事都告诉你的合伙人。知道得越多,员工就越理解你;员工理解得越多,就关心得越多;员工一旦开始关心了,就没有什么能阻挡员工。如果你不能信任你的合伙人,员工会知道你并不真正把员工视为合伙人。信息就是力量,你从授权给你的合伙人中得到的益处要大于你的竞争对手得到信息的风险。

规则5:感谢你的合伙人为生意做的每一件事。一张支票和一份股票期权会买到某些忠诚。但是,他们都喜欢有人告诉他们,员工是多么感谢他们为员工所做的一切。他们喜欢常常听到这些话,特别是当他们做了一些他们自己也很引以为荣的事情。没有什么东西能够代替那些恰当的、适时的、真诚的赞扬话语。他们是不花钱的,但是无价的。

规则6:庆祝你的成功。在你的失败中找出一些幽默。不要待自己太严厉,放松一点,你周围的人也会放松下来。要有乐趣,永远显示出热情。如果其他的都失败了,穿上一件戏装,唱一首傻乎乎的歌。让每一个人都跟着你唱。不要在华尔街上跳呼啦圈舞,已经有人做过了。想出你自己的绝技。

规则7:认真倾听公司里每一个人的意见。要想出办法使员工开口。在第一线的人——那些真正和顾客交谈的人——员工是唯一知道在那里发生了什么事的人。你最好能发现员工知道些什么,这才是全面质量之所在。在组织中把责任下放,确保好的想法能反映上来。你必须倾听你的合伙人试图告诉你的事。

规则8:超过你的顾客的期望值。如果你做到了,顾客会再回来。给顾客的东西要比他要的多一点。让顾客知道你感谢他们。对你所有的错误做出赔偿,不要找借口。对你做的事要负责。Sam Walton在沃尔玛第一个招牌上曾写过"保证满意"。它们还在那里,它们使得沃尔玛与众不同。

规则9:比竞争对手更好地控制支出。这是你永远可以找到竞争优势的地方。早在成为美国最大的零售商之前,沃尔玛在"最低的支出对销售的比"方面就排名第一。如果你运营效率很高,可能你犯了许多不同的错误,但是,仍然能恢复过来。反过来,你可能很辉煌,但是,如果你太无效,你仍可能出局。

规则10:逆流而进,不循常规。不要管习俗。如果每个人都用同样的方法做一件事,你用恰恰相反的方法去做,成功的机会就大。但是,要有心理准备,许多人会叫你停手,告诉你走错方向了。

资料来源:翁蓓蕾. Wal-Mart 的文化. 国际商业技术[J],2002(1):37-39.

（二）建立组织架构和激励机制

设计并建立符合组织文化的组织架构，是重塑组织文化的另一个关键。即使企业的组织架构图只是表示方式的改变，也意味着是一种被鼓励的价值观。

诺顿公司的组织架构是以一种倒三角的形式表现的，如图5-7所示。由于诺顿公司以超凡的顾客服务水平而闻名，它的组织架构图表明管理者的职责应是支持那些实际提供服务的员工而不是去控制他们。

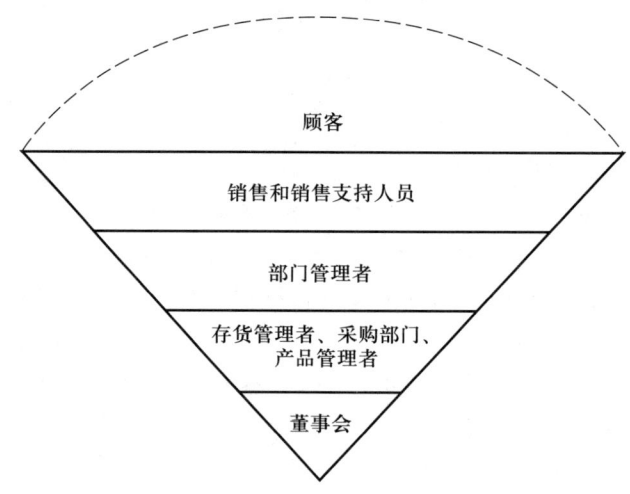

图5-7 诺顿公司的组织架构图

当然，也有一些企业建立了专门的组织文化办公室或精神伦理办公室，主要负责日常的伦理问题和两难选择，并征询意见，也负责根据价值观原则培训员工，以指导其行为。一些企业会设置专门的伦理巡视官，处在这个位置上的人有权直接与董事长和首席执行官沟通，他们主要负责倾听抱怨、调查伦理指控、指出员工所关心的问题或高级管理者可能的伦理败坏行为。

另外，建立健全有效的激励机制也是不可缺少的一环。连锁商店由于专业化和标准化管理，设置了许多制度。只依靠这些制度很容易压抑员工的创造性和主动性。在提高员工的士气，使其感觉自己真正是组织的一分子、组织的事业也是自己的事业方面，有效的激励机制将起到极大的作用。

在这方面，沃尔玛同样做得十分到位。在国内的沃尔玛商店，有这样一个制度：每个员工（即使是商店经理）在每个月都必须认领一种商品，并想方设法地促进该商品的销售。每个月末进行评比，看谁认领的商品销售量上升幅度最大。上升最大的那位员工被评为VPI冠军，然后，全店的员工为他庆祝。另外，在国内已开设的沃尔玛商店中，还实行"店中店"制度，每个店中店即一个团队，负责某一类商品的销售，这些团队的员工都可以从公司网络上查到不同商店的经营状况，并进行竞赛活动。如果该团队在国内商店同类商品的销售中得到第一名，这家"店中店"同样将上光荣榜，受到全体员工的尊敬。

连锁商店经营需要标准化的制度进行控制，同时也需要有创造力的和个性化的员工队伍。为将这两方面的作用充分发挥出来，只有通过强势的组织文化的整合。文化能让员工步调一致，又能增强组织的适应性，因此，文化是最高层次的一种管理手段，它能帮助企业降低成本，提高效益。

（三）基于正确价值观的领导

在文化的塑造中，领导者扮演着重要角色。领导者必须牢记他的每一个表述和行动都会对组织文化和价值观产生影响，可能他们自己并没有意识到这一点。员工通过观察领导者的一言一行来学习组织价值观、信念和目标。当领导者自己出现了违背企业伦理准则的行为或不能对别人的违背企业伦理准则的行为做出果断、严厉的反应时，这个态度将会渗透到整个组织内部。如果领导者不去维护行为的伦理标准，那么正式的伦理准则和培训计划就会毫无用处。

如果领导者一直是基于正确价值观来领导下属，尤其是在为组织价值观做出个人牺牲时，他就可以赢得员工的高度信任和尊重。利用这种信任和尊重，领导者可以激励员工追求优异的工作绩效并使他们在实现组织目标中获得成就感。这就是为什么在具有强势文化的组织里总会流传着有关创始人或最高领导者的故事和传说。这些故事和传说已成为该组织文化的一部分。对员工而言，他就是一个英雄，他象征着勤奋工作和正直，他的一举一动深深地影响着那些追随他的人。正因为有了领导者的榜样，组织文化才得以在员工中贯彻和发展。

本 章 小 结

组织结构是指一个组织内各构成要素以及它们之间的关系，主要涉及企业部门构成、基本的岗位设置、权责关系、业务流程、管理流程及企业内部协调与控制机制等。组织结构设计的目的是帮助企业围绕其核心业务建立起强有力的组织管理体系。零售组织结构设计必须满足三方面的需要：目标市场的需要、企业管理部门的需要、员工的需要。

规模和业态不同，零售组织结构设计也是不同的。小型独立商店组织结构比较简单，不需要设中间管理层，而大型零售企业的组织就复杂得多。对于跨区域大型零售企业，宜采用三级组织模式，即"总部—区域管理部—门店"。而多元化经营的大型零售企业则往往采取事业部组织形式。

组织结构设计合理并不意味着零售组织已充满活力，使零售组织具有活力的是组织文化。组织文化虽是一个抽象的概念，但人们仍然可以从组织的许多表象（如仪式、故事、员工行为、口号）来推测组织成员深层次的思想价值观。许多零售商创立了强有力的组织文化，这种组织文化已成为一种有效的管理手段，能帮助企业整合员工行为，并适应外部环境的变化。

学习思考

党的二十大报告指出："必须坚持守正创新。""守正才能不迷失方向、不犯颠覆性错误，创新才能把握时代、引领时代。"企业文化是一家零售企业保持长久竞争力的根本。零售企业守正就是要守住初心，守住好的企业文化。好的企业文化也可以带给消费者强烈的信任和满足感，这种信任和满足感反过来又能推动企业的发展。胖东来就是这样的一个典型代表。因为公司所倡导的真诚服务顾客的文化已经贯穿到每一个细节中，所以在其所开店的地区获得了当地居民的真心爱戴。信誉楼百货也同样如此。这些优秀的零售企业之所以能长期在市场竞争中赢得优势，就在于其拥有一个强有力的企业文化。可见，正确的价值观本身就是竞争力。

即测即评

 请扫描二维码,在线测试本章学习效果。

 **思考题**

1. 零售组织结构设计的内容是什么?其设计中需要满足什么方面的要求?
2. 零售组织结构设计需经过哪些步骤?
3. 划分零售组织部门有哪些方法?
4. 当一个零售组织从小型独立商店发展成为大型连锁企业时,其组织结构会发生什么变化?
5. 组织文化的表象和内涵是什么?
6. 组织文化在组织管理中起到什么作用?
7. 为什么说领导者的行为在组织文化的塑造中举足轻重?

【案例分析】

案例一:胖东来的组织文化与员工管理

胖东来公司是中国零售业的一个传奇,无数的企业管理者跑到胖东来学习,却发现只学到了一点皮毛,其最根本的企业文化无法模仿。创始人于东来称,建立在"自由和爱"土壤上的标准化体系是胖东来最核心的竞争力。

胖东来在员工管理上与众不同。于东来的理念是,顾客是他最重要的资产,既包含外部顾客即消费者,也包含内部顾客即员工,"老板只有服务好内部顾客,他们才能对外部顾客服务得尽善尽美"。胖东来是这样管理员工的。

首先,最令其他企业员工羡慕的是胖东来员工每年享受的休假。原本每人每年享受30天的带薪假,2021年,胖东来将假期延长至40天,其中10天必须用于长途旅行,员工还要将旅行感悟在公司系统上分享。除此之外,胖东来所有门店每周二都会闭店休息(除了禹州店和金三角店),春节从年三十到大年初四不营业。各种法定节假日都有福利。

其次,胖东来员工的工资水平整体远高于当地其他零售企业。一位售货员告诉记者,自己每月的工资最低5 000元,还没算销售抽成,公司会给员工上五险。《河南统计年鉴2020》显示,2019年河南省批发和零售业就业人员平均工资约为3 430元。胖东来的高薪高福利源于胖东来实行"三三三"的分配机制:每年的利润,30%用于社会捐献,30%用于下一年的垫付成本,剩下的30%按照级别分给所有员工。

最后,员工在公司享有相对畅通的晋升空间。2015年后,胖东来实行"弱总部强门店"策略,将权力下放至门店。所有入职满一年的正式员工都有资格申请晋升,但管理层不许干预竞选过程,全程由参选员工自行投票。不过,员工需要服从一套极为严格的管理体系。根据胖东来的官方公众号,超市员工需要遵守的管理制度有438条,从仪容仪表、业务实操、环境卫生到健康安全等均能找到详细规定。而在公司内部手册里,从扬善惩恶的行为准则,到爱情、家庭等生活准则,手册均给出了详细指导意见。

胖东来有一套于东来主导的企业文化。超市随处可见胖东来的企业标语"自由和爱",走廊顶部悬挂的 LED 屏上,也循环播放着各种标语,如"信念和方向对了,最终我们都会活出自己想要的样子"。在胖东来官方微信号上,专设"东来分享"一区,他每日在上面分享自己的感悟和见闻。

胖东来员工的执行力超强。每一个货柜、每一块地板、每一件商品都没有一点灰尘,就连垃圾桶都亮闪闪,而且垃圾从未满过,不到一半就会被清走。一尘不染背后是所有员工一旦面前没有顾客都会自觉拿起手边的抹布不停地擦,保证每一个角落、每一件商品都一尘不染。

于东来认为,企业只有真正去爱自己的每一个员工,员工才能安心在工作时间内把能动性发挥到极致,才能达到制度管人、人服从制度的最高境界,才能实现"公平、自由、快乐、博爱"。

资料来源:南方日报微信公众号,2021-05-08。

问题:

胖东来的企业文化为什么能赢得员工的认同?胖东来的员工管理带给我们什么启发?

案例二:宝岛眼镜:基于私域运营的组织变革

星创视界旗下零售渠道宝岛眼镜已遍布全国近 100 座城市,拥有近 1 100 家门店。2015 年宝岛眼镜启动专业化和数字化两大战略,着重于专业化的耕耘(专业的设备、专业的验光师、专业的商品、专业的服务),希望为顾客提供 eyewear+eyecare 的全方位专业服务。

2019 年公司全面启动企业微信营销,截至目前,企业微信会员 600 万余人。2020 年集团决定按照"两大动作、五大路径"来进行私域流量的沉淀和运营。第一个动作是公域转私域,将宝岛眼镜在公域获取的用户引导到私域,建立自己的会员流量池。第二个动作是会员运营,在自己的流量池内维护、运营好会员。五个路径分别是寻找公域流量池、扩大声量、创造触点/设计场景、公域转私域、会员运营。

宝岛眼镜同步启动了组织变革,主体架构切分为两大块。一块还是做原来的线下门店零售。另一块负责会员运营,由 MCN(网红孵化中心)和 MOC(会员运营中心)两大部门组成,分别负责公域流量运营和私域流量运营。无论是 MCN 还是 MOC,面向的都是宝岛眼镜全体 7 000 多名员工,通过服务好员工,让员工服务好用户。当然,宝岛眼镜的组织变革不只是发生在总部层面,全国七大区也都设立了 MCN 和 MOC 团队,对接总部的同时,给各自大区内的所有员工赋能。

宝岛眼镜先是把自己的用户划分为多个群体,包括功能科技、品质科技、完美主义、入门品质、淡定族、国际奢华、时尚浪族、白富美等。相应地,MCN 确定了大众点评、视频号、小红书、知乎、抖音、豆瓣、B 站、微博、微信等营销平台,并对它们做了精细化分类。然后,宝岛眼镜把 7 000 多名员工都培养成网络达人,让他们到不同流量平台开设个人账户,传递宝岛眼镜的声量,对平台用户进行种草、拉新,吸引用户加入企业微信,成为宝岛眼镜的私域流量。

总部 MOC 承担会员策划、渠道运营、互动运营、赋能运营、产品研发、数据挖掘等职能。其策划出运营方案、挖掘出可运营的数据结果、制作好内容、基于企业微信平台开发完数字工具后，会移交给大区 MOC 团队，由后者为自己大区内的导购和验光师赋能，使他们能够更好地与会员交互沟通，持续提供到店或到家服务。

2020 年新冠疫情发生后，宝岛眼镜的线下门店业务陷于停滞，整个公司业务被迫转战线上，将私域流量运营迅速推到了最前线。经过 3 个月的紧急上岗实战，宝岛眼镜全员迅速掌握了私域流量运营的基本技能，无论是各平台的员工账号数量，还是会员数量，都增长很快。截至目前，宝岛眼镜全员已经设立了 7 000 多个大众点评账号、800 多个小红书账号、200 多个知乎账号，以及约 20 个抖音账号。同时，宝岛眼镜微信公众号会员已有近 600 万，企业微信会员也达到 400 多万，会员社群超过 1 000 个。至此，宝岛眼镜已经初步具备了私域流量运营的能力。

资料来源：中国连锁经营协会官网，2021-07-12。

问题：
宝岛眼镜为什么要进行组织变革？变革之后的宝岛眼镜组织架构与之前相比有什么根本性的不同？

第三篇　零售业务管理

第六章

商 品 规 划

零售商成功经营的必备条件有很多,如众多的消费人口、良好的地理位置、优秀的经营人才等,商品是其中最重要的一项。商品经营包括许多活动,涉及获得特定的商品或服务,并在一定的地点和时间内使一定数量的商品或服务以一定的价格销售出去,从而实现零售目标。可见,零售商的经营活动主要是围绕商品而展开的一系列采购、储存和销售活动。商品是所有零售活动的起点,也是所有零售活动的中心。离开了拥有适销对路的商品这一基础,零售商在其他方面的努力均是徒劳的。

零售商店的经营面积是有限的,而市场上的商品却成千上万,新商品层出不穷。如何将有限的销售空间分配给畅销而又利润高的商品,是零售商店管理者必须面对的一个棘手而又重要的问题。在有限的资源条件下尽可能地满足消费者对商品选择的需要,并突出商店的经营特色,是商品规划要达到的目的。

消费者的口味在不断变化,今天畅销的商品明天就可能变成滞销品。零售商要跟上消费者变化的脚步,必须不断地调整商店的商品经营范围,适时引入新商品,及时淘汰滞销品。这是一项持久性的工作,也是对零售商的长期挑战。

本章所要回答的问题是:
- 如何确定商品经营范围;
- 如何优化商品结构;
- 新产品引入和滞销品退出;
- 畅销商品的培养;
- 自有品牌的开发;
- 品类管理与单品管理。

第一节 商品经营范围的确定

面对琳琅满目、种类繁多的商品,零售商常常会感到无所适从,不知道该组织什么样的商品。为谨慎行事,它们往往盲目跟风,其他商店销售什么商品,自己就匆忙购进什么商品,或者为图省事,推销员上门推销什么商品,商店就试销什么商品。久而久之,商店经营毫无特色可言,货架上充斥着大量周转不灵的商品,资金积压,经营困难。要避免这一现象,零售商应该在开业之初,就对商品经营范围有一个科学的规划,设计一个合理的商品结构,形成自己与众不同的商品组合形象。

一、商品分类

不进行商品分类,就很难规划商品的具体经营范围和品种,采购人员更无法进行采购分工活动。商品分类不仅是商品管理的基础工作,而且直接影响到零售商店的市场定位和各项经营策略。将商品按不同标准进行分类,不仅是出于管理上的需要,也是出于更好地满足目标顾客的需要。

(一) 商品分类标准

1. 按顾客群划分

可以根据顾客的性别、年龄、职业、个性等标准将顾客所需要的商品进行分类。如根据顾客的性别将商品分为男士用品和女士用品;根据顾客年龄将商品分为老年用品、青年用品和儿童用品;根据顾客追求时尚的程度将商品分为时尚商品和大众商品。

2. 按商品特点划分

可以根据商品本身的特征,如何时使用、何处使用、如何使用等情况将商品进行分类,也可以按商品的生产产地、生产厂家、生产方法、生产质地等情况进行分类。例如,根据商品使用的季节性,将商品分为夏季商品、冬季商品、春秋季商品;根据商品的使用目的,将商品分为礼品、自用品、集团消费品;根据商品的品质和价格档次,将商品分为高档商品、中档商品和低档商品;根据商品的生命周期长短,将商品分为流行商品和一般商品。

3. 按顾客对商品的选择程度划分

(1) 方便商品。方便商品大多属于人们的日常生活用品,价值较低,需求弹性不大,顾客比较熟悉。购买这类商品时,顾客随意性强,大多希望方便快捷地成交,而不愿意花长时间进行比较挑选。

(2) 选购商品。选购商品价值相对较高,需求弹性较大,挑选性强,顾客对商品信息掌握不够,如时装、电器等。购买这些商品,大多数顾客希望获得更多的选择机会,以便对其质量、功能、样式、色彩、价格等方面进行详细比较。

(3) 特殊商品。特殊商品通常指有独特功能的商品或名贵商品,拥有特定的消费对象,如工艺品、高档名牌商品等。购买这类商品,顾客往往经过了周密考虑,购买目的性较强,品牌忠诚度较高,不会反复在品牌中挑选。

(二) 商品层级划分

1. NRF 的商品层级划分

美国零售联合会(NRF)制定了一份标准的商品层级分类方案,该方案详细界定了各层级商品的范围以及它们的组合方式。目前,美国许多大型百货商店和低价位竞争的折扣商店都采用了这一分类方法,因此,在这里有必要加以介绍,国内零售商店可以借鉴。

(1) 商品组。在 NRF 的商品分类方案中,最高层级的商品分类是商品组(merchandise group)。商品组是指经营商品的大类,类似国内的商品大分类,如一个百货商店经营的服装、家电、食品、日用品、体育用品、文具用品、化妆品等。一个商品组管理下面的几个商品部。通常在国外的零售商中,商品组管理职位被称为商品副总裁或商品副总经理。

（2）商品部。商品分类的第二层级是商品部。商品部一般是将某一大类商品按细分的消费市场进行再一次分类，如服装类商品可分成女装、男装、童装等部。

（3）商品类别（品类）。商品分类的第三层级是商品类别（品类）。这是根据商品用途或细分市场顾客群而进一步划分的商品分类。在大型零售组织，一般每一类商品由一位采购员负责管理。

（4）同类商品。同类商品（classification）是商品分类中商品类别的下一层级。一般来说，同类商品是指顾客认为可以相互替代的一组商品。例如，顾客可以把一台21英寸的彩电换成一台29英寸的或其他品牌的彩电，但不会把一台彩电换成一台电冰箱。

（5）存货单位（单品）。存货单位（stock keeping unit，SKU）是存货控制的最小单位。当指出某个存货单位时，营业员和管理者不会将其与任何其他商品相混淆，因为它是根据商品的尺寸、颜色、规格、价格、式样等来区分的，也称单品。

美国式的商品分类方案和相应组织结构举例如图6-1所示。

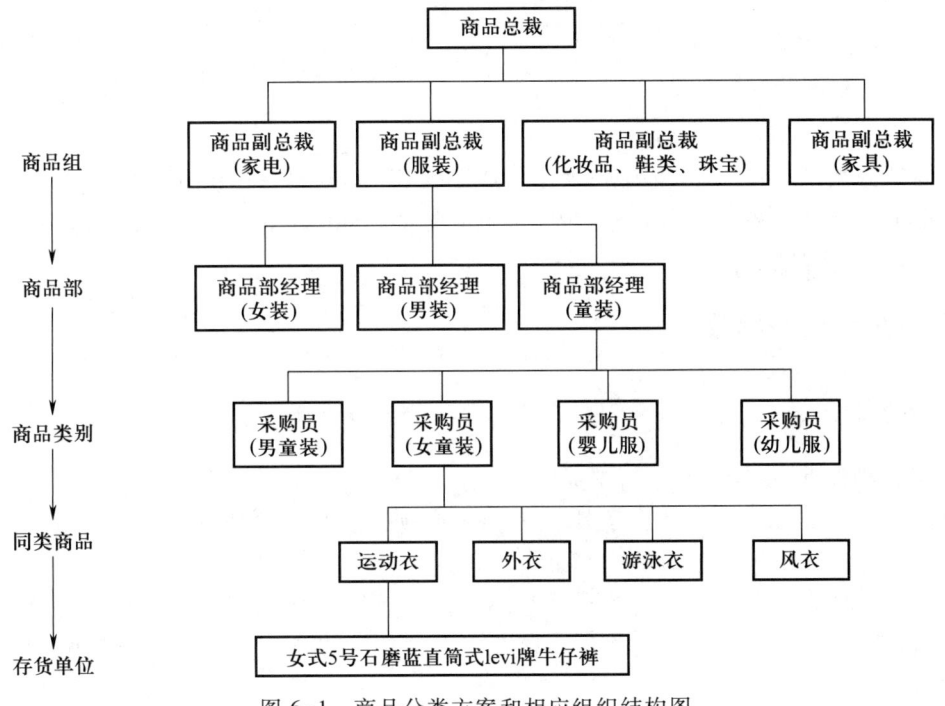

图6-1 商品分类方案和相应组织结构图

2. 国内的一般层级划分

国内零售商店为了便于管理，一般将商品分为大分类、中分类、小分类和单品四个层级，如表6-1所示。

表 6-1 商品分类层次及其分类标准

分类层次	含义	划分标准	说明
大分类	卖场零售商品中构成的最粗线条划分	商品特征	为了便于管理,商店的大分类一般以不超过 10 个为宜
中分类	大分类商品中细分出来的类别	功能用途 制造方法 商品产地	中分类在商品的分类中有很重要的地位,不同中分类的商品通常关联性不高,是商品间的一个分水岭,所以,无论在配置上还是在陈列上都常用它来划分
小分类	中分类中细分出来的类别	功能用途 规格包装 商品成分 商品口味	小分类是用途相同、可以互相替代的商品,往往陈列在一起。相邻陈列的不同小分类商品具有高度相关性
单品	商品分类中不能进一步细分的、完整独立的商品品项	唯一性	单品是最基本的层面,用价格标签或条码区别

上述商品分类只是一个参考依据,并非一成不变,商店根据自己的业态特征和经营特色,完全可以创造出适合自己的一套商品分类方法,组成与众不同的商品结构,并据此指导商店的采购活动、促销活动和商品陈列。

二、消费者画像与商品政策

(一)消费者画像

1. 消费者画像的含义

零售商在确定自己的商品经营范围之前,首先必须了解目标消费者的消费习惯和特点,并根据自身的条件确定满足消费者的哪一方面需要。

消费者画像是建立在信息管理系统之上,运用大数据技术对消费者购物行为进行多维度描述,从中找到其购物行为的规律性、关联性和有价值的信息,帮助零售商准确识别消费者类型并提供相应服务的。

2. 消费者画像的方法

(1)基本信息登记与身份识别。识别的信息越简单越好,如手机号、人脸等。如果是以手机号码为唯一身份标识号码的消费者识别,要想办法让每一个消费者的每种关键行为都与手机号关联。

(2)铺设数据关联通道。根据消费者画像内容要求,先重点后次要地铺设数据关联通道。如超市重点是建立手机号码与品类的关联,百货重点是建立手机号码与品牌的关联,要确保数据采集通道的登记环节和支付环节。

(3)确定单维分析的颗粒度。消费者画像是由各个维度的素材组合而成的,因此首先要确定单个维度的画像内容需要描述的细腻程度、之间的逻辑如何。如描述妈妈购买婴儿奶粉,从价格上分层,需要分成几个阶段来分析。画像越细腻,成本也越高。

(4) 汇总多维应用。将消费者画像的不同维度数据综合起来,可以得到一个消费者或群体的基本面貌,以此作为零售商决策的依据。当然,这种画像需要数据的沉淀,没有全面的长时间的信息记录是很难画准确的。

3. 消费者画像的应用

(1) 确定商品经营范围。这有助于零售商确定商品品类、主力商品和辅助商品,调整商品结构、延伸商品方向等。

(2) 精准营销,即采取更有效的促销策略,促销信息的推送对象、内容、跟踪反馈都更加精准。

(3) 业绩预测。对于季节性商品、周期性消费、促销弹性程度、趋势性预测,消费者画像能够提供较多的支持。

(4) 其他管理决策。对于顾客服务设计、物流配送频率确定、社群组织建设等,消费者画像也将起到良好的支撑。

零售商最核心的资产是顾客。过去,大量的消费者行为数据被浪费了,今天借助大数据技术,可以将消费者行为记录下来并加以整合,对零售商更加清晰有效地了解顾客、描述顾客并满足顾客需求,延伸各种业务将大有帮助,这将是零售商又一大核心能力。

资料

中国不同地区母婴市场消费群画像

北京母婴用户画像:购买母婴产品最理性,不易受评论影响;72%母婴购买用户都是女性;优质用户集中,母婴产品购买单价最高;多知识派妈妈,崇尚科学健康喂养;购买母婴产品毫不含糊,净水器、空气净化器、口罩等关联产品消费金额全国最高;尿不湿购买价位以150~199元、100~149元为主;奶粉购买价位以200~299元、100~199元为主。

上海母婴用户画像:在北、上、广三地中,对母婴产品的"大力度促销"最敏感;好男人集中地,男性母婴用户占比全国最高;母婴消费潜力尚大,2015年全市居民人均可支配收入全国最高,为49 867元;尿不湿购买价位以150~199元、200~299元为主;奶粉购买价位以100~199元、200~299元为主。

广东母婴用户画像:对促销、评论敏感度都不及北京、上海;73%母婴网购用户是女性;全国母婴最大省,母婴订单量和会员数全国最高;尿不湿购买价位以200~299元、150~199元为主;奶粉购买价位以200~299元、100~199元为主。

福建母婴用户画像:超过82%的用户都对"大力度促销"敏感,评论影响决策的程度,均在闽、皖、桂三地中占比最高;78%母婴网购用户是女性;主要购买人群集中在二线以下城市,但三线及以下城市(尤其是三线城市)表现突出;至2017年3月,移动端订单量接近电脑端订单量的5倍;尿不湿购买价位以200~299元、150~199元为主;奶粉购买价位以200~299元、100~199元为主;在闽、皖、桂三地中,福建网购奶粉、尿裤湿巾、胎心仪单价均最高;少儿图书搜索量在三地中最高。

安徽母婴用户画像：在闽、皖、桂三地中，对促销和评论的反应程度居于中间位置；79%的母婴网购用户是女性，在闽、皖、桂三地中占比最高；主要购买人群集中在三线及以下城市，其中三线城市消费力最强，但六线城市消费力逆袭；至2017年3月，移动端订单量已是电脑端订单量的4.3倍；尿不湿购买价位以49元以下、200～299元为主；奶粉购买价位以200～299元、100～199元为主；在闽、皖、桂三地中，安徽网购奶粉量最大、金额最高，其单价虽低于福建但高于广西。

广西母婴用户画像：在闽、皖、桂三地中，对促销敏感度较低，但对评论关注度却最高；77%母婴网购用户是女性；主要购买人群集中在三线以下城市，且城市等级越高消费力越强；新用户增长最快，至2017年3月，移动端订单量已是电脑端订单量的5.2倍；尿不湿购买价位以200～299元、49元以下为主，单价低于福建但高于安徽；奶粉购买价位以100～199元、200～299元为主。

资料来源：阿里妈妈微信公众号，2017-06-14。

（二）商品政策

商品政策是零售商为确定经营范围和采购范围而根据目标消费者画像和自身的实际情况建立起来的具有独特风格的商品经营方向，反映了零售商在多大程度上满足目标消费者需求。一般来说，商店采用的商品政策主要有以下几方面。

1. 单一的商品政策

这是指零售商店经营为数不多、变化不大的商品品种来满足目标消费者某一方面的需要，如专卖店、快餐店、加油站、自动售货机等，均采取这一商品政策。它的应用主要局限于：

（1）消费者大量需求的商品，如汽油、粮食、烟酒等；

（2）享有较高声誉的商品，如麦当劳的汉堡包、可口可乐等；

（3）有较高知名度的专卖商品；

（4）有专利保护的垄断性商品。

采取这一商品政策要注意商品的个性化，其性价比应优于其他商店，才能对消费者形成吸引力。

2. 市场细分的商品政策

市场细分就是把消费市场按各种分类标准进行细分，以确定商店的目标市场。按消费者的性别、年龄、收入、职业等标准进行划分，各类消费群的购买习惯、特点以及对各类商品的购买量是不同的，商店可以根据不同细分市场的特点来确定满足目标消费群的某类需求的商品政策。例如，若商店选择的目标市场是儿童市场，则商品经营范围将以儿童服装、儿童玩具、儿童食品、儿童用品为主，借此形成自己独特的个性化的商品系列，并随时注意开发有关商品，以满足细分市场的顾客需要。

3. 丰满的商品政策

这是在满足目标消费群的主要需求基础上，也考虑满足其他相关需求的商品政策。零售商通过兼营其他相关联的商品，既保证主营商品的品种和规格档次齐全、数量充足，又保证相关商品有一定的吸引力，以便目标顾客购买主营商品时能兼买其他相关物品，或吸引非目标顾客前来购物。要使商店经营的商品让人感到丰富，必须重视下列几类商品：

（1）名牌商品。这类商品一般是企业长期经营，在消费者中取得良好信誉的商品。这类商品品种全、数量足，能提高商店的声望，并给人以丰盛感，对促进销售起到重要作用。

（2）诱饵商品。这类商品品种全、数量足，可以吸引更多消费者到商店来购物，同时也可以连带销售其他商品。

（3）试销商品。包括新商品和本行业刚刚经营的老商品，这类商品能销售多少很难预测，但是，将这类商品保持在一定的品种和数量，也会增强商店经营商品的丰盛感，促进商品销售额的扩大。

4. 齐全的商品政策

这是指商店经营的商品种类齐全，无所不包，基本上满足所有消费者进入商店后可以购齐一切的愿望，即所谓的"一站式购物"。一般的超大型百货商店、购物中心以及大型电商如亚马逊等均采用这一商品政策。当然，任何一个规模庞大的实体商店要做到经营商品非常齐全是不可能的。因此，目前国内外一些老牌百货商店正纷纷改组，选择重点经营商品，以这个重点为核心建立自己的商品品种政策，突出自己的经营特色，以与越来越多的专业商店相竞争。

三、商品结构策略

在确定了商品政策之后，接下来要具体落实到商店的商品结构策略中，即哪些商品是主力商品，哪些商品是辅助商品，它们之间应保持怎样的比例关系，花色品种、质量等级应如何分配等。

商品结构，实际上就是由不同商品种类形成的商品广度与不同花色品种形成的商品深度的综合。商品广度，是指经营的商品系列的数量，即具有相似的物理性质、相同用途的商品种类的数量，如化妆品类、食品类、服装类、衣料类等。商品深度，是指商品品种的数量，即同一类商品中，不同质量、不同尺寸、不同花色品种的数量。保持合理的商品结构，对商店的发展有着重要的作用。商品广度和深度的不同组合，形成了目前商店商品结构的不同配置策略（见表6-2），这些策略各有利弊。

表6-2 商品深度与广度的组合

商品广度	商品深度 深	浅
广	商品种类多 商品品种多	商品种类多 商品品种少
窄	商品种类少 商品品种多	商品种类少 商品品种少

（一）广而深的商品结构

这种策略是指商店选择经营的商品种类多，而且每类商品经营的品种也多的策略，一般为较大型的综合性商场所采用。由于大型综合商场的目标市场是多元化的，常需要向消费者提供一揽子购物服务，因而必须涵盖广泛的商品类别和品种。

这种策略的优点是：目标市场广阔，商品种类繁多、选择性强，商圈范围大，能吸引较远的顾客专程前来购买，顾客流量大，基本上满足顾客一次进店购齐一切的愿望，能培养顾客对商店的忠诚度，易于稳定老顾客。

这种策略的缺点是：商品占用资金较多，而且很多商品周转率较低，导致资金利用率较低；这种商品结构广泛而分散，试图无所不包，但也因主力商品过多而无法突出特色，容易让企业形象一般化；企业必须耗费大量的人力用于商品采购，由于商品比较容易过时，企业也不得不花大量精力用于新商品的研究开发。

（二）广而浅的商品结构

这种策略是指商店选择经营的商品种类多，但在每一种类商品中花色品种选择性少的策略。在这种策略中，商店提供广泛的商品种类供消费者购买，但对每类商品的品牌、规格、式样等给予限制。这种策略通常为廉价商店、杂货店、折扣店、普通超市等零售商所采用。

这种策略的优点是：目标市场比较广泛，经营面较广，能形成较大商圈，便于顾客购齐多数所需商品；便于商品管理，可控制资金占用；强调方便顾客。

这种策略的缺点是：由于这种结构模式花色品种相对较少，满足顾客需要的能力差，顾客的挑选性有限，很容易出现失望情绪，不易稳定长期客源，会形成较差的企业形象。长此以往，商店不注重创出商品特色，在多样化、个性化趋势不断加强的今天，即使商店加强促销活动，也很难保证企业经营的持续发展。

（三）窄而深的商品结构

这种策略是指商店选择较少的商品经营种类，而在每一种类中经营的商品花色品种很丰富。这种策略体现了商店专业化经营的宗旨，主要为专业商店、专卖店所采用。一些专业商店通过提供精心选择的一两种商品种类，在商品结构中配有大量的商品花色品种，吸引有偏好选择的消费群。

这种策略的优点是：选择特定专业商品种类，每一种类的品种齐全，能满足顾客较强的选购愿望，不会因花色品种不齐全而丢失商机；能稳定顾客，增加重复购买的可能性；易形成商店经营特色，突出商店形象；便于商店专业化管理，树立专业形象。这种模式较受今天广大的消费者欢迎。

这种策略的缺点是：过分强调某一大类，不能一站式购物，不利于满足消费者的多种需要；很少经营相关商品，市场有限，风险大，需要对行业趋势做准确的判断，并通过加倍努力来扩大商圈。

（四）窄而浅的商品结构

这种策略是指商店选择较少的商品种类和在每一种类中选择较少的商品品种。这种策略主要为一些小型商店，尤其是便利店所采用，也为选择自动售货机出售商品和人员登门销售模式的零售商所采用。自动售货机往往只出售有限的饮料、香烟等商品；人员上门所销售的商品种类和品种也极其有限。这种策略要成功使用，有两个关键因素，即地点和时间。在消费者想得到商品的地点和时间内，采取这种策略可以成功。

这种策略的优点是：投资少，成本低，见效快；商品占用资金不大，经营的商品大多为周转迅速的日常用品，便于顾客就近购买。

这种策略的缺点是：种类有限，花色品种少，挑选性不强，易使顾客产生失望情绪，商圈较小，吸引力不大，难以形成商店经营特色。

由于目前便利店经营的商品在品种和价格上难以吸引消费者，因而它们的优势主要在于经营地点、经营时间和便民服务上。

事实上,零售商的商品结构是在商品的广度和深度两条轴线上寻找一个合适的交点。这一交点是零售商的商品政策、市场定位、经营实力、竞争优势与商店形象等多方面因素的综合反映。

四、确定商品经营范围的考虑因素

经营什么具体的商品是商品规划的关键。商品经营范围一般是在过去采购实绩和销售实绩的基础上,根据市场预测得出的消费需求及其变化趋势的有关资料,进行综合分析后确定的。商店在确定商品经营范围时需考虑以下几方面。

(一)商店业态特征及规模

确定商品经营范围,必须首先考虑商店的业态类型、经营规模及经营特点。很多时候,一家商店的业态确定下来,就已经框定了其大致的经营范围。不同业态的商店,其商品经营有着不同分工,专业性商店以经营本行业某一大类或某几大类商品为界限,其专业分工越细,经营范围越狭窄;综合性商场除了经营某几类主要商品外,还兼营其他有关行业的商品。商店经营规模越大,经营范围越广;反之,则越窄。此外,商店经营对象是以附近顾客为主还是面向更广泛的市场空间,商店是属于百货商店还是超级市场、便利店,商店是以高质量商品、高服务水平为经营特色还是以价格低廉为经营特色,都将对商品经营范围产生重大影响。

(二)商店的目标市场

商店的地址和商圈范围确定以后,其顾客的基本特征也就随之确定下来了。商店目标顾客的职业构成、收入状况、消费特点、购买习惯都影响着商店商品经营范围的选择。处在人口密度大的城市中心的商店,由于目标顾客的流动性强、供应范围广、消费阶层复杂,因而经营品种、花色式样应比较齐全;处在居民区附近的商店,消费对象比较固定,主要经营人们日常生活必需品,种类比较单一;处在城市郊区、工矿区、农业区或学校集中区的商店,由于这些地区消费者所处的特定行业形成了其特殊需要,在确定商品经营范围时,也要充分考虑这些地区消费者需求的共性及个性。

(三)商品的生命周期

任何商品都有其生命周期,即从进入市场到退出市场经历四个阶段:导入期、成长期、成熟期、衰退期。在信息时代,科技日新月异,商品的生命周期不断缩短,新产品不断涌现,旧产品不断被淘汰。商店必须跟上这种不断变化着的时代步伐,随时注意调整自己的经营范围。一方面,商店必须跟踪商品在市场流通中所处的生命周期,一旦该商品到达衰退期,则立即加以淘汰;另一方面,随时掌握新商品动向,对于有可能成为畅销品的新商品,在上市前即列入商品经营计划的范围。

图6-2是同类商品在不同生命周期时企业的表现。从中可知,随着时间的推移,商品的销售额一般会遵循一种可预测的方式变化——销售额在开始时较低,然后开始增长,达到最高后又开始下降。然而,在不同商品之间,销售额的这种变化方式有很大的差别。这方面的信息能够帮助零售商更好地理解顾客的需求、顾客期望购买的商品种类、竞争的本质,以及恰当的促销方式和价格水平。处于不同生命周期的商品营销特征如表6-3所示。

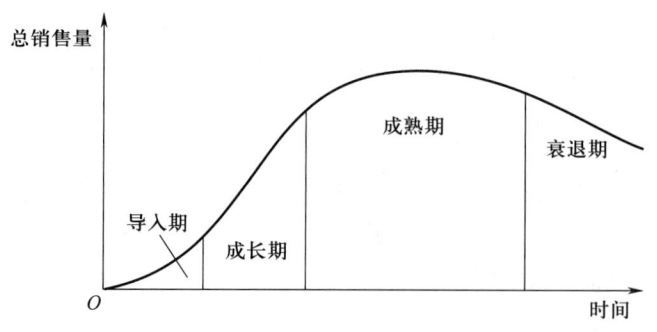

图 6-2 同类商品的生命周期

表 6-3 处于不同生命周期的商品营销特征

战略变量	生命周期的阶段			
	导入期	成长期	成熟期	衰退期
目标市场	高收入的革新者	中等收入的适应者	大众市场	低收入的滞后者
商品种类	一种基本的供给	有些种类	更多的种类	更少的种类
分销强度	有限或广泛的	更多的零售商	更多的零售商	更少的零售商
商品定价	渗透价或撇脂价	广泛定价	低价位	低价位
商品促销	通知式促销	说服式促销	竞争式促销	有限促销

（四）竞争对手情况

同行竞争对手的状况也影响着商店商品经营范围的确定。在同一地段内，相同业态商店之间，经营特点不宜完全一致，应有所差别，其差别主要体现在商店主力商品的种类上。俗话说，"追二兔者，不得一兔"，特点多反而显不出特点来，每家商店为突出自己的特色都会选择一个最适合自己形象的主营商品大类。因此，商店只有弄清楚周围竞争对手的经营对策、商品齐全程度以及价格和服务等状况，才能更好地确定自己的商品经营范围。

（五）商品的相关性

有许多商品的销售是相关的，"啤酒加尿片"的组合就是一个经典的例子。女装可以带动化妆品的销售，小食品可以带动儿童玩具的销售等也是广为人知的。根据商品消费连带性的要求，把不同种类但在消费上有互补性，或在购买习惯上有连带性的商品一起纳入经营范围，既方便顾客挑选购买，也利于增加销售额。因此，在确定商品经营范围时，在确定了基本的主力商品类别之后，还要考虑辅助商品和连带商品的范围。这就要充分分析商品的相关性，既不能只经营某种高利润的商品，也不能"大而全"而影响了特色。良好的搭配可以相得益彰，互相促进。由于不同地区消费者的心理千差万别，商品相关性分析还没有成熟的理论，零售商可以通过信息管理系统，对顾客的购买信息进行分析，由几种商品被同时购买的概率得到一些量化的参数。

另外，替代品的经营也要充分考虑。零售商经营互补商品和连带商品，一方面，可以增加基本商品的销售额;另一方面,可以增加辅助商品的销售额,提高商店总销售额。但经营众多的替代品(如各种竞争品牌的洗衣粉)只是简单地使销售额从一个品牌转移到另一个品牌,而零售商的总销售额却几乎不受影响。因此,对同一种类的商品,如何既为消费者提供足够的选择机会又不至于浪费太多的投资和营业空间,这一问题对企业而言必须加以解决。例如,位于美国得克萨斯州奥斯汀的巴特超市,其货架上曾摆放着 25 种柑橘、9 种蘑菇、12 种西红柿、2 200 种葡萄酒、330 种啤酒、100 种芥末和 500 种乳酪。同类商品种类过多,会占用大量资金、货架,并导致主力商品销售不畅和顾客挑选时无所适从。

第二节 商品结构优化

商店的商品经营范围确定之后,并非一劳永逸。消费者的偏好在变,生产技术在不断发展,人们收入水平在不断变化,竞争对手的商品策略在变化,企业本身的经营目标也在不断变化。要适应这些变化,零售商就必须经常性地对商品规划进行审视,不断调整商品结构,引入新产品,淘汰滞销品。因此,零售商应随着商店的经营规模和经营目标、商品生产技术发展、人口数量及消费者收入水平等实际情况的变化随时优化商品结构,不能一成不变,墨守成规。

一、商品结构的调整依据

商品结构的调整固然是零售商经常性的一项工作,但也不是盲目的调整,正因为该项工作的经常性,所以更应该规范化。商品结构的调整应首先审视和调整商品结构本身的合理性,然后调整具体的单项商品。调整可以根据企业过去的销售记录,这一记录来自企业的信息系统。目前,国内大部分连锁企业都上了信息管理系统,该系统将前台收银作业的每一笔记录都及时传到企业后台的管理系统中,并与库存系统相连接,后台计算机系统能够即时整理出店铺前台销售的每段时间的商品销售情况,从中可以分析出每一种商品的盈亏情况。具体说来,借助该系统,零售商可以根据以下因素对商品结构进行调整。

(一) 商品销售排行榜

定期对商品销售情况进行排名,排在前面的商品属于畅销商品,应予保留;排在后面的商品属于滞销品,应列为淘汰考察对象。然后,再调查每一种商品滞销的原因,如果无法改变其滞销的情况,就应予以撤柜。在处理这种情况时应注意:对于新上柜的商品,往往因其有一定的导入期和成长期,不要急于撤柜;对于某些日常的生活必需品,如保险丝、蜡烛等,虽然其销售额很低,但是,由于此类商品的作用不是获得盈利,而是通过此类商品的销售来拉动商店的主力商品的销售,不要撤柜;还有一些商品,可能仅仅由于陈列不当而导致销售不畅,在淘汰滞销品时应注意分析其中的具体原因。

(二) 商品贡献率

单从商品销售排行榜来挑选商品是不够的,还应看到商品贡献率。销售额高、周转率高的商品,不一定毛利高,而周转率低的商品未必利润就低。没有毛利的商品销售额再高,也没什么用。毕竟商店是要生存的,没有利润的商品短期内可以存在,但是,不应长期占据货架,看商品贡献率的目的在于找出门店中贡献率高的商品,并使之销售得更好。

(三) 损耗排行榜

这一指标是不容忽视的,它将直接影响商品的贡献毛利。例如,超市经营的鲜奶等日配商品的毛利虽然较高,但是,由于其风险大、损耗多,可能是"赚的不够赔的"。曾有一家卖场的涮羊肉片的销售在某一地区占有很大的比例,但是,由于破损的商品特别多,一直处于亏损状态,最后唯一的办法是,提高商品价格和协商降低供货商提供的商品的残缺率,不然就将一直亏损下去。对于损耗大的商品一般是少订货,同时应由供货商承担一定的合理损耗。另外,有些商品的损耗是因商品的外包装问题引起的,这种情况应当及时让供货商予以改进。

(四) 周转率

商品的周转率也是优化商品结构的指标之一,谁都不希望某种商品积压占用流动资金,所以,周转率低的商品不能积压太多。

(五) 其他因素

除了利用上述系统的数据进行商品内部的调整外,零售商还要考虑其他一些因素,如节假日因素。一些特殊节日前也应对商店的商品进行补充和调整。例如,正月十五和冬至前,就应对汤圆和饺子的商品品种的配比及陈列进行调整,以适应商店的销售。此外,在优化商品结构的同时,也应该优化商店的商品陈列。例如,对于商店的主力商品和高毛利商品的陈列面的考虑,适当地调整无效的商品陈列面。对同一类商品的价格带的陈列和摆放也是调整的对象之一。

许多零售商对采购员制定一些硬性指标以保证商品的更新,如规定新商品引入的数量或新商品更新率,要求采购员周期性地增加商品的品种,补充新鲜血液,以稳定自己的固定顾客群体。商品的更新率一般应控制在10%以下,最好在5%左右,过多或过频繁的商品调整有时效果会适得其反,让固定顾客失去对商店商品的既有印象。另外,需要导入的新商品应符合商店的商品定位,不应超出其固有的价格带,对于价格高而无销售量的商品和低价格、无利润的商品应适当地予以淘汰。

【案例 6-1】

盒马用快时尚思维加速推出新产品

商品力是消费者最关注的,也是零售企业最大的竞争力。2020年,是盒马坚持"问商品要流量,问供应链要效率"的第五年,商品力越来越成为盒马的核心竞争力。这一年,盒马推出了超过20 000款新品,其中6 000多款为盒马自有品牌商品,新品迭代速度比行业快3~4倍。

从2016年推出特定的五常大米开始,盒马拉开了销售自有商品的序幕。此后,盒马分别从一日三餐、高品质生鲜、全球稀缺商品三个维度出发,打造出了盒马蓝标、盒马工坊、盒马日日鲜、盒马金标、盒马黑标等一系列产品。经过五年的发展,如今盒马的自有商品已成规模。

> 更让人惊叹的是效率,以主打鲜食的盒马工坊为例,每25~30天就要更新超30款熟食、面点、半成品菜,春天卖青团、夏天卖糟卤、秋天上板栗、冬天卖猪肚鸡火锅……
>
> 　　盒马正在用快时尚的思维打造商品,既要快速迭代,又要不断创新、引领潮流。传统零售往往研发效率低、更新慢,且由于欠缺数字化工具的支持,难以掌握最新的市场风向和消费者偏好,无法快速分析用户需求并针对性地开发新品。这导致消费者走进传统商超后,看到的一直是万年不变的商品,很难有眼前一亮的惊喜感。而盒马能通过数据快速找到市场趋势,分析消费者的需求甚至主动创造需求,再通过研发团队和合作伙伴的共同努力落地产品,最后在消费端快速传播发酵,进入目标消费人群的视野。
>
> 　　在这一机制运作下,盒马推新速度不断加快。但仅仅快是不够的,还要时尚。在盒马鲜生的货架上,最不缺的就是"网红"——和喜茶联名的青团、草莓牛奶,脑洞大开的大闸蟹月饼,还有瓶装大米……这些新品一经推出,立即卖爆。一个新现象是,盒马已经成为全球消费品牌最喜欢的新品首发试验场,消费者也因此得到了全新的消费体验。而在产业链上游,借助盒马完成转型的案例不少,比如从卖日日鲜豆浆到卖豆浆火锅锅底,泉润食品公司完成了一个传统豆浆厂的时尚转型。
>
> 资料来源:零售学堂微信公众号,2020-12-04。

二、新产品的引入

在今天的零售业中,竞争变得越来越激烈。由于零售业的进入门槛低,其他行业的投资者纷纷转向零售领域,再加上原先的零售企业不断发展壮大,使得每一家商店都面临越来越多的竞争对手。因而如何调整商店的经营方式,形成自己的经营特色成为商家面临的普遍问题。其中,改善商品现有结构,不断引入新产品,成为商店竞争的一个重点内容。这里需要注意的是,新产品是指本商店未曾经营过的产品,而不是市场上新开发出来的产品,有些产品对其他商店而言可能已经是旧产品,但对本商店而言可能还是新产品。新产品的引入程序如下:

(一)编制新产品引进计划

商店必须对每一年度的新产品开发做出系统的规划,内容包括增加新分类、增加新项数、增加商品组合群、确立每一分类的利润标准、制定季节性重点商品计划、制定自行开发商品计划等。

(二)新产品评估

不论是厂商主动报价还是基于市场需求而由零售商店主动询价,商店有关人员都应就新品的进价、毛利率、进退货条件、广告宣传、赞助条件等项目予以初评(见表6-4)。初评之后,还需经过具有商品专业知识的人员所组成的采购委员会复评,对拟引进的商品进行筛选。复评的项目除初评项目外,还需对产品的口味、包装、售价及市场接受程度等项目进行具体的评价,以防止不合标准的商品流入商店销售。

表 6-4　新产品开发引进评估表（便利店）

品名：　　　　　　　　货号：　　　　　　　厂商：

毛利率	酒类： 8%以下　　　1分 8%~10%　　2分 11%~15%　 3分 15%以上　　4分	一般商品类： 15%以下　　1分 15%~20%　2分 21%~25%　3分 25%以上　　4分	特殊商品类： 20%以下　　1分 20%~25%　2分 26%~30%　3分 30%以上　　4分	得分：
配送	自行配送　　　　　　　　1分 部分配送　　　　　　　　2分 指定配送（协助厂商）　3分 直接配送（统仓）　　　4分			得分：
退货	不可退货　　1分 有限退换货　2分 可换货　　　3分 可退货　　　4分			得分：
市场竞争力	超市差价幅度： -10%以下　　1分 -10%~0　　　2分 1%~5%　　　3分 5%以上　　　4分	一般商店差价幅度： -5%以下　　1分 -5%~0　　　2分 1%~10%　　3分 10%以上　　4分	便利店差价幅度： -5%以下　　1分 -5%~0　　　2分 1%~10%　　3分 10%以上　　4分	得分：
广告	媒体： 宣传单　1分 广播　　2分 报纸　　3分 电视　　4分	预算： 10万元及以下　　1分 11万~50万元　　2分 51万~100万元　3分 100万元以上　　4分	时间： 不定　　　　1分 1~2周　　　2分 3~4周　　　3分 5周及以上　4分	得分：
赞助能力	年度销售折扣： 1%以下　1分 1%~2%　2分 3%~4%　3分 4%以上　4分	上架费： 1 000元及以下　　1分 1 001~5 000元　　2分 5 001~10 000元　3分 10 000元以上　　4分	其他赞助金： 1 000元及以下　　1分 1 001~5 000元　　2分 5 001~10 000元　3分 10 000元以上　　4分	得分：
总分				分

说明：1. 30分以下的，不考虑进货。
　　　2. 30分及以上的，同意进货试卖。

（三）新产品试销

对连锁商店而言，贸然将新产品引入所有门店销售风险很大，所以，通常是选择部分门店先进行试销，再就试销结果做出是否推广到所有门店的决策。若新产品试销效果良好，则采购人员应配合进货,制作新的商品陈列配置表。

(四) 正式引入的准备工作

引入一项新产品需要做好许多准备工作,如条码输入、定价、陈列、促销、库存定位、商品知识培训等。在新产品全面引进门店之前,连锁总部还需事先以书面或其他方式告知门店,并给予调整时间,要求门店限期做好新产品引进的各项工作。

(五) 新产品引入后的跟踪管理

新产品导入卖场后要专门对其销售状况进行跟踪观察、记录与分析,不能把新商品导入卖场就"放牛吃草",不闻不问。新产品销售额必须达到同类商品的平均额,方可列入企业的采购计划商品目录中,成为正常经营商品。引入失败的新商品,要分析原因,防止日后出现同样的失误。

三、滞销商品的淘汰

(一) 滞销商品出现的原因

许多商场每年通常要淘汰相当数量的滞销商品,如日本连锁便利店每年更新 1/2~3/4 的品项。作为商店管理者,应尽可能避免滞销商品的产生,如加强促销管理,进行限量采购,压低库存,调整商品结构等。但有时滞销商品的出现是不可避免的。

滞销商品的出现主要有以下几种原因。

1. 商品进货上的原因

商品进货上的原因主要有:供货商所提供的商品有质量问题,商场进货把关不严,顾客买后退货,造成店铺商品积压而成滞销商品;供货商供货不及时,延误了销售时机,使季节性商品成为过季商品;未掌握商品的畅销、滞销状况,商场盲目进货而导致积压;进价及采购成本过高,导致商品定价过高,从而影响商品畅销度;贪图厂商搭赠或数量折扣,贸然大量进货。

2. 市场变化的原因

由于消费者需求发生变化,商品在市场上已经走过了生命周期中的导入期、成长期、成熟期,开始步入衰退期,此时,以前的畅销品逐渐成为滞销品。

3. 商店管理上的原因

商店管理上的原因主要是商品库存分类不清,造成商品没有及时补货而积压,或是因为商店陈列方式不佳或促销方式不力等,造成商品滞销。

总之,零售商店在淘汰滞销商品时一定要认真分析滞销的原因。一方面,防止滞销商品的出现;另一方面,防止有销售潜力的商品被忽略掉。

(二) 滞销商品淘汰标准

1. 以一定时期内销售额排在后面一定序位或百分比为淘汰标准

例如,以 3 个月销售排行榜资料为参考,以最后 100 种商品为淘汰的对象,或是以排行榜最后的 3% 为淘汰标准。以这种标准作为淘汰标准要注意的是:这种商品的存在是否是为了使商店的商品结构显得更为丰满齐全,而不仅仅是为了销售;这种商品是否是因为季节性的原因才滞销。如果属于上述两种情况,则这类商品不应淘汰。

2. 以一定时期规定的最低销售数量或销售额作为淘汰标准

预先规定某一商品品类应达到的销售标准,如果该商品连续几个月未达到该标准,即可考虑淘汰。尤其是那些单价低、体积大的商品,因销售数量太少,而占用的货架和面积过多,会影响整个商场的经营效率,因此,商场应定期进行分析,规定一定货架空间的销售标准,以作为商品淘汰的参考。

3. 商品质量出现问题也应列为淘汰对象

例如,被技术监督部门或卫生部门宣布为不合格商品的,必须列入淘汰范围;又如,消费者退货达一定程度或消费者反映意见比较大的,也要列为淘汰商品的范围之中。

(三) 滞销商品淘汰程序

1. 列出淘汰品清单

商店依据制定的淘汰标准,列出淘汰品清单,并进行数据分析。例如,以销售额排行榜中位居后 3% 为淘汰基准、以每月销售额排在最后 50 位为基准、以商品品质为基准等,找出销售不佳、周转慢或品质有问题的商品作为淘汰品。

2. 查明滞销原因

有关人员应进一步分析滞销商品的真正滞销原因,究竟是商品不佳,还是人员作业疏失,如缺货未补、订货不准确、陈列定位错误等,然后再确认是否淘汰。确认淘汰的商品应填写商品淘汰申请单。

3. 确定淘汰方式

商品淘汰方式主要有两种:一种是退回厂家;另一种是自行处理。采购合约上注明可以退换货的商品,应在规定时期(如食品保质期前半年)将商品及时退回供应商;如果属于商店买断的商品,不允许退换货,或无法退回给供应商的商品(如进口商品、远距离采购的商品等),对无质量问题的滞销品可自行处理,采取一次性削价处理的方法,或者作为促销的奖品送给顾客。

4. 统一淘汰作业

淘汰滞销商品之前,连锁总部应提前向商店告知滞销商品的项目及退换货作业程序。滞销商品如退给厂商,应及时通知厂商取回退货;如要各店铺自行处理,总部应将处理方式及时告知各店铺。总部最好确定统一的淘汰日期,淘汰商品最好每个月固定集中处理,不要零零散散地处理。例如,可以规定每月的 15 日为淘汰日,所有柜台或店铺便在这一天把淘汰商品下架清理。

5. 做好淘汰记录

淘汰作业结束后应做好淘汰商品的记录工作,每月汇编成总表,整理成档案,以避免重新将滞销商品引进。

四、畅销商品的培育

零售商的经营活动是围绕如何以其商品和服务来满足消费者的需求这个中心环节来进行的,零售商要生存和发展,关键在于其商品对消费者需求的满足程度。而畅销商品的销售,直接关系到零售商满足消费者的能力和自身的盈利能力。

畅销商品是指市场上销路很好、不会积压滞销的商品。任何商品,只要受到消费者欢迎,销路好,都可称为畅销商品。很多人把畅销商品理解为新商品,其实,畅销产品与新旧没有直接的关系。它可能是新商品,也可能是旧商品,而新商品可能是畅销商品,也可能是销路一般或滞销商品,二者有重叠部分,但不能画等号。

任何商品的生命周期都可以分为四个阶段:导入期、成长期、成熟期、衰退期。畅销商品应该是处于成长期和成熟期的商品。商店由于经营面积有限,对商品品种的选择显得尤为重要,它所经营的每一种商品不可能总处于"正午时候",因此,零售商应掌握商品的发展规律,不断挖掘和培养自己的畅销商品。

(一)畅销商品的选择

畅销商品的培育是一个系统的过程,是企业从无到有开发出新的畅销商品而进行的各种努力的过程。同时,它也是一个持久的过程。因为今天畅销的商品并不意味着明天也畅销,只要企业继续存在并要发展壮大,培育畅销商品的任务就没有终结的时候。零售商培育和开发畅销商品的方式与生产厂家有明显的不同,它不直接涉及商品的设计与生产,其主要任务是在选择畅销商品及其市场促销上。

畅销商品的选择可以从以下几方面进行:

1. 从畅销的各因素出发选择畅销商品

前面所述商品畅销的各种因素均是选择畅销商品的主要标准。当一种新产品出现在市场上时,考察其市场销售潜力,可以从其功能、质量、价格、包装、广告、商标、售后服务等方面进行综合评估。最常见的是打分法,将多种因素按不同情况折成分数来评估某一新上市商品,高于某一水平即可列入零售商培养的对象。当然,不同商品的畅销因素所占比例也不一定完全相同,如日用品应注重质量与价格,礼品应多考虑包装,服装应多考虑商标与款式,电器应多考虑品牌与售后服务。

2. 从过去的销售记录中选择畅销商品

过去的销售统计资料,也是选择畅销商品的一个主要依据。商场可以将每一时期销售排列在前面的商品,作为重点畅销商品来培育,同时应建立商品淘汰制度,将每一时期销售排列在最后的商品定期清除出场,并补充以新品。香港百佳超级市场的采购计划值得借鉴。为确保采购适销对路的商品,百佳总部每年都要制定详细的滚动商品计划,其步骤是:首先,收集上一年超级市场发展形势、顾客购买频率、购买金额、顾客消费心理和要求的资料;其次,对过去5年的营业额增长率和发展趋势做出统计,再在销售的10 000多种商品中找出最受欢迎的品种,在对社会及经济环境变化做出全面分析的基础上确定下一年的商品采购计划。

3. 从竞争对手的营销推广中选择畅销商品

零售商的竞争对手很多,不仅包括同一业态的零售企业,还包括争夺同一类市场的其他零售业态,这些商店同样也面临着培养开发畅销商品的问题。因此,从竞争对手的营销推广活动中去发掘新的畅销商品不失为一条捷径。一般来说,几乎所有商店总会把销路最好的商品陈列在最显著的位置,或为了推广某种商品,卖场内往往会贴有各种各样促销的POP广告。经常到竞争对手的商店里仔细观察,可以知道正在流行何种商品,或何种商品较为畅销。此外,市中心的商店与郊外的商店,商品销售情况并不相同,从中可以获得配置不同区位连锁分店商品结构的宝贵信息。

4. 从发达地区和流行起源地选择畅销商品

要选择畅销商品,必须了解市场上的流行趋势,到流行最前端的地区去见识一下较为直接有效。一般来说,流行趋势传播路径是从欧美发达国家到亚洲国家;在国内则是从沿海传到内地,从大城市传到小城市,从都市传到乡村。因此,到发达国家去实地考察最为迅速有效,但不是每个人都有这种机会,同时,照搬国外流行的商品并不一定适用,因而比较可行的是到国内流行发源地如广州、上海、深圳等地去考察。这些城市的超级市场或百货商店,大都销售比较超前的流行商品,对开发畅销商品有一定的借鉴作用。

【案例 6-2】

从设计看三顿半咖啡缘何引爆市场

三顿半咖啡是成立于2015年的国内咖啡品牌,成长速度惊人。2020年"双11"期间在天猫冲调类和咖啡类商品中销量排名第一,并成为当年销售增幅最大的咖啡品牌。除了本身品质过硬之外,产品设计也是三顿半迅速被消费者接受的主要原因。

在包装设计上,三顿半借鉴了小罐茶特点,摒弃传统的塑料袋包装,选用了强辨识度的"杯子装",搭配亮黄、淡红、黑灰等多种颜色,走mini可爱路线,打造品牌的超级符号,直接带给消费者强烈的视觉冲击,甚至有人产生因包装入手三顿半产品的消费冲动。

在品牌联名上,三顿半积极开拓契合年轻人生活方式的联名IP产品。例如,三顿半×茶颜悦色限量联名茶咖礼盒,三顿半×Farmer Bob独家联名咖啡及盲盒周边产品,三顿半3号冷萃咖啡×Oalty咖啡大师燕麦奶。三顿半与茶颜悦色的联名款就刷爆了社交网络。

此外,三顿半是一个"成图率"很高的品牌。三顿半的用户中有一批具有表达欲和创作分享欲的人群,他们喜欢将三顿半咖啡成图拍照并发在微信、微博、抖音、小红书等社交平台上。在小红书上有几千篇关于三顿半的笔记,其中90%都不是三顿半自己写的,都是用户主动宣传的,这些图片让其他没有接触过三顿半的群体被种草,引发了一波又一波消费热潮。

资料来源:零售与连锁经营微信公众号,2021-03-07。

(二) 畅销商品的推广

1. 商品陈列

在开架自选的商场里,商品陈列的位置,对激发消费者的购买欲望有极大的作用。通常,商场的前端和入口处是消费者流动最频繁的地区,也是价值最高的黄金地带,因而也成了商店摆放获利高的商品的最佳地点。不过,为了培育畅销商品,商场可以考虑将一部分黄金地段让给正在扶持的商品,以引起消费者的注意。在国外,有些商场十分注重研究黄金地段,专门设计了一套"动线调查法",以显示哪些部位是顾客经常走到的地方,并将最多人走到的地方列为黄金地带,陈列其认为最有价值的商品。这种方法也可借鉴于所培育的畅销商品的陈列中。

2. 价格策略

价格策略是零售商促销不可忽视的重要工具,对畅销商品来说,更应该在价格方面下一番功夫,如定价时在商品价格中渗入6、8、9等所谓的"神奇数字",使消费者一方面产生吉利的感觉;另一方面,对价格产生一种错觉,如某种商品定价为29元,使顾客认为只是20多元而非30元,无形中刺激了消费者购买便宜货的欲望。在价格促销方面,除了直接的低价销售外,还可以将培育的畅销商品用特价品、限时特卖、特惠包装、散装货品、奉送赠品或抽奖等形式推出,尽管这些都是常用的陈列招式,但效果依然很好,容易为消费者所接受。

3. 促销策略

商场促销活动组织的核心在于调动一切卖场导向性营销资源,突出本场本次的促销核心诉求点。商场对畅销商品的促销可以结合价格促销、POP广告促销及其他方式一起进行。在广告促销上,商场完全可以采用POP广告大力推广培育的畅销商品,这种广告与商场价格促销和陈列策略结合起来效果更佳,如将培育的畅销商品通过特价品的形式推出,可以在店墙四周贴满不同颜色的POP标志,刺激顾客的购买欲。此外,还可以采用带实物照片的免费派发海报(DM)、端架促销(TG)、不定期消费者"惊喜"(act spot)、采购力最强商品系列促销(first price)、排面促销(linear promotion)、主题式活性化促销(theme promotion)、动线堆头、岛式均价促销、演示促销等,配合现场POP和背景气氛的调控,从心理上和技术上营造畅销商品的印象。

专论:

互联网时代的"爆品思维"与"工匠精神"

爆品是一种另类的畅销商品,它是在互联网基础上产生的。传统经济条件下,商品再畅销,由于信息不对称,也只能局限在某一地区成为畅销商品,再传入其他地区需要一定的时间。而在互联网上,信息无障碍流动,好商品可以迅速"引爆"市场,短时间内销量急剧扩大,于是便成了"爆品"。

爆品是每一位营销人员追求的目标。所谓爆品思维,就是找准用户的需求点,直接切入,做出足够好的产品,集中所有的精力和资源在这一款产品上做出突破,即单点突破。爆品必须具备三个关键因素:极致的单品、杀手级应用、爆炸级的口碑效应。

把一款产品、一个卖点做到极致,是引爆市场的前提。但仅有好产品是不够的,互联网时代的产品必须依靠用户的社交口碑效应,引发链式反应,才能短时间内引爆。在传统行业里,所有的供销渠道、营销活动等都在阳光之下,是一片"流量的光明森林",只要你的总店面积够大、招牌够亮、广告砸得够多,总会有源源不断的流量。而在互联网世界里,流量是一片"黑暗森林",是看不见摸不着的,甚至是一个黑洞般的存在,一种产品处于这样的黑暗状态中,就要寻找"光亮",所以必须拥有点亮光的策略。小米创始人雷军也曾说:"在当今的互联网时代,要想成功,必须做出爆品,还要有引爆市场的产品的策略。温水你哪怕做到99℃,也没啥用。唯有沸腾之后,才有推动历史进步的力量。"

打破黑暗的方法有很多,如网红电商就是一种打出爆品的快速方法。淘宝上有几家顶级网红,都在争夺第一网红的位置。2017年3月21日淘宝搞了一个大活动叫新势力周,某位网红电商的店铺上新之后一分钟营业额就突破了1 000万元。网红能有如此爆炸性成长,根本原因在于对传统服装供应链的颠覆,效率得到了极大的提升。它充分利用了三个不同

> 类型的平台级服务。一个是淘宝电商平台,一个是各类社交媒体平台,最后是生产供应链平台。这一切条件的成熟支持了一款爆品的瞬间爆发。
>
> 上述的爆品现象虽然在现实中经常可以看到,但很多爆品也很快会变成流星产品。如果以爆品思维来指导企业经营,则企业很容易走向歧途,过分依赖营销手段追求短期利润最大化的商品最终都会短命。
>
> 日本拥有大量的百年企业,很多产品一直畅销不衰,是与其工匠精神分不开的。寿司之神小野二郎做了50多年的寿司,从食材到制作的每一个细节无不苛求完美。他每天早上亲自去挑选食材,把控所有细节。除了工作以外永远戴着手套以保护他制作寿司的双手,甚至睡觉都不曾摘下。为了做好一个完美的蛋卷,在徒弟经过几百次努力后才给予认可。与其说他在做餐饮,不如说他在修行。
>
> 其实,人们不缺爆品思维。许多人梦寐以求的就是如何生产出一款适销对路的产品,每天琢磨的是如何使自己的产品引爆市场,红遍天下。人们真正缺的是长期坚持的一种精益求精的工匠精神。很多人喜欢说这么一句话:只有想不到,没有做不到。其实,一个企业若没有在一个领域中坚持多年艰苦卓绝地努力(像华为一样),而仅靠爆品创收,是走不远的。

第三节　自有品牌开发

一、国外自有品牌的发展

自有品牌开发是零售商的一种产品品牌战略。自有品牌(private brand,PB),是零售商通过收集、整理、分析消费者对某类商品的需求信息,提出新产品功能、造型等方面的设计要求,自设生产基地或选择合适的制造商进行加工生产,最终使用零售商自己的商标并在本企业销售的商品品牌。与自有品牌相对应的是面向全国市场销售的制造商品牌,即 NB(national brand)品牌。

国外自有品牌在最近几十年来取得了长足发展,成为零售市场营销的一个重要现象。尽管自有品牌出现较早,但直到20世纪60年代后期,自有品牌才被制造商视为一大威胁,特别是在有包装的日用消费品市场领域,但这一势头很快向其他市场扩散。到20世纪70年代,几乎任何产品市场都难逃自有品牌商品的入侵。1980年,英国零售商自有品牌销售额占总销售额的17.1%。而到了20世纪90年代,这一比例已经达到27%以上,近年来甚至达到33%,可见自有品牌的发展速度。瑞士零售商自有品牌商品所占比例超过40%,在德国、加拿大、比利时、法国都在10%以上。根据 McGoldrick(1990)的观点,自有品牌的出现,表明了市场营销形势的复杂化和零售商整体能力素质的增强。

自有品牌在零售业中大行其道已是不争的事实。众多零售商,尤其是国际知名零售商的自有品牌战略已成功地打开了另一个丰厚的利润之源。例如,美国著名的西尔斯公司就创立了若干自有品牌,在消费者中享有盛誉,其"西尔斯"轮胎与生产商品牌"固特异"轮胎同样出名;"顽强"电池、"工匠"工具、"肯摩尔"器具,这些品牌都深受用户的偏爱。目前,该公司销售的商品一半以上都是自己的品牌。

零售商之所以纷纷采用自有品牌战略,是因为其具有开发自有品牌的诸多优势,如信誉优势、价格优势、终端陈列优势、信息领先优势等,这些优势使其开发出来的商品较易被消费者接受而成为企业的"摇钱树"。20世纪60年代,大型零售商发现开发自有品牌商品能获得高价差。著名管理咨询公司麦肯锡1987年的研究表明:生产商创品牌的费用将近23%。如果零售商能避开这笔创牌花销,那么,就可能获得高额利润。于是国外一些大型零售商纷纷创建了自有品牌,随后,其他商家也纷纷效仿,自有品牌的开发成为一种趋势。

零售商开发自有品牌的初衷只是提高自己的边际利润,因而自有品牌一开始是以一种"廉价而令人乐于接受"的形象出现的,即消费者接受其较低的价格也认同其较低的质量,其性能明显次于品牌产品。然而,到了20世纪80年代中期,零售商已清楚地认识到自有品牌可以传达商店特征和定位信息,对实现企业差异化战略具有十分重要的作用。于是,自有品牌开发趋于复杂化,并且真正同企业的整体战略紧密地联系在一起。从自有品牌在零售业的最初产生,到今天的广泛应用,其大致走过了四个阶段。表6-5列出了零售业自有品牌的演变过程。

表6-5 零售业自有品牌的演变过程

	第一代	第二代	第三代	第四代
品牌类型	• 一般性 • 无名字 • 品牌免费 • 无品牌	• "准品牌" • 自有标志	• 自有品牌	• 经过扩展的自有品牌 • 细分的自有品牌
战略	• 一般性	• 最低的价格	• 趋同	• 增加附加值
目标	• 提高边际利润 • 提供定价选择	• 提高边际利润 • 通过设立进入价格削弱制造商力量 • 提供价值含量更高的产品(性价比)	• 增加商品门类的边际利润 • 扩张商品门类 • 在消费者中树立零售商形象	• 维持扩大顾客群 • 增加商品门类的边际利润 • 进一步提升形象 • 差异化
产品	• 基本的功能性产品	• 大批量的一次性的常见商品	• 商品种类繁多	• 有助于提升形象的产品 • 很多种小批量的商品(特色商品)
技术	• 简单的产品流程,以及远远落后于市场领先者的最基本技术	• 技术水平仍然落后于市场领先者	• 与品牌领先者相距不远	• 创新的技术

续表

	第一代	第二代	第三代	第四代
质量形象	• 低质量,以及同制造商品牌相比处于劣势的形象	• 质量中等但仍然被认为比领先的制造商品牌要差 • 只能算是二流的品牌形象	• 能够同品牌领先者相提并论	• 同品牌领先者并驾齐驱甚至超越品牌领先者 • 创新的、不同于品牌领先者的产品
近似价格	• 比品牌领先者低20%,甚至更多	• 比品牌领先者低10%~20%	• 只比品牌领先者低5%~10%	• 同知名品牌价格相同甚至偏高
消费者购买动机	• 价格是购买的主要动机	• 价格因素仍然很重要	• 价格和质量都很重要(物有所值)	• 更好的、更为独特的产品
供应商	• 全国的、非专门的	• 全国的、部分专门制造自有标志产品	• 全国的、大部分专门制造自有品牌产品	• 国际化的、制造的产品大部分都是自有品牌产品

资料来源:乔纳森·雷诺兹,克里斯廷·卡思伯森.制胜零售业[M].王慧敏,译.北京:电子工业出版社,2005.

二、国内自有品牌的开发

国内许多零售商也开始认识到自有品牌战略的重要性,纷纷涉足自有品牌的开发。早在20世纪90年代初,上海南京路上一家仅有180平方米的绒线商店——恒源祥就已经成功地开发出了自己品牌的绒线,注册商标为"恒源祥"和"小囡",并成为中国绒线市场上最具知名度的品牌。今天,更多的零售商步其后尘,借鉴国外的经验,也相继开发出各具特色的自有品牌商品。

然而,中国的自有品牌毕竟刚刚起步,消费者对此的认识还不如西方国家那样成熟,因此,对于一个初涉自有品牌战略的零售商而言,确立适当的自有品牌开发策略是明智的。

(一)自有商品的选择

选择恰当的商品项目是成功的前提。自有商品的选择必须考虑两个因素:一是被选择商品价格较制造商品牌商品价格低;二是被选择商品有一定的吸引力,能影响消费者的品牌忠诚度。这两个方面又是相互影响的。因此,商场可以考虑选择的自有品牌商品有:

1. 品牌意识不强的商品

对某些商品而言,消费者的品牌意识非常强,如可乐饮料,非可口可乐或百事可乐不买;又如时装、化妆品等,消费者对这些商品的品牌意识较强,趋于购买特定商品。因此,零售商店开发自有品牌的难度就很大,即使开发出来也很难得到消费者认可。而另一些商品,消费者的品牌意识较弱,如洗衣粉、洗衣皂、卷纸等日常用品或食品,商场采用一些促销手段很容易影响消费者的购买行为,因而这些商品可以作为自有品牌商品考虑。

2. 销售量大和购买频率高的商品

只有销售量大的商品,企业才可以实行大量开发订货,从而降低开发生产成本,保证自有品牌商品低价格策略的实现。购买频率高的商品使得商店和消费者接触频繁,商品的品牌忠诚度较低,顾客很有可能在其他条件的影响下改变购买品牌。这有利于商场开发新顾客,使他们购买新品牌的商品。

3. 单价较低和技术含量低的商品

对于单价较低的商品,消费者可在第一次购买后通过使用决定是否再次购买,其风险较小,特别是对一些价格敏感度较高的日用品,在同等质量的条件下,消费者更容易接受价格较低的自有品牌商品。而对于单价高的商品,消费者的购买决策是比较谨慎的,不可能在购买后如感觉不如意就简单地再买一个。另外,技术含量高的商品不宜作为自有品牌商品的开发对象:一则大多数商场不具备这些商品的开发实力。二则这类商品的品牌忠诚度一般较高,不宜改变消费者的购买态度。三则这类商品往往需要强大的售后服务力量,这是商场力所不能及的弱项。

4. 保鲜、保质要求程度高的商品

如食品、蔬菜、水产及其他保质类商品,零售商可以以良好的商誉作保证,利用渠道短的优势及时地把货真价实的商品提供给广大的消费者,因此,这类商品也宜作为自有品牌商品的开发对象。

选择自有品牌商品的具体方法可以有多种形式。例如,打分法。将备选商品根据畅销商品的畅销因素进行评估,将各种因素按不同情况折成分数来评估某种商品,高于某一水平即可列入开发对象。此外,也可以在过去的销售记录中选择。商场可以将过去几年或数月的销售统计资料中位于前列的商品作为首选商品,当然,其中还要考虑到制造商品牌的影响。例如,飘柔、海飞丝洗发水十分畅销,这并不说明超市开发的自有品牌的洗发水一定畅销,因为生产企业的广告宣传已对消费者形成了强大的吸引力,非零售企业可以相比。

(二) 价格策略

对于刚刚涉及自有品牌商品开发的零售商,在定价上一定要采取低价定位,以薄利多销的手法吸引对价格敏感的消费者。价格低廉是自有品牌商品的一大竞争优势。欧美零售商使用自有品牌的商品一般比同类商品价格低 10%~30%。日本大荣集团的自有品牌商品分为三类:1 000 种优质商品比同类全国畅销商品便宜 10%~20%,150 种低价商品比一般商品低 25%,另外 40 种商品比品质相近的名牌商品便宜 30%。又如沃尔玛 1992 年开发的品质、口味都相当不错的"美国可乐",在其店内售价仅 20 美分,而一罐可口可乐则售价 50 美分。

大型商场采用自有品牌商品战略之所以成功,很大原因在于其具有价格优势。

(1) 大型商场自己组织生产自有品牌商品,使商品进货省去许多中间环节,节约了交易费用和流通成本。

(2) 使用自有品牌商品不必支付巨额的广告费。由于自有品牌商品仅在开发该商品的零售店内销售,因此,其广告宣传主要是借助于其商业信誉,在商场内采用广告单、闭路电视、广播等方式进行。与普遍采用电视、报纸等大众媒体进行广告宣传的制造商品牌商品相比,其广告成本大幅度降低。

(3) 大型连锁商店拥有众多的连锁店,可以大批量销售,取得规模效益,降低了产品成本。

(三) 具体开发方式

在自有品牌的具体开发方式上,零售商可以采取两种主要途径:

1. 零售商委托制造商生产

一些中小型制造商,虽无力开展耗资巨大的创品牌攻势,但具有较强的生产制造能力和水平,大型零售商与这类企业联合,就有可能获得双赢的结果。这种联合并不局限于大型零售商与中小生产企业之间,在国外,甚至一些大的生产制造企业为了保证开工率,也加入了为零售商生产自有品牌产品的行列。例如,加拿大颇有名气的科特(Cott)食品饮料公司,就为Sainsbury零售商生产自有品牌产品。

2. 零售商自设生产基地

零售商自己投资办厂或控股生产企业来生产自有品牌商品,这种形式厂商关系紧密,有共同利益,稳定性较强,交易费用低,但需要零售商有相当的规模与一定的经济实力。

应该看到,开发自有品牌商品成功的关键在于商场本身的商誉。商誉是零售商的一笔巨大的资产,信誉好的企业无疑对消费者具有很大的吸引力。特别是在假冒伪劣产品泛滥的环境中,信誉几乎成为质量的保证。消费者能否买得放心,已成为促使他们在不同零售商、不同品牌之间进行选择的重要因素。消费者一般不能有效识别假货,他们就把这一重要责任留给中间商承担,它们总是喜欢到信得过的商店购物。由于有良好的信誉作保证,再加上价格低廉的诱惑,商场开发自有品牌,才能充分激发消费者的欲望。因此,每一个零售商在开发自有品牌之前,首先要做的事情就是如何提升自己在消费者心中的知名度和美誉度。

【案例 6-3】

日本 7-Eleven 自有品牌 Seven Premium

日本 7-Eleven 便利店于 2007 年开始销售自有品牌 Seven Premium 商品,并不断拓展自有品牌的定位。如 2010 年推出 Seven Premium Gold,定位于高端食品;2017 年推出 Seven Premium Fresh,销售生鲜商品。

7-Eleven 便利店的自有品牌精准地满足了多元的消费需求,打造了品牌形象并实现了差异化。2019 年 Seven Premium 的商品销售额对日本 7-Eleven 便利店的总销售额贡献率已经达到 30%,单品数达到 4 100 多个。而中国本土便利店的自有品牌销售额占比仅有 5%。

7-Eleven 便利店的产品开发人员按照产品类型(食品、非食品)分为 6 个部门和 27 个小组委员会,分别负责与产品制造商进行联合产品开发。在日本,7-Eleven 便利店的 178 个生产工厂中,93% 的工厂为专用工厂,只为 7-Eleven 便利店生产产品。

日本 7-Eleven 便利店构建了以市场需求为基础的商品开发优化流程,每年约有 50% 的热销产品会进行更新改良。公司设立了 Seven Premium 产品提升委员会,邀请消费者参与并提出宝贵意见。研究消费者的需求,创建测试产品并进行监控试验,最终推出价格合理的高质量商品。

资料来源:2019 年中国连锁经营协会便利店调研,公司年报。

第四节 品类管理与单品管理

经营的分散化及手工操作决定了传统零售商对商品的管理只能是商品的柜组管理或大类管理,无法深入每一品牌或每一具体商品的管理。当计算机被引入现代零售业以后,人们对商品的管理更为深入,商品管理不仅可以深入某一具体商品,而且可以根据企业管理的需要加以细分,提供所需要的管理信息。

一、品类管理

品类管理是现代零售商店商品管理的一个重要工具。它是零售商店与供应商充分合作,把所经营的商品分成不同品类,并把每一品类商品作为商店经营的基本战略单位进行管理的一系列相关活动。它通过强调向消费者提供超值的产品和服务来实现商店每一品类的最佳经营效果。

(一)品牌优化管理

品类管理首先涉及的是品牌优化管理,即每一品类的最佳品牌组合。零售商店通过对不同品类的品牌产品的绩效评估,重新设计品牌构成,为消费者提供最佳的品牌产品选择。品牌优化管理可以使商店的商品更加迎合消费者的需要,增加消费者购买意向。而且由于商店对品牌的关注,更容易获得供应商的支持。同时,它也可以更有效地利用货架、资金等资源,降低库存成本,减少脱销现象,使商品的供应及时、有序。

作为商店经营者,一定要避免进入这样一个误区:认为销售的品牌规模越大,销售量也就越高;以为每增加一个规格,销量会自动累加。如果不实行品牌优化管理,每一个品牌所占用的资源都是一样的,如库存、财务、运输、货架、采购……这无疑将导致销售业绩的不稳定——绩效好的品牌得不到有效的资源支持,有限的资源被低效的品牌占用,经营效益自然随之下降。因此,品牌优化管理要着眼于整个品类而不是某些品种或某几个品牌。其步骤如下:

1. 界定品类界限

首先,将商店经营的所有商品划分为不同品类,将商品按商品线来分类,如护肤品、护发品等,这些产品线下又分出很多不同的项目。如此分类有助于对不同品类的数量、资金、货架比例做出分析及合理的安排。

然后,界定各品类在店内的不同角色。

(1)目标性角色:能代表店方特色和形象、销售业绩最好的品类,最能满足消费者需要,即通常所说的 A 类。

(2)一般性角色:次重要的品类,能满足消费者的大部分需求,即通常所说的 B 类。

(3)季节性/偶然性角色:随时间、季节变化而变化,补充商品的品类结构,即通常所说的 C 类。

2. 产品细分

对每一品类的商品再按商品特性进行细分,也可以尝试按顾客能接受的方法分类,如将洗发水分成高档、中档、低档,这样有利于评估各个品牌在其细分的小类中的表现,而各小组在洗发水这一品类中的表现也容易评估了。

3. 业绩评估

评估一个产品、品牌、品类及一个供应商的相对表现,是通过营业额及销售量的计算来进行的。如一种洗发水的营业量是 5 瓶/月,整个洗发水的销售量是 500 瓶/月,则这种洗发水的量份额就是 1/100;如果这种产品的销售额是 100 元,而一个月整个品类的销售额是 10 000 元,则整个产品的额份额就是 1/100。同样,对品牌及供应商也应以各自的量份额及额份额进行评估。

4. 品牌优化

对评估出来的每一个品牌及其具体的商品进行分析,表现优良的品牌及其商品重点维护;表现一般的品牌及其商品暂时予以保留,但可以通过各种方式,如调整价格、陈列、促销等方式促进销售;表现较差的品牌及其商品应及时予以淘汰,将资源让给表现优良的品牌或补充新的、有潜力的品牌产品。

(二)货架优化管理

品类管理涉及的第二个问题就是货架优化管理。一方面,由于场地租金等不断增加,零售商店的经营成本不断上升,货架空间变得更加昂贵而且短缺;另一方面,研究表明,在零售商店经营的全部商品中,20%的商品可实现 80%的销售额,而剩下的 80%的商品只能实现 20%的销售额,这就是通常所说的 20/80 原则。实施货架优化管理可以降低缺货概率,减少补货次数,从而降低人力成本,创造最大的投资回报率和货架效率。而且,最佳的货架留给最畅销的产品,还会给企业带来其他好处:可以使管理者易于分析、易于陈列符合市场需求趋势的产品;使消费者轻松且有效率地购物;可以改善订货、补货、存货系统。

在传统的货架摆放上,一般要么凭空估计、随机摆放,要么按与供应商的关系亲疏来陈列,结果导致货架分配不当、产生缺货损失、库存增加、资金占用、货架空间被浪费,且由于商品陈列零乱不整,形象变差,以致消费者购物的欲望和效率降低。货架优化管理的基本原则是产品的货架面积比例的分配与其销售比率相符。而现在,借助电子技术,企业可以科学地对商品销售进行准确预计,从而科学地分配其在货架中的占比。

二、单品管理

(一)实施单品管理的必要性

单品即是对所经营的商品划细分类,直至无法再划分为止。单品管理是相对于传统的对商品实行柜组管理和大、中、小类管理而言的。前面所述的品类管理尽管也是企业现代化商品管理的一个重要工具,但它毕竟着眼于营销的角度,而信息时代要求的是全方位管理的变革,某一新技术的实施只能作为变革的一部分。随着消费者需求的个性化,管理者决策对信息要求不断深入,商品管理仅仅细到大、中、小类管理还不够,管理者必须掌握每一个具体商品品项的全程流动状况,于是,单品管理便出现了。

单品管理是指零售商根据企业的营销目标,对单品的配置、采购、销售、物流管理、财务管理、信息管理等活动实施统一管理:既管理单品的数量,又管理单品的金额;既管理单品的进销价格,又管理单品的流通成本。单品管理是一种现代化管理,零售商经营的商品有成千上万种,传统的人工管理是无法细到每一项单品的。过去,零售商对商品管理往往是按大、中、小类进行管理,只有到了计算机技术广泛应用于商业的信息时代,人们才有可能对成千上万的商品统一实施单品管理。所以,实行单品管理必须导入计算机信息管理(POS)系统,其最重要的功能是实时采集各种商品的销售信息,其优点是控制存货、指导采购、提高效率、减少差错。

单品管理是零售商店为适应崭新的外部环境及自身发展的要求所做出的必然选择。从外部环境看,零售商店所面临的环境今非昔比。随着市场竞争日趋激烈,消费需求日新月异,现代信息技术全面向零售领域渗透。零售商店为了适应外部环境的这种巨大变化必须从内部管理入手,向管理要效益,而商品管理是零售商经营管理的重中之重,所以,优化商品管理、实施单品管理便成为零售商的必然选择。从零售商自身发展来看,现代零售商为了适应经济发展的要求,正朝着集团化及连锁化的方向发展,企业管理方法、手段日益科学化,这种变化也要求零售商实施单品管理。

零售商实施单品管理,可以使管理人员准确、全面、实时地把握每一单品卖场销售业绩的细节,为科学决策提供支持;可以根据实时、准确的卖场销售信息调整单品结构和商品配置表;对销售业绩排名位于前列的单品实施重点管理;预测商品销售变化趋势,及早组织货源,开发和采购对顾客有价值的商品,同时降低商品脱销风险;根据单品物流成本信息,优化物流作业,降低单品的物流成本。

(二)实施单品管理的程序

1. 商品信息整理

一些信息(如品牌、型号、包装容量、生产日期、购进日期、保质期、产地等区分各单品的项目),自商品采购时就能准确地确定,是不变或变化很少的信息,管理这些信息的关键是要将这些信息项目准确地分类,确保一致性和可比性。还有一类信息是可变的,这就是成本信息,包括单品自购进所花费的运输成本、仓储成本、装卸成本、包装成本、加工成本、残损退货成本等。这些成本信息必须准确地分摊给各个相关单品,这是单品管理的关键。

2. 编制单品代码

编制单品代码是根据一个单品一个编码的原则给单品编码,确保以单品代码的唯一性实现单品管理的唯一性。

3. 建立商品数据库

建立商品数据库包括顾客交款时前台 POS 系统扫描录入的单品数据的原始数据库,以及用来核算所有单品成本的单品成本数据库。前台销售数据库的更新是指每日进行交易时收银员通过条码扫描仪将交易信息(即单品数据)录入 POS 系统数据库中,并将这些数据进行统计、汇总,生成所需的各种报表等。单品成本数据库的更新比较麻烦,它要求将每批商品的每种活动成本都分摊到每个单品中。这里,成本的分摊是根据实际发生的成本进行分摊,而不是平均分摊。每日用分摊的成本数据更新成本数据库,就可以为决策提供非常有用的数据。

4. 单品销售业绩排队

单品销售业绩排队主要有单品获利大小排队和销售量排队。单品销售量排队很简单,这是目前大多数企业正在进行的工作,即统计每日每单品的销售量。销售量的大小是非常重要的信息,进行单品管理不能缺少这一指标,但只衡量这一指标显然缺乏全面性,因为某个单品卖得好,并不一定获利高,也可能成本较大,因此,还必须对单品按获利大小排队,即比较每个单品的销售额扣除物流成本和进价后的余额。对上述两个排队进行比较,可以发现一些规律。

5. 实施重点管理

单品管理的目标之一就是发现重点单品,对其进行重点管理。那些获利大且销售量大的单品才是真正的重点,应重点采购、重点销售、重点控制其物流成本。当然,有些单品获利小但销售量大,也应作为管理的重点,对既不获利又卖不动的单品,应及时处理。

最后,上述程序应不断地执行,并形成相应的制度和措施,实施起来才更有效,尤其重要的是计算机软件不要在单品管理上留有盲点。需要说明的是,单品管理与品类管理都是现代零售商的重要商品管理方法,都有各自的优势领域。单品管理的强化,并不意味着它能完全替代品类管理或可以放松和削弱品类管理,单品管理与品类管理应相互促进、相互补充,提高商品管理的总体效益。

本 章 小 结

商品规划是指零售商合理确定商品经营范围和商品结构,在有限的资源条件下尽可能满足消费者对商品选择的需要,并突出商店的经营特色。首先,零售商必须对商品进行分类,然后进一步确定企业的商品政策和商品结构配置策略,并在此基础上,结合商店本身特点、商品生命周期、竞争对手情况、商品的相关性等因素分析,最终确定适合自己的商品经营范围。

商品经营范围确定之后,并非可以一劳永逸。由于消费者的口味在不断变化,今天畅销的商品明天就可能变成滞销商品。零售商要跟上消费者变化的脚步,必须不断地调整商店商品经营范围,适时引入新商品,及时淘汰滞销商品,不断培养畅销商品。这是一项持久性的工作,也是对零售商的一个长期挑战。

自有品牌的开发是零售商面临的一个新课题。由于零售商在开发自有品牌上具有诸多优势,因此国内外大型零售公司乐此不疲,自有品牌商品在零售商的销售额中呈不断上升趋势。此外,品类管理和单品管理也是今天零售管理的重要工具和管理理念,两者运用大数据技术可以提高商品管理的总体效益。

学习思考

党的二十大报告指出:"我们坚持精准扶贫、尽锐出战,打赢了人类历史上规模最大的脱贫攻坚战"。在脱贫攻坚这一历史伟业中,中国零售企业积极参与,做出了自己应有的贡献。步步高开发的"十八洞山泉水"就是一例。十八洞山泉水产于湖南省湘西十八洞村,这里曾是贫困之地。2013年,十八洞村成为"精准扶贫"的首倡地。2017年7月,步步高集团在考察评估后,随即投资3 000万元建设了十八洞村山泉水厂。投产后,水厂将收益的15%给十八洞村集体作为资源使用费让村民有持续的收入来源,助力脱贫不返贫。2021年2月25日,湖南十八洞村获得"全国脱贫攻坚楷模"荣誉称号。如今,中国的脱贫攻坚战已取得了全面胜利,现行标准下9 899万农村贫困人口全部脱贫,创造了一个彪炳史册的人间奇迹。

 请扫描二维码,在线测试本章学习效果。

1. 为什么说零售商的经营特色首先体现在商品上?在零售经营的诸要素中,商品占有什么地位?
2. 百货商店、专卖店、便利店、标准超市等业态零售商在一般情况下各采取什么商品政策和商品结构策略?并分析这种商品结构给其带来的好处和不利之处。
3. 确定商品经营范围主要考虑什么因素?
4. 为什么商品经营范围确定之后还要不时地进行调整?调整的内容是什么?
5. 零售商从哪些方面进行畅销商品的培育?
6. 对于国内零售商开发自有品牌商品,你有何具体建议?

【案例分析】

案例一:蚂蚁商联共享式自有品牌开发

蚂蚁商联成立于2017年,由来自中国6个省份的12家商业连锁企业共同组织成立,旨在资源共享、知识共享、联合采购、抱团取暖,以应对当前复杂的零售业变革。2020年年底,蚂蚁商联的成员企业达到了66家,遍布全国26个省、自治区和直辖市,年销售额达到800亿元,已成为中国最具成长力的公司化运营的紧密型联盟组织。

同时,蚂蚁商联自有品牌矩阵初步形成,形成了以家庭厨房场景解决方案的品牌"饕厨"(放心的家庭食材专家)、食品品牌"我得"(更多美味选择)、非食品牌"极货"(务实派的生活家)为核心,高端白酒品牌"约一下"(喝好酒,与亲近的人分享)、大众白酒品牌"争牛"(就是顺口)、基于收银台场景解决方案的电子雾化烟品牌"即畅"(即刻顺畅)和安全套品牌"功本"(舒适,不止于薄)为辅助的品牌矩阵。

蚂蚁商联自有品牌最初以纯牛奶和酸奶为切入点,然后不断延伸至休闲食品、酒水饮料、餐厨用品、日用百货、洗护用品、计生用品乃至电子雾化烟,最终形成一个自有品牌矩阵。截止到2020年7月,"我得"品牌已成功上市194个单品;"极货"品牌已上市436个单品。从销售情况来看,蚂蚁商联自有品牌的销售贡献呈现了持续上涨的趋势,且自有品牌商品毛利率平均高出其他商品10个百分点以上。

此外,针对上述自有品牌,蚂蚁商联通过一个叫"蚁店"的项目以店中店的形式集中陈列,强化了自有品牌陈列的主题性和关联性。"蚁店"项目于2020年5月启动。这是以品牌化为核心,以52周商品计划为基础,集自有品牌的"商品开发、品牌推广、选品陈列、助销表演、生活提案、销售促进、知识培训"于一体的综合解决方案。2020年6月,蚁店首次亮相。如今,众多成员企业以蚁店为标杆,纷纷落实执行联盟开发的自有品牌计划。目前蚂蚁商联已经上市的7个自有品牌,共开发出1 400个存货单位(SKU)的商品。

可以说,蚂蚁商联正在形成以自有品牌商品开发为核心的行业生态圈。生态圈的底层是自有品牌商品开发,目前已初见成效;生态圈的第二层是连接上游工厂、中间物流服务以及下游零售商的供应链平台。为此,蚂蚁商联开发了一个信息系统与下游的相关企业数据打通。零售商下订单、工厂生产、品质控制、物流安排、门店收货等都可以通过该系统完成。生态圈的外层是由成员企业和合作伙伴延伸出的增值服务。例如,蚂蚁商联与国内最大的两家酒店集团签订了战略合作协议,蚂蚁商联成员企业员工入住华住旗下酒店可享受88折优惠;蚂蚁商联成员企业员工入住锦江旗下酒店可享受82折优惠。从目前的发展情况来看,蚂蚁商联这个生态圈正在成长过程中。

资料来源:第三只眼看零售微信公众号,2021-05-26。

问题:

作为一个联盟组织,蚂蚁商联是如何通过自有品牌将成员企业聚合在一起的?

案例二:泡泡玛特如何开发潮玩商品

近几年国内兴起一股"盲盒风",盲盒已经成为"95后"玩家增长最快、烧钱最多的爱好。售卖盲盒的各个商家中,规模最大、知名度最高的是一家叫泡泡玛特(Pop Mart)的潮玩店。泡泡玛特成立于2010年,以"创造潮流,传递美好"的品牌文化在潮流玩具行业中脱颖而出。

在打造盲盒爆品时,泡泡玛特借助了社交的力量,挖掘到一部分消费者的"收集"热情,并让这种热情通过盲盒的购买方式被迅速放大,进而产生了社交属性。"拆盒"衍生为视频和图文内容,在社交网络病毒式蔓延,利用每个人都有的"心动"感觉扩大品牌受众。最终,泡泡玛特的"拆盒"仪式,在B站、小红书、抖音等平台上成了一种特殊文化,让购买盲盒也成了一种消费习惯。

传统玩具销售中遇到的普遍问题是消费者通常不会选择重复购买同款玩具,而且该玩具本身也很容易被其他玩具替代。通过市场实践,泡泡玛特形成了一套IP孵化体系,同时,主动对IP产品的生命周期进行管理,从而释放IP的最大潜力。

具体来说,泡泡玛特将IP孵化运营分为IP孵化开发、设计打造、供应链生产、市场推广和产品销售等多个环节。比如,在艺术家与泡泡玛特签订合作协议后,为了将艺术家的草稿打造成被更多消费者喜爱的IP,泡泡玛特自己的设计团队会根据IP自身的特点、风格、受众,加上投入市场后的反应,与艺术家共同商议,从而调整艺术家审美与大众消费者偏好之间的偏差。在IP设计和生产计划制定好后就进入打样生产、市场营销推广和产品销售的"一条龙"的合作模式。由此,艺术家可以专注于设计,泡泡玛特则帮助其完善一系列的商业运作。

泡泡玛特在不断推出新系列和新产品的同时,也会把控各个IP形象新系列推出的节奏和整体系列数量,避免因同一IP的过度曝光导致消费者对其产生审美疲劳或让粉丝感觉自己已有收藏的稀缺性已经丧失。除了进行IP设计与生产节奏把控外,泡泡玛特还探索通过与其他品牌的跨界合作,为经典IP形象推出潮玩化形象、打造具有IP形象的衍生品等,来保持IP形象的新鲜感和曝光度,从而进一步加强对IP生命周期的管理。

目前，泡泡玛特共有85个IP，包括12个自有IP、22个独家IP和51个非独家IP。泡泡玛特热衷于和人气IP合作，和迪士尼、王者荣耀、Hello Kitty、非人哉等进行联名开发。例如，泡泡玛特和非人哉合作推出了发呆哪吒系列，联名《国家宝藏》栏目推出合作款Molly李白，联合华纳兄弟电影推出哈利·波特魔法世界系列盲盒。

随着泡泡玛特旗下IP的火热，很多商场、购物中心等主动找泡泡玛特寻求相关IP授权，以在其相关场地进行展览。经过多次尝试，这些主题展不仅增加了泡泡玛特IP授权的收入，而且反过来提高了IP的曝光度，让更多消费者知晓了品牌。因而，泡泡玛特也逐渐在建立相关的业务环节，为IP创造更多附加值。

资料来源：中国高等院校市场学研究会微信公众号，2021-03-11。

问题：
泡泡玛特开发的潮玩商品是如何吸引年轻消费者的？

第七章

采 购 管 理

　　很多人一直存有这样的看法,认为零售商的利润来源于商品销售。事实上,商品采购也是零售利润来源之一,有时是更为重要的来源。采购中每 1 元钱的节省都会转化成 1 元钱的利润。在其他条件不变的情况下,假设企业的利润率为 2%,要想靠增加销售来获取 2 元钱利润,则需多销售 100 元的产品。可见,从采购的角度降低 2 元钱的成本远比从销售上多卖 100 元的产品要容易得多,成本也要低得多。因此,采购是零售业务管理中最有价值的部分。而现实中,许多零售商在控制经营成本时将大量的时间和精力放在不到总成本 40% 的企业管理费用、工资和福利上,却忽视了其主体部分——采购成本,可以说是舍本求末、避重就轻,其结果自然是事倍功半、收效甚微。

　　商品采购不仅直接影响企业利润,而且影响着零售商的一切经营活动。商品采购是零售经营的起点,也是商品流转的首要环节,采购工作的好坏直接关系着零售商是否拥有可靠、稳定的货源,关系着后续商品经营活动能否正常开展。在营运中谁能抓住商品采购这一环节,谁就等于找到了控制商品流通的源头;谁能采购到适销对路、价廉物美、独具特色的商品,谁就能拥有较其他零售商更突出的竞争优势。正所谓"良好的商品采购是经营成功的一半"。

　　在实际工作中,采购管理却成了零售经营者最头痛的环节。各种采购黑幕和采购漏洞的存在,使得零售商本来应得的一部分利润在源头就已白白流失。大量商品积压,有限资金被占用,价格竞争无优势,商品质量不稳定……其中的原因除了采购员本身的能力或素质问题外,零售商还应该反省一下自己的采购流程是否科学、采购制度是否合理、采购考核指标是否完善、采购决策是否准确。如果不从采购管理的深层次因素出发,仅仅更换几个采购员是无济于事的,无法长久解决采购中存在的诸多问题。

　　本章所要回答的问题是:
- 商品采购流程的建立;
- 供应商的选择与评估;
- 商品采购制度的比较;
- 采购人员的要求及考核;
- 采购业务决策的确定。

第一节　商品采购流程

商品采购流程是零售商从建立采购组织到商品引入商场并进行定期检查评估的一系列整合而系统的步骤。了解商品采购流程,有利于掌握零售商采购的每一个环节的工作。这些工作对零售商的采购控制而言是非常重要的。图 7-1 显示了零售商的商品采购流程。

一、建立采购组织

零售经营者一般将采购业务交给企业内的某些人或某些部门负责,因此而产生了正式的或非正式的采购组织。正式的采购组织是零售商建立的专门采购机构,负责整个商场或整个连锁商店的采购任务。在一个正式的采购组织里,往往拥有专门的采购人员,这些采购人员分别负责某一类商品的采购,有明确的采购责任和授权,公司也对其实施严格的考核指标。非正式采购组织不是一个独立的专门部门,它是由一群兼职采购人员负责的。这些人既负责商品经营,又负责商品采购,有时也处理其他零售业务,责任和授权往往并不明确,但却具有充分的灵活性。这种形式常见于小型零售商或实施分散采购制度的零售商。

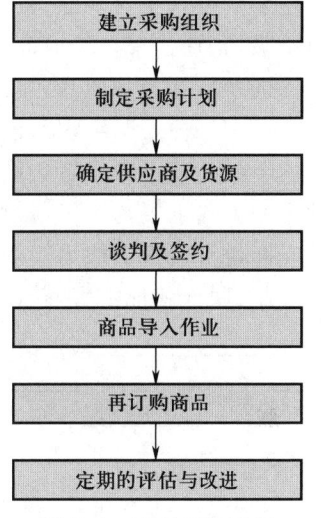

图 7-1　商品采购流程

一般大型连锁商店的采购组织设计是:总部设立采购总监,采购总监下设几个采购部(按照商品大类划分,如食品采购部、服装采购部等)。每一采购部又按照商品类别进一步细化为若干小组(如生鲜采购部可分为鱼类、肉类、蔬果类、熟食类、面包类小组)。每一小组包括买手、里手、排面员。买手是指与供应商进行业务谈判、签订采购合同的谈判员;里手是指根据采购合同以及门店销售、库存情况向供应商发出订单的下单员;排面员是根据公司的商品经营计划、策略以及门店卖场布局和销售实际情况,制定、调整商品陈列配置表的人员。如果该连锁企业总部对各分店的商品陈列没有硬性规定,只是一种原则上的指导,则采购组不设排面员,一般只包括采购主管和采购助理两个职位。

跨区域的大型连锁商店,一般采购组织设置两个层次:一是采购总部;二是地区采购部。采购总部的职责主要是:商品采购制度的制定;商品结构的制定;采购作业规范手册的编制;全国品牌采购条件的年度谈判与全国性促销计划的制定;地区采购人员的培训和考核;地区采购工作的指导和供应商关系的协调;协助新入市地区的商店采购工作等。地区采购部的主要职责包括:制定并执行商品采购计划和采购预算;筛选合格的供应商并进行管理;选择适合公司目前市场定位的商品,不断开发新商品,淘汰滞销品;与供应商谈判获取最有利的供货条件;负责开发或协助开发公司自有品牌商品;制定有竞争力又能保持合理利润的商品价格;制定或协助营销部门制定有吸引力的商品促销方案,并推动实施及效果评价;与卖场销售人员沟通,确保商品畅销;收集市场信息,掌握市场的需要及未来的趋势。

为了保证引进新商品及新供应商决策的科学性,很多零售商店成立了商品采购委员会这一非常设机构,该机构由采购人员、销售人员及财务人员等组成。该机构定期召开会议,对引进新供应商、新商品做出决策,采购人员根据采购委员会的决策具体与供应商进行谈判。

零售商店的上述采购组织均是将采购业务放在企业内部,由内部员工组织完成。其实,在费用更低或效率更高的情况下,零售商店也可以选择将采购业务转向外部,即依靠外部采购组织。在外部采购组织中,通常由零售商店支付一笔费用雇用外部的公司或人员,这笔费用比零售商店自建采购组织相对要低,且效率较高。外部采购组织通常被中小型零售商店或远离货源的零售商所采用,它具有与供应商谈判的优势,通常服务于若干无竞争关系的零售商店,有时还提供营销咨询及自有品牌商品。

还有一种采购组织目前在国外中小型独立零售商中比较流行,这就是联合采购组织。联合采购组织是若干中小零售商为通过签订一个有利于各方的协约进行联合采购而设立的组织,这种采购方式主要是为了应对日益壮大的大型连锁企业的威胁,以便在采购业务上拥有更多的与供应商讨价还价的能力。联合采购组织一般是中小型零售商自愿组成的,有的也是由一家批发商发起,联合其他零售商,以谋求一种规模效益。

【案例 7-1】

唯品会买手需要具备的重要素质

唯品会正在撕掉"特卖"标签,走向买手店。唯品会已经拥有的超过 1 400 人的专业买手团队,他们凭借丰富的销售经验,考虑历史数据、流行趋势、季节和顾客反馈,收集、分析、使用顾客行为交易数据,通过顾客关系管理和智能商务系统,正逐渐构筑起选品的核心壁垒,并利用这些数据向品牌商提供部分信息,加大跟品牌商谈判的话语权,进入正向滚雪球的发展趋势。

唯品会买手每个人手握 7~8 个品牌,对这些品牌的爆款、热卖款、经典风格、核心元素、品牌势能、品牌组织架构、品牌供应链情况等,都如数家珍。了解得更深更多,才能挑到更好的货、拿到更低的价格,才有谈判的底气。

作为唯品会买手,需要具备什么素质?数据分析能力、时尚敏感度、谈判能力,以及对品牌、行业和唯品会平台的深刻理解,都是买手需要具备的基本素质。唯品会有经验的买手,此前大部分都在线下相关行业工作多年,有足够的专业度、广阔的人脉和丰富的经验,可以发现好品牌和好商机。

依靠买手们优秀的发现能力,很多海外小众品牌经由唯品会进入中国。唯品会的买手将新西兰"可以吃的"天然有机口红品牌 Karen Murrell 带到中国,并创造了一天售卖超过 1 万支的纪录;Alpha Industries 的飞行员夹克在国外已有几十年的历史,唯品会买手通过与欧洲的经销商直接谈判,使其在中国有了正规可靠的销售渠道。

唯品会的买手不仅要从国内外发现优质时尚好物、精准挖掘用户最喜欢的商品,而且还要与品牌或者一级供货商直接接触。这就需要买手在具备敏锐的时尚眼光的同时,还必须具备一些如鉴别正品等专业能力。因此唯品会的买手团队不仅准入门槛高,而且要经过严格的培训。各项要求都合格了,才能正式成为唯品会的买手。

资料来源:元气资本微信公众号,2021-05-26。

二、制定采购计划

零售商在商品采购上需要对采购什么、采购多少、从哪里采购、什么时候采购等一系列问题进行抉择,并以此制定采购计划,以便加强采购管理(采购计划各要素的确立将在下一部分逐一分析)。采购计划是企业经营计划中的一个重要组成部分,一般包括年度采购计划和月度采购计划,采购员在掌握年度采购计划的基础上根据月度采购计划执行采购任务。

采购计划的制定要细分落实到商品的小分类,对一些特别重要的商品甚至要落实到品牌商品的计划采购量。采购计划要细分到小分类,其意图就是控制好商品的结构,使之更符合目标顾客的需求。同时,采购计划的小分类细分也是对采购业务人员的业务活动设定了范围和制约条件。另外,如果把促销计划作为采购计划的一部分,那么,就要在与供应商签订年度采购合同之前,要求供应商提供下一年度的产品促销计划与方案,便于在制定促销计划时参考。在制定采购计划时也应要求供应商提供下一个年度新产品上市计划和上市促销方案,(作为其制定新产品开发计划的一部分)。

在制定商品采购计划的过程中,采购员关键是要通过各种渠道收集顾客需求信息,以便采购适销对路的商品。通过研究目标市场的人口统计数据、生活方式和潜在购物计划,零售商就可以直接研究消费需求。如果零售商无法直接得到消费者数据,也可以通过其他途径,如向供应商征询有关资料,有些供应商会做出有关自己产品行业的消费需求预测和营销研究;零售商也可以通过销售人员直接与顾客打交道,了解顾客的需求动态;零售商还可以通过对竞争对手的调查研究、政府公布的行业经济发展数据、新闻机构的消费者调查,或者向有关商业咨询机构购买商业数据等方式收集和分析消费者需求信息,使采购计划建立在科学的、充分的市场调查的基础上。

三、确定供应商及货源

选择商品货源是零售商开展采购活动的重要环节,零售商需要在各种货源渠道中确定哪一渠道可以满足商店对某一商品的需要。

(一) 零售商的进货来源

(1) 制造商;
(2) 当地批发商;
(3) 外地批发商;
(4) 代理商和经纪人;
(5) 批发交易市场;
(6) 附属加工企业。

由于零售商的类型和规模不同,进货渠道也会有所不同。为确保进货及时畅通,商品品种、花色、式样丰富多彩,零售商必须广开货源渠道。零售商最好建立固定的进货渠道和固定的购销业务关系,这样做,有利于互相信赖和支持;由于彼此了解情况,易于符合进货要求;可以减少人员采购,节约费用。在保持固定进货渠道的同时,零售商还要注意开辟新的进货渠道,以保持商品品种的多样化。

选择供应商是一个非常复杂的工作。美国西尔斯百货公司的全部供应商超过 10 000 家,还有更多的供应商纷纷要求进入,这给选择工作带来了一定的难度。为了从一开始就淘汰和筛选出不合格供应商,节约谈判时间,提高采购效率,零售商必须先建立一个供应商准入制度,设立一个选择标准,以对供应商进行资格审查。

(二)选择供应商的标准

(1)信用情况。零售商在进货前必须了解供应商以前是否准时收款发货、遵守交货期限,以及履行采购合同的情况,以便同诚实、信用好的单位建立长期合作关系,稳定货源。

(2)价格。价格是零售商进货的主要依据之一,只有价廉物美的商品才能吸引消费者,增强企业竞争力。因此,在保证商品质量的基础上,价格低廉的供应商是商店进货的首选。

(3)品质保证。零售商进货时要明确了解对方商品质量如何,比较不同供应商的商品性能、寿命、经济指标、花色品种、规格等,择优进货。

(4)时间。这包括供应商发货后商品的在途时间及结算资金占用情况等。

(5)花费。比较从不同供应商、不同地区进货的费用和进货成本后进行选择。

(6)服务情况。将不同供应商服务项目的多少和服务质量的高低作为选择标准。例如,是否送货上门,是否负责退换商品,是否提供修理服务,是否赊销,是否负责介绍商品性能、用途、使用方法,是否负责广告宣传等。

(7)管理规范制度。管理制度是否系统化、科学化,工作指导规范是否完备,执行的状况是否严格。

供应商准入制度的核心是对供应商资格的要求,包括供应商的资金实力、技术条件、资信情况、生产能力等。这些条件是供应商供货能力的基础,也是将来履行供货合同的前提保证。这些基本的背景资料要求供应商提供,并可通过银行、咨询公司等中介机构加以核实。采购员应主动开发收集具有合作潜力的供应商的相关资料,并记录在供应商资料卡上。然后,根据资料卡内容及选择标准评定该供应商是否列为开发对象或合作对象。

目前,许多零售商店在选择供应商的问题上都不同程度地设了一道门槛,即进场费。有些企业甚至将其作为第一条件,供应商若不能交纳进场费,则一概免谈。由于各商家进场费的数额比较混乱,由此引来众多争议,也导致零售商与供应商之间的关系日趋紧张。随着市场竞争日益加剧,这种一味地收取进场费而不顾供应商商品质量和市场反应的做法是不足取的。

专论:

零售商得供应链者得天下

供应链,即生产与流通过程中,涉及将产品与服务提供给最终用户的上游与下游企业所形成的网链结构;供应链管理,即利用计算机网络技术,全面规划供应链的商流、物流、信息流、资金流等,并进行计划、组织、协调与控制的活动。

进入21世纪,全球竞争已进入供应链竞争时代。英国经济学家克里斯多夫指出,现在不存在一个企业与另一个企业的竞争,存在的是一条供应链与另一条供应链的竞争。美国经济学家弗里德曼在《世界是平的》一书中,把全球供应链列为把世界夷为平地的十大力量之一,全球供应链使生产模式、流通模式、消费模式都发生改变。国外世界500强企业约有80%制定了企业的供应链战略,成为增强竞争力的主要标志。美国沃尔玛、亚马逊公司的全球供应链体系都是突出代表。可以说,世界因供应链而变,供应链也正在改变世界。

一方面,零售企业以商品直采、自有品牌为切入点不断延伸供应链,努力成为"生产型零售商";另一方面,一些细分品类的供应商掌控了供应链之后开始创建自己的专卖店。诸如以水果为专营品类的百果园、鲜丰水果,或是以休闲食品和坚果蜜饯为主打的来伊份、良品铺子等。

2017年3月,德国超市巨头阿尔迪(Aldi)入驻天猫国际,以跨境电商的方式进入中国市场。事实上,从阿尔迪入驻天猫的那一刻起,它已经不是纯粹的零售商了,而是一家供应商或者供应链公司。阿尔迪在天猫销售的是其自有品牌和掌握独家供应链的商品——这些是其他零售商无法提供的。

而在国内,专业店业态的逆势增长引发关注。以休闲食品为例,这几年休闲食品市场高速增长。数据显示,我国2016年休闲食品产值共计1 094.92亿元。其中,来伊份、良品铺子、盐津铺子、好想你、百草味等休闲食品专业店瓜分了近20%的市场份额,传统大卖场销售的休闲食品占比明显缩水。这些休闲食品专业店能够获得先机,是因为它们把控了该品类的供应链,上述几家企业以食品生产商起家,然后逐步延伸至下游渠道。

从阿尔迪入华到专业店兴起释放了这样一个信号:供应链作为零售业核心,在未来的战略意义将更加凸显。在不断涌现的"新物种"和线上线下融合的趋势下,将来是渠道缩水、商品为王的时代。那么,零售企业如何构筑自己的供应链优势?

零售企业把控供应链可分为三个阶段:第一阶段是去掉中间环节,实现商品直采。商品直采能够获取更大利润空间,回归经营商品的零售业本质。第二阶段是以OEM方式委托生产的自有品牌阶段。国内自有品牌做得比较好的企业,自有品牌不但自身毛利率高,甚至可以带动整个系统提升利润率。第三阶段是从设计到产品研发,掌握整条供应链的SPA零售模式。SPA模式又称制造型零售模式,是一种企业全程参与商品设计、企划、生产、物流、销售等产业环节的一体化商业模式,比较典型的代表是一些快时尚服装企业。

供应链未来将成为零售业竞争的核心要素。从这一层面上来讲,零售商、供应商、渠道商实际上都在做同一件事情,即通过整合资源,把控独家商品,成为具备差异化竞争力的供应链公司。

资料来源:第三只眼看零售微信公众号,2017-07-05。

四、谈判及签约

当货源已经确定且购买前评估已完成时,零售商开始就采购的相关条款进行谈判。一次新的或特定的采购订货通常要求签订一份经过谈判的合同,在这种情况下,零售商和供应商将认真讨论商品采购所有方面的细节。如果供应商已经成为零售商的供货伙伴,订货只是例行的或再订货活动,通常只涉及一份格式化的合同,在这种情况下,条款是标准化的,或者已经为双方所接受,订货过程按例行方式处理。

(一) 采购谈判的内容

零售商采购谈判的主要内容是:

（1）采购商品。包括商品质量、品种、规格、包装等。
（2）采购数量。包括采购总量、采购批量、单次采购的最低订货量和最高订货量等。
（3）送货。包括交货期、频率、交货地点、最高与最低送货量、保质期、验收方式、交货应配合事项等。
（4）退换货。包括退换货条件、退换货时间、退换货地点、退换货方式、退换货数量、退换货费用分摊等。
（5）价格及折扣。包括新商品价格折扣、单次订货数量折扣、累计进货数量折扣、年底进货奖励、不退货折扣（买断折扣）、提前付款折扣等。
（6）售后服务保证。包括是否负责保换、保退、保修、安装等。
（7）付款。包括付款天数（账期）、付款方式等。
（8）促销。包括促销保证、广告赞助、各种节庆赞助、促销组织配合、促销费用承担等。

在谈判过程中，采购员要明确重点谈判项目。对于这些重点问题，采购员要找出分歧点，明确重点问题的预期目标和自己的态度，善于应用谈判技巧，赢取主动。采购员尤其应注意以下问题：

1. 配送问题的规定

零售商经营的商品一般周转率都比较高，要保持充分的商品供应，商品配送是一个十分重要的方面。许多连锁商店设有自己的配送中心，这一问题相对容易解决，但许多商店是单体商店或小型连锁商店，自己的配送能力有限，必须全部或部分依靠供应商的配送，此时商品配送问题就成了谈判中的一个主要内容。因此，商店应在配送的方式及配送的时间和地点、配送次数等方面与供应商达成协议，清楚地规定供应商的配送责任，以及若违反协议必须承受的处罚。

2. 缺货问题的规定

缺货是零售经营的大敌，不仅会损失销售机会，也损害了商店形象。对于供应商的供货，若出现缺货的现象，必然会影响销售。因此，在谈判中要制定一个比例，明确供应商缺货时应负的责任，以约束供应商准时供货。例如，允许供应商的欠品率为3%，超过3%时，每月要付1万元的罚金。

3. 商品品质的规定

进行商品采购时，采购员应了解商品的成分及品质是否符合国家安全标准和环保标准或商标等规定。受知识所限，采购员不能判断所有商品的各种成分及技术标准，因此，在采购时，必须要求供应商提出合乎国家法律规定的承诺，提供相应的合法证明。对于食品，还必须要求供应商在每次送货时提供相应的检验报告。

4. 价格变动的规定

零售商与供应商往往建立的是一种长期的供货关系，在这期间，零售商当然希望供应商的商品价格保持不变。但由于供应商的商品成本因素会出现意外情况，如原料成本上升或原料供应减少造成的商品供不应求或薪金上涨等，价格的变动自然在所难免，但在谈判时仍需规定供应商若调整价格必须按一定程序进行，征得零售商的同意。

5. 付款的规定

采购时，支付的货款天数是一个很重要的采购条件，但需对支付供应商的方式有所规范。例如将对账日定在每月的哪一天，付款日定在哪一天，付款时是以现金支付还是银行转账等，都要有一系列规定,并请双方共同遵守。

(二)签约及合同管理

采购合同是买卖双方为实现一定的经济目的而依法订立的明确双方有关权利义务的一种书面协议。它对双方当事人都具有法律约束力。合同一旦签订,任何一方不得强迫对方接受不平等条件,也不能单方面撕毁合同,否则将受到法律制裁。对于新供应商,其商品第一次进场销售,双方往往先签一个商品试销协议。期限不等,一般为三个月或更短。待试销期满,试销成绩合格的商品,零售商可以与供应商签订正式的采购合同,建立长期的供销关系。

任何一个经济合同都包含基本条款和补充条款。采购合同的具体内容由以下几方面构成:

(1)采购商品的名称。合同上应注明商品的生产厂名、牌号或商标、品种、型号、规格、等级、花色等。

(2)采购商品的数量、价格和质量。数量和价格经购销双方议定。对于质量,合同可以规定多种鉴别方法:一是直接观察法;二是以样品为标准鉴别;三是以牌号为根据鉴别;四是以标准品级为依据鉴别。

(3)采购商品的交货地点及交货时间。交货地点包括现场交货、船上交货、车站交货、到库交货等;交货时间有立即交货、近期交货、远期交货。

(4)采购商品货款的支付。包括结算方式、开户银行、账户名称及账号,是当时付款还是预付货款、约定期付款等。

(5)其他事项。包括供应商的售后服务,对消费者的承诺,应支付的各种入场费、赞助费等。

(6)违约责任及违约金。

采购合同一经签订就正式生效,买卖双方必须严格执行,任何一方不得随意毁约。如遇特殊情况,一方需要修改的,需经对方同意。在合同执行过程中,如果发生纠纷,双方应充分协商,尽量要求合理解决。协商不成的,可由中介机构出面调解,调解不成的可直接向经济法庭起诉,由法院做出裁决。

五、商品导入作业

当零售商与供应商签订采购合同后,商品就开始被引进商场销售流程,工作人员需要对引进的商品进行各种准备工作,这个阶段包含了零售商在实体上处置商品的一系列过程,如进货验收、退换货、存货、标价、补货上架等作业。

(一)进货验收作业

1. 卸货

进货作业是从商品自运输工具上卸下来开始的。理想的卸货应在室内进行,以避免因气候、多余的外包装或交通阻塞等因素而发生损失,但由于商店内寸土寸金,大多数卸货仍在室外进行。这里要注意应避免在营业时间于商店门口卸货,这样会阻碍顾客的进入,减少销售机会。一些商店给送货车统一配锁,钥匙配置给各商店。当货物到达商店后,再由商店开锁卸货。这样,司机便会省去许多麻烦。若出现商品短缺,商店可直接找厂商或配送中心的配货员交涉。

2. 核验

商品从送货车上卸下后,未拆卸前,应在司机面前验收箱数是否正确,以及外包装是否无损。如有任何破损或已开的箱子,或箱数短少,都应在司机带来的送货单上注明。无论是否短缺,送货单都必须有司机签名,如果将来对破损有争议的话,司机的签名是很重要的依据。核验商品必须及时、迅速、准确,做到随时进货随时验收。

3. 做好收货记录

当商品通过验收后,验收员还必须做好收货记录。收货记录是进行商品验收的重要书面记载,内容一般包括收发货单位名称,凭证号码,实收商品数量、规格、质量,数量差额和质量不符程度,验收日期和地点、验收人等。许多商店直接以送货单为收货记录,上面注明实收商品数量及差额并有验收员及司机的签名,作为日后会计记账和商店盘存的依据。

(二) 退换货作业

退换货主要由如下原因造成:品质不良、订错货、送错货、过期品、滞销品、商品标示不符等。商品退换,一般不大为厂商所接受,除非证明品质不良或标示不符,因此,必须事先签好协议。退换货作业可单独进行,也可与进货作业相配合,利用进货回程将退换货带回。在退换货作业上应注意:

(1) 厂商确认,即先查明待退换商品所属的厂商或送货单位。

(2) 填写退换货申请单,注明其数量、品名及退换货原因。

(3) 退换商品要妥善保管,应划专门区域暂存,整齐分类才易管理。

(4) 一旦确认商品不符合要求,要迅速联络厂商办理退换货。

(5) 退换货时确认扣款方式、时间和金额。退换货最好定期办理,如每周一次或每 10 天一次。

(三) 存货作业

已进货的商品不可能全部陈列在商店货架上,有一部分则进入仓库暂时保管。将各项商品分类管理,使人对商品的位置一目了然,补货上架工作才能顺利完成。存货作业同进货作业一样都是商店销售的基础。每一个商店的仓库空间都是有限的,必须进行有效的商品库存,使得在满足销售要求的前提下,库存商品占用空间最小化、放置最优化。库存商品需要定位,即将不同的商品按分类、分区域管理的原则来存放,并用货架放置,勿在指定的场所外放置商品。区位确定后应制作一张配置图,张贴在仓库入口处,以方便存取。如果物流配送跟得上的话,商店最好不设仓库,而实现零库存经营,这样可大大节约库存费用,降低经营成本,增强商店的竞争力。

(四) 标价作业

如今,不管何种业态的商店都要在每一个陈列的商品上标上价格,以便于顾客选购和收银员计价。标价是指将商品代码和价格用标价机打在商品包装上并在商品陈列处的货架或陈列柜的价格标签上标明价格。标价作业应注意整洁准确,易于查看,并具有一定的持久性。标价作业最好不要在卖场进行,以免影响顾客的视线及活动,因此,可在配送中心标价或要求厂商代为标价。当商店减价、涨价或商品退货,标签污损、破裂、遗失时,都需要重新标价。如果是将原价格调高,应将原标签去掉,重新打上标签,以免顾客产生抵触心理;若是调低,则可以在原标签上打贴新价格,以让顾客知道减价的事。但要注意的是,一件商品上不能出现两种价格,以免引发争议。很多超级市场在节假日以优惠价打折出售所有商品,它们往往并不重新标价,而是在收银机上处理,先标出原价,再进行折扣,这样既省去很多工作,又能达到促销的目的。

(五)补货上架作业

补货上架作业是指将标好价格的商品,依照既定的陈列位置定时或不定时地补充到货架上或商品陈列处。定时补充是指在营业高峰时段补充;不定时补充是指随销随补,即只要卖场上的商品即将售完就需立即补充。补货上架应注意:

(1)预先制定好商品配置表。商品配置表应按货架设计,每种商品应陈列于货架何处,陈列多少,应十分明确。理货员应严格按照商品配置表上的说明,将商品正确陈列到货架上。

(2)对于食品,补货时应按先进先出的原则,将原有商品取下,清洁货架及原有商品,接着将补充的新货放至货架的后段,再将原货放在前段。补货工作与商品陈列技巧密切相关,可以参看商品陈列的有关内容。

六、再订购商品

对于试销符合业绩要求的商品,零售商会将其确定为正式销售的商品。此时起,商品采购就不止一次,而是一种连续发生的行为,零售商往往需要制定再订购计划。再订购计划的制定要考虑几个关键因素:

(一)订货和送货时间

对于零售商,处理一份订单需要花多长时间?对于供应商,履行订单并将货物送达要花多长时间?零售商需要掌握处理订单的时间,以便及早打算,计算出当库存降到什么水平时,订购的货物刚好能到达商店,既不会导致商品脱销,又不至于造成商品积压。

(二)财务支出

不同采购方案下的财务支出是不同的。大批量订货可以获得较大的数量折扣,使单位商品进价较低,但大批量进货需要大量现金支出,增加了资金压力;小批量订货无法享受价格优惠,使商品进价较高,但小批量订货无须占用太多资金,提高了资金的使用效率。零售商在再订购时需要权衡这两方面的利益。

(三)订货成本和储存成本

订货量大,一定时期订货的次数就会减少,相应的订货成本也会降低,因为较高的数量折扣、较低的单位运输成本易于控制和处理。但订货量大也会使一定时期商品的储存成本增加,商品损坏和过时的可能性大。订货量小,一定时期订货的次数就会增多,相应的订货成本也会增加,因为较少的价格优惠、较高的单位运输成本使额外的服务支出及控制和处理过程更复杂。但订货量小会减少一定时期商品的储存成本,商品损坏和过时的可能性也小。零售商在再订货时需要权衡这两种成本,最佳情况是订货批量使订货成本和储存成本的总和为最低值。

（四）存货周转率

存货周转率也是零售商制定再订购计划要考虑的一个重要指标。存货周转率（stock turnover）表示特定时期（通常为1年）内现有存货平均销售的次数。它可以按商品数量或金额计算。其计算公式如下：

$$存货周转率 = \frac{净销售额}{平均销售的存货量} \qquad (7-1)$$

$$存货周转率 = \frac{售出商品成本}{平均的存货成本} \qquad (7-2)$$

存货周转率的两个计算公式没有什么区别，其选择取决于零售商所采用的会计制度。

1. 高存货周转率的优点

（1）提高销售额和资金利用率。高存货周转率可以增加销售额，提高投资效益。因为滞留在存货上的资金会解放出来，可以采购更多的商品，创造更多的销售机会，而顾客也可以买到新货品，而且新货品要比旧货、有磨损的商品更吸引人注意，更能刺激顾客的购买欲望。

（2）降低商品贬值风险。时尚商品和易腐商品的价值在一摆上货架时起，就开始贬值了。当存货销售很快时，货架上的商品经常是新上的，由型号和款式变化而引起的损失相应减少。

（3）提高售货员的士气。高存货周转率，以及由此而来的新鲜商品可以使售货员感到兴奋，商品的尺码很全，商品也不会在商店里耗损。当售货员士气高涨时，他们会更加努力地工作，从而进一步提高销售额和存货周转率。

（4）减少费用。高存货周转率可以降低与存货有关的一些费用（如利息、保险费、商品损失及仓库保管费等）。

零售商可以通过多种不同的策略来提高存货周转率，如减少经营商品品种，对滞销商品不经营或只保留最低存货，高效及时地采购商品，采用反应迅速的存货计划及利用可靠的分销商。

2. 高存货周转率的缺点

（1）为了获得高存货周转率，零售商会经常性地小批量采购商品，这样做可以降低平均存货量，而且不会降低销售额。但是，小批量购货会提高商品成本，因为这可能丧失数量折扣并增加运费。

（2）存货周转率高可能是由于商品组合窄而浅引起的，这样商品的选择性较差，从而会失去一些顾客。

（3）如果零售商采取降低价格以加快库存周转的话，会导致单位商品利润降低。

因此，零售商应该努力保持存货周转率的平衡，过高和过低的存货周转率都可能带来一定的损失。

七、定期的评估与改进

（一）对供应商的评估

引入的商品在商场正式销售后，采购人员仍要追踪管理，不能放任自流。评估主要包括两个方面：商品的评估和供应商的评估。对商品的评估，最重要的是看它是否能畅销，因此，采购员要定期分析商品的销售量，看销售是否稳定、正常，并及时淘汰滞销商品，引入新商品。对供应商，也需要定期考核,主要考核内容有商品质量和创新情况、商品销售情况、商品价格竞争力和毛利率、供应商的配送能力、供应商促销配合情况、供应商的发展潜力等。

所有旧供应商每半年或一年考核一次,考核时应由负责人填写"供应商评估考核表"(见表7-1),会同采购评估小组进行"商品价格""商品质量""交货时间""配合度"等指标考核,确定评定等级。一般可以将供应商的考核结果分为三个等级:

表7-1 供应商评估考核表

项目	评估考核等级			
	A	B	C	D
商品质量	品质佳 (15)	品质尚可 (8)	品质差 (6)	时常出现坏品 (2)
畅销程度	非常畅销 (10)	畅销 (8)	普通 (6)	滞销 (2)
商品价格	比竞争对手优惠 (20)	与竞争对手相同 (12)	略高于竞争对手 (8)	大大高于竞争对手 (2)
交货时间	准时 (15)	偶误 (10)	常误 (8)	频繁误 (2)
配合度	配合极佳 (15)	配合佳 (10)	配合差 (5)	配合极差 (3)
欠品率	2%以下 (15)	2%~5% (12)	6%~10% (8)	10%以上 (2)
退货服务	准时 (10)	偶误 (8)	常误 (6)	频繁误 (2)
经营潜力	潜力极佳 (10)	潜力佳 (8)	普通 (6)	潜力小 (5)
得分	110	76	53	20

说明:1. 对供应商应定时评估考核,一般半年或一季度进行一次。
2. 得分80分以上为A,61~80分为B,50~60分为C,50分以下为D。A类供应商应给予表扬和奖励。

1. 考核优秀

对于考核优秀的供应商,零售商可以予以表彰和奖励,并进行排名,对排名在前列的供应商在信息交流、货款上给予优待。零售商也可以选择单项优秀的供应商给予表扬,如最佳促销配合供应商、最佳商品毛利率供应商、最佳营业额供应商、最佳准时交货供应商等。

2. 考核合格

对于考核合格的供应商,继续留在企业采购名册上,同时对其商品和管理提出改进意见,希望其继续努力,成为企业的优秀合作伙伴。

3. 考核不合格

对于考核不合格的供应商,应决定暂停或减少采购数量,并通知该供应商进行改进,或由商店派员进行辅导。采购部门人员追踪评估供应商改进成效,成效不佳视情况要求该供应商于展延期内改进。复核为合格者,方可继续登录于"合格供应商名册"内;复核不合格者,应予淘汰。零售商可以规定采购部门一定时期按一定比例替换供应商。多数商店一般在年底确定下年度10%~20%应替换的供应商。若总数有500家供应商,则应在此时替换掉50~100家供应商,汰劣择优,形成一种良性循环。

(二)零售商与供应商关系的改进

定期的再评估不是停留在工作考核的层面上,关键还在于如何改进以提高企业的采购管理水平。这里既包括采购计划的改进、采购方法的改进、采购商品品种的改进,又包括零售商与供应商关系的改进。

多数零售商都十分重视年度供应商大会,将其视为与供应商建立良好关系的一次重要机会,并于每年年底择期召开。年度供应商大会主要有两个内容:一是介绍本公司的发展情况和目标;二是对优秀的供应商进行表彰。召开年度供应商大会的目的是:感谢供应商一年来的配合及支持,同时展现零售企业的发展实力和潜力,吸引更多的有实力的新供应商前来接洽。

年度供应商大会可以是有偿的(如由供应商自费参加有餐宴的"颁奖大会")或无偿的,也可以仅有精神奖励(如奖状或奖牌等)或同时给予物质奖励(如奖金或提前付款等)。还可以请新闻媒体参加报道,以扩大影响力。表彰的内容主要包括营业额、营业额增长率、毛利额、毛利增长率、准时交货率、低或无退货率、售后服务水平、商品创新、促销支持力度、广告支持力度、综合配合度等项目。也可以针对供应商的业务人员及商店的采购人员颁奖给"最佳业务能手"及"最佳采购能手"等,以激励买卖双方的关键人员,奖项可以是奖状、奖牌、奖金或国外旅游等。

越来越多的零售商已经认识到,与优良的供应商建立长期稳定的合作关系对事业发展是至关重要的。在今天的信息社会中,独自挖掘潜力的竞争方式已不能适应竞争的要求,零售商要在整条商品供应链中考虑自己的地位和价值,通过与供应商建立战略伙伴关系,才能不断提高对顾客的要求做出迅速反应的能力、企业各部门的应变能力和优化企业外部资源的管理能力,从而建立起自己的竞争优势。下面的案例正是说明了零售商和供应商通过建立互相信任的关系使双方都获得了益处。

【案例7-2】

朴朴超市管理供应商:不收进场费,没有退换货

作为前置仓模式的代表,朴朴超市的版图正在向全国延伸。与一些实体零售企业相比,朴朴超市的一个最大特点就是对供应商不收取通道费用,也没有退换货的要求,让供应商能够专注于商品生产、降低流通成本,为消费者提供性价比更高的商品。

除了商品差价之外,朴朴在供应商身上获得的利益点有两个:一是一到两个月的账期。这个时长接近沃尔玛、永辉等传统零售企业。另外,朴朴超市将向供应商收取3~5个百分点的物流费用,其中常温商品的物流费用为3个百分点,而冻品的物流费用为5个百分点。

供应商需要将商品配送至朴朴的城市总仓,而由总仓至前置仓、前置仓至消费者手中的物流配送则由朴朴自己完成。

朴朴超市没有将通道费用作为利润来源,最终体现到零供关系、商品竞争力以及消费者体验等方方面面。据了解,朴朴超市目前大约有 3 500 个存货单位,供应商数量为 2 000 多家,平均算下来,可为一家供应商提供 2 个存货单位的单品。从这个角度来看,朴朴超市的供应商多为"单品之王"。朴朴超市 2020 年的销售额约 100 亿元,按照这样的体量,朴朴超市完全有能力向供应商收取通道费用。但朴朴超市并没有这样做,其少收取的 5%~15% 的通道费用反馈到商品零售价格上面,最终使得朴朴超市商品性价比要高于竞品。

伴随着实体零售企业加大商品直采力度、积极开发自有品牌等举措,越来越多的零售商希望摆脱对通道费用的依赖,但由于积重难返,通道费用依然是多数传统零售企业主要的利润来源。而朴朴超市给了我们一个很好的观察样本。

资料来源:第三只眼看零售微信公众号,2021-01-15。

第二节 采购制度与人员管理

一、采购制度

(一) 分散采购

分散采购是指采购权分散到各个部门或各个分店,由零售商的各商品部门或分店自行组织采购。这些部门或分店不仅负责本身的商品采购,还直接负责商品的销售,其特征是采购与销售合一。

1. 分散采购的优点

(1) 能适应不同地区市场环境的变化,商品采购具有相当的弹性。

(2) 对市场反应灵敏,补货及时,购销迅速。

(3) 分部拥有采购权,一线部门的积极性和士气高。

(4) 采购权和销售权合一,分部拥有较大权力,因而便于分部考核,要求其对整个经营业绩负责。

2. 分散采购的缺点

(1) 部门各自为政,容易交叉采购,人员费用较大。如美国联邦百货商店有限公司有 8 名女装采购员(每个连锁店配备 1 名)和 1 名负责自有品牌女装的总公司采购员。相比之下,The Gap 公司只有 1 名在公司总部的女装采购员。

(2) 采购权力下放,采购控制较难,采购过程中容易出现舞弊现象。

(3) 计划不连贯,形象不统一,难以实施统一促销活动,商店整体利益控制较难。

(4) 各部门或分店的采购数量有限,难以获得大量采购的价格优惠。

分散采购制度由于存在许多弊病,正逐渐被集中采购取代。只有在地区之间消费需求存在较大差异时,分散采购才适用于跨地区的连锁公司。

(二) 集中采购

集中采购又称中央采购,是指采购权限高度集中于商店总部或连锁总部,由零售商设置专门的采购机构和人员统一采购各商店的商品,商品分部或分店则专门负责销售,与采购脱离。这是一种采营分离的采购制度。在这种制度下,商品的引入与淘汰、价格制定及促销计划等,完全由公司总部统一规划实施,分部或分店负责商品陈列、小仓的商品管理和销售等工作,各分部或店铺对商品采购无决定权,但有建议权。

1. 集中采购的优点

(1) 可以提高零售商在与供应商采购谈判中的议价能力。由于集中采购进货量大,零售商在谈判中处于优势,可以获得优厚的合同条款,享受较高的价格优惠,这是许多连锁商店竞争力的主要来源之一。

(2) 可以降低采购费用。零售商只需要在总部建立一套采购班子,而不必像分散采购需要各分部或分店建立自己的采购队伍,从而降低了采购人员费用;同时,采购谈判、信息搜寻、商品运输等费用也大幅度降低,这就大大降低了企业的采购总费用。

(3) 可以由公司统一规划、实施促销活动,有助于保持企业的统一形象,使企业整体营销活动易于策划和控制。

(4) 集中采购制度将采购职能集中于训练有素的采购人员手中,有利于保证采购商品的质量和数量,提高采购效率;同时使各店铺致力于销售工作,提高店铺的营运效率。

(5) 配送体系的建立降低了连锁店仓储、收货费用。连锁公司在实施集中采购后,才可以建立与之相适应的统一配送。如果没有统一配送,各分店为保证不缺货,就要建立自己的仓库,同时需建立自己庞大的收货队伍。而集中采购,统一配送,可以保证各店铺大幅度压缩甚至取消仓库,收货队伍也可压缩至最少,这样就极大地降低了仓储及收货费用。

(6) 可以规范采购行为。当前困扰零售商的一个很大的问题是商业贿赂。所谓商业贿赂,是指供应商给零售商的采购员提供金钱或有价值的物品以影响其采购决策。通过集中采购,建立一套行之有效的规章制度及制衡机制,可以有效地解决这一问题。

2. 集中采购的缺陷

(1) 购销容易脱节。集中采购制度在享有专业化分工效率的同时,也增加了专业化分工协调的困难。尤其是连锁企业,由于分店数量众多,地理分布又较分散,各分店所面对的消费和需求偏好都存在一定程度的差异,集中采购制度很难满足各分店的地方特色,物流人员配送商品也难以适应各分店的地方特点。

(2) 采购人员与销售人员合作困难,销售人员的积极性难以充分发挥,维持销售组织的活力也比较困难。

(3) 责任容易模糊,不利于考核。

3. 克服集中采购缺陷的手段

目前,集中采购制度为大多数连锁企业所采纳。针对集中采购存在的弊病,尤其是采购员不了解顾客的真正所需,采购商品难以满足各地消费需求这一问题,许多零售商都在努力探索解决办法。下面介绍几种常用手段。

（1）完善信息管理系统。完善的信息管理系统是集中采购制度得以实施的保证，由于POS系统将销售信息和库存信息及时准确地集聚到采购部门，采购人员可以随时了解门店的销售动态和库存状况，从而做出有效的商品分析。这尤其对商品的补货和滞销商品的淘汰工作提供了极大的方便。目前，国内外大部分连锁企业都安装了POS系统。此外，EOS（电子订货系统）也较好地弥补了集中采购制度的缺陷。

（2）岗前培训。大多数零售商都要求采购员在从事采购业务之前先在商店里工作一段时间。在为期6~18个月的培训期内，未来的采购员们要了解商店运营、了解销售人员和产品经理面临的问题以及顾客需求等。这样做的目的，一是增加采购员与顾客的接触，使采购员懂得如何接近顾客并了解顾客需求；二是改善采购人员和负责销售这些商品的商店人员之间的关系，以保证日后的正式交流和非正式交流。

（3）经常参观商店。让采购人员经常参观商店并与相应的部门一同工作也是解决采购与销售脱节的一个办法。沃尔玛公司所有的经理（不仅仅是采购员）都要经常参观门店，并实践他们的"漫步管理"哲学。经理们在星期五晚上离开位于美国阿肯色州的公司总部，然后及时返回，并在周一早晨例会上与其他人员交流他们的经历。诺顿百货公司不是将采购员集中在位于西雅图的公司总部，而是让采购员居住在他们负责采购商品的门店周围，由于这些采购员只和他的办公室周围数量有限的几家门店一同工作，所以，他们经常光顾这些门店，了解门店经营情况和顾客信息，以及竞争对手的商品信息。

（4）委派专人负责协调。有些连锁商店设立专门的商品联络员负责协调购销活动。商品联络员向采购部门的商品经理提交报告，他们通常要在店中耗费大量时间协助门店人员进行商品展示和销售，还要负责通知采购员门店销售商品时遇到的有关问题。日本伊藤洋华堂公司在采购部门设立品种督导（category supervisors, CS）一职，主要作为总部采购人员和门店之间的中介。这些人由部门总经理管理，他们就流行趋势、商品销售等议题向品类经理通报信息、提供支持和建议，以便总部采购人员在引进商品时能够做出更准确的判断，使引进的新商品能够在商店中更好地销售。

（5）加强部门间的联系。尽管采购是一项很专业的工作，但采购人员必须与企业内的许多部门保持联系，还要与外部的供应商和其他代理商保持联系。国外大型连锁商店鼓励采购组织与各部门相互合作。商品管理者、自有品牌经理、技术工程师以及质量控制员在采购功能中合作很紧密。在一些大型连锁企业，这些管理人员被纳入企业采购团队的一部分或成为采购委员会的成员。而且，各部门与采购部之间的信息流动是横向的，这样就能够有效避免信息向上汇报后再转回时被延误和扭曲的情况发生。

（三）分散与集中相结合

分散与集中相结合的采购制度是将一部分商品的采购权集中，由专门的采购部门或人员负责，另一部分商品的采购权交由各经营部门自己负责。

这种采购制度的优点是：灵活性较强，商店可以根据所处地区和自己的实际情况，有针对性地采购部分商品。

这种采购制度的缺点是：如管理不当，容易形成各自为政。

目前，国内一些连锁企业采取一定程度的分权以弥补集中采购制度的缺陷。比如，将全部分店按地理位置分区,每区拥有一定数量的分店,以区为单位设地区总店,实行连锁企业总部集中采购与地区总店采购相结合的采购制度,企业称之为"划片"管理。

另一常采用的方法是直接赋予分店一定程度的采购权。这可以按销售额的一定比例(比如10%)下放。各分店可用来采购本店的特色商品,也可以将某些商品类别、品种(比如地产地销的商品)交给分店自行采购。这种分权形式很受商店欢迎,但要注意避免成为另一个腐败的源泉。

二、采购人员及其考核

零售业是人的事业,零售采购管理水平也取决于采购人员的水平。采购计划的制定、采购资金的有效运用、货源的确定、库存的控制等一系列决策都与采购员的素质有关。企业拥有一流的采购人员,才能把握住商品经营的源头,实现商品经营的目的。

(一) 采购员的素质要求

几乎所有零售商店都对采购人员的素质提出了一定的要求,这些要求大同小异,主要是对采购员的品行操守、工作能力及性格特征给予了描绘。下面是零售业对采购员的基本素质要求。

1. 思想素质

采购员需要有强烈的责任感、事业心,良好的职业道德,遵纪守法,廉洁奉公。采购人员的职业道德关系着零售企业的整体形象。采购人员在业务活动中应注重个人修养,采取公正、公平的态度与各供应商建立起良好的相互信任的关系,不能在采购活动中营私舞弊,以个人利益侵害企业利益,要切实树立起采购为销售服务、为消费者服务的观念。

2. 工作能力及个性特征

采购人员的工作能力,除了具有较强的选择供货商、与供货商谈判等方面的业务能力外,还应具备较强的预测和决策能力,以及人际关系协调能力等。这是因为采购人员与顾客及销售现场的接触较少,而一些连锁企业的分店又分布于各个地区,其面对的消费偏好存在着一定程度的差异,这些因素都给采购人员预测商品需求变化趋势增加了难度。而且如果企业采购量大,时间性要求也高,采购人员在业务活动中必须经常进行果断决策。同时,采购人员必须善于在与企业内有关部门人员,尤其是销售现场人员的关系协调中,把握消费需求信息,以保证采购商品适销对路。

3. 知识结构

采购人员应熟悉商品学、市场营销、经济法、数学和计算机信息管理等多门学科的知识。采购人员需要有较深厚的商品知识,了解同类商品不同品牌、产地、质量和价格的特征与本企业目标市场的适配性;有经济核算知识,熟悉商品成本构成,采购数量、时间、结算方式等对利润的影响;有政策法规知识,熟知合同签订的知识与技巧,防止签约失误造成损失;有市场预测知识与能力,掌握商品的产销规律;有企业营销知识,能科学合理地制定商场的促销策略。在工作阅历方面,不能仅限于采购工作经历。例如,日本西友公司规定采购人员必须担任过分店经理或商品部长,采购人员和中间管理人员及分店指导人员要定期轮换等,从而使采购人员具有丰富的商品知识和销售经验,熟悉商品运行的全过程,以便更好地承担公司的采购任务。

(二) 采购考核

采购控制是零售商实现经营目标的重要手段,在营运中谁能抓住商品采购控制这一环节,谁就等于找到了控制商品流通的源头。采购控制除了采购计划的控制外,还必须建立考核采购人员的指标体系,对采购进行细化的控制。采购考核指标体系一般可由以下指标组成。

1. 销售额指标

商品销售涉及商店销售部门和采购部门,有必要对二者实行捆绑式考核,指标相同权重不同。由于采购的商品是否适销对路、价廉物美,对商品销售至关重要,因此,具体负责采购的人员必须对商店销售额计划的完成负有相当大的责任。销售额指标要细分为大类商品指标、中类商品指标、小类商品指标及一些特别的单品项商品指标。应根据不同的业态模式中商品销售的特点来制定分类的商品销售额指标。

2. 商品结构指标

商品结构指标是为了使采购的商品体现业态特征和满足目标顾客需求的考核指标。尽管零售商的商品组合千姿百态,但零售业态一经确定,其商品经营范围也就基本确定下来了。有人曾经对一家便利店的商品结构分析发现,反映便利店业态特征的便利性商品只占8%,公司自有品牌商品占2%,其他商品则高达80%。为了改变这种不合理的商品结构,就要从考核指标上提高便利性商品和自有商品的比重,通过指标的制定和考核可约束采购员在进货商品上使商店的业态特征更明显。

3. 毛利率指标

毛利率指标是反映零售商经营效益的一个综合性指标,直接关系着零售商的盈利水平。在商品价格基本确定的情况下,采购员的进货成本直接影响着商店的毛利率水平。零售商往往先确定一个综合毛利率指标,然后分解综合毛利率指标,制定比例不同的类别商品的毛利率指标并进行考核。毛利率指标对采购业务人员考核的出发点是,让低毛利商品类采购人员通过合理控制订单量加快商品周转,提高毛利率,并通过与供应商谈判加大促销力度、扩大销售量,增大供应商给予的"折扣率",提高毛利率。对高毛利率商品类的采购人员,促使其优化商品品牌结构做大品牌商品销售量,或通过促销做大销售量以提高毛利率。

4. 商品周转天数指标

商品周转天数是指商品从购进到销售整个过程中所需要的时间。商品周转天数越长,占用的资金和场地越多,费用也越大。通过这一指标可以考核采购业务人员是否根据店铺商品的营销情况,合理地控制库存,以及是否合理地确定了订货数量。

5. 商品到位率指标

这个指标一般不能低于98%,最好是100%。商店在营运中经常会发生畅销商品一旦摆在商品货架上,就会很快被抢购一空,变成脱销品种。从理论上讲,这种现象似乎天经地义,其实这只是一种表象,真正的实质在于脱销商品是构成具有商店代表性、体现竞争实力的关键性品种。而这一点,许多采购人员,尤其是管理人员依然停留在肤浅的认识上,没有认识到只有源源不断地保证畅销商品的供应,才能体现出商品结构的合理性和实惠性,为商店赢得更大的利润空间。因此,能否做到迅速补充紧俏货源是衡量采购业务水平的一个重要指标。

6. 新商品引进率指标

为了保证零售商的竞争力,必须在商品经营结构上进行调整和创新。使用新商品引进率指标就是考核采购人员的创新能力,对新的供应商和新商品的开发能力,这个指标一般可根据业态不同而分别设计。如便利店的顾客是新的消费潮流的创造者和追随者,其新商品的引进力度就要大,一般一年可达60%~70%。当一年的引进比例确定后,要落实到每一个月,当月完不成时下一个月必须补上。如年新商品引进率为60%,每月则为5%;如当月完成3%,则下月必须达到7%。

7. 商品淘汰率指标

商店的商品是处于不断运动中的商品,由于商店的面积有限,又由于必须不断更新商品结构,当新商品按照考核指标不断引进时,就必须制定商品的淘汰率指标。一般商品淘汰率指标可比新商品引进率指标低10%左右,即每月低1%左右。

8. 通道利润指标

通道利润是否应该作为采购员的一个考核指标,尚有争议。客观而言,在激烈的价格竞争之下,商品毛利率越来越低,以致在消化了营运费用之后,有些零售商甚至出现了利润趋于零的情况,由此,通道利润就成为一些零售商的主要利润来源,这种状况在一些竞争激烈的地区已经发生。一般通道利润可表现为进场费、上架费、专架费、促销费等。零售商如想向供应商收取一定的通道费用,只要是合理的就是允许的,但不能超过一定的限度,以免破坏了与供应商的关系,偏离了经营的正确方向。因此,对采购人员考核的通道利润指标不应在整个考核指标体系中占很大比例,通道利润指标应更多体现在采购合同与交易条件之中。

【案例 7-3】

永辉超市从源头再造供应链

供应链一直是永辉超市的竞争优势和重要法宝。供应链建设作为永辉2021年的"一号工程",永辉正从过去购销模式转为订单模式(买断订单),从原来相对零散的产地合作,变为深度介入产地,整合产地资源并实现标准化。永辉计划在每个省成立一个新的供应链公司来做产地生意,对接产地供应商,将其变成合作者或加入永辉。永辉借助深度参与产地运营的方式来再造供应链,走订单农业方向,未来可能转化为生鲜商品的供应商、经销商身份。

当前,渠道正变得越来越碎片化。过去人们购买生鲜商品,一般会到农贸市场、菜市场。后来有了超市,又有了社区店。再后来电商出现了。电商又分几条赛道,有前置仓,有店仓合一,还有社区团购。未来,还可能有很多新渠道出现,比如直播渠道等。技术的进步、消费习惯的变化会带来越来越多的渠道供给、越来越细分的市场,以及越来越低的准入门槛。

这就带来了两个商业趋势。一个是零售商需要多业态全渠道发展来满足日益多元化、细分化的消费需求。但每个业态的供应链存在很多差异,基于过去的供应模型是无法支撑多业态发展的,需要企业迭代更新供应链。这是永辉再造供应链的一个重要原因。市场的变化迫使企业要去源头做订单农业,做标准化,做加工及做分选、分级、分品。

另一个趋势是市场也会变得越来越碎片化。小商家、关键意见领袖正在大量出现。其能聚集一批订单,但每家的订单总量可能不多,又非常分散。这就决定了他们没有能力做品控、做标准化,他们的供应能力不强,比如直播卖货就经常翻车。当下游日趋碎片化时,市场就需要一个强大的供应平台,来满足这些碎片化的需求。这是一个巨大的机遇,也是永辉再造供应链的一个原因。但要挖掘这块增量市场,需要架构出新型供应链体系和竞争力,需要建立高效率的、能快速反应并履约、能覆盖全国的流通网络。

资料来源:商业观察家微信公众号,2021-02-02。

第三节　商品采购决策

一、商品采购品种的确定

(一) 商品采购目录的制定

本书在前面章节介绍了零售商如何确定其商品经营范围,事实上,当零售商确定了商品经营范围以后,也就是确定了商品采购范围。为了在实践中更好地操作,零售商还必须将各商品品种详细地列出来,形成商品采购目录。商品采购目录是零售商经营范围的具体化,也是零售商进行采购的依据,是商品采购管理的一项重要内容。

商品采购目录包括全部商品目录和必备商品目录两种。全部商品目录是商店制定的应该经营的全部商品种类目录;必备商品目录是商店制定的经常必备的最低限度商品种类目录。必备目录不包括商店经营的全部商品种类,而只包括其中的主要部分。

必备商品目录是按照商品大类、中类、小类的顺序排列的。每一类商品都必须明确标出商品的品名和具体特征。由于商品特征不同,消费者选择商品的要求不同,确定商品品名和特征的粗细程度和划分标准也不相同。一般情况下,商品特征的多少决定着品名划分的粗细程度,特征简单的商品如食盐、食糖等,品名可以粗一些;特征复杂的商品,品名可以适当细分。目前,有些商店采用计算机进行管理,实行单品核算,则商品品名应根据最细小的标准来划分,直至无法划分的程度,以便准确区分每一具体商品。

必备商品目录确定以后,再根据顾客的特殊需要和临时需要加以补充与完善,便成了商店的全部商品目录。商品采购目录制定以后,不能固定不变,应随着环境的变化定期进行调整,以适应消费者需要。一般来说,季节性商品需分季调整,非季节性商品按年度调整,做到有增有减。但在调整中要注意新旧商品交替存在的必要阶段,在新产品供应尚未稳定之前,不可停止旧商品的经营,以免影响消费者的选择需要。

(二) 分类管理原则

在商品采购管理中,必须坚持分类管理原则,重点商品重点管理。现代社会新产品不断开发,商场面积有限,不可能把所有消费品均纳入商场销售范围,即使是目标市场比较狭窄的专业商店,也无法经营所有同类商品的花色品种。所以,零售商必须对经营商品的品种进行优选,把销售量大、利润高、顾客必需的商品作为重点商品,进行重点管理。目前,零售商流行的做法是将商品分为 A、B、C 三类,分别采用不同的管理方式。这种方法称为 ABC 分类管理法。

ABC 分类管理法的操作步骤是将各种商品按金额大小顺序排列,计算出各类商品的金额比重和品种比重(单项比重和累计比重),再将商品划分 A、B、C 三种类别。A 类商品是指获利高或占销售额比重大,而品种少的商品,一般销售额比重为 70%~80%,品种比重为 5%~10%;C 类商品是指获利低或占销售额比重小,而品种多的商品,一般销售额比重为 5%~10%,品种比重为 70%~80%;B 类商品是处于 A 类和 C 类商品之间的商品,其销售额比重为 10%~20%,如图 7-2 所示。

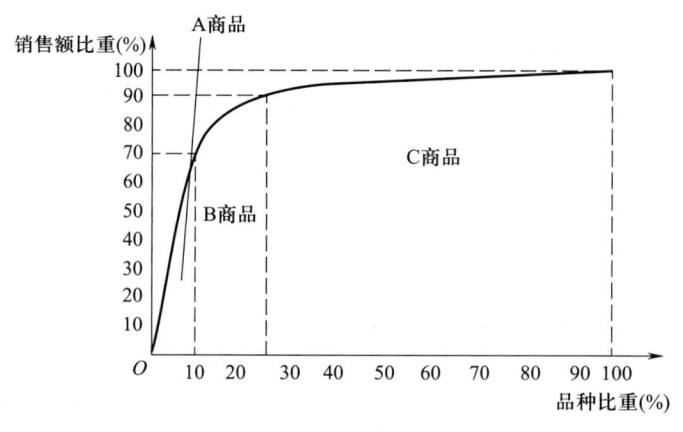

图 7-2 ABC 商品分类图

将商品划分成 A、B、C 三类后,再根据分类结果实施分类管理。A 类商品是重点商品,应进行重点控制。为防止脱销,要定时定量采购,经常检查每个品种的储存情况,及时进行调整,务必使这类商品保持在合理的限度内,保证不脱销,不积压。C 类商品可以采用较简单的办法加以控制,如采用固定采购量,适当减少采购次数,由于这类商品所占销售额比重较小,而品种比重较大,因而需要将每种商品的库存量控制在最小限度内。B 类商品可实行一般控制,分大类进行管理,除其中销售额较高的部分品种参照 A 类商品管理外,其余大部分商品连同 C 类商品都可以采取定期检查存量的方法进行控制。

二、商品采购预算的确定

采购预算一般以销售成本预算为基础予以制定。销售成本预算公式为

$$销售成本预算 = 销售预算 \times (1 - 平均毛利率) \tag{7-3}$$

例如,某零售商店某月的销售预算达到 200 万元,假定商店的平均毛利率为 15%,那么该商店的销售成本预算就是:

$$200 \times (1 - 0.15) = 170 \text{ (万元)}$$

按同样的道理,也可以推算出商品的年销售成本预算。当然,式 7-3 仅仅是销售成本预算公式,它并没有估计到库存量的实际变化。采购预算还要加上或减去库存增加或削减的因素,其计算公式应为

$$采购预算 = 销售成本预算 + 期末库存计划额 - 期初库存额 \tag{7-4}$$

例如,某商店一年的销售目标为 2 000 万元,平均毛利率是 15%,期末库存计划额为 200 万元,期初库存额为 180 万元,其全年的采购预算即

$$2\,000 \times (1 - 0.15) + 200 - 180 = 1\,720 \text{ (万元)}$$

即一年的采购预算为 1 720 万元。再将其分配到各个月,就是每月的采购预算。

采购预算在执行过程中,有时会遇到情况的变化,这就有必要进行适当的修订。如商店库存中临时增加促销商品,就需要从预算中减少新增商品的金额。

三、商品采购数量的确定

商品采购数量的确定,会影响到商品销售和库存,关系到销售成本和经营效益。商店的采购

数量,决定于商店的采购方式是大量采购还是适量采购。

(一) 大量采购

大量采购,是商店为了降低采购成本而一次性把一种商品大批量地采购进来。这种采购方式的优点是可以降低采购成本,获得进货优惠;缺点是需要占用大量资金和仓储设施。大量采购的商品数量一般很难找出规律性,主要依靠商店的经营需要、仓储条件和采购优惠条件等情况而定。一般适合以下几种情况:

1. 在市场中需求量巨大的商品,可以大量进货

有些价格弹性较大的商品,价格降低到一定幅度以后,可以引起需求量迅速扩大。有些商店针对这一点,采取大量进货,压低进货成本,再通过薄利多销的促销策略吸引消费者购买,从而加速商品周转。对于这些价格比较敏感而可大量销售的商品,可以采取大量采购的方法。

2. 在共同采购方式下,可以大量采购

共同采购是许多独立中小商店为降低采购成本而联合起来的一种联购分销的采购方式,这在国外零售业非常普遍,而在国内这种联盟比较少见。在这种采购方式下,尽管具体到每一个企业采购量不大,但各个企业联合起来采购,聚沙成塔,可以采用大量采购方式。

3. 对供货不稳定的商品,可以大量采购

有些商品的供应时断时续,没有规律可循。当市场上供应这种商品的时候,商店便大批量采购并储存起来,供以后陆续销售。这种情况下,商店必须准确估计需求量以及商品供应不稳定的缺货时间,否则商店会承担商品积压的风险。

(二) 适量采购

适量采购就是对市场销售均衡的商品,在商店保有适当的商品库存的条件下,确定以适当的数量来采购商品。适量采购的关键是确定适当的采购数量,如果数量不当,将直接影响企业销售,增加进货成本。这一适当的采购数量被称为经济采购批量。经济采购批量尽管是理论上的一个数字,但商店需要测算出经济采购批量,为实际的采购工作做参考。

对于商店而言,采购中常常会出现这种问题:如果采购商品过多,会造成商店商品的保管费用增多,资金长期被占用,从而影响资金的周转和利用率;如果商品采购太少,不能满足顾客的需要,会使商店出现商品脱销,失去销售的有利时机。而且,每次采购商品过少时又要保证商品供应,势必增加采购次数,频繁采购又会增加采购支出。

为了避免出现商品脱销和商品积压两种经营失控的现象,有必要确定最恰当的采购数量,即经济采购批量。经济采购批量与采购费用和保管费用有着密切的关系。

(1) 采购批量与采购费用呈反比例关系。因为在一定时期内采购总量不变的情况下,每采购一次商品,就要花费一次采购费用,因而每次采购批量大,采购次数少,采购费用也就少;反过来,采购批量小,采购次数就多,采购费用也就多。

(2) 采购批量与保管费用呈正比例关系。因为在一定时期内采购总量不变的情况下,每次采购批量大,平均库存量也大,保管费用支出也就多;反之,采购批量小,平均库存量就小,保管费用就少。它们之间的关系可用图 7-3 表示。

采购费用与保管费用对一次采购批量的要求是不同的。从商店经济效益来考虑,要使这两

种费用都能节省,就必须寻找一个最佳采购批量,使两类互相矛盾的费用加起来的总费用为最小。事实上,经济采购批量就是使采购费用与保管费用之和减少到最小限度的采购批量。其计算方法如下:

$$Q = \sqrt{2KD/PI} \qquad (7-5)$$

式中:Q——每批采购数量;
K——商品单位平均采购费用;
D——全年采购总数;
P——采购商品的单价;
I——年保管费用率。

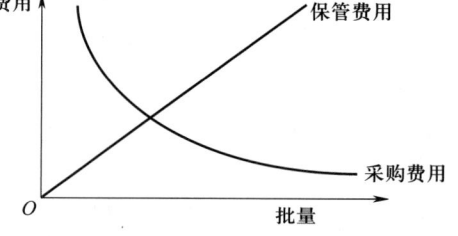

图 7-3　保管费用与采购费用关系图

例如,某商店预计全年销售某种商品 800 件,已知每件商品的采购费用是 0.5 元,单价为 20 元,年保管费用率为 2.5%,欲求最经济的采购批量。根据式 7-5 可得

$$Q = \sqrt{(2 \times 0.5 \times 800)/(20 \times 2.5\%)} = 40(件)$$

通过上述计算可知,每次采购数量在 40 件以上或 40 件以下的年度总费用都高于 40 件采购批量的年度总费用。只有每次采购批量在经济采购批量附近时,才使年度总费用最小,如果远离经济采购批量而去盲目进货,就不可能取得良好的经济效益。

零售商在计算出来商品的经济采购批量后,还要考虑到实际需求、数量折扣及可变的订货成本和占用成本等方面的变化,来确定实际的采购数量。

四、商品采购时间的确定

确定了采购商品的品种和数量后,还要确定什么时间采购,以保证无缺货现象发生。这里的商品采购时间是指再订购商品的时间。一定商品有一定的采购季节,适时采购不仅容易购进商品,而且价格也较为便宜,过早购入会延长商品的储存时间,导致资金积压。因此,零售商应权衡利弊,选择合理的采购时间。

(一) 定时采购

定时采购,是指每隔一个固定时间,采购一批商品,此时采购商品的数量不一定是经济批量,而是以这段时间销售掉的商品为计算依据。

定时采购的特点是:采购周期固定,采购批量不固定。

采购周期是根据企业采购该种商品的备运时间、平均日销售量及企业储备条件、供货商的供货特点等因素而定的,一般由企业预先确定,10 天、15 天、或更长不等。采购批量则不固定,每次采购前,必须通过盘点了解商店的实际库存量,再定出采购批量。计算公式为:

$$采购批量 = 平均日销售量 \times 采购周期 + 保险储备量 - 实际库存量 \qquad (7-6)$$

其中,保险储备量是防止由消费需要发生变化和延期交货引起脱销的额外库存量。

例如,某商店日销售某商品 30 件,保险储备定额为 5 天需求量,订货日实际库存量为 500 件,进货周期为 30 天,则

$$采购批量 = 30 \times 30 + 5 \times 30 - 500 = 550(件)$$

从资料中可以看出,进货周期为 30 天,一般情况下,采购批量应为 900 件,而现在这批货只需采购 550 件,说明实际库存严重超储,必须在采购时做适当调整。

定时采购的优点是:采购时间固定,因而可以做周密的采购计划,便于采购管理,并能得到多种商品合并采购的好处。定时采购的缺点是:由于这种采购方法不能随时掌握库存动态,易出现缺货现象,盘点工作较复杂。

(二) 不定时采购

不定时采购,是指每次采购的数量相同,而每次采购的时间则根据库存量降到一定点来确定,也称采购点法。

不定时采购的特点是:采购批量固定,采购时间不固定。

不定时采购的采购批量可以参考经济采购批量的计算方法。这种采购的关键实际上是确定采购点的库存量,见图 7-4。

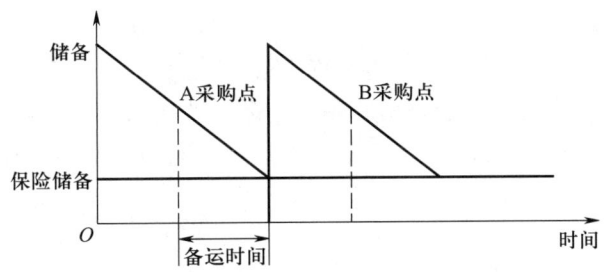

图 7-4 不定时采购的采购点及库存

从图 7-4 中可知,从 A 采购点开始到可以销售,一般需要一定的间隔时间,不可能随进随销。这个间隔期也称备运时间,包括商品在途运输时间、商品验收入库时间、销售前整理加工时间、其他时间。

在这段时间内,存货通过逐日销售下降,如果存量下降到 A 采购点而不开始采购,则商店就会冒脱销的风险;如果存量尚未下降到 A 采购点就提前采购,则企业要冒商品积压的风险。因此,当库存量下降到 A 或 B 采购点时,是开始采购的最适当时间。

采购点的计算公式如下:

$$采购点 = 平均日销售量 \times 平均备运时间 + 保险储备量 \quad (7-7)$$

例如,某商品平均日销售量为 30 件,备运时间为 10 天,保险储备量为 150 件,则

$$采购点 = 30 \times 10 + 150 = 450(件)$$

因此,当商品库存量超过 450 件时,不考虑采购;当降到 450 件时,商店就及时按预定的采购数量或经济采购批量进行采购。

不定时采购的优点是:能随时掌握商品变动情况,采购及时,不易出现缺货现象。不定时采购的缺点是:由于各种商品的采购时间不一致,难以制定周密的采购计划,不便于采购管理,也不能享受多种商品集中采购的价格优惠。

本 章 小 结

采购管理是零售业务管理的一项十分重要的内容。采购流程是指零售商从建立采购组织开始到将商品引入商场并进行定期检查评估的一系列整合性、系统性步骤。这些步骤包括:建立采购组织、制定采购计划、确定供应商及货源、谈判及签约、商品导入作业、再订购商品、定期评估与改进。

商品采购制度主要有分散采购、集中采购、分散与集中相结合采购三种。分散采购是指采购权分散到各个部门或各个分店,其可以自行组织采购。集中采购是指采购权限高度集中于商店总部或连锁总部,由其统一采购商品。上述两种采购制度各有利弊,目前有些零售商采取一定程度的集权和分权的折中办法进行采购。

采购人员的素质直接影响采购效率。选择采购人员时,必须从其思想素质、工作能力、个性特征、知识结构等多方面来考察。此外,还必须建立一套科学的指标考核体系,包括销售额指标、商品结构指标、毛利率指标、商品周转天数指标、商品到位率指标、新商品引进率指标、商品淘汰率指标、通道利润指标等。

商品采购决策包括采购品种决策、采购预算决策、采购数量决策和采购时间决策等。商品采购按采购数量可分为大量采购和适量采购两种。商品采购按采购时间可分为定时采购和不定时采购。不同的采购方式均有其优缺点,零售商可以根据不同商品类型选择不同的采购方法。

学习思考

党的二十大报告指出:"着力提升产业链供应链韧性和安全水平,着力推进城乡融合和区域协调发展"。零售企业的商品采购正是提升产业链供应链韧性和安全水平的重要一环,企业的一切经营活动,也体现一家企业的情怀。2020年10月,由于新疆棉花遭到某些外国组织别有用心的诋毁,一些国外企业纷纷抵制采购中国新疆棉。此时,许多中国品牌(包括李宁、安踏、海澜之家、美特斯邦威、森马、鸿星尔克、洁丽雅、匹克等)纷纷发布支持新疆棉花的声明。从这些企业行为,能深深感受到企业家们的家国情怀。这种情怀是支撑着中国经济多年高速发展的一股巨大力量。

即测即评

 请扫描二维码,在线测试本章学习效果。

思考题

1. 为什么说良好的商品采购对零售商的成败非常关键?
2. 选择供应商要注意哪些问题?
3. 商品再订购时必须考虑哪些因素?

4. 分散采购制度与集中采购制度的优点和缺点各是什么？
5. 采购人员的指标考核体系包括哪些内容？
6. 商品采购中如何运用 ABC 分类管理法？

【案例分析】

案例一："山姆云家"的选品逻辑

2021年6月8日，沃尔玛（中国）旗下山姆会员店宣布"山姆云家"业务在全国上线。这是山姆会员店为扩展商品品类边界、迎合会员中高端需求，以自营电商形式运营的新品类组合，涵盖时钟珠宝、乐器音响，以及户外出游、宠物、儿童用品等品类，初步上线108个单品。"山姆云家"采取"线下仅展示、线上售卖"的新模式。

作为一批客单价从千余元到数万元不等的低频产品，山姆云家业务与线下山姆会员店重点关注的生鲜、熟食、日用品等品类差异较大。"山姆云家"的选品逻辑是什么？沃尔玛中国高级副总裁及山姆中国首席采购官在采访时做出了回答。

首先，以吃、喝为主的快消品已不是山姆会员群体的消费重心，占家庭支出比重有所降低。山姆关注的核心，是如何领先它的会员半步，把会员有需要但尚未明确表达为具体商品的潜在需求于门店中呈现，以此给会员带来惊喜，从而带动销售，提高用户忠诚度。

其次，山姆云家涵盖品类符合山姆认为的品类增长的大势所趋，并且具有购买频次低，商品价值高，多数商超企业不敢做、不愿意做等特点。因此，这是山姆进行差异化、增强会员黏性的机会点。

最后，山姆云家业务属于纯线上运营。山姆中国首席采购官表示，"这才是山姆真正的电商业务，即把全渠道运营作为工具，而非目的，从而在线上运营门店无法支持的所有品类"。

为此，山姆首先要精准圈出目标客群，其次要实时把握并满足客户需求。山姆定义的客群有三个关键词，即一二线城市、中等收入群体、家庭。再具体一些，是有生活品质追求的中等收入家庭，如能够吃出大米、青菜等不同品质食材的不同味道，而且不会对品质打折扣。那么，如何不断精准把握客群的需求变化？山姆认为，要领先会员需求半步，即会员已经有了新需求，但不见得能清晰表达他需要的到底是什么。山姆会翻译出来，使模糊需求成为具体商品，从而给会员带来惊喜。

举例来说，此次云家推出的钢琴、户外用品、冲浪板等相关商品，就具有领先半步的特点。在这些家庭中，送小孩学习钢琴乐器基本成为标配。但买钢琴需要到琴行去，且消费者初期不懂钢琴即很难挑选。而山姆代为挑选，并把48 999元的施坦威钢琴做到直降8 000元，就成为会员"人生第一次"买钢琴的愉悦体验来源。

由此看出，山姆云家选品的出发点不是商超业态的商品结构该如何汰换，而是会员需要什么。只要山姆能够满足，就不必拘泥于"超市怎么能卖钢琴"的限制。在避免市场同质化方面，山姆也会关注这一单品是否会成为大通货。如果山姆不能做到同品牌、品质下的最佳性价比或是绝对意义上的独家销售，那么无论销量多高，都会被山姆下架。因为它已经不能为会员提供差异化价值。

资料来源：第三只眼看零售微信公众号，2021-06-09。

问题：

"山姆云家"的选品逻辑能够成立的关键因素是什么？它的选品逻辑给我们带来什么启发？

案例二：快时尚品牌 UR 的极速供应链

创立于 2006 年的快时尚服装品牌 UR，发展十余年后，销量持续递增。2020 年 UR 营业额超过 50 亿元，共开设门店 300 余家，其全国门店多数面积都保持在 1 000 平方米以上，堪称国产服装品牌的黑马。

快时尚的一个重要特征是快，能够把最新的时尚潮流以最快速度摆到店铺，这背后需要精细运营快速周转的供应链体系支撑，光贴个品牌标识根本无济于事。UR 一开始采取从成衣批发商处进货的模式，每周开会分析总绕不开三个问题：第一，质量不好，毕竟批发商不在乎；第二，码数不稳定，因为供应商五花八门；第三，产品与外面小店的同质化严重。为此，公司搭建了自己的设计部，但款多量少，供应商不愿意生产。于是，公司又开了一家工厂，逐渐形成集研发设计、生产、仓储、物流于一体的垂直化服装生态体系。

此后，UR 不断优化自己的供应链系统，将其成功打造成全球领先的极速柔性供应链系统，只需要 7 天前导时间，即 UR 一款产品从设计、生产到门店上架最快只需要 7 天。UR 流水线车间的快速反应能力，让 UR 的成衣从裁片到出货缩短到 3 天以内。

传统服装企业的商品从设计到店铺陈列一般费时 6~9 个月。UR 商品分为 3 种：计划商品、应急商品、返单商品。其中，计划商品前导期为 60 天，应急、返单商品最快可为 7 天。自有工厂主要承接需快速反应的订单，解决核心商品问题，其他商品由外协工厂完成。

因为前导期短、可快速反应，当采用订货制的服装企业生产当年秋冬款的时候，UR 正在生产当年春夏款。UR 主打款多量少原则，一年研发 1.2 万款，实际应用 9 000 多款，按照不同销售周期来分，分别是 30 天、45 天、60 天、90 天。

"服装行业最大的问题就是库存。"在这些环节中，最难的是产能规划，而这又源于对流行趋势的判断。判断错了，就会被库存压死，判断准了，就是低库存。趋势预测中最重要的是面辅料的预测能力，包括流行织法、流行颜色等。传统品牌会预测未来流行款，但流行款是既定成品，不好卖只能化为库存，而流行面料作为半成品，风险相对较小。UR 和海外机构合作，预测未来的流行面辅料，选择适合自己风格的加以储备。

做好快时尚，除了要提前预测外，每天的商品数据是后续跟进生产的最佳指挥者。零售就是做细节，比如什么颜色好卖、什么价位好卖、哪种裤型好卖、哪种面料受欢迎等数据由店铺直接呈现，传统企业可能明年再改，UR 却可以立马调整。

UR 目前拥有超过 500 人的设计开发团队，每年推出超过 1 万个新款。公司已经在伦敦建立了设计中心，接下来计划在纽约、巴黎、米兰和东京建立设计中心，从而提高 UR 生产时尚的能力，给消费者提供更接近国际审美趋势的时尚产品。

资料来源：数字工厂云平台微信公众号，2021-06-30。

问题：

快时尚品牌 UR 的极速供应链与传统企业供应链有什么不同？它是如何解决服装库存问题的？

第八章

价 格 管 理

　　市场营销由四个基本要素组成,即商品、促销、分销渠道和价格。企业通过前三个要素在市场中创造价值,通过定价从创造的价值中获取收益。"定价是极其重要的——整个市场营销的焦点就在于定价决策。"当雷曼德·考利(Roymond Corey)在20世纪60年代早期于哈佛商学院写下这句话的时候,很多企业对定价问题并没有足够重视。由于缺乏有效的定价策略,许多企业因此蒙受了不应有的损失。

　　为商品定价是零售商最重要的决策之一,目前,这已经成为人们的共识。一方面,是由于价格的高低对需求具有重大影响;另一方面,是由于在市场竞争中,零售商的价格策略同其他竞争策略相比具有不可替代的作用。如价格在竞争中的灵活性、价格对消费者的心理作用,以及价格对企业财务状况的影响等,都直接关系到企业能否有效地实现目标。甚至可以说,在一定程度上,零售商的各种竞争策略最终都将在定价决策上得到体现。

　　由于当今的消费者购买行为越来越理性化,对价格越来越敏感,因此,越来越多的零售商将价格作为竞争的最重要的工具。更多的成熟的零售商开始从各个方面关注那些新的竞价方式。一些传统百货公司开始跳出过去的定价模式,提供打折,进行大量的价格促销活动。另外一些零售商,不管是百货公司还是超级市场,都进行了更多的价格促销活动。还有一些著名的零售商通过为顾客提供高质量的商品和服务(而不是在某一类特定的商品上制定最低价格),也成功地保持了其市场吸引力。

　　然而,还是有很多零售商在定价上犯了错误。最常见的错误是:定价太注重成本;价格未能依据市场变化及时、经常地加以修改;将价格同其他营销组合因素分开考虑,而不是将它视为市场定位战略的内在要素;不能根据细分市场和购买时机做出灵活的价格调整;过分迷信价格竞争手段。不过,令人高兴的是,这些问题正在实践中逐步得到修正。

本章所要回答的问题是:
- 零售商制定商品价格时要考虑的因素;
- 两种不同价格政策的比较;
- 零售商初始价格的制定;
- 零售商如何进行价格调整以适应变化的环境。

第一节　影响零售定价的主要因素

在介绍零售商的定价政策和定价方法之前,有必要先分析一下影响零售商定价决策的各种因素。零售商本身的特征、消费者价格心理、竞争对手的价格策略、商品进货成本及国家的法规、政策等因素都会对零售商的价格行为产生影响。

一、零售商本身的特征

零售商关于商品价格的决定,不是一个独立的决策过程,而是企业市场营销组合的一部分,一定要与企业目标市场和其他条件相匹配。具体地说,零售商品价格定在某一水平上,应当与零售商的市场定位、开设地点、促销活动、服务水平以及希望传播的商店形象等因素互相配合。

零售商的市场定位会直接影响其价格水平。例如,一家服装专卖店定位于为富裕阶层的顾客设计豪华的礼服,那么这就意味着应收取较高价格。因此,定价策略在很大程度上由最初的市场定位决定,零售商的市场定位越明确,价格的确定就越容易。

零售商店的开设地点,对商品价格的确定有着显著的影响。与业态相近的竞争对手相距近,在价格的确定上更多地受竞争对手的价格影响。与目标顾客距离远,零售商要能吸引较远的顾客,商品价格就必须定得更低一些,除非在商品种类和其他方面具有特色。因为远道而来的顾客所花费的时间和交通费用比较多,只有当他们认为来这里购买商品比多花费的时间和交通费用更加物有所值,才会被这里的商店所吸引。

零售商的价格策略与促销策略是紧密相关的,很多商家便利用价格手段来达到促销的目的。如果零售商在促销上很积极,在价格上很有竞争性,那么,它在促进消费需要上产生的累积效应,就要比积极促销但在价格的确定上却比较随便的商家效果要大得多。

零售商为顾客提供的服务项目也与商品价格的制定关系密切。提供的服务项目越多,服务水准越高,所产生的经营费用也越高。零售商为弥补这一经营费用,不得不提高商品价格。因此,在一些服务相对较少的商店,如实施自助服务的货仓式商店,其经营费用低,价格自然就低;而提供服务项目多,购物环境好的百货商店,其竞争优势便不是商品的价格,而是商店的服务。

此外,顾客从商店中接受的最频繁的暗示之一是商店的零售价格。价格可以帮助顾客确定对这个商店的印象。如果某个售价较高的高级妇女时装专卖店经常性地打折出售,那么,就会冲乱顾客原先持有的印象。商品的名称、店内的装饰、销售人员尽管保持不变,但如果价格战略变了,就会显著地改变顾客对整个商店的印象。因此,价格政策和策略与商店形象上的政策和策略是密切相关的。

二、消费者收入水平和价格心理

零售商的价格水平既受消费者收入水平的制约,也受消费者价格心理的影响。消费者收入水平与价格心理其实是互相联系的。人们研究发现,同一收入层次的消费群体往往具有类似的价格心理。消费者价格心理也就是消费者对商品价格水平的心理感知。它是消费者在长期的购买活动中对商品价格认识的体验过程,反映消费者对价格的知觉程度及情绪感受。消费者对商品零售价格心理感知的速度快慢、清晰度强弱、准确度高低以及感知价格内容的充实程度,融入了消费者个人知识、经验、需要、兴趣、爱好、情感和个性倾向等因素,直接影响着消费者对价格水平的接受程度。因此,对消费者价格心理的研究,在制定零售价格上很有帮助。一般而言,消费者价格心理,主要包括以下常见形式。

(一) 习惯性价格心理

这是指消费者对一定商品价格水平的心理习惯性。这种对价格水平的习惯性,是消费者在长期购买一种商品的频繁交易中形成的。某种商品需支付多少金额,已在消费者心目中逐步形成某个固定标准,消费者往往以这个标准去联想和比较价格的高低涨落。产品价格在这个习惯性标准以内,被消费者认为是正常的、合理的;如果超过或低于这个标准,便被认为是不合理或不正常的。习惯性价格的变动,不仅影响消费者购买行为,也影响商店在消费者心目中的印象,因此,对习惯性价格的调整,要持慎重态度。

(二) 敏感性价格心理

这是指消费者对一定商品价格水平变动的心理反应程度。通常消费者对各种商品价格在心理上有一个大致的标准。这种心理价格标准,是消费者在长期购买活动中,由于人的意识、想象、习惯,以及人们对商品品质的体验而形成的。日常用品的心理价格标准较低,非生活必需品的价格标准较高。从消费者对价格变动的敏感性来看,心理价格标准较低的商品,其价格敏感性相对较强;心理价格标准较高的商品,其价格敏感性相对较弱。例如,蔬菜、副食品等价格较低的商品价格上涨,即使幅度不大,也易引起消费者的强烈反应;而高档电器、豪华家具等商品的价格上涨,即使幅度较大,消费者的反应也并不敏感。

(三) 倾向性价格心理

这是指不同的消费者出于不同的价格心理,对商品的档次、质量、商标都会产生不同的倾向性。消费者价格倾向心理的形成,主要取决于消费者所处的社会地位、经济收入水平、消费水平、消费方式及文化素养等方面因素的影响。一般来说,倾向于选择高价商品的消费者,心理上总认为高价意味着高质量,即"好货不便宜",所以,倾向于选择高价名牌商品。而倾向于选择低价商品的消费者,则在心理上认为,价格并不完全代表质量,商品价格上的不同档次并非意味商品质量存在很大差别,只要经济实惠即可满意,所以,比较倾向于选择低价商品。

(四) 感受性价格心理

消费者对价格高低的判断,往往是在同类商品中进行比较,或是在同一商店中对不同商品进行比较而获得的。但是,消费者的判断知觉并不永远一致,有时也会出现错觉,因而对价格的高低判断也会不太准确。价格错觉大都是在客观条件有了一定变化的情形下产生的,其中,受背景刺激因素的影响较大。零售商在定价时有意识地调整价格背景因素,可以改变消费者对价格的判断。例如,由于周围陪衬的各类价格的不同,而显出价格的高低不同,有些商品尽管价格一样,但放在高价格系列中显得低,放在低价格系列中显得高。

三、竞争对手的价格策略

零售市场不是封闭的、独家经营的市场,零售市场是一个高度竞争的市场,在这个市场中有众多的零售商经营同样的商品与服务,相互之间的竞争不可避免。价格竞争可以说是零售商之间的一种本能性的竞争形式。

零售商在定价时需要考虑竞争者的定价,因为竞争者的定价影响着顾客对相同商品的选择。市场需求和商品成本分别为零售商的商品价格确定了上限和下限,而竞争对手的成本、价格和可能的反应则有助于零售商确定合适的价格。零售商需要将自己的成本和竞争对手的成本进行比较,来分析自己是处于成本优势还是成本劣势。同时,零售商也需要了解竞争对手的价格和质量。它可以派出人员对竞争对手的商品进行实地调查,也可以询问顾客对自己和竞争对手商品价格的看法。

一个零售商,如果与竞争者比较,缺乏非价格方面的差别,那么,就可能直接参照竞争者的定价;如果它拥有在地点、商品组合、商店形象等方面的优势,则可以不同于竞争者的定价。所以,零售商不需要和竞争者的商品价格一样,可以制定高于或者低于竞争者的价格,但是,提供的不同价格必须能说服顾客接受,使顾客有理由在这里购买商品。

一般来讲,处于竞争优势的企业往往有较大的定价自由,处于竞争劣势的企业则更多地采用追随性价格策略。但是,有的竞争对手会制定一个竞争性价格,这时零售商在制定价格策略时,就要考虑是否迎战。零售商需要考虑以下几个因素:

(1) 价格灵敏度,也就是价格对消费者需求的影响程度。如果零售商的品牌号召力很强,相互之间市场区分明显,价格的影响较小,可以不必应战。

(2) 市场地位。如果一个在市场中微不足道的零售商发动价格攻势,那么,市场地位较高的企业可以不必理睬;如果行业领头者降价,市场地位较低者不得不应战。

(3) 产品特性。对某些高价商品,人们可能会更关注其形象而少关注价格,如果一味地降价,可能会弄巧成拙。尽管价格是零售商竞争的最直接、最有力的武器,零售商也必须认识到,过度的价格竞争对哪一方都没有好处。

四、商品进货成本和商店运营成本

商店在商品定价中,首先直接考虑的是商品的进货成本,它是商品定价的基础,也是定价的最低界限。商店只有使价格高于商品进货成本,才能收回总耗费并获得一定的利润,保证商店正常运营。若商店以低于进货成本的价格出售商品,则不可避免地产生亏损,时间一长,商店的经营必然难以为继。因此,商品的进货成本直接影响到商店定价策略的选择。

商品进货成本包括商品购进价格、采购费用、仓储运输费用等,商店通常按商品的进货成本加上若干百分比的加成定价,即成本加成法定价。加成率就是所谓的毛利率。成本加成法最主要的优点是计算方便,而且在正常的情况下,即在市场环境各因素基本稳定的情况下,商店采用这一方法可以保证获得正常的利润,所以,许多商店都尽量采用这种定价方法。当然,不同的商品种类毛利率可以是不一样的,有时候,商店以某种商品作为招徕商品以吸引更多消费者前来购物,这些招徕商品的定价有时会比较低,甚至低于进货成本,但在大多数情况下,商品进货成本仍然是商店定价要考虑的一个重要指标。

五、国家的法规、政策

零售商对价格的制定既要受到国家有关法规的限制,也要受到当地政府制定的政策影响。国家和地方政府对零售价格有相关的法律和政策,如《中华人民共和国价格法》《中华人民共和国消费者权益保护法》和《中华人民共和国反不正当竞争法》等以及有关的价格政策对企业定价都有一定的约束。

【案例 8-1】

2020年12月22日下午,国家市场监督管理总局联合商务部组织召开规范社区团购秩序行政指导会,阿里巴巴、腾讯、京东、美团、拼多多、滴滴等6家互联网平台企业参加。会议强调,互联网平台企业要严格规范社区团购经营行为,严格遵守"九个不得"的规定:

(1) 不得通过低价倾销、价格串通、哄抬价格、价格欺诈等方式滥用自主定价权。在依法降价处理鲜活商品、季节性商品、积压商品等商品外,严禁以排挤竞争对手或独占市场为目的,以低于成本的价格倾销商品。

(2) 不得违法达成、实施固定价格、限制商品生产或销售数量、分割市场等任何形式的垄断协议。

(3) 不得实施没有正当理由的掠夺性定价、拒绝交易、搭售等滥用市场支配地位的行为。

(4) 不得违法实施经营者集中,排除、限制竞争。经营者集中达到国务院规定申报标准的,应当事先申报,未申报的一律不得实施集中。

(5) 不得实施商业混淆、虚假宣传、商业诋毁等不正当竞争行为,危害公平竞争市场环境。严禁编造、传播虚假信息或进行引人误解的商业宣传,损害竞争对手的商业信誉、商品声誉,欺骗、误导消费者。

(6) 不得利用数据优势"杀熟",损害消费者合法权益。

(7) 不得利用技术手段损害竞争秩序,妨碍其他市场主体正常经营。不得利用服务协议、交易规则以及技术等手段,对平台内经营者在平台内的交易、交易价格以及与其他经营者的交易等进行不合理限制或附加不合理条件,或者向平台内经营者收取不合理费用。

(8) 不得非法收集、使用消费者个人信息,给消费者带来安全隐患。

(9) 不得销售假冒伪劣商品,危害安全放心的消费环境。

会议要求,各地市场监管部门要积极回应社会关切,加强调查研究,研判掌握社区团购市场动态,针对低价倾销、不正当竞争等问题,创新监管方式,加大执法办案力度,依法维护社区团购市场秩序。

资料来源:国家市场监督管理总局官网。

第二节 定 价 政 策

零售商店在经营过程中会制定一系列的价格政策,包括新商品价格政策、面对不同群体的价格折扣政策和降价政策等。这里主要介绍两种基本价格政策,即高/低价格政策和稳定价格政策。这是目前国内外零售界流行的两种对立的基本价格政策,不同的价格政策使得零售商的价格管理和竞争策略有明显的区别,也形成了两种鲜明的经营特色。由于两种价格政策各有优势,且均为广大的零售商所普遍采用,在这里有必要介绍一下各自的特点。

一、高/低价格政策

高/低价格政策是指零售商制定的商品价格有时高于竞争对手,有时低于竞争对手,同一种商品价格经常变动,零售商会经常使用降价来进行促销。高/低价格政策目前在国内变得越来越流行。过去,零售商只是在季末降价销售;现在,一些商店几乎每天都有特价商品。一些新近成长起来的国内零售商已能熟练地运用该价格政策同强大的外资零售商展开竞争。

高/低价格政策主要有以下几方面的好处。

(一)刺激消费,加速商品周转

一般情况下,消费者的需求往往与商品价格的高低成反比,价格提高,需求量减少;价格下降,需求量上升。采用此政策的零售商善于利用降价来促销,并提醒顾客"过时不候"。在一种大打折的氛围下,常常可以见到商店人头涌动,消费激增,这无疑加速了商品周转,可以尽快回笼资金。

(二)同一种商品价格变化可以使其在不同市场上都具有吸引力

对于时尚商品而言,当时尚商品刚刚进入市场时,零售商制定最高价格,吸引那些对价格不太敏感的时尚领导者抢先购买。而随着时间的推移和降价的实行,更多的顾客进入市场,最后是善于讨价还价的搜寻者进入购买市场。这样,同一种商品的价格变化就迎合了不同顾客的需要。

(三)以一带十,达到连带消费的目的

实行这种价格政策的零售商往往会选择一些特价商品作为招徕品,以牺牲该商品的利润吸引顾客前来购买。顾客进入商场一般不会只购买特价品,在卖场气氛的影响下往往会购买许多原先无计划的其他商品。于是,零售商的降价促销目的便达到了,即通过特价商品吸引顾客,通过高价商品或正常价商品实现利润。

(四)对于以价格作为竞争武器的零售商而言,稳定的低价政策很难长期保持

每日低价确实是对零售商经营管理的一个考验,它需要更低的进货成本、更严格的作业规范、更快捷的物流配送体系等作支撑。如果没有这种低成本运作为基础,每日低价只是意味着每日低利润或无利润,则是不可能长期维持企业运转的。

二、稳定价格政策

稳定价格政策是指零售商基本上保持稳定的价格,不在价格促销上过分做文章。主要形式有每日低价政策(everyday low pricing,EDLP)和每日公平价政策(everyday fair pricing,EDFP)。

每日低价政策的零售商总是希望尽量保持商品低价,尽管有些商品价格也许不是市场上最

低的,但给顾客的印象是所有商品价格均比较低廉。美国几个最成功的零售商便是这一价格政策的实施者,它们是沃尔玛、Home Depot、Costco。始终如一地采用这一价格政策需要零售商具备不同寻常的成本控制能力。

每日公平价政策的零售商是在商品进货成本上附加一个合理的加价,它并不刻意寻求价格方面的竞争优势,而是寻求丰富的花色品种、销售服务、卖场环境及其他方面的优势,给顾客的印象是零售商赚取合理的毛利,以弥补必要的经营费用和保持稳定的经营。尽管每日公平价政策的零售商可以在商品进货成本上附加一个它们认为合理的毛利,但如果忽视了控制进货成本和管理费用而使价格过高,同样不能被顾客所接受。

稳定价格政策主要有以下几方面好处。

(一)稳定价格政策可以稳定商品销售,从而有利于库存管理和防止脱销

频繁的、大打折扣的减价销售造成顾客需求上的大起大落,而稳定的价格可以使顾客的需求趋于稳定。平衡的需求可以减少需求预测上的失误,因而产品脱销的现象很少发生,顾客不满意的现象减少了。减少需求预测上的失误,也可以使安全库存量减少,这意味着库存周转加快,从而能更有效地利用商店的储货室和仓库空间。较为准确的需求预测和稳定的货物周转还可以提高配送效率,从而降低物流费用。

(二)稳定价格政策还可以减少人员开支和其他费用

减价销售渐渐减少后,重新为商品标价的人员也随之减少,尽管由于条码计价代替了每个产品的单独标价而节省下来的人力很有限。在减价促销期间,需要有人处理顾客需求方面的问题,也需要有人安装、拆卸临时性的货物展台。由于实行稳定价格的策略,其中的一些人力费用支出都可以节省下来。由于价格稳定,零售商可以减少做广告的次数,商品的广告册子更新也不频繁。例如,沃尔玛商店在媒介广告上花的钱不到销售额的1%,而凯玛特商店则为2.5%。

(三)稳定价格政策能为顾客提供更优质的服务

稳定的顾客人流与减价刺激顾客一哄而上是不同的,前者可以使销售人员有更多的时间和顾客在一起。从理论上讲,价格忽高忽低的零售商投入销售人员的数量同价格稳定的零售商是一样的,但是,前者在销售高峰期间要额外雇用销售人员,到了非促销时期又要解雇他们。雇用临时销售人员既花钱又不划算。这就足以说明,在销售服务方面,价格忽高忽低的零售商要想达到与价格稳定的零售商相同的质量水平,是非常困难的。

(四)稳定价格政策还可以改进日常的管理工作

因为管理人员将工作重点从管理减价销售活动转移到管理整个商店的日常工作上来,可以完善销售计划,增加产品的花色品种,组织更能吸引顾客、更井然有序的商品展示活动等。

(五)稳定价格政策可以保持顾客的忠诚度

目前,许多顾客尤其是年轻顾客,对经常大降价的商店里其他商品的标价持怀疑态度,他们甚至养成了一种习惯——只在减价销售时才买东西。如果一种商品在顾客购买之后商店不

久即降价,顾客会产生一种被欺骗或吃亏的感觉,并由此对商店的标价更不信任。而稳定价格政策会让顾客感觉标价诚实可信,不必延迟购买,不会产生被欺骗的感觉,因而会对商店更忠诚。

两种价格政策都有自己的优势和劣势,当一个零售商习惯采用其中一种价格政策,并已经形成自己的经营风格时,在顾客心中也就形成了一定的印象,这个零售商如果在没有做好充分准备的情况下贸然改变自己的价格政策,有时会遭受意想不到的风险。

【案例8-2】

小米硬件产品的"价格厚道"

自诞生以来,小米就被打上了"性价比高""划算"的标签,它曾对市场表态:"永远坚持硬件综合净利率不超过5%。"

2011年的夏天,小米手机初次发布时就吸引了众人的目光。横空出世的智能手机小米1,打乱了当时手机业的格局。小米提出了"为发烧而生"的品牌口号,手机的各种配置让太多人心潮澎湃。更令人"发烧"的是其1999元的售价。当年iPhone 4在苹果商店16GB版本的售价是4 999元,32GB的售价是5 999元。1 999元的小米手机,成了当时均价4 000元及以上智能手机行业的"搅局者"。

在此之后,小米趁热打铁,陆续推出了小米2、小米1S青春版、小米2S、小米2A等版本。小米手机成了各大媒体手机榜单上的常客,更是开启了国产手机逆袭的序幕。而这些手机,都有一个共同的鲜明特点——划算。无论是翻开小米的半年报,还是打开小米的官网,都可以看到由八个字组成的醒目标语:"感动人心,价格厚道。"

此后,就商品而言,在小米推出69元的充电宝前,1万毫安时的移动电源普遍定价在200元以上;在小米推出699元的空气净化器前,主流净化器的定价都在千元以上。小米走的是亲民价格路线,一次又一次高性价比产品的推出,也彰显了其"硬件综合净利润始终不超过5%"的决心。而且,每一种商品一旦确定价格,就不再波动,不会做价格促销,且线上线下保持一致价格。

根据小米公告中"来自董事长的公开信",小米董事长以一件成本15美元的衬衣在中国的商店里要加价10倍、一双鞋要加价5到10倍、一条领带加价20多倍为例,用了近一页半的篇幅表达了公司"永远坚持硬件综合净利率不超过5%"的决心,并写道:"如有超出部分,我们都将回馈给用户。"

资料来源:中欧商业评论微信公众号,2020-01-06。

第三节 初始价格的确定

零售初始价格的定价方式有很多:可以从产品成本出发去定价——在成本的基础上加上预期毛利作为商品售价;可以根据市场需求情况定价——按照顾客可接受的价格水平作为价格标准;也可以根据竞争状况来定价——把竞争对手的价格作为自己定价的依据。事实上,零售商定价就是在成本、消费者需求、竞争对手三方面寻求一个平衡点,用恰当的技巧将商品的价格定在消费者认可的价值水准上。

一、成本导向的初始价格

成本导向的初始价格确定往往采用成本加成定价法。这种定价法又可称为毛利率定价法、加额法或标高定价法。成本加成定价法是多数商店经常采用的一种定价方法。

成本加成法的计算方法是按商品的成本加上若干百分比的加成(预期毛利)。具体计算公式如下:

$$商品零售价格 = 商品进货成本 \times (1+毛利率) \quad (8-1)$$

例如,假设某一商品的进货成本为100元,零售商希望经营这种商品获得30%的毛利,则该商品的零售价格为

$$100 \times (1+30\%) = 130(元)$$

又如,假设一种商品的建议零售价是100元,它有一个初始加价,进货成本和它的零售价格之间的差价率是25%,那么,该商品的初始加价和进货成本是多少?

$$商品零售价格 = 商品进货成本 + 商品初始加价$$
$$100 = 商品进货成本 + (25\% \times 商品进货成本)$$
$$100 = 商品进货成本 \times 125\%$$
$$商品进货成本 = 100 / 125\% = 80(元)$$

则该商品进货成本是80元,商品初始加价是20元。

不同商品的加成率差别很大。在美国的超级市场上,婴儿食品的一般加成率为9%,面包为20%,干货食品和蔬菜为27%,调味品和食品精为37%,贺卡为50%。在平均数附近有很广泛的离中趋势。在调味品和食品精类中,零售价格的加成率范围是19%~57%。对于季节商品(为了弥补无法销售的风险)、特殊品、周转慢的商品、储存和保管费用高的商品,以及需求缺乏弹性的商品来说,加成一般都比较高。

历史上,成本加成定价法是最常用的定价方法;目前,大多数零售商仍然使用这种定价法。这是因为:

(1)它简便易行。零售商对成本的了解要比需求方多,将价格同成本挂钩便于企业简化自己的定价工作。

(2)当行业内所有企业都使用这种定价方法时,它们的价格就会趋于相同。这样可以尽量减少价格竞争。

(3)许多人认为成本加成定价法对买卖双方来讲都比较公平。在买方需求强烈时,卖方不会乘机抬价,同时仍能获得合理的利润。

然而,成本加成法定价所注重的是成本,而忽略了市场需求的状况,缺乏灵活性,会使商店失去许多获得利润的机会。有些人将这种方法看成一种导致平庸财务绩效的计划,因为任何定价方法如果忽视了当前的需求、预期价值和竞争,就不可能制定出最佳价格。成本加成定价法往往导致在市场疲软时定价过高,在市场景气时定价过低。为了修正成本加成定价法可能产生的价格偏差,经理们往往允许有关部门在一定范围内有调整价格的机动性。

二、需求导向的初始价格

需求导向的初始价格更多的是考虑消费者需求对价格变动的反应,是零售商以最大利润为目标在充分考虑价格需求弹性对定价的影响的基础上形成的定价方法。零售商总利润的大小并不完全取决于单个商品价格中利润的高低。有些商品价格高,单位利润大,但由于销售量会受高价的影响大幅度下降,企业的总利润未必最大;而有些商品虽然价格较低,单位利润小,但总销售量因此大幅度上升,企业总利润未必会低。因此,要选择一个最佳价格以使企业获得最大利润,必须考虑价格需求弹性的作用。

(一) 价格需求弹性

价格需求弹性是指顾客需求相对商品价格变动的敏感程度。价格需求弹性的大小用价格需求弹性系数来衡量。价格需求弹性系数是需求量变化的百分比与商品自身价格变动的百分比之间的比值。其计算公式是

$$价格需求弹性系数 = \frac{需求量变动百分比}{价格变动百分比} \tag{8-2}$$

如果用 E 代表该弹性系数,Q 代表需求量,P 代表价格,则上述公式可以表述为

$$E = \frac{\frac{\Delta Q}{Q}}{\frac{\Delta P}{P}} \tag{8-3}$$

值得注意的是,由于需求量与价格之间一般是负相关关系,故该弹性系数一般为负值。但需要了解的主要是该弹性系数的绝对值,因此,常常将该弹性系数的计算公式的负号省略。

根据计算的结果,可以将不同商品的价格需求弹性划分为五种类型。

1. 需求富有弹性($E>1$)

这是指需求量变化的幅度大于商品价格变化的幅度,即商品价格有较小的变化,会引起顾客需求量有较大的变化。这种情况下,当该商品的价格下降时,需求量增加的幅度会大于价格下降的幅度,所以,降价可以提高企业的总收益,企业对这种商品可以采取薄利多销的定价策略,以求增加总体收益。

2. 需求缺乏弹性($E<1$)

这是指需求量变化的百分比小于商品价格变化的百分比,即商品价格即使有较大的变化,对顾客需求量的影响也不大。如果一种商品的需求是缺乏弹性的,当该商品价格下降时,需求量增加的幅度小于价格下降的幅度,企业总收益会随着价格的下降而下降;反之,当该商品价格提高时,需求量减少的幅度会小于价格提高的幅度,企业总收益会随着价格的提高而提高。

3. 需求弹性单一($E=1$)

这是指需求量变化的百分比等于商品价格变化的百分比。如果一种商品的需求具有单一价格弹性,则意味着价格下降会导致需求量同幅度增加,价格上升会导致需求量同幅度下降,所以,不管价格如何变化,企业总收益都会基本保持不变。

4. 需求完全有弹性($E=\infty$)

这是指商品价格的任何微小变化都会导致需求量的无穷大的变化,即商品价格稍有提升,商店会失去所有顾客;商品价格稍有下降,又能吸引到所有顾客。这种情况一般在实际中不会存在。

5. 需求完全缺乏弹性($E=0$)

这是指不管商品价格如何变化,需求量都保持不变。这种情况在生活中也极少见。

(二) 影响价格敏感性的因素

在零售商以需求导向确定商品的初始价格时,它们必须考虑顾客对价格的敏感程度。通常零售商会对那些顾客对其价格不太敏感的商品制定较高的价格,对那些顾客对其价格比较敏感的商品制定较低的价格。下面研究几个影响顾客对价格敏感程度的因素。

1. 认知替代品效应

认知替代品效应(perceived substitute effect),是指购买者对该商品的其他替代品了解、认知得越多,购买者对价格越敏感。对可替代品的认知,会由于购买者和购买环境不同而存在很大的差别。初到市场的消费者对折价商品的了解要远远少于那些有购买经验的消费者,因此,他们经常付高价从常见的零售商处购买商品。有效的商品销售方法,能影响购买者对替代品的认知。如到顾客家中销售商品,购买者对其他商品的种类和成本就不会太了解。又如零售商可以通过将某商品与相应高价值品牌的商品摆放在一起展示的方法来影响购买者对替代品的认知。

2. 独特价值效应

所谓独特价值效应(special value effect),是指购买者对某种商品区别于竞争商品的特色评价越高,他对该商品的价格就越不敏感。一些公司投以重资来重新设计和宣传商品,希望给消费者带来独特的价值。之所以要努力地这样做,是因为消费者对商品独特的款式、品位或性能评价越高,购买时越不看重价格。例如,一件香奈尔晚礼服的定价可能是一个百货商店同质礼服的10倍,购买香奈尔礼服的消费者认为购买该品牌晚礼服得到的自信和满足感十分有价值,所以,他对价格并不敏感。

需要注意的是,仅靠商品有特色本身不能产生这种效应。消费者必须了解到商品的特色才能相信它的价值。商场人员通过强调商品的优点、弱化缺点的定位方法,影响消费者对商品价值的感知。将商品特色转换为可以感知的价值需要进行宣传,如果零售商是销售差异较少的商品,要尽量设法淡化竞争者高价商品带来的差异的重要性,即削弱独特价值的影响。

3. 转换成本效应

转换成本效应(switching cost effect),是指更换商品的附加成本越大,购买者挑选商品时的价格敏感性越低。这是因为一些商品需要购买者进行一系列的配套投资以保证使用,如果从商店购买现用商品就不必追加投资,而购买别的商品就需要新的配套投资,这就会限制品牌间的价格需求弹性。由于这一效应经常是由消费者的"惰性"造成的,人们往往低估它的影响。事实上,即使最具有理性、追求价值的消费者也会受它的影响。

4. 困难对比效应

困难对比效应(difficult comparison effect),是指当购买者很难比较替代品的优劣时,购买者对已知的或声誉较好的原有商品的价格敏感性较低。购买者愿意购买他们信得过的商品,而不愿冒着得到较差价值的风险去寻找市场上的最佳价格。他们对有声誉的品牌的信任可能来自自己的或他们所信任的人的使用经验。有很多商店就是依靠消费者对其品牌的信任兼取了巨额利润,这并不表明这些商店必须向顾客提供质量最好的商品,而是要自始至终地向顾客提供他们所希望得到的物有所值的商品。

很多零售商面临这样一个问题:厂家是否仅给自己供货。但有些制造商品牌十分强大,并采用多渠道营销策略,消费者可以在各处买到同品牌商品。这就使得他们对产品的价格很容易做出比较,而单个零售商很难定出高一些的价格。为了克服这一问题,使商品的比较变得困难,许多零售商开发了自有品牌,这样就增加了消费者对同类商品的困难对比效应。

5. 支出效应

所谓支出效应(expenditure effect),是指当费用支出较大(总额或占家庭收入的比例较大)时,购买者的价格敏感性较高。在消费市场上,支出大小对价格的影响会被收入情况干扰。由于购买者必须在有限的收入和有限的购物时间之间进行权衡,就造成了购买者价格的敏感性和商品支出占收入比例的正比关系。高收入的购买者可以购买很多不同的商品,但他们的时间宝贵,他们不能像低收入的购买者那样费时地挑来选去,宁可购买价格较高的商品以节省时间。

6. 公平效应

公平效应(justice effect),是指如果商品的价格超出消费者理解的"合理""公平"的价格范围,消费者的价格敏感性就会提高。有三个因素影响顾客对公平价格的理解。

(1) 商品当前的价格与原先价格的比较。消费者一般认为大幅度提价是不公平的,即使这种提价是为了平衡供求。如果某种商品价格提高了很多,让人们认为这不公平,他们就会由著名品牌换成普通品牌,由高档商品换成低档商品。

(2) 类似产品和类似购物环境下支付的价格会影响消费者对合理价格的理解。例如,多数品牌的瓶装纯净水定价在2元以下,若某种牌子的纯净水超出2元太多,则会被认为不合理。又如,一瓶相同品牌的纯净水,在豪华的饭店消费与在一家简陋的杂货店购买,即使价格相差1倍以上,人们也并不认为该价格不公平。

(3) 商品是目前生活所必需的,还是为了提高生活水平。不同的使用目的会影响人们对公平价格的理解。维持当前生活水平所必需的商品被看成是必需品,将必需品的价格提高往往被理解为不公平。相反,人们不反对提高非必需品的价格。两者的区别是提价只是使后者获益减少了,而没有像那些必需品一样,降低了生活质量。

7. 存货效应

存货效应(inventory effect),是指消费者具有储存产品以备未来之用的能力,增加了他们对暂时价格与长远期望价格之间差异的敏感性。它只是暂时地影响顾客的价格敏感性。超级市场的番茄罐头优惠一个星期,其销售量提高的比例会高于同样减价幅度的新鲜西红柿。顾客可以轻松地储存今后几个星期使用的番茄罐头,却不能储存同样多的易腐烂的新鲜西红柿。当然,这种影响是短时间的,如果该品牌不优惠,他们也会购买,只不过每次购买的数量不会这样大,因此,他们实际的总购买量增加得并不多。存货对价格的敏感性的影响主要取决于购买者对未来价格的预期。因此,评价这一效应,必须将价格与购买者预期的未来价格相比较,而不是和当前的价格相比较。

专论：

消费降级现象真的存在吗？

就在业界多数人纷纷探讨"消费升级"给零售业带来的机遇时，一些人又提出了"消费降级"的概念，认为即使你的产品有品质，有调性，环境体验又超级震撼，仍然会有一部分消费者不愿花那么多钱为之买单，因为没有人愿意为多出来的溢价付费。他们会"聪明"消费，在一定的收入条件下，追求高性价比的商品，而非简单的名牌商品。

这一点首先从国内奢侈品牌大量关店可以看出来。中国的消费者似乎已经走过了那种盲目崇拜名牌的阶段，他们更理智、更冷静，会选择更加物有所值的商品，而不会仅仅为"面子"付费。当然，另外一种解释是，当前人们负担太重，孩子教育、房子、车子、医疗、养老等，样样都需要钱，于是，他们精打细算，为未来做准备。

我们来看看日本这几年百元店兴起的背景。自从1990年经济泡沫破灭之后，日本经济持续低迷，进入了被称为"失落的20年"的阶段。在这种经济状况下，日本著名管理学家大前研一在《低欲望社会》一书中写道："日本年轻人没有欲望、没有梦想、没有干劲，日本已陷入低欲望社会！"

所谓的"低欲望社会"是指：无论物价如何降低，消费均无法得到刺激；经济没有明显增长，银行信贷利率一再调低，而30岁前购房人数依然逐年下降；年轻人对于买车几乎没有兴趣，奢侈品消费被嗤之以鼻；"宅文化"盛行，一日三餐因陋就简。未满35岁的日本人，从懂事以来就面对"失落的20年"，大多数人的心态不只是不愿意背负房贷或结婚生子，所有的风险及责任都不想承担。

在消费领域，低欲望社会表现为消费力的减退。新技术、新设计以及各种时尚潮流的消费对象是年轻人，但年轻一代的数量逐年递减，消费趋于饱和，而高龄阶层对于时尚等消费能力有限。此外，日本人对攀比也渐渐失去了兴趣，那些奢侈品的消费变得毫无意义。所以，低价商品成为日本人的主流商品。当然，日本人不愿意消费，还有一个重要的原因，就是薪资水平停滞不前。

在这种背景下，日本廉价店异军突起，近几年发展很快。如大创产业是日本率先采用单一定价模式的经销商，其创始人利用这个战略成功挤进亿万富豪行列。据彭博亿万富豪指数显示，他拥有的净资产高达190亿美元。作为日本最大的折扣零售集团，大创产业在日本国内拥有超过3 150家门店。

同样，在美国零售市场上，以1美元店为代表的折扣零售商同样发展迅猛。2016年沃尔玛关闭的269家店铺中，有41家小型超市Walmart Express店被一个名叫Dollar General的1美元折扣连锁公司收购了。这家折扣店目前在美国拥有1.3万家店铺，店铺数超过其他任何零售企业。

中国的零售市场中，近几年实体店普遍运行艰难，人们收入也难以大幅提升。同样，类似日本大创和美国1美元店的名创优品近几年发展速度惊人。这是否在预示着伴随消费升级浪潮的同时，消费降级现象也可能在国内出现？

（三）需求导向的定价方法

下面来看一下零售商是如何使用需求导向的定价方法给商品定价的。当然，这个案例比较简单，零售商的实际定价往往比这种方法要复杂得多。

假设一家服装专卖店要推出一种新款式的T恤衫，开发该产品的固定成本是30 000元人民币，可变成本为每件20元。固定成本是不随生产和销售产品的数量的改变而改变的，可变成本是随生产和销售产品的数量改变而改变的。该T恤衫以四种不同的价格在四家商店销售，从表8-1中可以发现，每件T恤衫定价40元是获利最高的价格。

表8-1 需求导向的定价实验

市场	（1）单位价格	（2）该价格下的需求	（3）总收益：（1）×（2）	（4）总成本	（5）总利润:（4）-（3）
商店1	30元	20 000件	600 000元	430 000元	170 000元
商店2	40元	15 000件	600 000元	330 000元	270 000元
商店3	50元	8 000件	400 000元	190 000元	210 000元
商店4	60元	3 000件	180 000元	90 000元	90 000元

（四）需求导向的辅助定价

如上例所示，零售商要对所经营的商品全部通过定价实验来确定价格，这既不现实又可能错过最佳销售期，因此，在运用需求导向定价时，企业更注重的是研究消费者心理对价格的接受情况。这样，就演化出千姿百态的定价技巧，这些技巧可以视为利用需求导向的定价思想而产生的。

1. 声望定价

它是借助商店的名声、威望和名牌商品的市场地位，把价格定得高于同类商品。这种定价方法有利于树立商店形象，提高商品的市场地位，增加单位商品的盈利。尤其是某些消费者以出入高级商店为荣耀，或以能买到名牌、数量受控制和稀有商品为自豪时，他们购买到某种商品或得到特定服务时的心理上的满足感，会大大超出其所支付价格的损失感。声望定价便符合了这一类消费者的心理需要。

一般来说，声望定价最适用于服装、化妆品等质量不易直接被消费者鉴别的商品。对这类商品，消费者常以价格的高低来判断其质量的优劣，因此，商店或商品的声望与商品的高价格之间具有相互推动的作用。商店或商品的声望越高，零售定价就越高；零售定价越高，促销的效果就越好，商店或商品的声望越高。运用声望定价的关键是商店对自己或自己的商品在消费者心中的声望的客观认识。如果价格与声望不符，不管是高于声望价还是低于声望价，都不会为消费者所认可，商店的利益会受到损害。

2. 巧用数字定价

（1）非整数定价。这种方法又称"零数定价"，就是指商品价格是以零数为结尾的非整数价。零头的意思有两种:0.99元相对于1元来说是零数价,199元相对于200元来说也是零数价。例如,在英国伦敦牛津街商店里,一些标价以"99"作为尾数的商品往往销量非常好。例如,一磅带骨兔肉为0.99英镑,一条普通的腰带为1.99英镑,一双女士皮凉鞋为12.99英镑,一把折叠伞为2.99英镑,一件男士雨衣为65.99英镑,一架佳能AE-1型照相机为199.99英镑,一台20英寸的索尼彩电为399.99英镑等。零数定价适用于一般的生活消费品。对这类商品价格,消费者往往认为这是一种经过精确计算得出的价格,因此产生信任感,比较容易接受。同时,这种价格给人以低一级数目的感觉,从而产生便宜、合算感,促使消费者购买。

(2) 整数定价。整数定价与零数定价相对应,即将商品价格定为整数。这种定价虽然会让人认为是一种概略性价格,不很准确,但对于一些礼品、工艺品和高档商品制定整数价,会使商品愈发显得高贵,满足部分消费者的虚荣心理。例如,针对高档时装、皮衣等商品,商店可把基础价格略加变动,凑成一个整数,使顾客对此类商品形成高档印象,这样不仅不会失去顾客,还能增强顾客的购买欲望。如果以零数定价则会给人一种低价感,商品反而少人问津。当然,对于一些方便食品、快餐,以及在人口流动比较多的地方的商品制定整数价格,适合人们的"惜时心理",同时也便于消费者做出购买决策。人们容易记住商品的整数价,因此,会加深商品在消费者心中的印象。

(3) 吉祥数字定价。近年来,我国消费者对吉祥数字越来越敏感,为了顺应消费者心理需求,零售商常用吉祥数字为商品定价,就称为吉祥数字定价法。在我国的文化中,6、8、9都是吉祥数字。例如,某女士衬衣标价88元,皮鞋标价98元等比比皆是。吉祥数字价格之所以流行,是一些人对于象征兴旺发达、一路顺风的吉祥数字十分看重。但是,不要所有的商品都采用吉祥数字定价法,因为用得太多太滥,反而会使消费者感到麻木,甚至反感。

3. 招徕定价

这是商店常用的价格促销策略,即利用消费者对低价商品的兴趣,有意将若干商品的价格定在市场通行价格之下,甚至低于进货成本,以此招徕顾客,其目的是吸引顾客购买降价商品时,也即兴购买商店内的其他商品,以扩大总体销售量,增加商店总利润。

运用招徕定价法主要有三种情况:

(1) 将少数几种本小利薄的日用品或消费者对价格十分敏感的商品以低价出售,使消费者受此吸引而经常光顾本店。

(2) 把有相互补充关系的商品区别定价,有意识地把主要的耐用品商品价格定得低些,把从属的消耗大的商品价格定得高些。由于主要商品价值大,消费者购买次数少,对价格又比较敏感,所以,适当降低这种商品的价格,既能使消费者满意,商店损失又不大。最主要的是,以此种商品的低价招徕消费者,诱导消费者购买主要商品后,继续大批量地购买消耗大的从属性商品等,就可以保证商店获得最佳整体利益。

(3) 把商店销售的不同商品按不同的原则定价,有些商品价格调高,有些商品价格调低,以便招徕顾客。

4. 购买习惯定价

购买习惯定价法是把消费者在购买商品中形成的习惯价格作为定价的依据。消费者对经常性购买的商品价格,会有比较固定的认识,形成对某些商品价格的习惯性。在消费者心目中,这种习惯性价格形成判断商品价格高低的标准,符合其标准的价格,就能被接受;偏离其标准的价格则会引起疑虑。高于习惯价格的往往被认为是乱涨价,而低于习惯价格的又使顾客对商品质量产生怀疑。

例如,1968年,我国台湾地区发生过这样的事情。当地冰激凌已形成习惯价格——每盒2元新台币。美国富乐奶品公司刚进入我国台湾地区市场时,自认为所生产的冰激凌质量好,每盒定价3元新台币,结果做了大量宣传广告后,销路仍然不好,最后不得不屈从于2元新台币一盒的定价。由此可见,市场上许多日用品,由于消费者购买频率高,对价格比较熟悉,很容易形成一个习惯价格。这种习惯价格在消费者心目中根深蒂固,难以打破。因此,商店在销售这类商品时,要考虑按习惯价格为商品定价,否则就很难扩大销路。

5. 拆零定价

顾客在购买商品时,较多注意的是单位价格的高低,而较少注意计价单位的大小,因此,价格贵且一次购买量较小的商品,利用较小的计价单位定价,顾客会产生价格便宜的感觉。拆零标价是将销售标价的单位拆小、分解进行定价。由于计价单位大小不同,顾客的心理感受不同。大包装商品改为小包装,价格进行拆零计算,其实价格是相同的,但顾客的感觉却不一样。例如,茶叶店将每千克500元的高档茶叶,分装为每50克一包,每包定价为25元,这既符合顾客少量购买的习惯,又给顾客留下价格不高的印象。

6. 组合定价

组合定价是将既可以拆零单买,又可成套购买的商品,采用配合成套的方式统一定价,成套商品价格略低于单件购买的价格之和。商店采取组合定价,可以省去顾客成套购买时的一物一价、加零集整的烦琐,也可以给顾客一个总体的价格印象。例如,商店在销售配套的客厅家具或卧室家具时,配套陈列整体定价,可以给顾客完整和身临其境的感觉。

7. 复合单位定价

顾客在购买商品时,为了计算方便,往往乐于购买整数单位的商品,如1 000克、500克等。针对顾客图便利的心理,商店可以将顾客经常购买的商品采取复合定价,例如,苹果10元1 500克。顾客为了计算方便,往往会一次性购买5元或10元苹果,而很少购买1 000克。采用复合单位定价,可以引导顾客一次多购买商品,这种定价法多适用于日用品或食品。

8. 陪衬定价

顾客在购买商品的过程中,总是希望有较大的选择机会,通常对商品进行反复的挑选,以合适的价格买到满意的商品。为了适应顾客这一心理,商店应以主力商品的价格为核心,制定主力商品价格后,补充适当的廉价辅助品,以衬托主营商品的优良品质;补充高价格商品,以衬托主营商品的价格合理性。这样不仅可以刺激顾客购买主营商品,而且还可以利用低价格的辅助商品吸引求廉的顾客;同时,可以利用陈列高价格的辅助品来提高商店的档次和格调,吸引求新、求好、求美的顾客。陪衬定价增强了顾客的价格选择余地,又增加了商店的销售额。

例如,法国一家专营玩具的商店购进了两种"小鹿",造型和价格一样,只是颜色不同,上柜后很少有人问津。店老板想出个主意制造差价,他把其中一种小鹿的售价由3元提高到5元,另一种标价不变。用3元钱的小鹿做5元钱的小鹿的陪衬商品。结果把这两种价差鲜明的玩具置于同一柜台上,未提价的小鹿很快销售一空。这里要注意的是,陪衬定价要注意陪衬商品的价位,使它们能充分地衬托出主营商品。陪衬商品的价位可以与主营商品的价格形成层次感。

9. 错觉定价

错觉定价是利用顾客对商品价格知觉上的误差性,巧妙地确定商品销售价格的一种定价方法。在生活中,由于主客观的原因,顾客会对商品价格产生错觉。巧妙地利用顾客的错觉,可以收到较为理想的效果。例如,在商品销售中,常见到这样的情况:某些袋装食品500克,价格5元一袋;而同样的商品450克,价格为4.85元一袋。很多顾客乐于购买后者。错觉使他们觉得后者比前者便宜。因为顾客在购买袋装食品时的心理计价单位是袋,而不是重量克,所以,他们只注重5元和4.85元的比较,而没有进行500克与450克的比较。商店在制定商品价格时,利用顾客的理解错觉,可以起到促销的作用。

三、竞争导向的初始价格

竞争导向的初始价格是零售商在制定商品价格时以竞争对手的价格和市场价格作为参考依据,而不是以商品成本或需求作为参考依据。一家竞争导向的企业可能不会因需求或成本的变化而改变其价格,除非竞争者调整了它们的价格。与此相似,若竞争者改变了定价,即使需求或成本没有变化,这类企业也可能随之调整价格。

竞争导向的零售商可以将价格定得低于竞争对手的价格或市价、等于市价或高于市价。

(一) 高于市场价格

高价策略是商店制定的商品价格高于市场价格或竞争对手价格。商店要实行高价策略,必须具有高水平的非价格竞争上的独到之处。这种独到之处可以是以下任何一种因素:开设地点上的优势,为顾客提供高水平的服务,经营的商品声望较高,商店的气氛有异乎寻常的吸引力,独家专卖,专门促进销售的有吸引力的措施等。如果商店拥有以上优势,尽管顾客购买同样的商品付出了更高的价格,但是,顾客仍会觉得物有所值。

高价策略往往在以下情况中运用:

1. 为标志消费者地位和财富的商品制定高价

在商品价格与需求的关系中,存在一种"凡勃伦效应"。这是指因商品和服务的价格相对高且与之相联系的社会声誉高,而使商品和服务受到欢迎的情况。凡勃伦是19世纪初美国制度学派的创始人,按照他的观点,这种效应一般是指那些处于消费级别较高的社会群体会追求自己独占某些奢侈品,所以,高价是需求增加的重要原因之一,而削价则会导致需求下降,因为削价意味着有社会声誉的物品的贬值。当顾客去某家商店购买某种商品是为了显示其与众不同的地位和财富,换句话来说,当商店的目标顾客是那些社会阶层比较高的人士时,商店必须采取高价策略,例如某些名牌服装专卖店。

2. 为标志商品高品质而制定高价

在商品价格与需求的关系中,还存在一种"质价效应",即消费者通常把高价看成优质商品和优质服务的标志,因而在商品价格较高的情况下,也能刺激和提高需求的效应。一般情况下,许多消费者往往以"一分价钱,一分货""好货不便宜,便宜无好货"的观念去判断商品的质量,因此,高价能给人们产生商品高级、商品优质的印象。对于一些无法凭充分资料判定商品价值和质量的商品,消费者往往根据价格的高低得出结论。例如,两种世界名牌时装,孰优孰劣,知者甚少,只能以价取物;两种高档电冰箱,哪个性能更优,返修率低,懂行者不多,只能得出价格高的更保险的结论。尤其是对一些需要较长时间才能分清质量好坏的商品,如化妆品等,采用高价位,反而能让顾客对商品质量产生信任。

3. 为标示商店服务高水平而制定高价

如同商品高价位能显示商品高品质一样,高价位同样能显示服务的高水平。对于以高价定位的商店,除了要时刻关注消费者对商品的反应,不断提高商品质量,增加商品功能,创造更新的款式外,还要搞好服务工作,增强消费者对商品使用的安全感和信任感。高价位所标志的高水平服务,也能满足一些人的需求,因而也是企业定价的一个空隙。美国的诺顿百货公司以此定价非常成功。该公司一直强调为顾客提供最好的服务,事实上它也做到了这一点。

(二) 低于市场价格

许多零售商采用了每日低价(EDLP)政策,这种政策总强调把价格定得低于正常价格,但高于其竞争对手大打折扣后的价格。零售商沃尔玛使用的就是这一低价策略。

低价策略在通常情况下是具有竞争力的。但是,并非"价格低廉"就一定好销售。这是因为过于低廉的价格会造成对商品质量和性能的"不信任感"和"不安全感"。顾客会认为:"那么便宜的商品,恐怕很难达到想象的质量水平,性能也未必好。"要卓有成效地运用这一策略,商店必须具备的条件是:

(1) 进货成本低,业务经营费用低。低费用才能支撑低价格。

(2) 存货周转速度快。所有商品都能被卖掉,问题在于价格如何。经常降价尽管使得利润受损,但零售商可以尽快把商品销售出去。

(3) 顾客对商品的性能和质量很熟悉,价格便宜会使顾客大量购买。例如,日常生活用品、食品等。

(4) 能够向顾客充分说明价格便宜的理由。

(5) 商店必须在顾客心目中享有较高的信誉,不会有经营假冒伪劣商品之嫌。

(三) 同竞争者保持一致的温和价格

这是商店定价的中庸之道。当商店的地理位置以及所经营的商品不具有独特的竞争优势时,商店通常宜采用温和价格策略。温和价格策略就是将商店的商品价格与市场价格保持一致,这样,商品价格较容易得到消费者的认可,又不会招致竞争对手的敌意行为。温和价格策略可以增强顾客对商店价格信任感,因此,绝大多数商店乐于采用温和价格策略。

以上介绍了竞争导向的零售商可能采取的三种定价策略。表8-2显示了竞争定价的因素分析及可供选择的价格策略。

竞争导向的初始定价从计算的角度看十分简单,但从是否见效、利弊得失比较方面看又有相当的难度。因为价格竞争是公开化的竞争,商店每采取一种行动,都会招来竞争者的相应反应。这种反应会削弱商店价格决策的作用,甚至带来副作用。在采用此方法时,零售商应充分估计竞争对手的反应,要了解主要竞争对手的优势所在、目前的财务状况、顾客的忠诚度和企业目标等,并在估计竞争对手可能的反应的基础上预先设计好自己的对策。

表 8-2　竞争定价的因素分析与价格策略

零售组合变项	价格策略的选择		
	定价<市价	定价=市价	定价>市价
地段	不便的地方	靠近竞争者,无地段优势	没有强大的竞争者,位置对顾客方便
服务	自助服务,员工商品知识贫乏,无商品陈列	导购员提供适度的帮助	高水平的服务,有推销技巧,送货上门
花色品种	集中于畅销货	花色品种适中	花色品种丰富
店内环境	廉价的固定装置,没有镶嵌板壁和配货架	店内环境中等	有吸引人的装饰和大量的陈列
专门服务	现购自运	不提供专门服务或收取顾客额外的费用	服务费用包括在价格内
品牌	他人的商标	名牌货	独家经营商标

第四节　价格调整

价格之所以是市场营销组合中最灵活的因素之一,是因为它能适应市场需求的变化而进行迅速调整。零售商的初始价格确定之后,并不等于一成不变。为了适应竞争、季节性、消费者偏好等因素的变化,有必要对不合适的价格进行调整。价格调整有两种形式:提价和降价。提价是在原有价格之上追加零售价格,是在需求量非常大时或成本上升时运用的。降价是降低商品的原有销售价格,它是商店经常采用的价格调整方式。

任何价格变动都会对顾客产生影响,但顾客并不是总能对价格变动做出充分的理解。他们会对商品削价产生下述理解:产品可能要被新型号所代替;该产品有缺陷,销售不畅;企业财务困难,难以在行业中继续经营下去;价格会进一步下跌,要耐心等待;产品的质量有所下降。

企业提价通常会影响销售,但也可能向顾客传递某些有利的信息,例如,产品很畅销,不赶紧买就没有机会了;产品代表不同寻常的高价值;零售商很贪心,要从顾客身上取得更多的利润。

由于价格变动会对顾客产生一定的负面影响,要消除或降低这种影响,零售商在调整价格时要十分注重调价的技巧。

一、降价

(一)有计划降价

零售商经常会对商品实行降价出售。尽管降价有多种原因,归纳起来无非两个:清仓和促销。

当商品销售缓慢、商品过时、在销售季末,或者是价格高于其竞争对手的价格时,商店通常会采取降价的方式加速商品周转。一些人担心降价会损害商店的形象,但如果商品放到下季出售,也许会变得破旧或过时;同时,商店还得付出很高的库存成本。商店运用降价策略进行促销,通常会增加现金流量,从而可以购买新商品;同时,降价也可以增加顾客流量,顾客到商店后还可以购买其他正常价格的商品,有计划的降价促销实际上能提高商店总的营业额。

然而,降价必须有计划地进行。商店首先应制定一个完善的促销计划,每期促销应选择什么商品作为促销商品,采购员要事先与供应商接触,争取他们的促销配合。此外,商店还要将过去的销售记录保存完好,并对现时的销售情况及时分析。这意味着应跟踪过去降价的商品类型,现在的季节有什么商品销不动了。例如,如果某些型号的某种商品过去常大量降价,则商店就应在本季减少对这些型号的商品的进货。

实施降价控制时必须能够对降价做出估计,并修改最近各期的进货计划,以反映这种降价。事实上,降价范围太大可能说明采购员在进货时对风险的估计不足。评价降价理由的一种良好方法,是让采购员记录他所采购的商品每次降价的理由,并定期检查这些理由。例如,季节终了、与竞争者的价格相抗衡、陈旧的商品、过时的样式等都可以作为采购员的记录事项。

(二)降价时机的选择

许多商店很早就开始降价,而那时的需求还相当活跃,通过及早降价销售,商店不必像在销售季节的晚期那样急剧降价。一些商店也采取后期降价的政策。尽管商店对安排降价的最佳时间顺序有不同的看法,但必须在销售期内把商品卖掉却是共识。在销售期内,可以选择早降价、迟降价或交错降价。

1. 早降价的好处

(1)实施这种办法,是在需求还很旺盛的时候,就把商品降低价格出售,可以大大地刺激消费者的购买欲望。

(2)早降价与在销售季节后期降价相比,只需要较少的降低价格就可以把商品卖出去。

(3)早降价可以为新商品腾出销售空间。

(4)早降价可以加快商店资金的周转。

2. 迟降价的好处

(1)商店可以有充分的机会按原价出售商品。

(2)避免频繁降价对正常商品销售的干扰。

(3)减少商店由于降价带来的利润降低。

选择降价时机,关键要看降价的结果。如果商品能顺利地销售,商店可以选择延迟降价;如果降价对顾客有足够的刺激,能够加速商品销售,可以早降价。

交错降价就是将早期降价和晚期降价策略结合起来运用,现在这一方式变得越来越流行了。例如,许多时尚商品专卖店在销售的前几周之后削价20%,又过几周再削价30%,这样下去直到商品卖完。这种方法看来比那种降价次数少但降价幅度很大的办法更能增加利润,这可能是因为顾客相信他们必须在降价结束之前而商品又未售完时去购买。同样,在第一次降价时未购买的顾客可能会在下一次降价时购买。两种策略结合的缺点是:商店可能会在第一次或第二次降价之后蒙受较大损失。

但是,频繁降价会使顾客产生不良的心理反应。如果商店频繁地搞商品降价处理,顾客就会认为"降价处理的商品价格就是该商品的本身价格"。如果顾客形成这样的印象,降价就失去了对顾客的吸引力。

(三)控制适宜的降价幅度

降价的幅度对降价的促销效果会产生重要影响。一次降价幅度过小,不易引起顾客的注意,往往不能起到促销的作用;而一次降价幅度过大,顾客会对商品的使用价值、商品质量等产生怀疑,同样会阻碍商品销售。

出售商品所需要的降价幅度很难确定,易变质的商品(如鲜肉和农产品)以及时尚商品需要比纺织品有更大的降价幅度。因为商品不同,打折的幅度就要有所不同。例如,对 10 万元的汽车降价 10% 可能比对 2 元的冰激凌进行 10% 的降价更具有刺激性。

根据实践经验,各类商品的降价幅度如下:
(1) 耐用消费品降价幅度一次不宜超过 10%。
(2) 一般商品应在 10%~50%。如果降价幅度超过 50%,顾客可能会对商品品质产生怀疑。

【案例 8-3】

钱大妈的自动降价策略

社区生鲜超市钱大妈创立于 2012 年,近几年发展速度很快。即使在新冠疫情肆虐的 2020 年,钱大妈仍在快速拓店,年末达到 3 000 多家,是社区超市业态的一匹黑马。钱大妈的经营给消费者留下了两点深刻印象:一是不卖隔夜肉,二是每天晚上的自动降价策略。钱大妈超市每天 19:00 开始打折,每隔半个小时降一折,直至免费赠送,绝不隔夜销售。店里通知写着:

19:00	全场九折
19:30	全场八折
20:00	全场七折
20:30	全场六折
21:00	全场五折
21:30	全场四折
22:00	全场三折
22:30	全场两折
23:00	全场一折
23:30	免费赠送

资料来源:作者实地调查。

二、提价

很多零售商对商品涨价很谨慎,初始价格一旦确定,它们就会努力维持现状,尽可能避免涨价。因为顾客对商品涨价非常敏感,常常会对涨价商品产生抵触心理。当然,零售商也不应过于害怕涨价,在经营环境发生变化,商品不得不涨价时,只要注意适当的涨价技巧,就能将涨价的负面影响降到最低。

(一)将实情告诉顾客

某些涨价的原因是可以被消费者接受的。例如,当商店采购成本上涨时,而维持原价销售无法经营,商店不得不提高售价。但如果是由于某商品在市场上一时走俏,商店想赚取高额利润,则这一做法会被消费者所抵触。因此,为减轻顾客的抵触心理,商店若是由于第一种情况考虑涨价,不妨将商品采购成本的真实情况向顾客公布,取得顾客的谅解,说服顾客接受涨价的事实,建议顾客如何减轻涨价的负担(如选购代用品),则顾客会在理解的心态下接受涨价。商店需要注意的是,当使用这一理由涨价时,必须在采购成本降下来之后立即将商品价格降下来,否则只有升,没有降,几次事件之后顾客会有受愚弄的感觉。

(二)分步骤提价

不是所有商品的采购成本都在同时上涨,因此,商店全部提价时,会遭到顾客的强烈抵制,为了减少顾客对商店涨价的抵触心理,商店采用部分提价的方式为好。如果全部商品涨价,会导致忠诚顾客流失,促使顾客转而走向竞争对手的商店购物,甚至舍近求远去折扣商店购买一些日常用品。部分商品提价,可以给顾客留有一条退路,顾客会认为,这个涨了可以买那个。对于涨价的部分商品,随着时间的推移,顾客对涨价之事会逐渐淡忘,对原来无法接受的价格会逐渐适应,商店的销售量也会稳步回升。因此,商店即使需要对所有商品涨价,明智的做法是分阶段、分步骤涨价——先选出一部分商品或不敏感商品涨价,然后,再逐一提高其他商品价格。

(三)选择适当的涨价时机

涨价时机非常重要,不能平白无故地涨价,最好在恰当的时机进行,除非商品采购成本突然大涨,不得不当时涨价,否则涨价需要考虑时机。涨价一般是有恰当时机的,错过了机会,价格就难以提高了。商店通常选择的涨价时机有:

(1)当商品采购成本上升,商店已经出告示通知顾客一段时间,而顾客皆知采购成本上涨时。

(2)季节性商品换季时,如冬季商品换成春季商品时,对新上市的春季商品可以考虑高于上年价格的幅度销售。

(3)年度交替时。新年或春节期间消费比较热,顾客手中要花的钱比较多。此时,顾客对商品价格敏感度减弱,在这一时期涨价会容易被顾客接受。

(4)应节商品。传统节日和传统习俗日期间,顾客对价格关心程度较低,对商品本身的关心程度较高。这时提高价格往往不会遭到顾客的拒绝。

（四）一次涨价幅度不能过高

尽管商品的采购成本可能短时间内上涨过快，商店已经将采购成本的实情公之于众，但大多数顾客一般并不关心商店出于什么原因涨价，而只是关心自己能否接受这一新价格，即涨价后的价格与心目中的价格标准是否接近。如果涨价幅度过高，不论任何原因，都会导致顾客弃买，或转投其他商店。因此，商品的一次涨价幅度不能过大，尤其是顾客价格敏感度较高的商品，确定涨价幅度时更要谨慎。也许这些商品正是招徕顾客的诱饵，涨价之后，不仅失去了这一部分顾客购买力，还将连带失去其他商品的营业额。

从经济数据看，一次上调的幅度不宜超过10%。商店如果需要调整的价格幅度较大，最好采取分段调整的办法。当然，顾客对不同商品的敏感度是不同的，顾客对成本很高和经常购买的商品价格非常敏感，而对低成本的、不经常购买的商品则不太注意其价格是否上涨。另外，有些顾客虽然关心商品价格，但更关心商品购买、使用和维修的总费用。如果零售商能使顾客所需的总成本较低，则即使它制定的价格高于竞争对手，仍然可以扩大销售额。

（五）附加馈赠

涨价时，以不损害商店的正常收益为前提，可以搭配附属商品或赠送一些小礼物，提供某些特别优惠。这样会给顾客一种商品价格提高是由于搭配了附属商品的感觉，过一段时间，再撤去搭配商品，稳定在新价格水平。这样做要注意时间的配合。例如，12月1日开始采用搭配附属商品进行提价，到1月1日取消附属商品，这样顾客就很少反对。

资料

如何聪明地选择与价格战说再见

国内外零售商依然热衷于价格促销，无论是"双11"还是"618"，最常用的策略就是降价。事实上，零售商应当了解，除了降价促销之外，还有许多其他办法来提高自身利润。以下是4种能够帮助零售商保持利润、刺激消费者购买的价格策略。

1. 提供价格保证

到底什么时候才应该下手？这是每个消费者都感到疑惑的问题。毕竟，现在商家打折的机会这么多。通常，不是价格本身阻碍了消费者的购买行为，而是因为消费者担心如果现在买了，晚一些时候看到价格更低，会心有不甘。为了缓解这种焦虑，零售商可以采取价格保证策略消除消费者的担忧，保证未来价格只会升不会降，或其他竞争者降价时给予补偿。价格保证能够给消费者带来一定的心理安慰，但这也会给他们增加额外的工作——比如监督价格。采取这些行动的消费者往往都是价格敏感型。因此，零售商必须把价格保证付诸行动，否则这些消费者绝对不会出手。

2. 采用循序渐进的折扣策略

零售商也可以采取循序渐进的折扣策略。比如，购物额超过500元减免5%，在达到更高的门槛后，增加总折扣额（如超过800元提供8%的折扣，超过1 000元则提供10%的折扣，以此类推），这能促使消费者提升花费预算。因为消费者需要购买更多的东西，才能获取更高的总折扣额。而同样重要的是，更高的折扣还能刺激消费者购买额外的产品。

3. 刺激消费者大量采购

解决"现在买还是再等等"综合征的另一项战术是，激励消费者现在大量购买。为此，商家要向消费者提供额外的折扣，以此说服他们放弃退货或寻求调价的权利。这一选择等于承认了这一事实：日后该商品的价格可能会降低。然而，消费者通过承担现在购买的风险，避免了不断查看价格的麻烦，以及获得了额外的折扣。这种政策与航空公司提供的不可退改签票价类似——一种附带约束条件的最低价格。

4. 提供限时抢购

限时抢购瞄准那些最在意价格的消费者。只有那些真正在意价格的人才愿意不断查看邮箱或者是零售商网站，并且能在短时间内立刻出手购买。与叠加额外折扣（比如，在接下来的两小时内，全场商品打8折）不同，限时抢购应当针对特定的畅销产品。全场商品折扣会促使消费者对"适用于所有产品"的类似促销活动产生期待。相反，着重于特定产品的促销能够创造一种紧迫性，促使消费者立即做出购买决策。

资料来源：哈佛商业评论微信公众号，2016-12-03。

本章小结

零售价格是零售商营销组合中唯一能够带来利益的要素。能否成功选择合适的价格策略，直接关系到零售商的市场竞争力和经济效益，零售商在确定商品价格时，必须考虑商店本身特征、消费者价格心理、商品进货成本、竞争对手的价格策略和政府法规政策等因素的影响。

目前，在国内外零售界流行两种对立的定价政策，即高/低（浮动式）价格政策和稳定价格政策。高/低价格政策的优点是：刺激消费，加速商品周转；使同一种商品在不同市场上都具有吸引力；易达到连带消费的目的。稳定价格政策的优点是：可以稳定销售，有利于库存管理；可以减少人员开支和其他费用；可以为顾客提供更好的服务；可以改进日常管理，保持顾客忠诚度。

零售商初始价格的制定有三种方法：成本导向法、需求导向法和竞争导向法。成本导向法是通过在商品成本的基础上加上若干百分点的加成来确定价格。需求导向法是充分考虑价格需求弹性对定价的影响基础上形成的定价方法。竞争导向法是零售商以竞争对手价格或市场价格作为参考依据来确定价格。

零售商的初始价格确定之后，并不等于一成不变。为了适应竞争态势、季节性、消费者偏好等因素的变化，有必要对已不合适的价格进行调整。价格调整有两种形式：提价和降价。无论是提价还是降价，都有可能对顾客产生一定的负面影响。为了降低这一影响，零售商在调整价格时要注意调价技巧。

学习思考

党的二十大报告指出:"我们必须坚持解放思想、实事求是、与时俱进、求真务实,一切从实际出发"。零售业是一个国家最重要的行业之一,零售业与人们的生活息息相关,是人们日常生活的重要保障。每当灾难降临时,零售业的从业人员都始终坚守自己的岗位,保证了社会秩序的正常运转。2020年新冠疫情来袭后,当人们在家里抗疫时,零售人像医务工作者一样逆行而上,克服种种困难,保证了商店正常营业,保障了人们的生活所需,给大家吃了一颗定心丸。而且,无论面临多大困难,零售企业都尽最大努力保证商品供应,且千方百计稳定价格,绝不乱涨价。这种在危难时期显示出来的行业的整体风范和素养,值得全社会尊敬。

 即测即评

 请扫描二维码,在线测试本章学习效果。

 思考题

1. 零售商在制定商品价格时需要考虑哪些因素?
2. 为什么说成本导向定价法是"一种导致平庸财务绩效的计划"?
3. 影响价格敏感度的因素有哪些?当商品价格需求弹性属于富有弹性或缺乏弹性时,企业应采取什么价格策略提高收益?
4. 零售商在什么情况下可以将商品价格定得高于、低于或等于竞争对手的价格或市价?
5. 降价或提价会对顾客产生什么负面影响?如何降低这一负面影响?

【案例分析】

案例一:Costco 的盈利模式

Costco 是美国一家收费会员制连锁仓储超市,只有付费会员或者其携带的亲友才能进入消费,其所售商品以低价高质著称。Costco 也是全美最大的有机菜市场,是全美红酒等最大零售渠道;Costco 的客单价是沃尔玛的 2 倍以上,坪效比是沃尔玛的 2 倍,库存周转率是沃尔玛的 1.5 倍,运营费用率是沃尔玛的一半。Costco 的全球付费会员总数已经超过了 8 103 万,老会员的续费率在美国和加拿大达到了 91%。

Costco 做了两件事。第一件事是通过一系列措施,主动将销售商品的纯利润压缩至几乎为零。所有的超市和便利店,从国际巨头沃尔玛、家乐福,到遍布东亚的 7-Eleven,都在追求毛利润率不断增长。只有 Costco 整天在想,如何可以少赚一点?今年毛利润率10%,明年能不能 9.5%,后年能不能进一步降到 9%?在能打平运营费用、税款的条件下,毛利润率越低越好。

在全球的Costco里,都藏着一个14的神秘数字,意思是任何商品定价后的毛利润率最高不得超过14%。Costco接近个位数的毛利润率,除去费用,交完税款等之后,纯利润就几乎为零了。可见,Costco"完全不靠卖东西赚钱"。而且,关键的是,这不是被动行为。不是因为竞争激烈导致毛利润率下降。而是主动行为,主动把毛利润率降到根本不赚钱的水平。也就是说,Costco"完全不打算靠卖东西赚钱"。

第二件事是Costco向顾客按人头每年收取刚性的会员费,成为其几乎全部利润的来源。Costco的会员分为非执行会员和执行会员,在美国和加拿大非执行会员的年费为55美元/年,执行会员的年费为110美元/年。相比非执行会员,执行会员还可以享受一年内销售金额2%返利,以及其他一些优惠。超市的利润,一般来说直接与商品进货价、销售价和销量相关。Costco纯粹得多,它的利润额不直接与商品进货价、销售价和销售量相关,而是只与会员人数相关,会员费就是Costco向每位客户每年收取的定额中介服务费。Costco每年收取的会员费,几乎就等于它全年的纯利润额。

同样的商品,Costco的价格总是更低;同价的商品,Costco的品质总是更高;花费同样的购物时间,在Costco买得更多、更快、更全、更无后顾之忧——相同的交易时间、交易成本,客户获得的总消费者剩余更大。

Costco的会员,在消费之前已经缴纳一整年的会员费,最低仅为55美元/人。在之后一年的消费过程中,会员费对于会员来说,就是沉没成本。Costco的商品,一般比市面上同质同量商品价格低很多。反正会员费已经交了,而Costco又更便宜,会员一年之中在Costco消费得越多,获得的消费者剩余总额越大。"买到就是赚到,买得越多,赚得越多。"会员就倾向于在Costco多消费,倾向于在Costco完成所有可能的消费。

资料来源:静逸投资微信公众号,2017-01-04。

问题:

Costco的价格上不含利润,它主要是通过什么方式盈利的?

案例二:社区团购平台同程生活申请破产

欠款被追偿、更名、转型、宣布破产……在短短几天时间内,社区团购平台同程生活在过山车一般的节奏中步入了末路。2021年7月7日晚间,"蜜橙生活"(原名"同程生活")发布公告称:"几年来因经营不善,虽经多方努力,但仍然无法摆脱经营困境。公司决定申请破产,现拟提出破产申请。"而在此一天前,该平台刚宣布更名转型,声称将加大团长私域流量及直播供应链端投入,围绕团长进行供应链的创新。

7月8日,同程生活运营主体——苏州鲜橙科技有限公司的创始人、董事长、首席执行官在向合作伙伴、员工、投资人发出的内部信中承认,"几天前,我们还一度希望通过业务转型,让公司走出社区团购行业所面临的经营困境。但由于合作伙伴集中催款、公司资金链面临断裂,已无再谋求转型的空间","不得以选择破产"。

公开资料显示,同程生活是由同程集团内部孵化的社区生鲜电商平台,2018年年底正式上线。2018—2020年期间先后获得过多轮投资。其间,同程生活通过和千鲜汇、邻邻壹、考拉生活等区域品牌合并,在华东、华南、西南等全国多个区域扩张。创立之初,同程生活旨在以生鲜非标品为切入口,打造下沉市场的生鲜超市电商,生鲜品类占比达70%,其他品类涉及居家用品及周边服务,主要采用"上游规模化源头直采+下游社区自提"的模式。但后来,该平台的生鲜品类占比已大幅下降,服饰、母婴、洗护类产品取而代之作为主推品类。

2020年以来,立足高频刚需的日常买菜需求,社区团购赛道成为互联网行业最火热的"风口"——橙心优选、美团优选、多多买菜批量上线,而早期入场的兴盛优选、十荟团等玩家也连续获得多轮融资。这些平台普遍以"预售+自提"为主要模式,招募社区各类门店业主、宝妈等做团长,通过微信等渠道做商品推广;平台则发放大量折扣补贴、低价引流,以在全国快速复制扩张,收获用户。整个行业游戏规则随之改变,行业从拼创新、拼执行转向了拼资本、拼补贴,拼价格、拼团长返佣成了常态,短期内均无法实现正向收益,整个行业均面临巨亏,而面向用户端的服务创新、体验创新则陷入停滞。

社区团购赛道已成"天价烧钱"的资本游戏,所烧的钱已不是十几亿元、几十亿元,而是几百亿元的级别。正因为烧钱补贴太厉害,平台自身又缺乏"造血"功能,加之同行竞争过于惨烈,产品长期低价亏本售卖,导致同程生活拖欠供应商货款2亿多元,造成资金链断裂。加之政府"严监管",严禁不正当竞争与反垄断,同程生活的破产并不令人意外。

资料来源:南方都市报App,2021-07-09。

问题:

同程生活申请破产的主要原因是什么?如何才能走出社区团购价格竞争的乱象?

第九章

促 销 管 理

过去,零售商的经营业绩在很大程度上取决于企业本身的"内在功夫",零售商只要寻到一个理想的地理位置,千方百计地组织适销对路的商品,为商品制定有吸引力的价格,并将其陈列到货架上,就已足够吸引消费者了。过去很多年里,国内百货商店的经营周而复始地如此循环,并长期占据零售市场的大半江山。然而,现今零售市场竞争激烈,零售商日益认识到比选择合适的地址、商品、价格更重要的是与顾客沟通。零售商要吸引消费者,必须让顾客知道它的存在以及所经营的商品种类和所提供的服务等信息,影响顾客的态度和偏好,说明这里能够满足顾客的购买期望,比竞争者更能提供超额价值。于是,每个零售商都不可避免地承担起沟通者和促销者的角色。

近年来,随着我国人民生活水平的提高,消费形态的改变,各种业态的零售商不断增加,竞争的加剧给零售经营者带来了严峻的挑战。如何在充满竞争的环境中脱颖而出,确保优势及创造利润,是零售经营者的一大难题。于是,许多零售商纷纷通过采取各种促销活动加强与消费者的信息沟通,刺激顾客的购买欲望,从而达到扩大销售增加收入的目的。尤其是电商巨头借助大数据技术,打造各种节日促销,如"双11""618"等,推动中国零售业的促销竞争愈演愈烈。

在多个促销战的回合中,国内零售经营者对某些促销技巧,尤其是价格促销技巧的运用越来越娴熟,但如何综合运用各种促销手段来增大促销效果的能力却明显不足。同时,过分依赖短期的促销手段刺激销售的增长也会导致一系列的问题,这些问题也许会进一步发展成为严重的问题,阻碍零售商提升竞争力。

本章所要回答的问题是:
- 零售促销的定义及其组合因素的特征;
- 零售促销活动流程管理;
- 零售广告的特点及其媒体选择;
- 销售促进的特点及具体方式的运用;
- 公共关系的特点及常见形式。

第一节 促销及其组合要素

一、零售促销的定义

零售促销(retail promotion)是指零售商为告知、劝说或提醒目标市场的顾客关注有关企业任何方面的信息而进行的一切沟通联系活动。

在现今激烈竞争的零售市场环境中,零售商日益认识到比选择适当的地点、商品、价格更重要的是与现有顾客及潜在顾客的沟通。零售商要吸引消费者,创立竞争优势,必须不断地与顾客沟通,向顾客提供商店地点、商品、服务和价格方面的信息,通过影响顾客的态度与偏好说服顾客光顾商店,购买商品,并使顾客对商店形成良好的印象。通过一系列有效沟通的促销活动,零售商吸引顾客进入商店,完成企业的目标。

零售商应用促销活动的目标与企业的经营目标是一致的,可以将之归纳为有利于提高长期的和短期的经营效果,如图9-1所示。

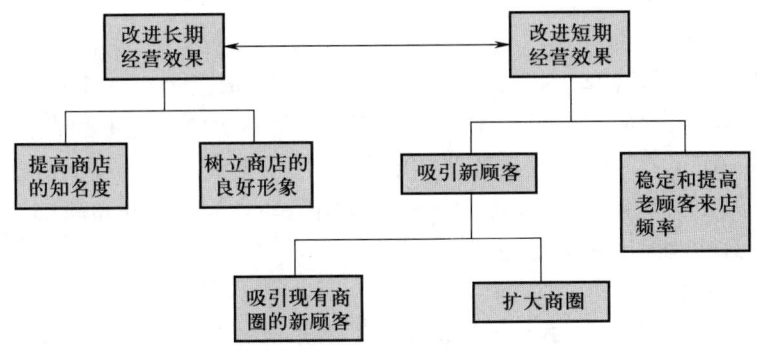

图9-1 零售商促销活动的可能目标

二、零售促销活动的类型

(一)按实施活动的时间长短分类

1. 长期性促销

长期性促销活动的时间一般在一个月以上,主要着眼点是塑造本店的差异优势,增加顾客对本店的向心力,以确保顾客长期来店购物,不至于流失至他店。长期性促销活动的措施包括:早晨提前开店,晚上延长闭店时间;准备停车场,提供免费停车服务,或凭购物收据提供免费停车服务;设置快速收银通道和无购物通道;晚上8时以后,部分商品打折出售;购买大件商品,免费送货上门;水果、肉品、鲜鱼等生鲜直接面对面销售,任意量包装,以满足顾客适量购物的需求。

2. 短期性促销

短期性促销的主要目的是希望在有限的期间内,通常是3~7天,借助具有特定主题的促销活动,以提高来客数,达到预期的营业目标。短期性促销活动的实例有:庆祝元旦,12月28日至1月3日,部分商品低价供应;生鲜三日游,周一至周三,生鲜商品超低价供应;折扣券活动,12月10日至12月15日期间,凭折扣券购买可口可乐一箱,优惠5元;免费赠送活动,12月12日当天最早光顾商场的前100名顾客,购满100元商品即免费赠送可口可乐一瓶。

(二)按实施活动的促销主题分类

零售企业经常举办的促销活动一般可分为以下四种类型。

1. 开业促销活动

几乎所有大中型商店在开业时都会策划一个较为大型的促销活动,因为开业促销对商店而言只有一次,而且它是顾客第一次接触商店,会在心目中留下深刻的第一印象,影响顾客将来的购买行为。顾客往往根据自己的第一印象长久地留下对这家商店商品、价格、服务、气氛等方面的认识,而第一印象一旦形成,以后很难改变,所以,每一家商店对开业促销活动不敢懈怠,都是全力以赴。

2. 周年庆促销活动

周年庆促销活动是仅次于开业促销活动的一项重要活动,因为每年只有一次,而且,供货商对商店的周年庆典也比较支持,会给予商家更多的优惠条件。因此,商店一般也会在这一时期举办较大型的促销活动,活动范围比较广。

3. 例行性促销活动

除了开业和周年庆促销活动,商店还往往在一年的不同时期推出一系列的促销活动,这些促销活动的主题五花八门,有的以节日为主题,如国庆节、春节、中秋节、儿童节等,有的以当年的重大活动为主题,不一而足。尽管这些主题花样繁多,但每一商店在下年要做哪些促销活动已经提前做好计划,每年的变化不会太大,故称为例行性促销活动。而有些超市每隔半个月举办一次促销活动,均可算在例行性促销活动之列。

4. 竞争性促销活动

竞争性促销活动是指针对竞争对手的促销活动而采取的临时性促销活动。由于目前新兴的零售业态不断涌现,市场竞争日趋激烈,同一业态的商店在某一区域内出现过剩现象。于是,价格战、广告战、服务战等促销活动此起彼伏。为了与竞争对手相抗衡,防止竞争对手在某一促销时期将当地客源吸引过去,商店往往会针对竞争对手的促销行为推出相应的竞争性促销活动,以免自己的营业额因此而下降。

三、促销组合因素

虽然零售商可以选择的促销手段有很多,但归纳起来主要有四种:广告、销售促进、人员推销和公共关系。这四种手段又有付费的和不付费的之分,每一种包含许多具体形式,后面将详细讨论每一种促销手段的具体形式及其在零售业中的运用。这里,先根据可控性、灵活性、可信度及成本不同对不同促销手段进行比较。

(一) 可控性

零售商对付费性的促销手段有较高的控制力,而对非付费的促销手段的控制力较低。广告、销售促进是零售商付费的促销手段,因而零售商有权决定这些信息的内容及传递时间。而公共关系是非付费的,零售商对其传播的内容和时间都无能为力,这就是为什么公共关系既可以传播对企业有利的信息,也可以传播对企业不利的信息。人员推销尽管在一定程度上也是付费的,但由于人员能够传递不同的信息而使零售商的控制力减弱。

(二) 灵活性

在所有的促销手段中,人员推销是最灵活的,因为人员推销可以通过在与每一位顾客交流的过程中有针对性地提供一对一的服务,提供每一个顾客所需要的信息。而其他促销手段则是以同一信息向所有顾客传播。虽然广告能够被零售商利用针对细分的目标市场,但却不能针对每一个顾客传播信息,因此,相对而言,广告的灵活性欠佳。

(三) 可信度

由于促销手段中公共关系是通过第三者来宣传的,其信息内容不受企业控制,因而对公众来说具有更高的可信度。而对于销售人员的介绍和广告中的表述,由于顾客知道零售商进行了设计,以便促进商品销售,因此,会持一定的怀疑态度。

(四) 成本

虽然促销手段被分为付费的和不付费的,这并不意味着付费的促销手段就成本高,而不付费的促销手段就成本低。公共关系是无须付费的促销手段,但零售商在利用这一手段时也可能引起间接成本,如零售商举行某种活动以形成新闻事件,这种活动本身需要投入一定的费用。而付费的促销手段未必是昂贵的,由于媒体的价格不同,媒体接触的观众数量不同,因而导致人均成本不同。利用人均成本可以比较各种促销手段的成本高低。

商店对这些促销手段有所选择地加以组合使用就是促销组合。由于各促销手段具有不同的特点,对不同性质的产品和不同业态的零售商店,促销手段起作用的程度各不相同。对于消费品市场而言,广告的作用最大,销售促进的作用次之,然后是人员推销和公共关系。图9-2可以表明它们之间的关系。

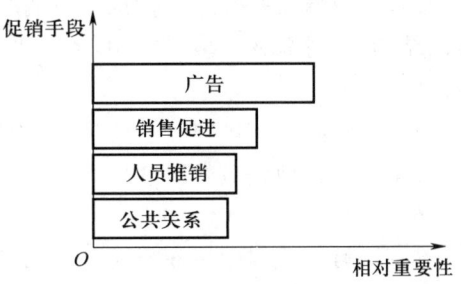

图 9-2 消费品市场促销手段重要性比较

在上述几种类型的促销手段中,本章主要介绍广告、销售促进和公共关系。零售商的人员推销主要是指商店营业员在与顾客沟通过程中所提供的有关商品信息或展示商品等必要的服务,以便促进这次交易的成功。这一内容将在第十章介绍。

第二节 促销活动流程管理

一、促销活动策划

促销策划包括确定促销目标、制定促销预算、制定促销实施方案等一系列内容。

(一) 确定促销目标

零售商的促销目标包括长期目标和短期目标,总体说来就是提高业绩、增加销售、增强企业的竞争力。具体来看包括:增加某一时期的销售额,刺激顾客购买欲望,增加客流量,增进顾客忠诚度,加强企业形象,扩大企业知名度等。由于每一具体促销目标与不同的促销方式相对应,零售商在开展具体的促销活动之前,必须首先确定这次促销活动应该达到的具体目的。

零售商促销目标的实现与顾客的购买行为直接相关,而顾客购买行为是顾客漫长决策过程的最后结果。营销人员必须了解目标顾客购买决策过程,并给目标顾客灌输某些观念,改变目标顾客的态度或促使目标顾客采取行动。

顾客光顾商店的决策过程按其顺序要经历六个环节:认识—了解—喜爱—偏好—信任—购买。

1. 认识

目标顾客首先要知道商店的存在以及所在地点,如果绝大多数目标顾客对于该零售商一无所知,促销的任务就是帮助人们知晓,尽管最开始只是对商店名称的认识。

2. 了解

目标顾客可能对商店及其商品和服务的认识仅仅停留在知道其名称阶段,这要吸引顾客前来还是不够的。目标顾客要对商店的定位、商店提供的商品和服务水平有一定的认识,了解该零售商与其他商店有何不同,是否有适合自己需要的东西。

3. 喜爱

如果目标顾客知道了商店定位和提供商品及服务的情况,但他们对该零售商并不看好,营销人员的任务就是必须弄清楚原因并努力建立目标顾客对本企业的良好印象。

4. 偏好

目标顾客可能喜欢该零售商提供的商店和服务却不一定偏爱,因为附近的商店也能满足他们的需求。在这种情形下,营销人员的当务之急是创造更好地满足目标顾客需求的条件,如调整商品结构、改进购物环境、提高服务水平等。

5. 信任

目标顾客有了偏好却不一定到了去购买的程度。此时,营销人员的工作就是让目标顾客相信,去本商店是他们最好的选择。

6. 购买

最后,目标顾客中一部分人可能已经对零售商产生信任感,却尚未采取行动,他们可能期待更多的信息或日后再作决定。营销人员一定要引导这一部分潜在顾客迈出最后一步。引导方案包括低价销售、优惠奖励、试吃试用等。

可见,目标顾客光顾商店过程的每个阶段都可以是零售商促销的目标。所以,零售商在确立促销目标时,一定要弄清楚目标顾客处于光顾商店的决策过程中的哪一阶段,这就需要进行一定的调查。

图 9-3 显示了某超级市场通过调查发现的目标顾客所处的光顾商店的决策过程中的阶段情况。

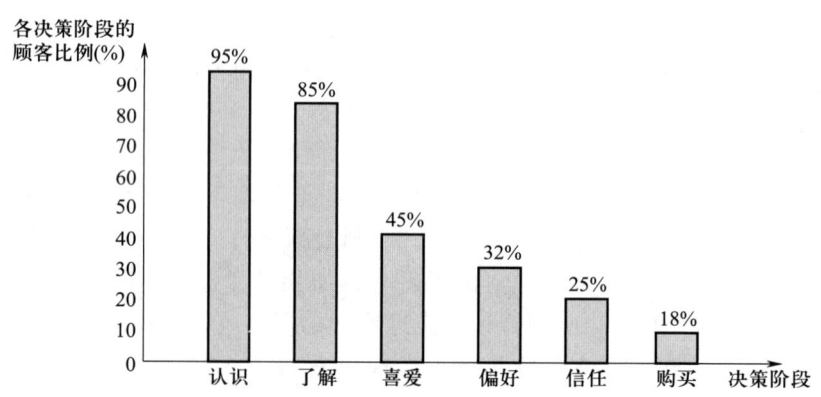

图 9-3　某超市目标顾客光顾商店的决策阶段

这家超级市场通过调查发现,目标市场中绝大多数顾客认识和了解该商店,但喜爱该商店的比例较低。因此,这家超级市场决定将促销目标重点放在建立顾客对该商店的喜爱上。

零售商在确定促销目标时,应注意促销目标要尽可能准确地阐述,该目标最好是定量的、可衡量的,这样企业才能精确地评估以后各步骤是否成功。

(二) 制定促销预算

零售商遇到的最棘手的促销决策之一是究竟应该花多少钱在促销项目上。百货业巨头约翰·华纳姆克曾说:"我知道我的广告费有一半浪费了,但我并不知道是哪一半。"不同零售商在决定促销费用的问题上差异很大。在这里介绍四种制定促销预算的常用方法。

1. 量力而行法

这是指零售商在自身财力允许的范围内确定预算。零售商用这种方法确定促销预算:

(1) 预测周期内的销售额,计算各种支出和利润。

(2) 确定能拿出多少钱来作为促销费用。

这是最保守的预算方法,完全不考虑促销作为一种投资以及促销对销量的直接影响。如果企业的销售额不理想,那么,促销就会被视为可有可无。这种方法导致年度预算的不确定性,从而使长期的促销目标难以实现。小型的、保守的零售商主要使用这种方法。

2. 销售百分比法

这是以年度预测的销售额为基础,固定一个比例来计算一年总的促销预算;然后,再根据一年中计划举办多少次促销活动进行分摊。其中的比率可能是过去使用的比率,也可能是参考了同行业中其他零售商的预算比率,或者是根据经验确定的。

这种方法的好处是:

(1) 容易确定,易控制,可以调整并将促销与销售额联系起来。

(2) 可以激发管理层努力协调促销成本、销售价格和单位利润三者之间的关系,在此基础上考虑企业的运作。

(3) 在一定程度上能增强竞争的稳定性,因为各个竞争企业基本上是将占销量的百分比相同的费用用于促销。

这种方法的缺陷在于也没有将促销与销售的关系弄清楚,而且因果倒置,视促销为销售额的结果。这样会导致由资金到位水平而不是由市场机会去确定预算,没有考虑每次促销活动的实际需要。

3. 目标任务法

这是零售商首先确定促销目标,再据此确定一年所计划举办的促销活动和每一次促销活动需要的具体金额,将所有促销活动的费用加起来,得出全年的促销预算。这种方法的优点是以促销活动为主导,可充分表现促销诉求重点;缺点是难以控制促销费用,如果促销没有达到相应效果,会影响经营效益。

表9-1列举一个根据目标任务法确定促销费用的例子。

表 9-1　某零售商根据目标任务法确定促销费用

目标	任务	估算费用(元)
在淡季增加销售额	• 在以下日期,在当地报纸上刊登 15 天全页广告(3 月 2—16 日,11 月 4—18 日)	22 500
	• 在以下日期,在两个广播电台播放 240 次 30 秒现场广告(3 月 2—16 日,11 月 4—18 日)	5 000
从当地新住户中吸引新顾客	• 分别发出 2 000 封直接邮件,向当地的新居民致意	1 600
	• 分别发出 2 000 封直接邮件,邀请当地的新居民来商店参观	1 600
树立商店信誉	• 每周六和周日晚间 10 点当地电视新闻中,播放 15 秒树立永久信誉的电视广告	20 500
	• 每月在当地报纸上刊登一次 1/2 版面的报纸广告	10 000
合　计		61 200

4. 竞争对等法

这是指零售商根据竞争者的行动来增加或减少预算。也就是说,企业确定促销预算,是为了取得与竞争对手对等的发言权。若某一区域的领先企业将其促销费用增加 10%,则该区域的竞争者也会做出相应的调整。采用这种方法的营销人员相信,只要在促销中与其竞争对手的花费占各自销售量的百分比相等,就会保持原有的市场份额。

另外,现在许多商家的促销活动,其费用已不是仅由商家自己承担,供应商也会积极配合,分担一部分费用。因此,商店在拟订促销计划时,要注意将厂商的促销活动纳入自己的促销活动中,以尽量节省促销费用。例如,在样品和赠品上印上厂商的商标,厂商愿意自行负担费用;在举办试吃活动时选择一家厂商的商品,一般厂商愿意承担试吃费用、人员推广和设备费用等;与厂商合作进行广告促销,也能受到厂商的欢迎。

（三）制定促销实施方案

1. 促销主题

现在,许多商店每举办一次促销活动,往往会寻找一个"借口",或称促销主题,这样更容易赢得顾客的好感,使之了解商店促销的原因。大多数商店使用节日作为促销的目的。当然,商店也可以别出心裁,选择一些其他商店没有使用过的主题,一下抓住顾客的眼球。促销主题往往具有画龙点睛的震撼效果,因此,必须针对整个促销内容,拟订具有吸引力的促销主题。

2. 促销时间

什么时间开始促销活动,活动持续多长时间效果最好等要慎重考虑。若持续的时间短,在这段时间内无法实现重复购买,促销活动就达不到预定的目标;如果时间过长,又会使开支过大,降低刺激购买的力量。一些超市经营者认为,每个季度搞 3 周左右的促销活动为宜,每次的持续时间以平均购买周期的长度为宜。如果在一年中的不同月份举办促销活动,则一般 3 月、4 月、6

月、11月等是销售淡季,而5月、10月、12月、1月是销售旺季;如果选择同月中的不同日期,一般而言,月初的消费能力比月底强,而周末、周日的购买力又比平日强。此外,重要的节日也是商店促销活动的一个有利时机,常常作为促销活动的一个最好的话题。

3. 促销商品

对于零售商店而言,顾客来商店主要是为了购买商品,因此,任何促销活动的目的都离不开商品销售量的增加。同时,选择什么商品作为促销载体也成了商店促销活动的关键。促销商品是否对顾客有吸引力,价格是否有震撼力,都将直接导致促销活动的成败。商店选择促销商品时,既要选择一些敏感性的商品,又要选择一些不太敏感的商品组成促销商品组合。这就需要以季节的变化、商品销售排行榜、厂商的配合度、竞争对手的状况等来加以衡量,选择最适合的促销商品。一般地,主要的促销商品必须具有以下特征:

(1) 知名的制造企业的著名品牌或者是国际品牌;
(2) 与知名品牌商品既有相同功效,又具有价格优势的商品;
(3) 其他商店非常畅销的、为消费者所瞩目且熟悉其价格的商品。

4. 促销宣传

零售商虽然策划了一项大型促销活动,但目标顾客如果蒙在鼓里则毫无效果,因而尽可能让顾客知晓促销内容是十分必要的。促销宣传主要有新媒体广告、直邮DM、卖场海报、人员宣传、派发传单等。采用什么促销宣传方式对促销目的的达成有重要的影响。

5. 促销方式

零售商可以选用的具体促销方式有很多,促销活动林林总总,必须选择合适的促销手段和方式,才能避免走进纯粹的价格促销循环。促销手段各有其特点和适用范围,在选择促销方式时要考虑如下因素:

(1) 促销目标。特定的促销目标对促销手段的选择有着较为明确的条件和制约,从而规定着这种选择的可能范围。上面提到零售商应根据目标顾客所处的光顾商店购买决策过程的具体情况来确定特定的促销目标,而不同的促销手段由于具备不同的优势和劣势,对于实现不同的促销目标有着不同的作用。例如,介绍性广告和公共关系对于顾客进入认识和了解阶段影响较大,而对进入喜爱阶段影响较小;竞争性广告、服务人员的态度和商店气氛对于建立顾客的喜爱和偏好有较大影响;销售促进、POP广告、服务人员的说服鼓动对顾客进入商店准备购买的影响较大。图9-4显示了不同促销手段对不同阶段的顾客和不同企业促销目标的影响和关系。

(2) 零售商类型及竞争环境。促销组合的选择常受零售商类型的影响。由于不同业态和类型的零售商满足不同层次消费者或同一层次消费者的不同方面的需要,消费者进入不同类型商店的购买心理会有所区别,于是,这些零售商便投其所好,常用的促销方式也不一样。例如,超级市场主要出售的是食品和日用品,最常使用免费试吃试用、POP广告、降价促销、奖券及连续性购买计划;而高级百货商店更多使用形象广告、公关宣传和人员促销。

竞争条件和环境也影响着促销工具的选择,包括商店本身在竞争中所具有的实力、条件,优势与劣势及商店外部环境中竞争者的数量、实力、竞争策略等因素的影响。零售商店还应注意与供应商的合作促销,特别是获得广告津贴、展示津贴或价格折扣的可能性。如果经济条件和市场环境发生变化,促销策划也需要根据变化作适应性的调整。

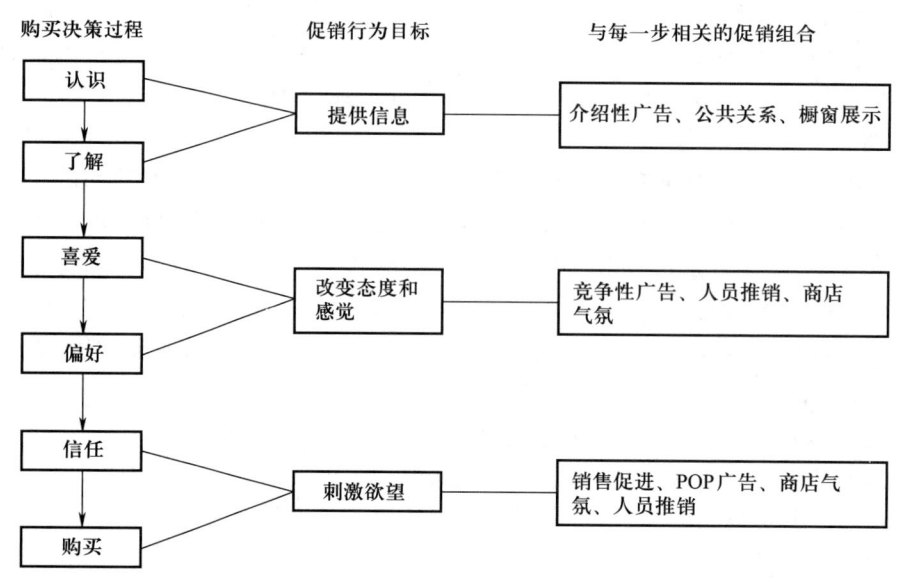

图 9-4 促销工具与促销目标的关系与效果

（3）费用预算。促销费用中,多少用于广告、销售促进和公共关系,往往会对促销工具的选择形成一个硬约束。此外,同一特定的促销目标可以采用多种促销工具来实现,这里就有一个促销工具的比较选择和优化组合的问题,零售商希望以较低的促销成本实现最优的促销效益。

【案例 9-1】

超市实施 52 周商品计划的由来及应用

1989 年,日本陷入泡沫经济,超市纷纷倒闭,实体零售行业面临生死存亡的考验。为了改变零售业颓态,日本零售资深从业者铃木哲男结合生产实践经验及综合考量大量成功案例,提出了 52 周商品计划（即 52MD;其中的 MD 指的是 merchandise,即商品推销）。

首都经济贸易大学陈立平教授定义了 52MD,即根据消费者的生活周期,以全年每周的重点商品为重心,按照 PDCA 循环的管理思想,建立商品计划、销售计划、促销计划,并严格实施和进行效果检查的有组织营销活动。具体来说,首先选出每周重点产品,针对重点产品进行营销策划,采购、销售、门店等配套部门进行适应性调整,并持续不断地进行现场改进。也就是说,超市通过向消费者免费提供文化、生活咨询的软服务,来诱导消费者进行商品消费。

以超市推行健康餐饮板块为例。超市向都市女性白领提供早餐解决方案,即一份果蔬汁、一个麦麸甜甜圈,这份早餐中的果蔬汁包含女性一天所需要的叶绿素及维生素,甜甜圈中的麦麸可以帮助解决女性的便秘问题,有针对追求健康、绿色、便捷文化女性的简单早餐解决方案,可减少选择、烹饪等麻烦。因此,零售业者需要锚定主要消费人群,深耕其消费需求,解决其生活痛点问题。

> 当然,超市也可以向消费者提供中国传统文化方面的生活提案。例如,中国人习惯在冬至之日吃水饺,以期盼顺利度过严冬,有"冬至到,吃水饺""冬至不端饺子碗,冻掉耳朵没人管"等俗语。超市可以向消费者介绍这一习俗的由来和配套的礼仪物品等,一方面弘扬传统文化,另一方面以此为主题设计营销活动,提升门店格调,创造消费需求,提高消费者的忠诚度。
>
> 总之,线下零售商均可借鉴52MD,围绕向消费者提出的生活方式提案,每周推出新的营销方案,门店布置作相应更新,形成引流主力,以期长此以往打造出自己的品牌文化。这样,实体店就会将线下经营的劣势转化为产品即时性和可触达性的经营优势,进而形成与电商错位竞争的强大优势。
>
> 资料来源:中国连锁经营协会微信公众号,2021-08-19。

二、促销活动实施

一项促销活动若要成功,除了有周密的计划、正确的宣传媒体以及能打动顾客的诉求主题与促销商品外,还需要商店各岗位的执行配合,使促销活动活跃、热闹,引起顾客的兴趣。

(一) 人员方面

由于促销活动内容繁杂,工作千头万绪,要使活动有条不紊地开展,管理人员要事先对每一项工作进行分工,安排人员具体负责。如安排不同人员在规定的时间内完成广告内容的撰写、广告媒体的联系、卖场环境的布置、商品价格的调整、供应商的联络、促销商品的陈列等。另外,还要有专人负责对商店营业人员的促销培训,使每个员工都能清楚地了解促销的内容与要求,为顾客提供更好的服务。

(二) 商品方面

在商品管理方面,要注意:

(1) 要准确预测促销商品的销售量并提前进货,促销商品必须充足,以免缺货造成顾客抱怨及丧失促销机会。

(2) 促销商品价格必须及时调整,以免使顾客产生被欺骗的感觉及影响收银工作正常进行。

(3) 新产品促销应配合试吃、示范等方式,以吸引顾客消费,以免顾客缺乏信心不敢购买。

(4) 商品陈列必须正确且吸引人,除了促销活动中必须做的各种端架陈列和堆头陈列外,还要对陈列做一些调整以配合促销获得最佳效果。例如,促销商品和高毛利的非促销商品必须有效组合、关联陈列,以提高顾客对非促销商品的关注。

现在举例介绍关联性陈列的商品组合。例如,水饺(特价)+ 饺子醋(高毛利)+ 油辣椒(高毛利)。对于顾客而言,购买水饺的次数可能很多,对于水饺类的价格比较清楚,所以,当门店在促销水饺时,通过关联陈列,在其旁边摆放饺子醋、油辣椒等调料品来弥补水饺毛利的不足。这种搭配是因为顾客在购买主导商品饺子时,对调料品的价格关注度会降低,尤其是将小规格的调味品摆放在水饺的旁边,更不容易引起顾客的注意。又如,洗发水(低毛利)+ 护发素(中毛利)+

护发摩丝(高毛利)。近年来,随着洗发水消费量不断上升,市场上诸如飘柔、海飞丝之类的知名品牌已经成为价格敏感的低毛利商品。而由于消费者对洗发后的护发要求,使得护发素成为商店弥补洗发水利润的商品,护发的摩丝等相关的第三重利润商品的搭配也成为企业谋取利润的另一个关键。

(三) 广告宣传方面

在宣传方面必须注意:
(1) 确认线下广告宣传单均已发放完毕,以免留置卖场逾期作废。
(2) 广告海报、宣传布条等应张贴于最佳位置,如入口处或布告栏上,以吸引顾客入内采购。
(3) 特卖品的 POP 广告应放置在正确位置,价格标示应醒目,以吸引顾客购买。
(4) 线上内容营销广告按节奏逐步推出。

(四) 卖场氛围布置

卖场氛围可以根据促销活动进行针对性的布置,应张贴各种季节性、商品说明性、气氛性的海报、旗帜、气球等物品,以增加促销气氛,同时应辅以灯具、垫子、隔物板、模型等用品以更好地衬托商品,刺激顾客的购物兴趣。适当时可以播放轻松愉快的背景音乐,使顾客感觉更舒适,必要的话也可以适当安排专人在卖场直接促销商品。

三、促销活动评估

促销活动结束后,应及时进行评估检讨,切不可于促销活动结束后置之不理,还应召集各部门有关人员就实施效果与目标的差距做分析,为以后的促销活动做参考。这样有助于提升企业的促销策划水平,巩固促销活动效果。

(一) 目标评估法

这是将促销实际业绩与目标进行比较分析。一般而言,实际业绩在目标 95%～105% 之间,算是正常表现;若是在目标 105% 以上,则算是高标准表现;若是在目标 95% 以下,则应反思。有些促销目标很难用销售额来直接表示,这使得促销活动的评估很困难,需要营销人员研究一套专用的评估体系和办法。例如,促销目标是树立企业良好形象、增进顾客忠诚,营销人员通常在促销前后要进行一系列调查,研究企业的形象问题以及老顾客的来店频率等情况。一般来说,促销目标越具体、明确,评估工作越容易进行。

(二) 前后比较法

这是选取开展促销活动之前与促销完成时的营业情况进行比较,一般会出现十分成功、得不偿失和适得其反等几种效果。促销十分成功说明此次促销活动使顾客对商店的印象有所加强,对商店的知名度和美誉度均有所提高,增加了销售量,在活动结束后该影响持续存在;促销得不偿失是指促销活动对商店的经营、营业额的提升没有任何帮助,反而浪费了促销费用;促销适得其反是指促销活动结束后,商店销售额不升反降,可能是由于促销活动过程中管理混乱、设计不当,某些事情处理不当,或是出现了一些意外情况等原因,损伤了商店自身的美誉度,结果导致促销活动结束后,商店的销售额不升反降。

(三) 消费者调查法

零售商组织有关人员抽取合适的消费者样本进行调查,向其了解促销活动的效果。例如,调查有多少消费者记得企业的促销活动,他们对该促销活动有何评价,是否从中得到了利益,对他们今后的购物场所的选择是否会有影响等,从而评估商店促销活动的效果。

第三节 零售广告

一、零售广告的特点

广告是指由确定的赞助者以付费的方式对观念、商品或服务进行的沟通传达方式。零售广告是零售商以付费的方式,向最终消费者提供关于商店、商品、服务、观念等信息,以影响消费者对商店的态度和偏好,直接或间接地引起销售增长的沟通传达方式。

目前很多零售商选择合作广告,以便节省资金、扩大影响。合作广告有纵向合作广告(vertical cooperative-advertising)和横向合作广告(horizontal cooperative-advertising)之分。纵向合作广告是指零售商与制造商或批发商合作做广告,共同分担广告费用。纵向合作广告确实能减少零售商的广告费用,市场覆盖面也更广,但它削弱了零售商对广告的控制权,其灵活性和特色性不足。如果在一个大城市中有两个以上的零售商与同一家制造商合作,它们的广告会十分类似,其结果将会导致零售商之间的直接竞争。横向合作广告是指两个以上零售商联合开展广告活动,或零售商与其他行业机构联合开展广告活动,分摊广告费用。

(一) 零售广告的优点

与其他促销方式相比,零售广告的优点在于:
(1) 传播范围广,可以吸引大量的公众(POP 广告除外),零售商在大型促销活动中常常使用。
(2) 可供选择的媒体较多,可以与其他促销方式有效配合。
(3) 零售商可以控制信息内容,而公关宣传的内容很难被零售商所控制。
(4) 广告内容生动活泼,表现方式灵活多样,容易引起公众注意。
(5) 因为广告使顾客在购物前就对零售商及其产品和服务有所了解,这使得自助服务或减少服务成为可能。

(二) 零售广告的缺点

零售广告的缺点在于:
(1) 许多广告的投入较大,中小型零售商承受不起。
(2) 许多媒体信息覆盖面广,超出了零售商的商圈范围,致使零售商的广告费用有一部分被浪费掉了。
(3) 如果所采用媒体的广告较繁杂,零售商的广告很容易被淹没而难以引起公众注意。
(4) 一些媒体需要一段较长的前置时间来安排广告刊登,这不利于配合零售商的临时促销活动。

二、零售广告的分类

(一)新媒体广告

新媒体主要是指基于数字化技术,由微信(公众号、视频号、小程序等)、抖音、快手、B站、小红书、微博等社交媒体和自媒体组合而成的一种新兴媒体,如表9-2所示。零售商运用新媒体所进行的一切宣传沟通活动,都可称为新媒体广告。新媒体由于可以允许人们撰写、分享、评价、讨论、沟通,因而在互联网上蓬勃发展,爆发出令人惊叹的能量,其传播的信息已成为互联网中的重要内容,不仅制造了一个又一个热门话题,也吸引了传统媒体争相跟进报道。

表 9-2 新媒体类型及其典型代表

新媒体类型		新媒体典型代表
即时通信		微信(朋友圈、微信群)、QQ(空间、QQ群、兴趣部落)、钉钉等
微博		新浪微博、腾讯微博
问答		知乎、悟空问答、百度问答、搜狗问答
社区		豆瓣、贴吧、简书、天涯论坛
音频		喜马拉雅、懒人听书、企鹅FM、蜻蜓FM
视频	长视频	腾讯视频、优酷、芒果TV
	短视频	抖音、快手、B站、视频号、火山小视频、西瓜视频
	直播	斗鱼、虎牙、企鹅电竞、映客、花椒
自媒体		微信公众号、头条号、一点号、百家号、搜狐号、凤凰号、网易号、大鱼号

新媒体广告具有如下特征:
(1)打破传统媒体信息传播的局限性,去中心化,传播迅速。
(2)信息传播渠道分散,传播主体多元化,分众定制推荐算法。
(3)消费者信息获取习惯碎片化、快速化、移动化。
(4)信息内容丰富、下沉、强互动、视频化。

新媒体目前越来越被商家所重视,商家的投入不断增加。这些新媒体上每天产生大量的品牌衍生内容,这些内容都在引导消费者关注品牌、与品牌互动,让消费者产生购买欲望。因此,新媒体广告已经成为商家内容营销的主要阵地。

(二)传统媒体广告

传统媒体是指区别于新兴媒体的媒体,如电视、广播,纸质的报纸、杂志等。零售商运用传统媒体所进行的一切宣传沟通活动,称为传统媒体广告。传统主流媒体的优点是具有强大影响力、引导力和权威性;缺点是单向传播,受众选择性差,不能与受众进行互动、评论,停留时间较短,不便于记忆和比较等。过去,传统媒体是零售商的重要宣传沟通阵地。但随着互联网的普及,人们信息渠道来源多元化,传统媒体一度衰落,其广告价值也逐渐降低。零售商在进行危机公关或公益宣传时,有时还会选用传统媒体广告。现在很多传统媒体也在数字化转型,有些已经卓有成效,具备了新媒体的特点。

(三) 影响者广告

这是指零售商利用有影响力的人向目标受众进行宣传沟通的一种广告形式。所谓影响者,是指能对目标受众施加一定影响力的人,包括关键意见领袖(key opinion leader, KOL)、关键意见顾客(key opinion consumer, KOC)、名人、作家、专家、达人等。目前,许多商家在新产品入市、新品牌打造,或者社群运营、活动运营、私域运营时,会利用社交媒体上活跃的影响者进行有针对性的内容传播,这些影响者提供有关产品和品牌的信息和意见,能极大地影响目标受众的观念和偏好。由于影响者广告效果明显,因而越来越多的商家利用影响者代言。

(四) POP 广告

POP 广告(point of purchase advertising)也称为店面广告、卖场广告或销售点广告。它是一个与商品有连带关系的广告,是商店或厂家在销售现场向顾客做的广告。它的目的在于引导顾客进店,使顾客增加选择商品的可能性,并提醒顾客关注促销商品,以促进销售。POP 广告针对性较强,顾客可在短时间内近距离地接触它,容易留下深刻印象,并且极易作出冲动性购买行为。

POP 广告通常包括在橱窗、柜台、地板上或墙面上所挂放的各种商品信息和引导顾客购买的标志等。这些信息包括告知顾客商店内所售商品、商品的位置摆放、最新商品供应信息、商品的价格、促销商品介绍等。还可以吸引路人进入商店,让顾客了解商店的特有气质和独特的经营方法,提升商店的形象。POP 广告的主要做法是在销售现场张贴有关销售的广告宣传品,以图文并茂的形式提供商品性能、服务、使用说明等信息,刺激顾客的购买欲望。这些五颜六色的 POP 广告可以由零售商自己制作,但更多的是生产厂家为了统一管理商店促销活动而印刷的精美招贴画。

表 9-3 具体列出不同种类 POP 广告的功能。

表 9-3 POP 广告的种类和功能一览表

区分	种类	功能
店头 POP	店头看板(招牌)、商品名称	告诉顾客这里有家商店及它卖什么样的商品
	橱窗展示、旗子、布帘	通知顾客正在特价销售,或营造气氛;为整个商店带来季节感
店内 POP	专柜 POP、引导 POP	告诉走进商店的顾客,商品在什么地方
	特卖 POP、廉价 POP	告诉入店的顾客正在实施特卖的活动信息
	告知 POP、优待 POP、气氛 POP	告诉顾客商店的性质及商品内容,也可以营造店内气氛
	厂商海报、广告板、场地 POP	传达商品信息及厂商信息
陈列现场 POP	展示卡	告诉顾客商品品质、使用方法及厂商名称等信息
	分类广告	告诉顾客广告品或推荐品的位置、型号及其价格
	价目卡	告诉顾客商品名称、数量及最有吸引力的价格标示

（五）其他广告

1. 包装广告

包装广告是将商店的店徽、店名、地址、电话号码、经营项目等信息印在商品包装纸（袋）上，在顾客购买后包装商品时使用。这种做法有利于携带和保护商品，同时也宣传了商店，有助于建立良好的商店形象。包装广告不能只讲求制作精美，还要注意包装材料要节约资源、减少污染、安全卫生。现在越来越多的零售商都在用实际行动支持环保，希望更多的企业加入这一行列中来。

2. 传单广告

传单广告是指将广告印成传单后散发给顾客。可以采用投递入户、街头散发、商店门前散发等形式。它对提高商店知名度、引导顾客入店购物有明显效果，而且费用不高，方式灵活，便于中小商店使用。传单广告的有效范围一般只限于商业圈内，对扩大目标市场作用不大。许多超级市场将印好的传单广告摆放在商店门口、服务台或收银台，任顾客自由拿取。

3. 户外广告牌

户外广告是指建在商店建筑物外面的招牌广告、栏架广告、临街广告、灯箱广告等。其优点是费用低，曝光频率高，生命周期长，可保持数月甚至数年，对广告所在地的顾客有显著的影响。其缺点是户外广告牌有效范围小，机动性差，不易寻得理想的位置。户外广告主要被那些以社区居民为目标顾客的商店所采纳。很多零售商仅仅在商店周围的户外设置一些广告牌，以增强购物气氛。

4. 直接邮寄广告

直接邮寄广告又称信函广告，是通过邮局或快递公司将印刷品广告邮寄给顾客，直接与顾客沟通的一种广告。其特点是针对性强，读者群明确，不受其他广告的影响，成本较低。过去一些零售商常定期制作宣传单，上面标有上百个特价商品信息，并将其寄给所有会员，以此作为稳定客源、刺激销售的有力手段。但目前直接邮寄广告不容易受重视，回应率低，已被大多数商家弃用。

5. 交通工具广告

这是在交通工具如公交车、出租车、地铁、火车、飞机等内部或外部张贴的广告宣传画。车厢内人流往来频率高，乘车时间较长的顾客有充足的时间看广告，因此这种广告的被读率较高。交通工具在街区穿行时，马路上的人也可以注意到车体外的大幅广告。无固定路线的出租车则可使更多的人注意到广告，对招揽顾客有一定的帮助。此外，零售商还经常在他们的送货车上做广告，借此增加其商店的曝光率。这种广告的缺点是太杂乱，观众可能没有兴趣或注意力容易被分散。

三、零售广告的选择

零售广告种类繁多，可选择范围很广。但不同的广告媒体有不同的特性，零售商在选择时，主要考虑以下几个因素。

（一）目标顾客接触媒体的习惯

由于当前消费者信息渠道来源的多元化和碎片化，不同年龄的消费群体偏爱的信息渠道不一样,即使年龄相同,不同性格爱好的消费群体偏爱的信息渠道也不同。因此,零售商在选择广告媒体时,首先要考虑目标顾客接触媒体的习惯。

(二)广告的传播范围

广告传播的范围大小直接影响广告信息传播区域的宽窄。全国性零售商应以全国范围内能接收到的媒体广告为主,区域性零售商则可以选择区域范围内能接收到的媒体广告进行投放。例如,在选择传统媒体(如电视、广播、报纸和杂志)投放广告时,要注意分析这些媒体的传播范围是全国性的还是区域性,以便零售商有针对性地投放广告。

(三)广告的影响力

不同媒体的广告影响力是不同的。零售商在选择时要考虑那些对目标顾客影响力更大的新媒体。企业在选择影响者广告时,也要考虑不同影响者的影响力,特别是选择关键意见顾客时,要了解这些关键意见顾客的影响力是否满足企业的需要。

(四)广告的费用

不同广告媒体的收费标准是不同的,即使同一种媒体,也因传播范围和影响力大小不同而有价格差别。考虑广告费用时,应该注意其相对费用,即考虑广告效果。千人成本(指一则广告每送达1 000人所花费的广告费用)是选择广告媒体时主要的考虑因素。

专论:

新媒体改写商家与消费者沟通模式

互联网社交技术手段正在改变社会。以微信为例。目前全球微信用户已超过12亿,每天有1.9亿人打开微信,1.2亿人发朋友圈。微信的使用已经越来越广泛:社交、购物、出行、娱乐等综合化的场景,已经广泛渗透到人们的日常生活;朋友圈已经构成互联网环境下人们新的社交圈;微信群已经成为人们的一种主要社交渠道;微信阅读已经成为人们交流的主要方式。

移动互联网的快速发展,移动终端的方便性,带来了整个社会的信息大爆炸。人们现在一天所产生的信息量,是2000年以前人类所有信息量的总和。信息量如此大,而人们能够接收的信息是非常有限的,只能接收来自跟我们的兴趣、态度、爱好、价值观相同的信息,而当我们只愿意跟兴趣、态度、爱好、价值观相同的人接触的时候,社会开始圈层化,人开始圈层化。

研究显示:如果你看到一个朋友圈发的帖子,显示某个好友正在使用某产品,那么你购买这款产品的概率就会提升。若产品使用者私下发给朋友短信推荐该产品,会更有说服力。阿迪达斯正是靠新媒体运作而打造了一个又一个像NMD系列一样的爆品。该公司宣称未来的广告投入会从电视广告转移到新媒体上,因为很明显,年轻消费者主要是通过移动设备与品牌接触的。

当然,新媒体也不总是给品牌带来福音。当出现负面声音时,它也会瞬间把这一声音急剧扩大,让企业猝不及防。曾有几位母亲在宝洁公司的母婴社区发牢骚说购买的帮宝适纸尿裤发霉了,一石激起千层浪,迅速发酵的消息让宝洁的帮宝适随后三个月的销量下降了25%~30%。

以微信为主要载体的新媒体在过去几年迅速普及,很多人预测,营销战略未来将发生革命性的转变。目前,已有相当一部分顾客的生活互联网化,互联网丰富的场景吸引越来越多的顾客的生活时间、空间转移到互联网上。在线下已经找不到他们了,用以往的营销手段、营销方法、营销工具已经影响不到他们了,必须用互联网时代的手段、方法来去找到他们、链接他们、影响他们。

零售商必须转变理念,尽快由以往的营销工具和手段,转向互联网的新媒体工具与手段。它会带来如下价值:

(1)找到顾客。在新媒体已成为人们主要社交工具平台的时代,你的顾客更多在社交圈层上,所以只能在圈层上找到你的顾客。

(2)影响顾客。人们在更多地关注微信,关注群,关注朋友圈,关注公众号,传统媒体不再被关注了。所以,零售商需要通过新媒体去影响顾客对企业的了解、认知、信任、依赖。

(3)建立信任。通过新媒体的积极传播,可以使目标顾客更充分地了解企业,从而建立对企业的深度信任机制。

(4)快速反应。新媒体营销的关键在于实时链接,准确洞察顾客需求,及时掌握市场信息,做出快速反应。

(5)增强黏性。有价值的朋友圈使人们不忘浏览,有价值的微信群使人们受益匪浅,有价值的公众号不仅使人们获得知识、信息,更愿意为他们买单、付费,这一切有助于增强顾客与企业之间的沟通黏性。

可见,新媒体已是零售商非常重要的营销工具。不论是想更有效应对目前的顾客流失、更精准地找到顾客,还是想增强顾客黏性、提升营销精准度,新媒体都将产生非常重要的价值。

第四节 销售促进

美国市场营销协会(AMA)对销售促进(sales promotion,SP)的定义是:"除了人员推销、广告和宣传报道以外的,刺激消费者购买和经销商效益的种种企业市场营销活动,例如,陈列、演出、展览会、示范表演以及其他非经常发生的推销努力。"零售商的销售促进是指零售商针对最终消费者所采取的除广告、公共关系和人员推销之外的能够刺激需求、激励购买、扩大销售的各种短暂性促销措施。销售促进一般用于暂时的和额外的促销活动,是为了促进消费者立即购买,提高某一时期的营业额或某种商品销售额的特殊促销。

销售促进的特点是:

(1)引人注目,吸引力强,在销售中能产生更快和更多可衡量的反应。

(2)形式多样,增强顾客的购买兴趣。

(3)吸引大批顾客,增加商店的客流量,促进其他商品销售。

(4)销售促进的效果是短暂性的,常常吸引品牌转换者,并不能产生新的忠诚的顾客。

随着商店销售促进活动的增加,各种销售促进方式被广泛地应用。下面介绍几种主要销售促进方式。

一、直播带货

直播带货是指零售商通过互联网平台,利用直播技术,进行近距离商品展示、咨询答复、导购的一种销售方式。其具体形式可以是商店自行开设直播间,也可以是由职业主播集合不同商品进行推介,因具有亲和性、互动性等特点而受到消费者欢迎。

直播带货改变了传统零售的人、货、场三要素。首先是人的要素。直播间的主播与受众的关系是具有社交属性的,消费者对主播建立了一定的信任,就会对主播的分享和推荐瞬间产生购买冲动。其次是货的要素。直播能很好地展现货物的细节,又能凭借在销售成本控制方面的优势做到"价廉",配合"限量""秒杀"等营销手法,能更容易地激起消费者的购买欲望。最后是场的要素。主播可以在一些真实的环境里进行直播,例如在果园里边摘苹果边直播售卖,在厨房里边烧菜边直播卖菜等。这种全场景体验对过去线下的导购员推荐和线上传统电商的无场景销售是一个极大的颠覆,容易让消费者产生亲近感和好奇心,自然也就产生了购买欲望。

当前,越来越多的商家和品牌采用直播方式进行销售,直播带货成为一个重要的零售方式。不仅线上电商平台(如淘宝、京东、拼多多、苏宁易购、抖音、快手、B 站、小红书、微博、微信视频号等)纷纷开设直播业务,线下实体零售商(如百货、超市、专业店、专卖店、集合店等)也纷纷入场。在"人人皆主播,万物皆可播"的时代,达人早已不是直播间里唯一的主播。除了一批专业导购主播外,电商主播中还涌现出一批"新人类",他们是企业家、营养师、美发师、作家等零售行业的各类参与者。

门店自播和导购直播,正在逐步成为一部分零售企业的日常化运营模式之一。它的最大价值在于,通过直播这种形式,真正突破线上线下零售业的一些固有壁垒。例如,一些商家在直播间发放体验券给线下门店引流;一些商家则在其线下渠道添加了直播间入口,进一步打通线上与线下的消费链路,实现"线上+线下"联动协同。未来,基于地理位置的本地直播,如达人探店、云逛门店、商圈活动等各种丰富的直播形式,加上更快速、便捷的同城配送和售后服务,将给零售直播注入新活力,也会给消费者带来探索本地吃喝玩乐项目的购物新体验。

二、快闪店

快闪店(pop-up store)是一种短期经营的品牌游击店,是指在商业发达的地区设置临时性店铺,供零售商推广品牌和销售产品。快闪店一般分为销售型、品牌推广型、引流拉新型和市场试验型四个类型。事实上,在近两年的快闪店案例中,快闪店呈现出了更多的可能性,成为零售商低成本、高效率的线下获客渠道,演变为一种创意营销模式结合零售店面的新物种。

快闪店在国内的发展历史不长,但在近几年回归线下的浪潮中,其已经成为众多品牌获取增长、打造品牌的主要营销模式。其中,既有 LV、Dior 等国际品牌,也有李宁、安踏等国潮品牌。钟薛高、泡泡玛特等新消费品牌同样也是快闪店的重要参与者。2020 年,恰逢李宁品牌成立 30 周年,在"三十而立,特立不独行"的三十周年品牌主张下,李宁品牌在北京三里屯太古里开出了"三十而立"快闪店。这家快闪店为期 9 天,以"游戏开始"的概念,集结了游戏、音乐、涂鸦、潮流、IP 等吸引当下年轻人追随的各种元素,每天变换不同的主题。

快闪店主要有以下功效：

（1）制造社交话题。快闪店通过短期限量带来的紧迫感、专业的陈列设计和精心策划的内容让消费者产生强烈的好奇心、期待，以及对转瞬即逝购买机会的迷恋。消费者在完成购买有了美好体验后，会更乐于自发分享，产生用户口碑效应。

（2）直达目标客群。品牌方选择目标客群较多的位置，以短时间、最经济的方式精准触达目标客户群，是快闪店存在并迅速发展的基础。

（3）低成本小步试错。对于初创品牌或是进驻新环境的品牌，快闪店可以帮助品牌自动生成话题，同时降低试错成本。

零售业发展至今缺少的是令消费者心动的元素，大同小异的卖场布置与商品催生了审美疲劳。快闪店算是努力打破这种因循的典型代表，如白雪中的红梅般吸引了众人的视线。它讲究的是一种娱乐精神，用一波又一波的惊喜刺激消费者的中枢神经，捕获了一群善变的年轻消费者。

三、优待券

零售商将一定面值的优待券，通过线上分发或销售点分发等形式发放，持券人可以凭此券在购买某种商品时免付一定金额的费用。例如，凭券到某一商店购买某牌子的咖啡，原价145元，但只需付119元即可购得。还有一种做法，就是顾客凭买过本商店商品的证明（如收款收据、商标、盒盖、包装印刷纸等），向商店索取优待券。事实证明，优待券非常有效，既鼓励了顾客购买，又扩大了商店的影响。

商店优待券只能在某一特定商店或连锁店使用。它绝大部分是以吸引顾客光临某一特定的商店为目的，而不是为了吸引顾客购买某一特定品牌的商品。另外，它也被广泛地用来刺激顾客对店内各种商品的购买欲望。许多事例显示，优待券也是零售商与厂商一个绝好的合作组合，其目的在于提供给消费者一个诱人的动因，以吸引他们到特定的商店购买特定的商品。

（一）优待券的形式

1. 直接折价式优待券

顾客在特定期间，可凭券到商店购买某特定品牌，以享受某种金额的折价优待。这种促销方式可运用在多量购买上。

2. 免费送赠品优待券

购买A商品，可凭此券免费获赠B商品。

3. 送积分点券式优待券

购买某商品时，可获赠积分点券，凭这些点券可在该商店兑换自己喜欢的赠品。

（二）影响优待券兑换率的因素

优待券兑换比率是促销活动中最难确认的一件事。其兑换率因分发方式及其他因素的不同而不同。美国AC尼尔森公司曾做过这方面的调查，发现影响优待券兑换率的主要因素有：

（1）优待券的递送方式；

（2）商品等级、大小；

(3) 优待券的到达率;
(4) 消费者对商品的需要度;
(5) 消费者的品牌认知度;
(6) 品牌忠诚度;
(7) 品牌的经销能力;
(8) 优待券面值;
(9) 新或老品牌商品;
(10) 优待券促销广告的设计与表现;
(11) 优待券的折价条件;
(12) 使用地区范围和竞争品牌的活动内容等。

尽管优待券的兑换率常常不尽如人意,但有时却会发生另一个头痛的事情——误兑。这里除了真正的误兑外,还有一些故意冒用及盗窃行为。其做法通常是故意裁下报纸或杂志上的优待券大批贩卖,甚至故意仿造或窃取,以便向粗心大意的商店兑换。因此,零售商必须认真规划并严格谨慎地执行优待券活动,才能避免误兑。

四、赠送商品

赠送商品是指顾客免费或付出某些代价即可获得零售商赠送的特定物品的活动。实践证明,赠送商品是吸引顾客来商店购买商品或劝其购买某种特定商品的好方法。例如,商店开业时,对来商店购物的顾客免费赠送气球、面纸、枕头等小物品。

赠送商品是零售商常用的销售促进活动,包括两种方式。

(一) 免费赠送

这种方式是指消费者无须具备什么条件即可得到赠品。免费赠送时,一定要选择好赠送对象,这样才能达到事半功倍的效果。例如,有些商店并不固定赠送物品的种类和数量,而是视顾客的需要和心理情况而定。尤其是在女士购买化妆品犹豫不定时,可以免费赠送化妆包、化妆棉棒等小物品,以促成顾客购买。

(二) 付费赠送

付费赠送是指商店为吸引消费者而采用的只要消费者购买某种特定商品或购买金额达到一定数量时,就可免费获得赠品,或者消费者在购买某种商品的同时提供赠品的部分费用即可获得赠品,主要有以下方式。

1. 买一赠一

顾客购买某一特定商品可免费获得相应的赠品。例如,购买一套西装赠送一条领带,购买照相机可获赠胶卷,购买皮鞋可获赠专用鞋刷,购买洗发香波可获赠洗面奶,等等。

2. 酬谢包装

这是以标准包装的原价格供给较标准包装更大的包装或以标准包装另外附加商品来酬谢购买者。这种方法在推销食品、日用品、保健品和美容品中广为使用。例如,某牌子的大米加量不加价等。

3. 包装赠品

包装内赠品、包装外赠品以及可利用的包装本身,都属于包装赠品的促销方式,如购买某化妆品赠送精美化妆包。这种赠品能现场激发消费者的购买欲,容易使消费者转移品牌,转向购买价值高、较贵的商品。

4. 批量购买赠送

顾客购买某商品数额达到既定批量,或顾客购买本商店商品的金额(可以是不同商品)达到一定标准,可以免费获得赠品。例如,顾客在本商店购买家具价值超过3万元,赠送价值3 000元的手机一部。

5. 商品中奖

这种方式有两种做法:

(1)商品本身有编号,商品销售一段时间后,通过既定方式和程序确定中奖号码,中奖者可得到一笔可观的奖金或奖品。

(2)顾客购买商品的同时,可得到若干张彩票(彩票的多少由购买金额大小决定)。商店销售一段时间后,公开开奖,中奖者可得到相当可观的奖金和奖品。

6. 随货中奖赠品

这种方式有两种做法:

(1)并非所有商品都是随货赠送物品,而是其中少数商品内装有赠品。

(2)少数商品内放有彩票,并标明彩票的等级,顾客持彩票向商店免费领取赠品。

商店的赠送促销活动开始后,就要对参加活动的消费者履行约定,否则就会构成违法。如果促销活动开始后,发现活动计划有失误之处,应及时纠正并通告消费者,但对于已经参加活动的消费者仍要按约履行。其实这一点不仅要在赠送商品这项活动中注意,在竞赛、抽奖等所有的促销活动中,商店都应该注意。

五、折价优惠

折价优惠是零售商使用非常广泛的一种促销方式。折价优惠是指商店在一定时期内,调低一定数量的商品售价,也可以说是适当减少自己的利润以回馈消费者的促销活动。折价优惠常在以价格作为主要竞争手段的商店使用,如网络零售店、超级市场、折扣商店等,但它也广泛地应用于其他零售业态的商店,尤其是国内服装专卖店在近几年天天打出折价优惠的招牌吸引顾客。

零售商之所以采用折价销售,主要是为了与其他商家在价格上抗衡,也为了吸引对价格比较敏感的品牌转换者。俗话说:"没有不被减价两分钱而击倒的品牌忠诚。"可见价格促销在消费者心中的威力。折价优惠虽然在单件商品上获得的利润减少,但低价促进了销售,增加了销售量,从总体看,也增加了商店的利润。

零售商常采用的折价优惠形式有:

(一)商品降价特卖(特价)

所谓特价,是指直接将商品的原价调至较低的现价(现价就叫特价)以吸引消费者购买。例如,某品牌的微波炉,原价568元,特价508元;某种食品原价5元,疯狂特价1元。根据某专业杂志对消费者所做的超市问卷调查,"价格合理"是消费者认为理想的超级市场最应具备的条件,特价促销也被许多商店经理认为是最佳的促销方式。实践证明,特价销售在促进商品销售方面的作用非常突出,是商店最常采用的促销方法。

(二)限时抢购

限时抢购是在特定的营业时段提供优惠商品,以刺激消费者购买。此类活动以价格为促销的着眼点,利用消费者求实惠的心理,刺激其在特定的时间段内采购特定的优惠商品。例如,限定上午 9:00—10:00,某种商品 6 折优惠。采用此方法时应注意:

(1)以宣传单预告或在卖场尖峰时段以广播的方式刺激消费者购买特定的优惠商品;
(2)价格优惠必须在三成以上;
(3)此方法较适合于日常用品、生鲜食品等,是超级市场、折扣商店使用较多的一种促销方法。

(三)折扣优惠

折扣优惠也就是人们通常所说的打折,即通过折扣让消费者在购物中直接得到价格优惠。折扣优惠的形式有:

1. 购买折扣

当消费者购买商品时,按商品标价直接给消费者一定数量的折扣。运用此方法要注意:

(1)不能虚构原价。例如,原价 100 元的商品,却标为"原价 150 元,折价 60%"。
(2)如果有些商品未打折,不能用"全面打折"的招贴。
(3)折价活动结束后应及时取下打折招贴,以免发生纠纷。

2. 数量折扣

按消费者购买数量的多少,分别给予大小不同的折扣。购买数量越多,折扣越大。具体方法有两种:

(1)累计数量折扣,即顾客在一定时期内,购买商品达到一定数量或一定金额时,按其总量大小给予不同折扣,其目的在于稳定客源。
(2)非累计数量折扣,即按顾客每次的购买量来折价,其目的是鼓励顾客一次性大量购买。

3. 免服务折扣

有些商品的价格中含有一定的服务费,商店对没有条件享受服务或自动放弃享受服务的顾客,给予一定的价格折扣,例如,保修费退回、送货费退回等。免服务折扣不仅有利于保护消费者的合法权益,而且有利于增强对顾客的吸引力,提高商店的声誉。

4. 有效期折扣

有效期折扣是根据商品离有效期时间的长短而给予不同的折扣。例如,鸡蛋、牛奶等食品可按离保质期限时间的长短来确定价格。

5. 限量折扣

限量折扣是对提供价格优惠的商品限定数量。例如,某商店打出广告:某品牌型号的彩色电视机,六折销售,限量 100 台,先买先得,数量有限,欲购从速。这种方式是通过抓住顾客求廉又害怕错过了促销机会的心理,刺激顾客尽早做出购买决定。

商店在采用折价优惠时,要注意保证折价商品的充足供应。一方面,如果出现折价商品短缺,会给专程来购买商品的顾客以极坏的印象。另一方面,零售商采用折价优惠也会造成库存问题。库存压力对零售商而言有时是一个大困扰,以致造成存货管理不平衡。

六、竞赛

竞赛是一种让消费者运用和发挥自己的才能以解决或完成某一特定问题,即提供奖品鼓励顾客的活动。在日常生活中,人们经常看到这种促销方式:邀请消费者回答有关商品的优点,为商店命名,提供广告主题语和广告创意等。此类活动通常需要具备三个要素:奖品、才华和参赛规则。竞赛着眼于趣味性及顾客的参与性,通常会吸引不少人来观看和参与,可连带达到增加客流量、扩大销售的目的。

常见的竞赛活动方式有:

(一)在商店内或通过媒介开展各类游戏比赛活动,让消费者参加

例如,广州友谊商店举办的儿童背诵《新〈三字经〉》比赛,广州新大新举办的时装设计评比大赛,以及其他商店举办的诸如儿童节绘画比赛、卡拉OK比赛、猜谜填字比赛、喝啤酒比赛、可乐猜罐比赛等。

(二)让消费者回答问题

由商店印制或通过媒介刊登有关商店以及销售商品的知识问题,征求答案,以加深顾客对商店的印象以及所出售的商品的了解,最终扩大销售量。

(三)征集商店的广告词、店歌、店徽等,或征集商店某一时期的促销创意等

使消费者参与商店的销售工作,从而产生对商店的认同感。

竞赛要想成功地举办,一定要有一个清晰、易懂的活动规则。模棱两可的活动规则是纠纷产生的原因所在。商店在竞赛活动举办之前必须将竞赛的具体规则公之于众,并受公证机关的监督。活动规则一旦确定,商店必须严格按照规则履行自己的承诺,而不应以任何理由改变规则或不予兑现。否则,不仅损害了消费者的利益,也是对商店形象的一个极大的伤害。

七、抽奖

抽奖是指顾客在商店购物满一定金额即可凭抽奖券在当时或指定时间参加商店组织的公开抽奖活动。抽奖活动参加者,只要填写姓名、身份证号,或其他一些个人资料即可,优胜者通常从所有来者中选出。抽奖并不需要顾客具有一定的才能(不同于竞赛获奖),全凭顾客的运气,这是基于利用人本身具有一定的侥幸、追求刺激的赌博心理,有以小搏大的乐趣。主办商店通常备有各式奖品吸引顾客。抽奖通常会比竞赛的参加者多出数倍,由于这种方法实施的效果良好,因而经常被商店所采纳。

抽奖与赠送商品中的商品中奖、随货中奖是有区别的。抽奖是顾客购买商品后,凭购物小票等证明从商店方获得抽奖券,再参加抽奖。而商品中奖和随货中奖都是与商品有直接关系的,即奖品或奖券就在商品中,顾客获奖的直接原因是购买了该商品。生产厂商多采用商品中奖和随货中奖的促销手段,而零售商则多采用抽奖的方式进行促销。

常见的抽奖方式有：

（一）直接抽奖方式

顾客购买商品后可立即参加抽奖或者获得一张兑奖卡，抽奖结果可以马上知道。目前，很多商店都采用一种简便易行的抽奖方式——刮刮卡。刮刮卡属于直接抽奖方式。刮刮卡上印有一些数字、图形或商店的标志等，均被覆盖住。消费者购物后，即可凭购买金额获得数额不等的刮刮卡（有的商店不论购买金额，凡购物者人均一张），当场刮开覆盖的涂层，即可看到里面的标志，与商店的规定相对照领取奖品。

（二）事后兑奖方式

在一组奖券送完或到了指定的日期时，由商店公布中奖的号码、图标、文字等。这些中奖的标志可以是由商店在抽奖前就确定好的，但目前最流行的做法是在奖券送完后，到指定的日期公开摇奖，以确定中奖号码。兑奖式抽奖不能马上知道中奖结果。

（三）多重抽奖方式

现在很多商店为了吸引顾客，在抽奖方式上可谓绞尽脑汁，多数采用的是综合抽奖方式，即将上述两种方式融合起来的多重抽奖方式。如消费者购买一定数量或金额的商品，商店给予抽奖券，顾客可以立即刮卡得知是否中第一层奖；随后又可参加在商店举行的即行抽奖，经过摇奖或计算机随机抽取，可知是否中第二层奖；最后，该抽奖券还可以参加商店举办的一定时期的公开抽奖，看是否中第三层奖。这种多层抽奖能极大地提高顾客参加抽奖的兴趣，已被许多商店所采用。

零售商在采用抽奖促销时需事先做好准备工作，包括：

1. 决定顾客参加抽奖的消费金额

通常在顾客平均客单价基础上酌增。例如，商店顾客平时客单价为100元，则可将参加抽奖的金额设为150元或200元。这样可以通过抽奖促使顾客购买比平时更多的商品，达到促销的目的。

2. 决定顾客参加抽奖的方式

通常抽奖方式与准备的奖品有关。若奖品是一些大奖，如国外旅游机票、名贵音响、大件家具等，多用定期公开抽奖的方式；若奖品的金额不高，属一般性奖品，如吸尘器、电饭煲、电熨斗等，且数量充裕，则多用立即抽奖兑换的方式；若奖品既有大奖，又有大量的一般性小额奖，则可以采用多重抽奖方式。当然，商店在策划抽奖活动时，也可以先确定抽奖方式，再根据这次抽奖活动的经费设计抽奖的奖品，以顾客最感兴趣并能达到最佳促销效果的方式进行。

3. 决定抽奖品的金额和品种

抽奖品的金额多为此次促销活动预计增加营业额的5%～10%，或依厂商赞助奖品的情况斟酌而定。

八、积分卡

积分卡是目前零售商普遍实施的一种促销形式，通常采用会员卡积分，顾客每次购物使用会员卡可以积分,待积分满一定的数额,商店奖励一定数额的现金券给顾客。

消费者对积分卡的偏好不一,有的消费者对积分卡十分热衷,有的消费者对积分卡不以为然,因而其对不同消费者的效果是不一样的。但真正对积分卡感兴趣的是商店的老客户,他们经常来这家商店购买商品。如果能用积分卡的形式给这类顾客提供更物有所值的回报,就可以提高他们对商店的忠诚度。

九、返券

返券是目前零售商经常采用的一种促销方式,指消费者购买了一定金额的商品之后,商店承诺返还给消费者一定数额的购物券,以吸引消费者再次购买,促进销售。例如,商家承诺顾客在某一时期购买100元商品返还50元现金券,顾客在有效期间内再来商店购买时达到一定数额即可使用50元现金券进行付款。返券从某种意义上看就是给商品价格打折,但这种方法比直接价格打折更能扩大销售,因而更受零售商的欢迎。这种促销方式曾经非常有效,但近些年有滥用之嫌。有些商家用较高数额的返券吸引顾客,却规定了许多使用上的限定条件,如打折商品不能用券,不参加活动的品牌不能用券,只能在规定的时间用券,等等。一些顾客在尝试几次之后,就会开始对返券具有了一定的免疫力。

十、商品演示

商品演示就是通过对商品的使用方式表演示范,提供实物证明,使顾客对商品的效能产生兴趣和信任,以激起顾客冲动性的购买行为。商品演示的目的是向顾客进一步证实商品的效能和优点。为了达到预期的效果,演示人员应该掌握商品的性能和演示的技巧。商品演示还包括商店现场试吃、现场制作,即现场提供免费样品供消费者食用或现场制作等活动。此类活动对于以供应食品为主,且以家庭主妇为主要客户的超市,是提高特定商品销售量的有效方法。通过商品实际展示和专业人员的介绍,会增加消费者购买的信心及日后持续购买的意愿。

商品演示的主要形式有:

(一)定点展览演示

定点展览演示就是在某一固定地点进行演示,如在卖场销售该商品的柜台旁,或者在客流量较大的商店入口处、主通道处等摆设专门的演示摊位。这种演示形式在超市经常可以看到。

(二)外出流动演示

这不是在商场内部演示,而是在商场区域以外的地点演示,而这一地点是不固定的。商店组成专门的流动演示小组,在顾客密集的地区巡回演示,既可以扩大商品的销路,又可以提高商店的知名度。这种方法与目标市场接触面大,促销效果好,但费用较高。

(三)制作演示

这种形式主要用于手工艺品的促销,有些商店也用作食品的制作演示。商店为了促进销售,聘请手工艺品的制作者在商店营业场所演示其制作过程。这种形式不仅向顾客显示了商品的外在质量,而且使顾客享受到商品的内在美。例如,手编织物等现场演示,可以激发顾客的购买欲望;广州吉之岛将日本寿司的整个制作过程对外开放,全程演示给消费者观赏,激起了消费者的极大兴趣。

(四)模特演示

这种形式主要适用于服装和首饰等的推销。商店可以聘请模特做时装展示会,也可以让销售该服装的导购员充当临时模特,穿着陈列的服装边销售边展示,以激发顾客的兴趣。模特演示可以充分展现商品的美,顺应顾客的爱美心理,激发顾客的潜在需求。这种方法比较适合大的百货商店。

(五)电视演示

随着电视机和录像机的普及,采用电视演示的商品也在增加。商店在营业场所安置电视机和录像机,在营业时间内播放提前录制好的商品广告或商品介绍以及商品的使用方法等,以此吸引顾客的注意。

【案例9-2】

马克华菲2021年秋冬上海时装周开幕秀

作为一个为潮而生20年的多元艺术潮牌马克华菲,继2020年以"东方红""木版年画"国潮系列登陆米兰时装周之后,2021年继续登陆"2021秋冬上海时装周"开幕大秀。4月6日马克华菲以"山海生潮"为主题,拉开了"2021秋冬上海时装周"新天地秀场的序幕。

本次大秀,马克华菲采用了赛博朋克的突破性视角,挖掘《山海经》背后的国潮文化,用服装作为载体进行多元化呈现。同时也将《山海经》里的中国精神、价值体系与品牌基因深度结合,多层次、多角度诠释马克华菲的整体品牌形象、影响力和宣传力,打造中国具有影响力的国潮品牌。

此次马克华菲重新诠释《山海经》这样的中国传统文化经典,更是品牌打破常规潮牌的固化的风格局限,展示时装创意内涵,讲述民间文化故事,实现了与年轻群体进行多元化沟通的初衷和立意。

马克华菲用精湛、细腻的多元工艺丰富着此次成衣设计语言,通过传统且经典的刺绣、扎染、勾花、重工水洗、光胶印、数码印花等极具代表性的工艺手法,将《山海经》通过成衣在秀场上重新演绎。

时代在变换,马克华菲始终为潮而生,植根中华5 000年文明,接轨国际潮流元素,演绎中国精神,传递中国态度,丰富价值表达,旨在展开中国青年文化自信的羽翼,飞展出"高端、多元、全球化"的繁荣格局。

马克华菲的此次时装开幕秀,因其独特的创意和精彩的演绎而被中国连锁经营协会选入《2021CCFA金百合最佳实践案例集》。

资料来源:中国连锁经营协会官网,2021-07-12。

第五节　零售公共关系

一、公共关系的特点

公共关系（public relations，PR）是市场营销的一个重要工具，承担着为零售商在其目标受众中塑造良好形象的沟通联系职责。零售商不但与顾客、渠道成员发生联系，还和其他群体（如员工、投资者、政府、中介协会、新闻媒体及一般公众）发生联系。零售商与众多社会群体关系的好坏可以推动或妨碍企业的发展。

现在越来越多的企业设立市场营销公共关系（marketing public relations，MPR）部门来促进商品的销售和商店形象的建立。公关部门的任务就是处理好商店与公众的关系。它们追踪公众的态度，向公众提供信息和进行交流，以建立好感。当营销危机出现时，它们就要排解纠纷，扭转局势。市场营销公共关系的前身就是公共宣传（publicity）。虽然现在公共关系市场营销的功能比公共宣传广泛得多，但是，对于零售商来说，起主要作用的还是公关宣传。

公关宣传是指零售商用非付费的方式，通过在新媒体、报刊、电台、电视、会议、信函等传播媒体上发表有关商店的能引起公众注意的公益消息或服务信息，以提高商店的形象并获得消费者的好感与信赖。公关宣传有时也能达成广告一样的效果，但两者之间最基本的不同在于公关宣传是不付费的，它是由媒体来控制信息的传播，因此，对顾客而言，它比广告宣传更可信赖，也更受重视。

（一）零售商公关活动的目标

零售商公关活动的目标包括：
（1）提高零售商的知名度。
（2）在社会公众中树立良好的形象，赢得消费者信赖，为确立竞争优势打下基础。
（3）协调好企业内部上下级、员工之间的关系，为商店的顺利经营创造和谐、融洽的内部环境。
（4）获取更佳的促销效果。

（二）公共关系的主要优点

公共关系的主要优点包括：
（1）对所宣传的信息报道详细。
（2）能进一步扩大零售商的知名度。
（3）以更为可信的方式传播有关零售商的信息。
（4）信息的传播是不需要付费的。
（5）可以触及更为广泛的受众。
（6）人们对新闻报道比对纯粹的广告更留意。

（三）公共关系的主要缺点

公共关系的主要缺点有：
（1）一些公关活动的效果从短期看不明显，因而一些零售商不相信将资金和精力投入公关活动中会有收效。

（2）企业控制力弱。对于公共关系效果，企业很难控制该效果的大小及其是正面的还是负面的。

（3）有些属于零售商刻意的公关活动策划，仍然会产生一定的费用。

（四）零售商公关活动的类型

零售商的公共关系活动可分为预期型、意外型或形象增强型、形象减损型几种类型。预期型公共关系是零售商事先做好活动策划并努力促使媒体做出有益的报道；意外型公共关系是指媒体在零售商事先未曾注意的情况下报道其表现；形象增强型公共关系是指媒体用赞赏的口吻来报道企业杰出的零售活动，为公众做出的努力等；而形象减损型公共关系是指媒体用批评的口吻来报道企业行为，造成企业形象受损。

（五）零售商公关活动的效果

正是由于零售商无法控制公关活动的信息，对于企业有关的情况，媒体可报道可不报道，有时是正面报道，有时是负面报道。因此，零售商的公关活动要取得理想效果，必须注意两个方面。

1. 公关活动的创意一定要新奇

从某种角度来看，公关活动要有较强的新闻价值，带有新的信息和情报，使人们有耳目一新的感觉；要使公众在赏心悦目之中对企业产生好感与期盼，满足人们的好奇心。如果公关活动的内容具有为社会多数人所关注的特征，包括人物的知名度、事件的重要程度、数量的显赫程度等，那么，它也就具有了新闻价值。当然，新奇不等于走极端和不实事求是，新奇的要求是既新颖又能为大众所接受，那种一味哗众取宠、刁钻古怪的做法是不足取的。

2. 公关活动要注意社会效益

公关活动的目标是树立企业的良好形象和信誉，创造和谐的公众环境，赢得公众的支持。公关活动的社会效益包括：弘扬社会正气，支持社会正义事业，支持公益、慈善事业，弘扬民族传统文化与民族精神，发扬社会人文精神，宣扬社会公德，推广科学的文化价值观念，培养文明的社会生活、工作、休闲方式。

【案例 9-3】

兴业太古汇：用钢琴传递治愈旋律

作为上海体验型商业代表项目，兴业太古汇于 2020 年 4 月 22 日至 6 月 21 日期间推出以"治愈"为主基调的"Dare for More Dare to Sing 爱混敢嗲·鸣音焕新"活动季暨"Play Me, I'm Yours"公益钢琴艺术主题活动，以乐音与歌声为主线，串联趣味活动与品质购物体验，打造体现温暖关怀的"都市治愈岛"。

作为兴业太古汇举办的第三届"Play Me, I'm Yours"公益钢琴艺术主题活动，本次活动携手众多机构与艺术家，创意打造了 15 架充满童趣风格与自然元素的艺术钢琴，放置于商场多个室内外公共区域，LG1 中庭还设置暗藏自然声音的大型互动艺术装置，共同打造城市中亲近自然的情感社交场。著名国际钢琴艺术家孔祥东先生也应邀加入活动季，创作钢琴曲目《焕》并将其倾情赠予兴业太古汇。

配合活动主题,兴业太古汇推出"绘音·焕新"艺术涂鸦展、古钢琴历史回顾展,全方位传递艺术的魅力元素;同期,众多音乐主题的读书会、分享会等工作坊活动也轮番登场,邀请消费者与艺术"同游"。

兴业太古汇还为这一活动赋予了更多公益内涵,持续向社会各机构捐赠艺术钢琴,截至2020年,已有32台钢琴放置于上海各大医院、剧院、学校、博物馆等地,将充满爱意的乐音浸染全城。

在情感关怀主题活动与体验型购物的组合下,兴业太古汇成为上海南京西路商圈提振消费信心的生动缩影,有效提升了客流量与销售额。2020年第二季度,上海兴业太古汇零售额实现正增长,证明这一活动已获得消费者的高度认可。此项活动被中国连锁经营协会选入《2021CCFA金百合最佳实践案例集》。

资料来源:中国连锁经营协会官网,2021-07-12。

二、公共关系活动形式

(一)出版物

零售商在很大程度上依赖沟通材料来接触和影响目标市场。沟通材料包括官网、小册子、文章、商店的业务通讯和杂志,以及视听材料。

1. 官网

零售商在其官方网站或公众号上发布有关企业的信息。工作人员写的好文章能吸引消费者对商店和商店商品的注意。

2. 小册子

小册子在公关中扮演着重要角色,它告诉消费者有关商店的情况和商品的情况。

3. 商店的业务通讯和杂志

它们能帮助商店树立形象和向消费者通告重要新闻。

4. 视听材料

视频和带解说的幻灯片、录像、录音,正被越来越多地使用。视听材料的成本要比印刷品的成本高,但影响也大。

(二)事件

零售商可以安排特殊事件来吸引消费者对企业新进的商品或其他事物的注意。这包括新闻发布会、讨论会、旅游、展览、竞赛、周年纪念等特殊纪念日活动、对体育和文化事业提供赞助等方式。

1. 新闻发布会

新闻发布会又称记者招待会,是企业举行的公开传播重要新闻事件,邀请有关新闻机构的记者参加,让记者就此提问,然后由召集者回答的一种特殊会议。会议材料的形式有口头发言稿、新闻文稿、背景材料、照片、录像以及实物展示等,有的还当场分发新闻资料。

2. 赞助活动

赞助不仅对社会有利,而且能赢得社会对组织的好感,树立企业的美好形象。

赞助活动的主要类型有:

(1)赞助体育运动。例如,赞助中国运动员参加奥运会、亚运会等。

(2)赞助文化娱乐活动。例如,赞助电影的拍摄、国庆歌咏比赛等。

(3)赞助教育事业。主要用于建设教育设施、研究基金、奖学金、奖教金以及其他教育奖励。例如,资助希望工程、建设希望小学等。

(4)赞助社会慈善和福利事业。此项活动是与社会、政府搞好关系的重要途径,也是表明企业向社会承担责任的表现。例如,资助残疾儿童福利院等。

(5)赞助宣传用品的制作。例如,赞助有特殊意义的录像、电视片、记录电影等。

(6)赞助其他活动。例如,赞助职业奖励、竞赛活动等。

3. 特殊纪念活动

利用特殊纪念日制造新闻,是影响公众的好时机。

(三)新闻报道

新闻报道是由新闻媒体公开发布的、对事实或观点的一种陈述。新闻报道用来通告特定的事件、新商店的开张、每季度和每年的销售额以及零售商经营战略的转变。企业公关人员的一个重要职责就是发现和创造有关企业、产品及人物的新闻,并与新闻机构有助于良好的关系。和新闻机构的关系越好,就越可能得到更多、更好的有关企业的报道。

(四)演说

演说是进行商品和企业宣传的另一个重要工具。零售商经营者应经常通过宣传媒体圆满地回答各种提问,并在行业协会和销售会议上演说,这些表现都会对企业的形象产生影响。良好的表现会有助于企业的形象,劣质的表现会损害企业的形象。所以,零售商一定要仔细挑选发言人,并请专业人士给予其辅导,以求提高发言人的水平。

(五)提供电话服务

电话是一种快捷而新颖的公关促销工具。通过打电话,目标顾客可以从企业那里获得有关企业方面的信息。高质量的电话服务,常能使潜在的顾客成为现实的顾客,也能使他们成为企业信息的传播者。

(六)媒体识别

通常,零售商的广告材料要求有一个特征鲜明的外表,否则容易与其他企业产生混淆和失去强化企业形象的机会。在一个高度开放的社会里,零售商要尽全力去获得注意。企业必须努力设计一个公众能立刻认知的视觉识别标志。这个视觉识别标志可用在商店的招牌、营业场所、制服、包装袋、商业表格、商业名片、发票、建筑物上等。当零售商的形象具有吸引力、个性和给人以深刻印象时,它就成了零售企业经营者开展商店营销活动的一个有力工具。

本章小结

现在,为了应对日益激烈的零售竞争,越来越多的零售商频繁地开展促销活动,零售商通过举办各种促销活动,以提升自己的知名度,树立良好形象,吸引顾客,维护顾客忠诚度,从而提高业绩,改进企业经营效果。零售促销手段主要有广告、销售促进、人员推销和公共关系。这四种手段各有优劣势,只有通过有效的组合才能达到促销的最佳效果。

零售促销活动的流程包括促销活动策划、促销活动实施、促销活动评估。促销活动策划包括确定促销目标、促销预算、促销主题、促销时间、促销商品、促销宣传及促销具体方式等一系列内容。促销活动实施包括在人员方面、商品方面、广告宣传方面和卖场氛围布置方面紧密衔接,使促销活动有条不紊地开展。促销活动结束后,应采用目标评估法、前后比较法和消费者调查法及时对促销活动进行评估反思,为以后的促销活动做参考。

零售广告是零售商以付费的方式向最终消费者提供商店、商品、服务、观念等信息,通过影响消费者对商店的态度和偏好,直接或间接地带动销售增长的沟通传达方式。销售促进是零售商所采取的能够刺激需求、激励购买、扩大销售的各种短暂性促销措施。公共关系包括为零售商在其公众中塑造良好形象的一切沟通联系活动。在数字时代,零售广告、销售促进和公共关系的内涵和形式都发生了巨大变化,有效运用数字化促销工具,能为刺激零售商业绩增长带来明显的效果。

学习思考

党的二十大报告指出:"广泛践行社会主义核心价值观。""弘扬诚信文化,健全诚信建设长效机制。"促销是零售商十分热衷的营销策略,但促销方法运用不当,则可能带来一些副作用。例如,某零售商开展的"砍价免费拿"的促销活动,有用户反映,拉来许多好友都砍不到宣传中的免费拿地步,认为有欺诈之嫌。这种促销活动虽然短期有效,但长远来看,只会损害企业的信誉。而有些零售商则采取公益活动来赢得消费者好感,例如,蚂蚁商联携手中华儿慈会举办的"回家的希望——宝贝守护计划"公益活动就受到广泛赞誉。可见,企业虽然以营利为目的,但如果心中只有小家没有大家,也是无法赢得消费者认可和尊重的。

即测即评

 请扫描二维码,在线测试本章学习效果。

 思考题

1. 为什么零售商越来越多地使用促销手段?
2. 零售促销的四种手段有什么区别和各自的特点?

3. 小型零售商应使用哪种促销预算方法?
4. 如何评估零售商一项促销活动的效果?
5. 新媒体广告为什么越来越受到零售商的欢迎?
6. 销售促进的特点是什么?零售商过分依赖销售促进会对其经营产生什么后果?

【案例分析】

案例一:完美日记快速成长为中国最大的美妆新品牌之一

完美日记品牌创立四年,年营业额达到 50 亿元,已成为美妆赛道规模最大的中国新品牌之一。这有赖于完美日记在过去几年成功地抓住了三个阶段的新流量。

在 2017—2018 年的品牌初创阶段,完美日记先是努力地在微博上做内容流量的引流和淘系广告流量的引流。后来它发现,小红书上面不管是红人、达人,还是素人发图文带货收取的费用都要更便宜。于是完美日记一边在小红书上面通过关键意见顾客、关键意见领袖种草拔草,一边在微信公众号上面导流。

完美日记将关键意见领袖的参与分成 3 个阶段:塔尖是明星和头部关键意见领袖联名带货的;带货获得流量后,由腰部关键意见领袖测评,腰部关键意见领袖从实用性的角度全方位地对产品进行测评,进一步加深消费者的印象;最后是大范围素人种草,铺天盖地的用户体验可以进一步增强消费者的信任度。当时完美日记跟 15 000 位素人、红人、达人进行合作,制作优质内容,掌握内容流量,提高了品牌的声量,再导入站内,销售转化效率非常高,成功地在年轻人中树立了自己的品牌名声。

到了 2019 年的品牌成长阶段,借助抖音扶持新锐品牌的计划,完美日记大量利用头部达人直播带货这种新的内容形式,效果非常好。此时,完美日记一方面不断开发高质量的美妆新产品,另一方面通过跨界联名打造爆款,持续带给中国女生更惊喜的消费体验。比较爆款的联名商品有:完美日记×大英博物馆幻想家十六色眼影盘;完美日记×探险家十二色眼影盘;完美日记×大都会博物馆的星动臻色金钻唇膏;完美日记×中国国家地理幻想家十六色眼影盘;"动物眼影"玉兔盘和丹顶鹤盘。完美日记通过不断跨界联名,对产品进行创新迭代,以此保持消费者规模的持续增长。

进入 2020 年的品牌成熟阶段,完美日记发现小红书和达人直播上的流量价格变贵了,于是开始去线下开门店进行导流。目前已经有 200 多家线下零售门店,布局全国数十个一二线城市,这一进程还在持续扩张中。截至 2020 年年底,线下门店消费顾客累计超过 280 万人次。

当前,完美日记已经建立了非常完善的多渠道、多触点的销售渠道与消费者关系体系。其在天猫的品牌店仍然是最为核心的品牌阵地,类似于品牌官网,也是其最大的销售渠道。同时,它在京东、唯品会等电商渠道也都有布局,加上千万级私域流量池的搭建,完美日记已经与全域消费者建立了完善的沟通方式。

资料来源:中国企业家杂志微信公众号,2021-04-22。

问题:
完美日记创立四年能快速成长为中国第一美妆新品牌的原因是什么?

案例二：国美的 2021 年 "618" 之战

2021 年的 "618" 比往年来得更早。5 月 20 日，阿里与京东同时对外宣布正式启动 "618" 活动。2021 年的 "618" 活动将从 5 月 24 日开始持续至 6 月 20 日。每年的 "618" 活动期间都是一年中重要的促销节点，是各大电商平台的角斗场。

而向来对于电商大促表现低调的国美，2021 年 "618" 期间突然高调发声，对外动作频频。在 6 月 8 日，国美举办了一场名为《大促"值·得"再定义》的零售行业主题沙龙。在会上，国美正式发布了 "618" 促销活动。这次活动中，国美在时间上、全品类上都做到极大让利：一是低价让利期长，从 6 月 1 日一直持续到 6 月 19 日，有半个多月的时间让用户尽情抢购；二是将全品类商品列入低价范围，覆盖电器、百货、酒业、美妆等品类。例如，家电品类以旧换新发放的 10% 补贴、发布百亿补贴真选津贴、实行美妆个护 5 折抢购等。在活动上，国美对外正式发布旗下电商平台 App "真快乐"。总体来讲，在 "618" 期间国美主打 "真低价" + "娱乐化" 两大营销策略。

在这次 "618" 活动中，国美提出 "真低价持久战" 的口号，在 "真快乐" App 上有满减的电器、百货、酒水等，还有新人 1 元购礼包，低价贯穿整个 "618" 期间。关于娱乐化的策略，国美摒弃了传统门店销售的传统规则，而是更多地尝试现在电商营销的玩法，这一点从国美 App 名称确定为 "真快乐" 就可以看出来。

国美认为，消费者完成零售消费的过程应该是快乐的，因此通过娱乐化的方式去连接消费者。我们在 "真快乐" App 的设计中也看到这样的心思，比如在平台内主打的就是 "抢" "拼" 等功能。在这次 "618" 活动期间，在 App 内还上线了老虎机的玩法：通过 "快乐小虎机" 签到可以获得小虎币，然后以消耗不同小虎币的方式进行抽奖。

国美还融入了直播带货的方式，在活动期间开启 "真快乐 618" 直播排位赛，用户可以为自己喜欢的主播助力等。总体来说，国美在这次 "618" 营销中主打娱乐营销，用游戏的方式促进销售转化。国美方面称，这次 "618"（活动），让商家和平台能够 "娱乐卖"，让用户实现 "娱乐买，分享乐"，没有营销套路，提升了用户购物体验的快乐值，从而实现了品效合一。

众所周知，国美的线下供应链是非常强大的，品牌与国美合作可以直接带来大批量订单转化。因此，国美在 "618" 活动上一直对外强调，凭借自身多年来与品牌厂商的关系，它可以做到 "薄利多销，以量取胜" 的真低价。看得出来，国美借用此次 "618" 促销活动在极力推广 "真快乐" App 渠道，以 "真快乐" App 为线上营销的突破口。

2021 年的 "618" 活动期间，国美是全网为数不多的亮点。活动期间，全平台全网日活跃用户数量较 2019 年增长 270.32%，同比 2020 年增长 189.11%；全网新增访客量总占比达 78.83%，同比 2020 年增长 114.32%，支付人数也创下新高。本次 "618" 活动期间，可以说是 "真快乐" App 的第一次练兵。

资料来源：Morketing 微信公众号，2021-06-21。

问题：

国美的 "618" 促销活动主要采取了哪些促销工具？国美这次促销活动想向消费者传递什么信息？

第十章

服 务 管 理

在20世纪80年代,美国企业界诞生了一种新的经营战略——CS战略(customer satisfaction),即顾客满意战略。CS战略已从美国传向欧洲、亚洲乃至全球,一场深刻的CS革命席卷而来,这个战略的主角便是——服务。

服务是直接面对人的活动,它比产品质量、价格更容易打动消费者的内心。好的服务能给顾客带来持久的愉悦体验,而差的服务给顾客带来的是无法忍受的烦恼。过去的经验告诉我们,顾客会基于几项具体的因素来决定购买与否,这些因素包括价格、产品特征、选择多寡等。但是现在,挑剔的顾客还会以一项更具决定性的因素——服务好坏来决定购买与否。零售商一旦具有更优良的服务水平,就比竞争对手多一项强大的竞争优势。

在从注重数量向注重质量转变的消费时代,顾客越来越要求零售商提供细致、周到、充满人情味的服务,要求购买与消费中的高度满足感。于是,高品质、全方位的服务理所当然地成了企业赢得竞争优势的一大法宝。在一定时期内,成本的降低毕竟是有限度的,企业不可能无止境地降低价格;商品品种的竞争也是有限度的,我们身边众多的商店经营着相差无几的商品。在这样的环境下,零售商怎样才能脱颖而出,在顾客心中树立差别化形象?唯有优质的服务,才能保证企业与众不同。现代市场竞争拼杀的关键点是服务,在消费者价格承受力普遍提高的今天,零售商将注意力更多地投向服务不失为明智之举。

本章所要回答的问题是:
- 服务的特点、类型及作用;
- 零售服务设计应考虑的因素;
- 常见的零售服务项目介绍;
- 零售服务质量的改进。

第一节 服务的重要性

一、服务及其特性

从本书第一章对"零售"一词所下的定义中可以看出,零售商除了为顾客提供商品实体外,还包括提供相关的服务。也就是说,顾客服务也是零售商的一项基本活动。更广义地说,零售本身就是一种服务活动,零售商不生产商品,而是将制造商生产出来的商品集中起来供顾客选购,零售经营组合的所有要素都是增加商品价值的服务,包括店铺的位置、店内的布置和商品的分类等都为顾客购物增加了便利。

由于零售服务是与商品紧密联系在一起的服务,零售商所提供的一切服务都紧紧围绕销售商品这个核心,服务不仅帮助企业实现商品销售,而且有推动扩大销售的作用,甚至创造新的需求。因此,在这里,本书将服务定义为:顾客服务是零售商为顾客提供的、与其基本商品相连的、旨在增加顾客购物价值并从中获益的一系列无形的活动。

Alan Dutka 对"服务"(service)一词作了进一步解释,这一解释对理解服务的精髓很有帮助。如表 10-1 所示。

表 10-1 Alan Dutka 对服务的解释

S	sincerity 真诚(为顾客提供真诚、有礼貌的服务)
E	empathy 角色转换(以适合顾客的角色或方式为顾客提供服务)
R	reliability 可靠性(掌握服务所需要的专业技能并以诚恳的态度为顾客服务)
V	value 价值(提供顾客期望得到的服务,增加价值)
I	interaction 互动(具备优秀的沟通技能并及时给予顾客回应)
C	completeness 竭尽全力(竭尽全力为顾客提供所能做到的最好的服务)
E	empowerment 授权(给予服务人员一定权限以确保在一定时间内解决顾客的各类问题)

与提供的商品相比,零售商为顾客提供的服务具有以下特点。

(一)无形性

大多数服务是无形的,不像实物商品,服务在被提供之前是看不见、品尝不到、感觉不到、听不见也嗅不出的。衣服可以拿在手里并且检查,但是,商店营业员提供的服务却是无形的。无形性使人难以了解顾客究竟需要什么样的服务以及他们怎样评价零售商的服务。例如,顾客在商店选购商品,是提供自助服务还是提供人员帮助,不同顾客的要求是不一样的。顾客在购买商品之前,可以借鉴一些有形的要素评价商品的价值,如颜色、质地、款式等,最后确定是否符合自己的要求。但顾客在接受服务之前,却没有上述这些有形的要素来评价服务,顾客只能在接受服务之后评价其是否满足自己的需要。正是这种无形性使服务变得十分复杂,难以考核。

(二)不可分割性

通常服务的提供和消费是同时进行的,这与实物商品的情况不同。实物商品被制造出来后,先储存,通过多重中间环节的分销,然后才是消费。而服务则是生产与消费同步进行。如果服务是由人提供的,那么这个人就是服务的一部分。服务生产时顾客是在现场的,而且会观察甚至参与生产过程,服务提供者和顾客相互作用并都对服务的结果有影响。由于服务的提供与消费的不可分割性,服务质量和顾客满意度将在很大程度上依赖于"真实瞬间"发生的情况,包括员工的行为、员工与顾客之间的相互作用。一些零售商鼓励员工将其个人感情投入工作中,这有助于发展一种顾客和服务提供者之间的和睦关系,即人与人的关系,从而增进与顾客的感情。

(三) 可变性

由于服务基本上是由人表现出来的一系列行为,没有两种服务会完全一致。员工所提供的服务通常是顾客眼中的服务,而且人们的行为可能每天甚至每小时都会有区别。另外,由于没有两个顾客对服务的感受会完全一样,因为每位顾客都会有独特的需求,或者以独特的方式来体验服务,因此,这就造成了顾客眼中的服务是经常变化的。正是由于零售商在提供稳定不变的优质服务时会遇到很大的困难,因而能够做到这一点的零售商具有创造持续竞争优势的机会。例如,诺顿百货公司投入了大量的时间和精力建立了一种能够培育和维持最佳顾客服务的组织文化。与之竞争的百货商店也希望能够提供同等水平的服务,但是,最终发现很难与诺顿公司的业绩相匹敌。

(四) 易消失性

服务不能被储存、转售或退回,这与商品可以存起来改天再出售或者由于顾客不满意而退货的情况正好形成对比。服务的易消失性使之不能集中生产来获得显著的规模效益,服务出现差错将造成难以挽回的损失——顾客流失。因此,零售商在服务提供之前就必须设立一套服务标准和控制方法尽力防止服务出现差错,同时,还必须制定有力的补救措施,以减少差错造成的损失。

二、零售服务类型

(一) 按顾客购物过程划分,零售服务可以分为售前服务、售中服务和售后服务

1. 售前服务

售前服务,是指在顾客购买商品之前企业向潜在顾客提供的服务。售前服务是一种超前的、积极的顾客服务活动。它的关键是树立良好的第一印象,目的是尽可能地将商店信息迅速、准确、有效地传递给消费者,沟通双方感情,同时也了解顾客潜在的、尚未满足的需求,并在企业能力范围内尽量通过调整经营策略去满足这种需求。售前服务的主要方式有免费培训班、产品特色设计、请顾客参加设计、导购咨询、免费试用、赠送宣传资料、商品展示、商品质量鉴定、调查顾客需求情况和使用条件等。

2. 售中服务

售中服务,是指企业向进入销售现场或已经进入选购过程的顾客提供的服务。这类服务主要是为了进一步使顾客了解商品特点及使用方法,目的是通过服务,表达出对顾客的热情、尊重、关心、帮助和向顾客提供额外利益,以帮助顾客做出购买决策。售中服务的主要形式有提供舒适的购物现场(如冷暖空调、休息室、洗手间、自动扶梯等)、现场导购、现场宣传、现场演示、现场试用(如试穿、品尝、试看、试听等)、照看婴儿、现场培训、礼貌待客、热情回答、协助选择、帮助调试和包装、支持信用卡付款等。

3. 售后服务

售后服务，是指企业向已购买商品的消费者所提供的服务。它是商品质量的延伸，也是对消费者感情的延伸。这种服务的目的是增加商品实体的附加价值，解决顾客由于使用本企业商品而带来的一切问题和麻烦，使顾客方便使用、放心使用，降低使用成本和风险，从而增加顾客购买后的满足感或减少顾客购买后的不满情绪，以维系和发展商店的目标市场，使老顾客成为"回头客"，或者乐意向他人介绍推荐本商店商品。售后服务的关键是坚持、守信、实在。售后服务的主要方式有免费送货、安装和调试、包退包换、以旧换新、用户免费热线电话、技术培训、产品保证、备品和配件的供应、上门维修、巡回检修、特种服务、组织用户现场交流、顾客投诉处理、顾客联谊活动、向用户赠送自办刊物和小礼品等。

（二）按投入的资源进行划分，零售服务可以分为硬服务和软服务

1. 硬服务

硬服务是指零售商店通过提供一定的设备、设施为顾客服务。例如，商店向顾客提供休息室、电梯、停车场、寄存处、购物车、试衣室、空调环境等，使顾客购物过程感到方便。

2. 软服务

软服务是指商店员工对顾客提供的服务。这是商店员工与顾客进行的面对面接触。他们的形象和服务水准对商店的形象有最直接的影响，也是顾客评价商店服务质量的一个重要方面。由于软服务的易变化特点，因而管理起来难度更大。

【案例 10-1】

中石化易捷便利店咖啡新增"一键到车"服务

近日，中石化易捷咖啡小程序悄然上线了"一键到车"服务，消费者通过易捷咖啡小程序购买咖啡时，会出现送达方式选项，除"进易捷便利店自取""外卖小哥配送（需要另附配送费）"两项外，消费者还可选择"站员送到您车上"服务。

易捷咖啡龙禹玉泉店的咖啡师表示，如消费者选择"站员送到您车上"，则需要输入车牌号，待咖啡师制作完成后，再亲自将咖啡送到消费者的车上。"目前此门店内配备两位咖啡师，由于'一键到车'服务只适用于站内范围，即使咖啡师需要将饮品送到车上，也并不会耗费过长时间。"该门店咖啡师表示。通常在消费者下单后，送货会存在3~5分钟的延迟。咖啡师建议记者提前下单，以节省时间。

易捷咖啡的客户群既包括来加油站的车主，又包括易捷便利店周边商圈内的用户。通过自有小程序、北京易捷加油 App、加油中石化 App 以及小程序里的"一键到车"服务，它希望形成外送、到店自提以及加油时直接将咖啡送到车主手上等多场景销售模式。

据了解，目前"一键到车"服务只在部分门店实施，今后会推广到其他门店。另外，背靠中石化的易捷便利店仍旧在不断为品牌添加新产品和增值服务中。

资料来源：北京商报微信公众号，2021-08-11。

三、顾客服务的作用

顾客服务的重要性来自零售业本身的特点,因为零售业是一个与顾客频繁接触的行业,以顾客为导向的经营观念决定了顾客服务是零售经营活动的基本职能。顾客选择一家零售商店,一是为了购买称心如意的商品,二是为了享受商店优美舒适的环境和周到的服务。诚然,商品是商店经营的基础,一家商店即使有着舒适的环境和良好的服务,但如果没有适销对路、货真价实的商品也是枉然。然而,在今天信息产业高度发达、经营商品大同小异的情况下,零售商要保持显著的商品差别优势是十分困难的,只有在拥有竞争力强的商品基础上,以完善周到的服务来满足顾客的需要,才能形成自己的竞争优势。下面从一些研究报告的结论中阐述顾客服务的重要性。

良好的服务对企业的营利性有着积极的作用。20世纪90年代,以服务作为竞争优势并获取利润的战略已被一些具有前瞻性的制造业公司和信息技术公司所采纳。美国消费者事务局做过这样的调查:主动关心顾客,为顾客提供良好的服务,能变成一个巨大的利润中心吗?调查结果显示:在银行业、公用事业、自动化服务业、电器业以及零售业等众多行业中,通过寻找并处理消费者投诉项目,企业的投资回报率数零售业最高,达到400%。当然处理投诉项目只是服务的一个方面,但服务对零售业的重要性由此可见一斑。相比之下,零售业的经营者应该比其他任何行业的经营者更加重视服务。

良好的服务能够帮助企业通过进取性的市场营销吸引更多、更好的顾客。进取性效应包括市场占领、市场份额、声誉和高价格等。若服务优良,公司会赢得积极的声誉,并通过声誉赢得更高的市场份额,比竞争者有能力索取更高的服务价格。一项名为《市场营销战略的利润影响》的调研表明,提供优质服务的公司可获得超常的市场份额增长,并且服务质量影响利润的效果不仅包括降低了成本和减少了重复工作,还包括增加了市场份额和提高了价格。有一个与市场营销相关的发现:在相关服务质量上位居前五位的企业,其价格水平平均比其竞争者高出8%。

为说明服务对市场份额的影响,一组研究人员提出了他们的解释:满意的顾客传播积极的口碑,可吸引新顾客并进而提高市场份额。口头传播是顾客普遍接受和使用的信息收集手段。由于服务具有较高的不可感知性和经验性等特点,顾客在购买服务时,相关信息更多地依赖人际渠道获得。有调查表明,口碑对顾客购买决策的影响力是广告的两倍。不良口碑犹如咒语,感到极不满意的顾客,会比满意的顾客更多地散布不良口碑。对零售经营者来说,口碑并非管理者所能操纵,企业能采取的唯一行动就是提供使每一位顾客都非常满意的服务。

良好的服务能起到防御性营销的作用,留住现有顾客,培养顾客忠诚度。保留企业现有顾客的方法叫防御性市场营销。研究人员在过去10年多的调查中发现,顾客背离或顾客动摇现象在服务业和零售业中颇为常见。这对零售商而言代价很高,因为必须开发新顾客代替失去的顾客,这种替代需要很高的成本代价。获得新顾客很昂贵,除了涉及启动运营费用外,还有广告、促销和销售成本。从其他企业获得顾客也是昂贵的计划,使竞争者的顾客转移到自己的企业与保持现有顾客相比,需要在服务上做出更大改进。

忠诚的顾客——不致因为服务不佳而丢失的顾客会在他们一生跟企业来往的期间,带来较多生意。据《追求卓越》一书的作者彼得斯估计,在美国,零售店的一位老主顾会在10年内平均购买 5 万美元的商品。忠诚顾客提供给零售商 3 倍的回报。他们会主动再来购买,从而使得在他们身上投入的营销和销售成本比招来新顾客所投放的成本要低得多。企业对忠诚顾客很了解,不必在交易时花太多时间,忠诚顾客的购买量也较新顾客多。

美国福音姆咨询公司在调查中发现,顾客从一家商店转向另一家商店来进行经常性购物时,10 个人中有 7 个人是因为服务问题。很多事实说明,顾客抱怨得不到解决会导致顾客背离商家。零售商通过跟踪数据库统计数据或进行顾客调查来研究顾客背离现象,将获得有价值的信息。这种分析告诉企业,有多少顾客流失了,为什么顾客不再惠顾以前的零售商。顾客背离用绝对的术语表示,即根本不会再在该公司购物的人,也可以用相对的术语表示,即不再经常在该公司购物的人。了解顾客背离的信息越多,对零售商越有帮助。遗憾的是,由于操作的复杂性或者不愿听到坏消息,实际上很少有零售商审视顾客背离的数据或对背离的顾客进行调查。

现在,许多零售商经营者很清楚地认识到了服务对于零售业的重要性,但他们中的大多数人对服务的投资回报仍持怀疑态度,认为顾客服务会增大运营成本而降低效益。实际上,一些比较保守或简单的改进就能有效地提高服务水平,并提高经济效益,降低成本。例如,沃尔玛在每家商店配有保卫兼迎宾人员,问候顾客,既可以帮助顾客导购,协助商品陈列,又可以有效地防止偷盗。沃尔玛还坚持在白天把货物上架,这样商店里到处都会闪动着红色的身影,顾客可以随便与任何一位正在上架的理货员交谈,询问商品的有关事项,增加与顾客的互动与交流。事实证明,只要发挥创造力,零售商的顾客服务是可以既节约成本,又可以提高顾客满意度的。而且,对零售商而言,对服务的投资将长久地起作用,尤其是员工在每日熏陶中形成的服务文化,将会代代延续下去,持久地给企业带来回报。

【案例 10-2】

"得物"的球鞋查验鉴别系统

2015 年,得物 App 诞生于上海,它致力于打造一个属于年轻人的交流、展示、分享的自由社区。成立六年的得物已是年轻人聚集的最大潮流电商社区,"90 后"消费主力军占全平台用户的比例超 80%。

球鞋是得物的主力商品。在进行消费时,是否正品、商品品质、服务体验等成为"90 后"消费者是否愿意为潮品买单的关键。显然,主张个性、看重自我表达的年轻人越来越注重对生活品质的追求。针对在线消费的品质保障需求,得物因为首创"先鉴别、后发货"网购流程,搭建了查验鉴别系统,填补了提供高品质商品、服务的电商消费的空白,增强了用户对在线消费的信任感。

"我在得物 App 买了东西后,卖家不会直接发货给我,而是先发货给得物,得物要对收到的商品进行真伪鉴别和瑕疵的查验分级,在确保为全新正品、商品品质可靠后,得物才会把我买的东西装进得物的极光蓝包装盒,继续发货给我们。因为有得物的一道'品质'关卡,我们内心都把得物的'蓝箱子'认同为一种品质认证。"一位用户分享他的消费经验。

> 在得物的查验鉴别系统中,人员和技术并重。在2020年世界人工智能大会上,得物App宣布在上海建设全球供应链中心,并搭建完整的针对各类潮流单品的人工智能鉴别查验系统。除了得物自身的鉴别体系,得物还在推动行业标准的建立。2019年,得物App与鉴定国家队中检集团奢侈品鉴定中心达成合作;2020年8月,得物App携手中国质量检验协会发布了国内首个《鞋类鉴别团体标准》。
>
> 今天,如果用"球鞋鉴别"平台去定义得物,显然有些片面。2017年得物从社区迈入电商,并把消费品类从最初的潮鞋扩展到了服装、箱包、手表、潮玩、美妆、艺术品等年轻拥趸的潮流商品。
>
> 资料来源:零态LT微信公众号,2021-05-10。

第二节 零售服务设计

一、期望服务与容忍区域

顾客对服务的期望是零售商设计服务的标准和参考点。在设计高质量的服务标准时,了解顾客的期待是首要的也是最关键的一步。如果竞争对手正确地为顾客提供了服务,而另一家零售商却搞错了顾客的需要,就意味着它将失去顾客及其带来的生意,也意味着它在与顾客无关的活动上投入资金、时间和其他资源,甚至意味着它将在竞争激烈的市场中无法生存。

顾客对零售商店的服务有两种不同类型的期望:理想服务期望和适当服务期望。理想服务是顾客想得到的服务水平,或希望商店提供的服务。但是,由于现实条件的限制,顾客承认自己希望达到的理想水平常常是不可能的。因为这个原因,他们有另一个低水平的服务期望,这个低水平的服务期望被称为适当服务期望。适当服务是顾客可以接受的商店提供的最低水平的服务,如果商店提供的服务水平低于适当服务,则顾客会产生怨言,甚至会背离商店。容忍区域是顾客的理想服务与适当服务期望之间的距离,反映了顾客承认并愿意接受该差异范围的服务水平(见图10-1)。

不同的零售商,同一零售商的不同服务人员,甚至相同的服务人员,服务水平也不会总是一致的。假若服务降到适当服务水平——被认为可接受的最低水平之下,顾客将感受到挫折并对商店的满意度降低。假如服务水平超过了容忍区域的上限——超过理想服务水平,顾客会非常高兴并可能非常吃惊。可以这样认为,容忍区域是这样一个范围或窗口,在这里顾客并不特别注意服务绩效,但在区域外(满意度非常低或者非常高)时,该项服务就会以积极或消极的方式引起顾客的注意。

例如,当顾客在超市排队付款时,大多数顾客对排队时间可接受的范围在5~10分钟之间,假设排队付款能在这段时间内完成,顾客也许就不会对等候有意见。如果顾客在一家超市排队付款时间总是在2分钟

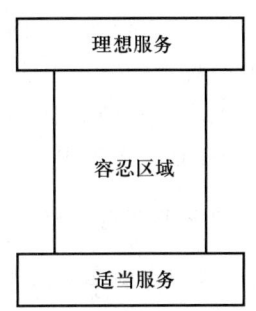

图10-1 顾客的两个服务期望水平

之内,他可能注意到这项服务并判断其为优秀的服务;如果顾客在一家超市排队付款的时间超过了10分钟,他(以及大多数排队的其他顾客)可能开始抱怨并不停地看表,有些顾客甚至会舍弃商品而离去。一些注重服务质量的商店会时刻关注顾客排队的时间及顾客丢弃商品的购物篮,从而判断收银员的收款业务是否达到顾客期望的水准。

不同业态和不同竞争战略的零售商店,顾客对其服务的期望是不同的,这就是为什么从顾客角度看,货仓式商店雇用为数不多的雇员就能使顾客感到满意,而在豪华的百货商店里,许多穿着礼服、彬彬有礼的服务员也不一定能使顾客满意的原因。

不同的顾客具有不同的容忍区域,一些顾客的容忍区域较窄,他对零售商提供的服务水平会比较挑剔;而一些顾客的容忍区域较宽,他对零售商偶然出现的服务差错也能接受。另外,顾客对不同的服务项目具有不同的容忍区域,与不太重要的因素相比,顾客有可能更不放松对重要因素的期望,使最重要服务项目的容忍区域缩小,理想服务和适当服务的水平提高。

由上可知,零售商在设计服务时,不仅需要弄清楚顾客的服务期望,还需要弄清楚顾客对服务的容忍区域。

二、服务设计的主要内容

零售商店的顾客服务设计,就是要对本商店所提供的服务项目、服务质量、服务价格等有关问题做出决策。主要内容包括:

(一)服务项目的设计

每一家零售商店都必须针对具体情况确定哪些服务是目标顾客期望的适当服务,哪些服务是目标顾客期望的理想服务。适当服务是零售商必须提供的,适当服务缺乏将会导致顾客流失;理想服务不必强求,但零售商提供一定的理想服务有助于强化顾客忠诚,提升企业形象。需要注意的是,有些服务对一些零售商店或许是适当服务,但对另一些零售商店则可能是理想服务。例如,送货对电器专业店而言是必须提供的,而对于普通的超级市场则可能是理想服务。

(二)服务质量水平的设计

提供什么质量水平的服务也是零售商店必须考虑的,因为服务质量不仅关系着顾客的满意度,而且关系着零售商店的服务成本。高档次的零售商店应比折扣商店提供更高质量的服务,因为这类零售商将服务差异化作为自己的竞争战略,而折扣商店则是将成本领先作为竞争战略。因此,在高档零售商店里,顾客可能指望得到精致的礼品包装、泊车服务、餐厅和有侍者的盥洗室;而在折扣商店里,顾客只可能希望有纸板礼品盒、自助停车、午餐柜台和没有服务员的盥洗室。在这一例子中,服务项目是相同的,但服务质量不同。

(三)服务价格的设计

零售商店要确定服务的收费情况。零售商店提供的全部服务项目并非全部顾客都使用,一些顾客需要送货服务,而另一些顾客则不需要;一些顾客愿意使用信用卡,而另一些顾客则喜欢使用现金,等等。零售商店面临着是向使用服务的顾客收取服务成本,还是向所有顾客收取服务成本或免费提供服务的选择。如果零售商店全部提供免费服务,可能会使一些服务成本增大到顾客难以承受的程度；而提供过多收费服务，又会使顾客对不断地收取费用感到不满意，感到店门难进，商品难买，最终使服务优势变成了服务劣势。

三、服务设计应考虑的要素

服务水平的设计，需要考虑众多的因素。根据对各种影响因素进行研究，确定为顾客提供的服务项目、质量和收费情况，是零售商应谨慎对待的工作。做好这项工作，就可以通过保持现有顾客，吸引新的顾客，为企业带来长远利益，并可以突出商店在顾客中的形象。对此，零售商必须注意崇尚实际，不能指望所设计的服务水平能够满足所有顾客的要求。在服务设计时，零售商必须考虑以下因素。

（一）商店定位及经营策略

不同业态商店所提供的服务水平是不相同的。对顾客而言，大型百货商店提供的导购、送货上门、退换、售后保修等多项服务是期望之中的；对于超级市场和折扣商店，人们期望更多的是购物便利与价格合算。在零售业中，由于企业提供的服务不一样，于是便产生了百货商店、超级市场、专卖店、购物中心、仓储式商店、24小时便利店等多种零售业态的区别，它们以各自的服务特色满足着不同顾客的不同期望。

通常，顾客指望从售价较高的商店得到的服务，要比从折扣商店得到的服务多。若顾客看到某商店的商品售价较高，也就会希望该商店具有豪华的环境，由商店提供的服务也要相应地周到、细致、令人舒适。某些高价商店会提供上好的食品服务、由雇员协助顾客挑选货物、播音室、免费提供礼品包装、免费送货、免费修理等。相反，折扣商店则不需要提供高级的服务，因为去那里购买商品的顾客，寻找的是价格低廉的商品，而不是高级的服务。折扣商店和以低价销售为主要特征的商店，可以提供以下基本的服务：免费停车，支持分期付款、信用卡付款，以及方便顾客购买的营业时间。

商店的选址直接关系着提供的服务项目。在大城市商业区的商店提供的服务，多半与市郊购物中心类似商店提供的服务不同。比如，商业区的药店可以免费为顾客递送药品，以此作为向顾客提供的一种服务。这种服务对没有私人汽车的，以及不愿为购买药品花费大量时间在药店等待的顾客是有很大帮助的。同样的服务，在市郊购物中心就不那么重要。市郊居民经常为了各种事情驾车外出，行驶许多里程，去最大的商店购买商品。因此，市郊的药店可以通过提供诸如允许用信用卡付款、赊销以及充足的停车位这一类服务，来获得比较好的投资利润，而不是免费为顾客递送药品。

（二）竞争对手的服务水平

竞争对手提供的服务，对零售商店确定服务水平有直接的影响。因此，零售商店必须考虑竞争对手提供的服务，并分析是否和竞争者一样也提供这些服务或类似服务，是否应该比竞争对手提供更高质量的服务，或者用比较低的销售价格来取代这些服务。

例如，在某个市区，有三家在等级、价格、质量上相同的服装商店，A商店和B商店为顾客提供了免费包装礼品、支持信用卡付款等，而C商店只提供了支持信用卡付款服务。这样，购买服装作为礼品的顾客，去A商店和B商店的人数，会超过去C商店的人数。在这种情况下，C商店要进行竞争,只有两种选择,或者是也随之增加服务项目,或者是销售价格相应地低一些。

(三)经营的商品特点

每种商品在销售过程中都需要伴随一定的服务才能完成。而不同的商品需要伴随的服务是不同的。零售商店需要按照商品的销售特点提供相应的服务。对耐用性商品,提供保修服务、安装服务、维修服务就是必要的。对于一些技术复杂的商品,甚至还需要提供培训服务。例如,美国胜家公司推出缝纫机这一新产品时,为了普及新技术,而不得不举办相应的培训服务。

(四)顾客的承受能力

零售商店在设计服务时,不仅要考虑顾客的服务期望,而且还要考虑顾客的经济承受能力和个人素质水平。目标顾客的收入水平不同,顾客愿意支付的价格不同,零售商店可以提供的服务也不同。零售商店提供一项服务的基础是顾客需要,但顾客需要的服务往往又和付出价格成为一对矛盾。免费提供服务,顾客当然高兴,但被要求支付价格时就会有所顾虑。一般来说,顾客需要一项服务但不愿意为之付出太多金钱,对收入水平低的目标顾客尤其如此。如果零售商店由于提供服务而导致商品出售价格较高,目标顾客宁愿放弃需要的服务,接受较低的商品价格,在这种情况下,该项服务就不是顾客的需要。

当然,目标顾客的个人素质也应在考虑范围之内。国内有的百货商店曾试图推行"无理由退货"这一服务项目,即商品在售出一定时间内顾客可以无理由退回,但由于目标顾客的素质原因,最后这一服务项目不得不流产,因为选择无理由退货的人太多,企业负担的服务费用太大。因此,服务水平的确定不是商店一厢情愿的事,而是多种因素综合影响的结果。

(五)服务的成本和效果

一项服务项目应该直接或间接地促进销售,而不能完全与销售无关系。零售企业在设计服务项目时要研究服务与销售量的关系。从图10-2中可以看到某项服务及其质量对销售量的影响。

图10-2中,A线表示服务项目的服务水平与销售量无关或相关程度很小;B线表示服务项目的服务水平与销售量呈线性关系,提供一定的服务项目也会相应增加销售量;C线表示增加服务项目在开始时能够促进销售量的增长,但继续增加服务项目,销售量增加缓慢,甚至停止增长;D线表示在一定的范围内增加服务项目、提高服务质量对销售量的影响很大,而且在服务质量较低时,对销售量影响很小。

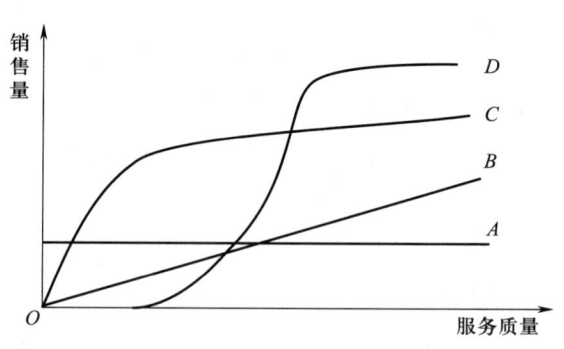

图10-2 服务与销售量关系图

由上可知,服务项目与销售量的增长并非都有关,因此,零售商确定服务项目不是越多越好,而是要考虑增加一项服务以及该服务项目应达到的质量标准对销售量有何影响。当然,有些服务项目从短期来看也许对企业销售量的影响并不明显,因而需要从较长一段时间来考察。

另外,零售商提供每一项服务,都需要付出成本,因此,对提供服务项目的数量要视企业承担成本的能力而定。零售商必须清楚地了解为顾客提供的每一项服务所增加的成本,这些服务成本需要产生多少额外的销售额才能得到补偿,并以此设计服务水平。例如,如果为顾客提供的服务,每年预计要增加2万元的服务成本,而商店的毛利率为20%,那么,所提供的服务必须能够促进销售,使销售额至少增加10万元,这项服务才是有效益的。这里,关键的判断标准是增加或取消服务项目的经济效果。

顾客服务的目的是吸引和留住顾客,使销售额和利润最大化,这意味着除非服务可提高公司的总销售额和利润,否则不应提供。遗憾的是很少有人研究各项服务的利益-成本关系,而只是根据感觉增加服务项目;当服务项目增加而导致经营费用显著增加时,便随之将商品价格提高。这正是零售轮转理论所提到的零售组织不断地从"三低"政策转向"三高"(高费用、高毛利、高价格)政策的原因。

当零售商发现有些服务是无价值的服务,或公司无力承担该项服务的高成本时,这项无效益的服务或高成本的服务可能不得不终止。然而,零售商可能面对这样的情形:一旦零售商的服务形象树立起来,顾客可能对任何服务的减少都会产生消极的反应。此时,零售商最佳的战略是直截了当地解释为什么终止该项服务,并告诉顾客他们将从商品价格下调中获得利益等。有时,零售商可能选择中间战略,对先前的免费服务收费,允许那些想要得到服务的顾客继续使用。

四、常见的零售服务项目

零售商一旦勾勒出了为顾客服务的水平,就可以设计具体的服务项目了。下面介绍一些常见的服务项目。

(一)咨询服务

咨询服务是指企业向顾客提供有关商品信息或各种资料,以便顾客在进行决策时参考和掌握某种商品的有关知识。有些企业就是靠提供咨询服务打开了市场大门,如化妆品营业员常向顾客介绍有关的美容知识,计算机软件工程师必须向顾客介绍软件的操作方法及应用范围,等等。有些零售企业也常设咨询处,耐心解答顾客提出的各种问题,诸如某类商品所处的位置,该店提供何种服务。顾客在选购商品时,也需要营业员提供商品性能、特点、使用之介绍,如衣服配料、面料选择等问题,以帮助其做出决策。很多商家甚至还邀请专家进行咨询,如美容咨询、衣着咨询、烹饪咨询、儿童心理咨询、营养咨询等,很受消费者的欢迎。

(二)导购服务

许多百货商店常常设有导购小姐。她们仪表端庄,谈吐得体,每当顾客上门,总是先亲切地问候一句"您好",然后,为顾客指引货位,介绍商品,解答问题,帮助顾客包装,甚至还帮顾客叫出租车。导购服务既可以创造一种亲切和谐的气氛,又可以及时反馈顾客的需求信息。

(三)信贷服务

在商业信用十分发达的现代社会,国外零售商普遍向顾客提供信贷服务,其服务形式有商业信用卡、支票、分期付款等。通过信贷服务,可以使顾客对某种消费品的需要提前满足,也可以使商店积累大量有关顾客的信息。这些信息对于改进经营管理很有帮助。

(四) 送货服务

送货是一项极重要的零售服务。尽管现在劳动力、汽油和车辆维修的费用不断上升,也有许多顾客宁愿随身携带货物回家,但这项服务在许多情况下仍然是必不可少的,尤其是在顾客购买高档笨重的商品如家具、厨房用具、电视、冰箱等时。对于网络购物,这是一项最重要的服务项目。

(五) 处理顾客意见

顾客可能经常会有一些投诉:商品质量欠佳、销售服务不好、开错账单、与商店员工有矛盾或送货延误等。为了保持顾客对商店的好感,零售商必须设置专人或部门负责听取和处理顾客意见。一些零售商建立了规范的顾客投诉处理程序,并对顾客的投诉进行分析,查明原因,进行整改,防止类似现象发生,保持商店的信誉。

(六) 培训服务

培训服务是对购买者进行培训,让他们能正确有效地使用生产商的设备。对于一些技术复杂的新产品,培训服务尤为重要。美国胜家缝纫机公司就是靠着培训服务而一举成功的。当时,胜家公司推出的缝纫机尚属新产品,人们对该产品与传统手工缝纫技术相比所体现出来的优越性认识不足,且在他们看来操作也过于复杂。于是,胜家公司在销售过程中首先举办培训班,教会顾客使用缝纫机的各种功能,再加上率先尝试以特许经营方式建立分销网络,结果很快便打开了市场,并且一直以来都雄霸着全美的缝纫机市场。

(七) 安装维修服务

对于技术性要求较高的耐用品,如空调、热水器等家电商品,上门免费提供安装调试,可以省去顾客许多麻烦。购买者都希望零售商能提供良好的安装服务,而不同的零售商在安装服务的质量上是有差别的。维修服务是指公司向产品购买者提供的修理项目。为了让消费者购买时放心,企业常给予一定时期内免费维修的保证。维修服务也是消费者比较注意的敏感问题,国产品牌计算机之所以在市场上占上风,并不是其技术优胜或成本低廉,关键在于企业能提供更为优良的售后服务,尤其是维修服务。维修服务在一些技术性强、使用期限较长的耐用品销售中尤为重要,常常是企业制胜的法宝。

(八) 退换服务

这是当消费者买到不称心的、不适用的商品时,零售商可以为他们提供商品退换服务。通过退货、换货服务可以使消费者最终购买到满意的商品,消除他们心中的不愉快。处理商品的退换,是顾客比较敏感的服务之一。各个零售商的退换政策是不一样的,有的不退、不换,也有的实行顾客总是对的,有求必应政策。零售商需要决定是采取极端的政策,还是实行比较适中的政策。目前国内外许多商店实行"无理由退换"制度,即顾客在购买商品的一定时间内,只要不满意,无任何理由均可以退换。这样做虽然会带来一些费用,但也可以树立企业良好的商业信誉。

(九) 包装服务

为顾客购买的商品予以妥善的包装,也是为顾客提供的一种重要的服务。这种服务可以很简单,只要将商品放在纸袋中就可以了;也可能比较复杂,像精致的玻璃器皿,需要放在专门防破碎的盒子中,防止玻璃器皿破碎。包装服务是零售商普遍提供的服务,尤其是礼品包装。不少商店设有礼品包装柜台,配有包装能手。节日期间,如中秋节、春节期间,这些服务显得非常重要。礼品包装的收费视所需材料和包装设计的复杂性而定。

(十)服装修改、干洗、定做服务

有些服装的某些部位可能不符合顾客的要求,因而出售服装的商店常常安排专人为顾客免费修改这些服装,如长裤需要改长或改短,肩可能要垫高等。还有些商店也提供为顾客定做服装或干洗的服务。

(十一)休息室

当顾客花费许多时间在商店选购商品时,常常希望能坐下来休息一下。为了方便顾客休息,许多大型商店都会设置休息室,里面通常备有报纸、茶水和电话,以供顾客打电话回家或叫出租车。有些商店虽然没有专门的休息室,也会在商店各处设置一些休息凳,方便顾客暂时休息。

(十二)购物车

在许多超级市场或仓储式商店,都会放置一些购物车,以方便顾客购物之用。一些专门设计的购物车,不仅可以放置物品,还有专门的小孩乘坐的位置,这给带幼儿出来购物的父母以极大的方便。西方国家的消费者常常到超级市场一次购齐一周所需的物品,这种购物车尤显重要。有些商店为节省投资,遂用购物篮取代购物车。

(十三)以旧换新

有些耐用品使用寿命很长,而款式花色却在不断更新。对于消费者来说,虽希望购买流行款式的新商品,但对旧物弃置又觉不舍。若零售商提供以旧折价换购新商品服务,则对他们的吸引力是相当大的。

(十四)代管小孩

对于有小孩的父母来说,逛商店购物是项大工程,因为他们必须首先解决如何处置孩子的问题。一些百货公司或购物中心,为了让年轻夫妇安心逛商店,纷纷设置幼儿游乐室,帮助顾客暂时照顾小孩。有些商店引进连锁性质的儿童游乐场,既照顾了孩子,又增加了商店的吸引力,还因此提高了商店的经营效益。

(十五)其他服务

零售商能提供的服务远远不止这些,人们还可以发现很多其他途径来区分服务项目。零售企业常设立的服务项目还有皮包存放、购物袋、婴儿车、停车场、礼品券、现场演示、茶点室、餐厅、信用卡结算、付费电话、自动取款机等。事实上,零售商可以提供的服务项目的数量是无限的,企业可以创造出许多服务特色来。

专论：

从流量思维到用户思维

当时代的商业发展从成本驱动开始转向服务驱动时，整个商业的逻辑都在发生变化。过去，零售经营者最看中的是流量，不管是线下零售商还是线上零售商，几乎所有的企业营销都变成了一项旨在如何去获取流量的活动。但今天，人们开始越来越注重用户思维，注重为用户提供更好的服务体验。

所谓用户思维，就是站在用户的角度看问题，以用户的眼光来设计企业的营销策略，为用户提供一揽子解决方案，从卖产品到卖解决方案，卖用户真正需要的东西，而不是卖企业想卖的东西，真正做到"用户至上"。

1963年，杰罗姆·麦卡锡教授在他的著作《基础营销学》中，提出划时代的4P理论，即产品（product）、渠道（place）、价格（price）、促销（promotion）。此后30年，4P一直被奉为圭臬。直到1990年，罗伯特·劳特朋教授指出，4P是从企业角度考虑的，提出了以顾客为中心的4C理论，即顾客（consumer）、成本（cost）、方便（convenience）、沟通（communication）。

劳特朋教授解释了4C理论与之前的4P理论的不同：① 客户不会关心产品是什么，他们只在乎自己的需求是否得到满足；② 客户不关心你铺设了哪些渠道，只在乎自己买东西是否便利；③ 客户也不关心你怎么定价，只在乎能否节省自己的成本；④ 客户更不关心你怎么宣传促销，他们只在意沟通的效率和信息的有效性。于是，4C理论成为企业从流量思维转为用户思维的催化器。

当前，移动互联网的用户增长趋势放缓，一方面反映了流量思维的效力正在逐渐衰退，另一方面也反映出用户的深度价值开始显现。这给我们释放了一个重要的信号，要从流量思维转成用户思维，涉及的不只是内容方面的转型，还有从顶层设计到产品运营整个经营模式的转变，是要从野蛮生长转向深耕细作，挖掘单个用户的深度价值和终身价值。

顾客终身价值（customer lifetime value）又称顾客生涯价值，是指每个顾客在未来可能为企业带来的收益总和。可以从三个层次来理解顾客终身价值。

第一层次的顾客终身价值是顾客终身在一家零售商进行同类型消费所产生的价值。例如，一个顾客在一家米店买米，他始终对这家米店的购物体验很满意，因而成为商店的忠诚顾客，此后一生都可能在这家商店买米。因此，他一生能为这家商店带来的营业收入就是这位顾客的终身价值。

第二层次的顾客终身价值是指顾客一生中在这家商店购买和消费所有商品带来的营业收入。例如，上面这个顾客不仅在这家商店买米，还可能买油、买调味品等。这家商店推出的任何商品，这位顾客都可能愿意尝试。

第三层次的顾客终身价值是说，顾客一生中在这家商店购物或消费所产生的营业收入，还应包括他为这家商店主动进行义务宣传吸引其他人来商店购物所产生的营业收入。

零售商对顾客终身价值的理解停留在哪一层次，决定了它的经营决策会停留在哪一层次。零售商要将顾客留住成为企业的忠诚顾客，需要不断提升自己的服务水平以改进与顾客的关系，把与顾客的每一次接触都视作增加其终身价值的机会。这使得商业从交易的时代进入关系的时代，在用户思维基础上，所有的商业模式都值得重新思考。

第三节 服务质量的改进

一、服务质量差距模型

零售商建立服务优势的一个主要方法是一贯地提供比竞争者更高的服务质量。其关键是满足或超过目标顾客的预期服务质量。他们的预期是由过去的感受、口碑和零售商的广告所形成的。顾客在这个基础上选择零售商,并在接受服务后,把感知的服务和预期的服务进行比较。如果感知的服务达不到预期的服务水平,顾客就会不满,并且认为零售商的服务质量低劣,从而失去了对该零售商的兴趣;如果感知的服务得到满足或超过他们的预期,他们就有可能再次光顾商店。

服务质量差距模型总结了零售商要提供优质的顾客服务时需要进行的一些活动。图10-3 显示了影响零售商服务质量的五个因素,零售商必须通过减少以上差距——顾客的期望与顾客对服务感受之间的差距来改善顾客对服务的满意程度。

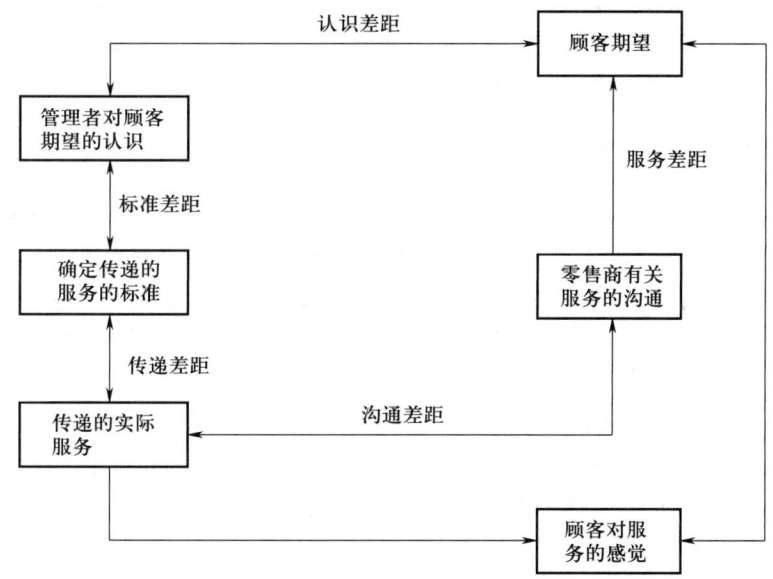

图 10-3 服务质量影响因素模型

其中,有四个因素会导致服务差距(service gap)。

(一) 认识差距(knowledge gap)

这是顾客期望与零售商对顾客期望的认识之间的差距。零售管理者有时不能正确地感知顾客的需求。例如,管理者可能认为顾客需要更贴身的人员服务,但顾客需要的是更自由自在地选购商品,而当出现困惑时,又能够立刻得到营业员的帮助。

不了解顾客期望是无法满足顾客需求的基本原因之一。造成这种现象的原因有很多,如没有与顾客建立互动关系,不进行深入的顾客需求调查,漠视顾客的抱怨,想当然地认为自己已经了解顾客需要等。当管理人员不能完全理解顾客服务期望时,他们会做出一系列不恰当的决策。例如,将过多的资金投入到建筑物的装饰上,而顾客关心的是购物环境是否方便、舒适以及功能齐全。因此,要提高服务质量,管理层首先必须获得正确的顾客期望信息。

(二)标准差距(standard gap)

对顾客期望的准确描述,对于实现高质量的服务来说必不可少,但又远远不够。另外一个必不可少的条件是,列出用以反映准确认识的服务设计和服务标准。标准差距便是零售商对顾客期望的认识与其制定的顾客服务标准之间的差距。管理部门可能正确感知了顾客的服务需求,但没有建立正确的服务标准。例如,管理者可能要求商店收银员实行快速服务,但没有具体量化的标准,收银员的速度可能达不到要求。

服务质量的好坏受到服务标准的影响,标准可向服务人员显示:什么是管理中最为重要的准则,以及哪些行为真正有意义。当服务标准不具体或采用的标准不能反映顾客期望时,顾客感受到的服务就很可能非常糟糕;当标准准确反映出顾客期望时,顾客得到的服务质量就可能加强。负责制定标准的管理人员,如果认为顾客的期望毫无道理或者不切实际,或者认为服务本身所固有的可变性特征会使标准落空,那么即使对服务进行了设计并制定了标准,也达不到满足顾客要求的目的。这种观念下设计的服务标准要么不准确,要么不能具体落实,于是,便产生了对顾客期望的认识与建立服务标准之间的差距。

(三)传递差距(delivery gap)

这是零售商的服务标准与实际提供给顾客的服务之间的差别。大量事实表明,即使建立了如何提供良好服务和正确接待顾客的标准,高质量的服务也未必能水到渠成。服务标准必须有适当的资源支持(人、系统和技术),而这些支持必须行之有效。也就是说,对人员要进行培训、激励,对他们的表现要按照标准进行奖惩。如果企业不能为服务标准提供支持,即使标准能准确反映顾客的期望,也无济于事。

许多原因导致商店员工不能按标准为顾客提供服务,例如,员工不能清楚理解公司的宗旨,员工感到在顾客和管理层之间左右为难,缺少授权和团队合作,评价和奖惩不当,员工缺乏训练或劳累过度,以及无能力或不愿意按标准行事,或者员工面对着相互矛盾的标准,如花时间倾听顾客的意见和快速服务等。管理人员必须尽力消除这些原因,以便缩短服务差距。

(四)沟通差距(communication gap)

这是零售商提供给顾客的实际服务与零售商对外沟通中承诺的服务之间的差距。零售商通过广告媒介、营业人员和其他沟通途径所做的服务承诺可能会提高顾客对服务的期望。例如,一家零售商大肆宣传自己商店中的商品品种如何齐全,价格如何低廉,但顾客到达后却发现商店中的一些畅销商品缺货,价格也不便宜,那么,这种外部沟通就扭曲了顾客的期望。

造成沟通差距的原因有很多,如无效的营销沟通,广告和人员推销中的过度承诺,经营中各部门的不协调,权力分散导致各分店的服务政策与程序不一致等。零售商要缩小沟通差距,除了不能做过度承诺和表达失误外,还必须管理顾客,培养顾客的现实态度和对服务的合理期望值。

二、缩小服务质量差距

(一) 了解顾客的真实需要

提供优质服务必须建立在了解顾客的基础上,设身处地为顾客着想,最大限度地满足顾客的期望。许多零售商在采购商品或设计服务项目时,从来不主动研究顾客有哪些期望,而是凭想象增减服务项目,结果其所提供的服务不能增强顾客的满足感,白花了财力和人力。

零售商可以从多条途径了解顾客的真实需要。

1. 保持沟通

了解顾客真实想法的最有效途径就是与顾客保持接触。很多零售商在创立之初,由于规模较小,管理者还能经常直接与顾客打交道,掌握顾客的第一手资料。然而,当企业规模越来越大时,管理者逐渐高高在上,只是通过一些数据和报告来了解顾客的需要,就丧失了与顾客直接接触获得丰富信息的机会。为了让管理者有时间接近顾客,以便了解设计的服务是否符合顾客所需,一些零售商建立了一项制度,即每周要求管理者在销售部门待上一天,并提交顾客信息的调查报告。这些管理者往往可以从亲身体验的商店实际情况、排队等候服务和面对面的服务中受益。

2. 开展调查

市场调查在确定顾客期望服务和追踪企业提供的服务质量方面是非常必要的。零售业需要持续不断地进行监测和追踪服务绩效,这是由服务的可变性决定的。市场调查可以让零售商了解顾客对它所提供服务的态度是什么、顾客期望是什么、顾客对新服务导入反应如何,或者从现在到5年后,顾客欲从公司得到什么服务。J.C.Pennry公司每年都要在所有连锁分店发放调查问卷,询问购物者对该公司和竞争对手所提供的服务和商品的意见。由于每年的问卷内容都是一样的,因此,公司可以从中得知其服务是改进了,还是下降了,顾客的服务期望有什么变化,并寻找改善服务的机会。

3. 建立投诉系统

顾客投诉能及时反映顾客对商店的不满。零售商必须建立一套顾客投诉系统,通过各种渠道严格记录投诉的数据和类型;然后,分析顾客不满意的原因,处理最常出现的投诉类型。公司既要解决个案,又要寻求消除失误因素的全面方案。在这里,投诉包括顾客所有的意见(积极的和消极的)和顾客存在的问题,公司需要每周或每月持续为这些信息和处理报告建立档案。

4. 举行顾客访谈

零售商还可以采取顾客小组访谈会的方式收集信息,即将召集来的顾客分组,对商店服务表明态度和看法。零售商可以定期约见10~15名顾客组成顾客小组进行座谈,深入了解他们的期望和感受,请他们提供有关在商店购物经历中的信息,并提出一些改善服务的建议。

5. 内部员工反馈

那些与顾客经常联系的销售人员和其他员工一般都能较好地了解顾客对服务的期望和存在的问题,因此,内部员工的信息反馈也是一条重要的途径。许多企业都设立了员工建议制度,鼓励员工发表有建设性的意见。可以这么说,在一些企业,最高管理层对顾客的理解在很大程度上依赖于与顾客直接联络的员工,一旦这个信息渠道被堵塞,经理们无法得到在提供服务的过程中出现问题的反馈信息,也无法掌握顾客期望的变化。

顾客的期望是在不断变化的,不同顾客有不同的需要,服务同样也应跟着变。过去,在经济不景气的年代,廉价商场大受欢迎,人们似乎只需要价格低廉就够了。商场也在不断缩减员工,取消服务项目,目的是最大限度地节省成本。人们似乎也习惯了没有店员的自助服务。然而今天,当顾客消费水平提高之后,新的需求开始产生。企业仅仅拥有价格低廉的商品已经远远不够了,还得提供优质的服务。即使沃尔玛这样以成本领先作为竞争战略的公司,也在经常征询顾客对公司的看法,提高服务水平成了其不可缺少的竞争手段。

所以,顾客服务是一个目标不断变化的过程。零售商不仅要跟着顾客转,还要跟着竞争对手转,只有提供比竞争对手更优质的服务,才能胜出。比如,所有的商场都提供无条件退货保证,那么,这些行为就不再是服务优势,而是变成核心商品的一部分了。一家试图以优异的顾客服务而取胜的零售商,必须不断以不同的方法、更高的标准使顾客了解其有别于竞争者的服务价值。

(二) 寻找并控制关键的服务点

服务点,就是提供服务时与顾客互动关系的触点。它是商店与顾客接触过程中能够提供的服务交汇处。一般而言,点的选择是空间与时间的结合。位于加拿大的依顿斯公司有 26 个不同的服务点,包括付款处、直接营销、停车场和信用卡收款处等,每一个服务点都能衡量其服务效果。例如,打到依顿斯的电话应在铃响两声内接听,并且每个接电话的人都能说出商店的方位。塔吉特商店的收银员有权在合理范围内接受顾客对无标价商品提出的价格,这可使收银台前排队的顾客移动速度加快,并强化了顾客至上的观念。

要提升服务质量,必须确认关键的服务点,并进行不断的改进。零售商需要做的是:

1. 确定在企业服务能力可能提供的范围内,具备哪些服务的触点

服务的触点是一个多因素的系统。例如,各类广告及其媒体,营业员的仪表、仪容、行为,营业员的语言表达和适度的介绍,服务场所的气氛、装潢,产品的格调、品牌以及价格等,都是服务的触点。触点的存在具有广泛的意义,正因为有这种广义上触点的存在,才可能产生服务与需求之间撞击并产生"火花"。但不同企业由于经营的结构有差异,所以,有效触点是不同的。提供服务,首先就是要寻找企业服务的有效触点。

2. 在众多的服务触点中,确认每个服务触点的吸引力如何,顾客会接触多久

显然,顾客的需求是多种多样的,他们的认知程度也不完全一样,这就带来了不同触点的接受和处理上的差异。例如,有的顾客喜欢听介绍,而有的顾客则相信自己的感觉;有的顾客价格敏感度强,而有的则对服务场所选择要求高,等等。所以,对企业的经常性顾客进行触点有效分析,可以从中找到具有吸引力的触点,并尽可能延长顾客对服务触点的关注时间。

3. 寻找和调查顾客满意(不满意)的服务触点及其原因,并尽力改进不满意服务点的服务质量

在所有服务点中,在已经确认每一个服务点对顾客的吸引力之后,接着需要寻找顾客最不满意的服务点。通过改进顾客最不满意的服务点的质量水平,尽可能地弱化或剔除顾客的不满意服务触点,就能提高整个企业的服务水平,逐步形成优质的服务形象和服务特色。

(三) 设计具体可行的服务标准

由于顾客服务是一种无形的、软性的工作,因人而异,服务的提供者有时会由于心情、身体状况

等原因影响服务时的质量,也会由于个人素质、经验、训练程度的差异造成服务水平差异。因此,有些人认为,对于服务无法用一个统一的标准来测量,或认为标准化的服务是缺乏人情味的,不能适应顾客的需要。这种观点是错误的。事实上,许多服务工作是常规性的工作,管理人员很容易确定这类服务的具体质量标准和行为准则,而消除服务水平的差异也只有通过建立规范化的服务标准。

例如,要求"顾客热线电话总机话务员必须在15秒钟之内接听电话",这就是一个具体、明确的质量标准,这一标准比要求"话务员必须尽快接听电话"更加具有可操作性和可考核性。类似这种服务标准的设计可以体现在很多方面,如一定要在多长时间之内答复顾客的询问,如果产品破损,应如何回复顾客,汉堡包出炉后多长时间没有售出就必须扔掉,等等。

好的服务标准应具体、简洁,而且绝不含糊。企业组织规模越大,服务标准就应越简单。例如,美国沃尔玛商场的员工被要求宣誓:"我保证:对三米以内的顾客微笑,并且直视其眸,表达欢迎之意。"我国许多大商场也对顾客一进门开始,建立了一套怎样接近、怎样打招呼的消费者满意的服务行为规范。一些商场除了对顾客许诺大件电器商品"送货上门,安装到位"外,还要求操作人员进顾客家门必须戴手套、脚套、抹布,保证顾客的家庭卫生。

需要注意的是,企业对外制定的服务标准应稍低于企业所能够提供的服务水准,这样企业的服务能力就能稍微超过顾客的期望,从而让顾客产生优质服务的满意感。如果公司可能在接到电话通知之后18小时内提供服务,则只保证在24小时之内提供;如果维修人员能在接到电话后2小时之内赶到,则只承诺3小时之内赶到。

(四) 由上至下改进服务

要提供优质服务,必须使"顾客满意"的理念扎根于基层员工的价值观中,使"顾客满意"成为全体员工的责任。世界上许多成功的企业,都是依靠以顾客为导向的企业文化在推动服务水准不断提高,诺顿公司就是这样一个代表,其所建立的全公司的服务文化使其享有极大的竞争优势。

然而,在许多企业中,顾客服务往往变成仅仅是销售部门、市场部门和客户服务部门员工的工作,因为他们与顾客直接接触且处在对顾客具有直接影响的位置上。其他部门员工则认为自己只与同事、管理人员及部门领导打交道,不会触及顾客,因而不会影响顾客服务质量,而许多企业领导者也只将注意力放在这些关键部门上。

很多人一定经历过这种场面:等着付账的顾客排着长龙,而收银员却摆不平面前那架复杂的收银机。你不要责怪那位收银员,他显然没有经过适当的训练,也不能责怪商店服务员的恶劣态度,因为营业额是多是少与她毫不相干,更不能责怪接线员在你的电话响了10声之后才拿起电话,因为他一个人还要兼顾其他的事物——这些问题全出在管理上。其实,企业的领导人应该明白:要想让一线员工为顾客提供优质的服务,首先企业内部各级领导及相关部门对自己的一线员工,要像对待顾客一样提供优质服务。有确凿证据表明,满意度高的员工有助于培养出高满意度的顾客。如果服务顾客的员工在工作中感受不到快乐,顾客的满意也很难实现。

一些零售商已经发现,如果向员工授权,顾客服务将得到改进。在员工被授权(employee empowerment)的情况下,他们会更加积极主动,做他们认为必要而且是有道理的事情,以使顾客感到满意,即使这意味着偏离公司的某些规则。员工在现场有较大的决策权,这使他们可以和个别顾客自由交谈,充当顾问和解决问题的人。诺顿公司的员工正是接受了这样的教育:"这是你的工作。做你自己的事情。不必听我们的话。倾听你的顾客。我们只要求你照顾好你的顾客。"

【案例 10-3】

盒马里的盒马管家服务

"盒马里·岁宝"是阿里巴巴集团旗下的连锁零售商"盒马"与深圳传统百货公司岁宝合作推出的新零售业态。2019年11月30日,首家"盒马里·岁宝"购物中心在深圳罗湖正式开业,其定位是社区商业中心。

盒马里社区商业中心解决的不止吃喝玩乐购物等问题。在盒马里的2楼中庭有一个"超级服务台",由鲸致生活、匠心工坊、河狸家、中国国旅、国大药房等商家组成,它们被称为"盒马管家",承载了家政服务、数码维修、衣鞋洗护、美甲美容、旅游出行、医疗健康、美发护发等生活业态。装灯泡、为手机贴膜、种睫毛这样的日常琐事都可以在这个超级服务台得到解决,而且这些琐碎的需求也同步被盒马里搬到了线上。

"盒马管家"致力于为3千米范围内的"盒区房"提供各种生活服务。只要在"盒马"App上搜索"盒马管家""保洁""家政""维修"等词,便会有相关服务展示。线下盒马里所有门店提供的服务,包括钟表维修、皮具保养、配钥匙等服务,都被盒马里复制到了线上。顾客在App上下单后,可以将产品拿到线下门店去维修、保养等。即使线下盒马里没有展现出来的上门家政与家电维修服务,在"盒马"App中搜索服务或保洁,也会出现诸多服务。顾客只需要挑选喜欢的服务,预订好时间,就会有服务人员上门提供服务。

社区商业中心是中国零售业未来发展的一个趋势,盒马里的盒马管家服务和线上线下一体化运营为我们提供了一个很好的样本。

资料来源:零售与连锁经营微信公众号,2021-01-31。

(五)实施有效的服务补救计划

即使是服务最好的零售商,即具有最完善的目标并且清楚地理解顾客期望的企业有时也会出现失误。服务补救是零售商针对服务失误采取的行动。失误可能因各种原因产生:服务没有如约履行,送货延期或太慢,服务可能不正确或执行质量低劣,员工可能粗暴或漠不关心。所有这些失误都会引起顾客的消极情绪和反应。接下来可能的情况是,顾客离开并将其经历告之其他顾客,甚至通过消费者权益保护组织或法律渠道投诉该企业。

Fitzsimmons(1998)研究发现,当企业出现服务失误导致顾客不满后,不满意的顾客将向10~20人讲述自己所遭受的不良服务经历,但抱怨或投诉得到解决的顾客也会向5人讲述他的经历。另一项研究表明,顾客投诉如果得到满意解决,他们会比从未产生不满意的顾客更忠实于该企业。因此,零售商需要制定一项服务补救计划。遗憾的是,许多企业有意或无意地忽视了服务补救策略的制定和运用。原因无非两大类:一类企业认为服务补救会增加成本;另一类企业认为,本企业顾客流动性强,流量大,部分顾客流失对企业的影响不大。这无疑是患了"营销近视症"。

一个有效的服务补救计划有多方面潜在的影响,它能提高顾客的满意度和忠诚度,并提供了改善服务的信息。在总结服务补救经验的基础上通过调整服务过程、系统和标准,零售商能提高"第一次做对"的可能性,这相应会降低失误成本并提高顾客的初始满意度。

没有服务补救或没有有效的服务补救计划会有相当大的副作用。糟糕的服务再加上低劣的补救措施,可能招致顾客极大的不满以致变成"恐怖主义者",他们会积极寻找机会公开批评使其不满的企业。另外,反复的服务失误并且未实行有效的服务补救计划甚至会激怒最好的员工,这样会损害员工士气甚至失去优秀的员工,使企业付出很大的代价。

企业实施有效的服务补救计划,第一项要求是企业应当使不满意的顾客都很容易地进行投诉。这可以通过提供顾客满意度调查表和突出反映问题的"热线电话"来实现。第二项要求是接受顾客投诉的企业员工应得到良好的培训,并获得迅速、满意地解决顾客的问题的授权。研究表明,企业回应投诉的速度越快,修补的程度越高,并且态度越好,顾客对企业就越满意。第三项要求是,零售商不仅要使特定顾客满意,而且还应发现和改正不断造成问题的根本原因。通过研究顾客投诉,零售商能够改正那些造成问题的制度缺陷。

本 章 小 结

顾客服务是零售商为顾客提供的、与其基本商品相关联的、旨在增加顾客购物价值并使其从中获益的一系列无形的活动。与提供商品相比,零售商为顾客提供的服务具有以下特点:无形性、不可分割性、可变性和易逝性。

服务是零售商获得竞争优势的手段之一。顾客对零售商的服务有几种不同类型的期望:理想服务和适当服务。在理想服务与适当服务的中间,便是顾客对服务的容忍区域。在容忍区域内顾客并不特别注意服务绩效,但在区域外(满意度非常低或者非常高)时,该项服务就以消极或积极的方式引起了顾客的注意。

零售商设定顾客服务水平时,需要对本企业所提供的服务项目、服务质量、服务价格等问题做出决策。这些决策取决于服务效果、商店特点、竞争对手提供的服务、经营商品的特点、目标顾客特点、服务成本等众多因素。

零售商建立服务优势的一个主要方法是一贯地提供比竞争者更高的服务质量。服务质量影响因素模型告诉零售商必须通过减少服务差距——顾客的期望与顾客对服务感受之间的差距来改善顾客对他们服务的满意程度。具体策略有:了解顾客的真实需要、寻找并控制关键的服务点、设计具体可行的服务标准、由上至下改进服务、实施有效的服务补救计划。

学习思考

党的二十大报告指出:"必须坚持在发展中保障和改善民生,鼓励共同奋斗创造美好生活,不断实现人民对美好生活的向往。"零售业是服务性行业,其为消费者提供的价值归根结底体现在服务上。谁能服务好顾客,谁就能赢得顾客的青睐。当前,百货商店经营困难,信誉楼百货却多年来逆势增长,靠的正是真心为顾客服务;在实体店受到电商不断冲击的情况下,胖东来却一直受到当地老百姓的拥护,靠的也是一颗真诚服务的心。什么是企业战无不胜的法宝?唯有真诚对待顾客,以心换心。所以,企业的初心很重要,守住初心,方得始终。

即测即评

 请扫描二维码,在线测试本章学习效果。

 **思考题**

1. 为什么说顾客服务是零售商建立竞争优势的一个重要手段?
2. 零售商提供的顾客服务有哪些不同类型?
3. 顾客对百货商店和便利店的服务期望和服务容忍区域是一致的吗?
4. 零售商在设计顾客服务水平时需要考虑哪些因素?
5. 零售商通过哪些具体策略来改进其服务质量?

【案例分析】

案例一:信誉楼的变与不变

无理由退货往往是消费者推崇但企业很难轻易尝试的事情。因为这在某种程度上,极大地考验了企业的经营管理能力,以及对消费者的服务能力。

2020年3月,总部位于河北省沧州市的信誉楼百货集团就遇到了"退货潮"。彼时,新冠疫情严峻形势逐渐缓解。经历了一段时间闭店的信誉楼,刚刚开门迎客。短短一周内,仅黄骅店一个门店就办理超期过季退货3 700多万元。其实,不少前来退换商品的顾客并非对商品不满意,而是由于疫情,导致他们春节前购买的鞋、服装等商品没能派上用场。尽管这些商品都已超过退换期限,但信誉楼还是为顾客办理了退换货业务。当然,顾客也是知恩感恩、信任信誉楼的。2020年,作为一个不到两万平方米的门店,信誉楼百货黄骅店的年销售额却达到13亿元。

2012—2020年的中国连锁百强数据显示,在外资入场、电商冲击、社区团购分流等竞争激烈和业态不断变换的市场环境下,信誉楼业绩近10年都保持两位数增长,销售收入从2012年的42亿元增长到2020年的181亿元,其在中国连锁百强中的排名从十年前的第84位逐年攀升至2020年的第33位。

企业与顾客究竟应该是一种什么样的关系?这是很多商业企业都会思考的问题。有的企业视顾客为流量,也有的企业会说顾客是上帝。而信誉楼从成立之初,就想清楚了这个问题:视客为友。特别是在诚信商业环境还没有完全建立起来之时,信誉楼就在1984年提出了"讲诚信,买卖不欺"的理念;1996年又提出要"买卖一条心";1998年它提出"为顾客当好参谋,帮助顾客买到适合的商品";2001年它提出"为顾客提供解决问题的方案"。尽管信誉楼的服务理念一直在不断升级,但升级的内核始终没变,那就是视客为友。

为了防止强行推销等短期行为,保证诚信经营,信誉楼一直坚守员工工资不与销售业绩挂钩,实行岗位薪酬制度。企业评价员工的标准就是看其是否真正做到了视客为友,是否为顾客提供了满意服务。曾经有顾客在信誉楼检查视力,提到自己近期经常头疼眼花的问题,信誉楼眼镜技师随即意识到这不仅仅是视力问题,便迅速帮助顾客用手机预约医院专家,使顾客得到了及时治疗,有效阻止了病情的恶化。这样的例子数不胜数,每天都在信誉楼发生。对信誉楼员工而言,切实为顾客着想,把顾客当亲友,是早已深耕于心的行为准则。

近两年,信誉楼加大了会员体系建设的力度,一方面是为了增加顾客黏性,另一方面是通过收集会员消费信息,建立数字化管理模型,结合顾客消费行为和消费特点给顾客"画像",以更好地满足顾客需求。对此,信誉楼总裁反复强调,会员建设绝对不能与视客为友服务理念产生矛盾和冲突,"要把注意力放在顾客的需求上而不是顾客的钱包里,也不能将需求强加于顾客"。

资料来源:中国连锁经营协会微信公众号,2021-08-04。

问题:

信誉楼是怎样看待企业和顾客之间关系的?它是如何实施"视客为友"这一理念的?

案例二:欧派的一站式服务体验

据欧派家居公布的2020年度财报显示,欧派家居2020年度实现收入147亿元,比上年增长8.91%,归属于上市公司股东的净利润20.63亿元,比上年增长12%。在新冠疫情肆虐的背景下,欧派家居克服困难,逆势强劲增长,背后的逻辑究竟是什么?

众所周知,家居建材行业原本是一个传统行业,细分品类很多,如瓷砖、地板、门窗、吊顶、家具、家电、定制、软装、防水、涂料等。不仅品类众多,每个品类又有众多品牌。当今消费者尤其是年轻消费群体,对设计、施工、选材、安装、家具、软装配饰等复杂专业家装过程不愿意花过多的精力,需要一个整体解决方案。欧派便是提供家居装修整体解决方案中的佼佼者。

欧派也是经过了几个阶段的探索,并经历了不少坎坷和失败教训,才逐渐形成了今天这样一个成熟的体系。2016年欧派将品牌重新定义为"欧派全屋定制",以顶级设计师一对一提供空间设计服务,实现一站式解决设计、选材、采购、装修、家居产品布置等问题,个性化定制爱家。2017年,欧派全屋套餐模式在全国推广,从1个单品到7大品类的裂变,以定制家居为超级入口,带动全屋品类的发展矩阵,彼此共生共长,相互赋能。

2018年,欧派开启双轨制,以全屋空间设计及欧派定制产品为抓手,打破品类壁垒,整合欧派内部橱柜、衣柜、木门、卫浴、壁纸、厨电等部门优质资源,构建面向市场的家居生态链条。这实际上是欧派整装的雏形。2019年,欧派正式推出整装大家居,这是以设计为核心的全装修链整合,是第一个真正意义上的一站式家装。而这个理想商业形态要真正落地,必须建立在强大的研发、制造、信息化、设计及整合能力基础上。欧派正是凭借这套系统,让自己在2020年新冠疫情背景下业绩仍全面爆发。

值得注意的是,欧派在几个阶段中的业务形态,并非互相替代关系,而是迭代共存关系。由于中国家居消费习惯存在较大的区域差异、群体差异,企业的整装大家居战略形态也将随之改变。从市场研究来看,欧派几个阶段的家居模式基本上满足了当下以及未来几年中国家居消费的不同市场需求。而且,与过往的家装公司渠道合作不同,欧派整装大家居模式不是简单的产品供应,而是一体化的聚合体系。

欧派整装大家居的战略效应已经逐步显现出来,尤其在设计环节,生态链通过整合各地优质设计师,打造真正个性化定制的平台,并提供海量的设计案例支持,大幅提升了终端的设计效率。当然,欧派实施整装大家居战略时间不长,这一战略持续有效落地并非易事,需要其具备较高的资源整合能力和跨品类经营能力。欧派的产品品类已经较为丰富,但其能否为消费者提供持续有效的一站式服务体验,仍有待进一步验证。

资料来源:泛家居圈微信公众号,2021-01-23。

问题:

欧派为什么要实施整装大家居的一站式解决方案?欧派在不同阶段的家居模式为什么可以共存而不是互相替代?

第十一章

商场设计与商品陈列

某女士去一家百货商店为自己6岁的女儿购买生日礼物,当她乘扶梯上楼去儿童部时,看见了某层展示区一个塑胶模特身上穿着一件别致的风衣,于是她下楼的时候,试穿了这件风衣,并决定买下;她转身又见不远处陈列着各款颜色鲜艳的丝巾,于是,便上前为新买的风衣选择相衬的丝巾。走出百货商店时,这位女士不仅购买了计划内的女儿生日礼物,还额外购买了一件风衣、一条丝巾和一支口红。她只是偶然地顺手买下这些物品的吗?当然不是,这些看似偶然的举动实际上却是零售商精心设计的结果。

为了吸引尽可能多的顾客前来,让顾客尽可能多地逗留一些时间,并产生尽可能多的冲动性购买,零售商可谓煞费苦心。它需要研究顾客的购买心理,了解顾客的喜好,恰当地安排商品所处的位置和空间,分析不同商品的陈列方式;甚至连通道的宽窄、颜色的搭配、灯光的明暗、音乐声音的大小、气味的类型等方方面面都要仔细考虑。也许一个细节的疏忽就会使零售商所有的努力前功尽弃。

商店氛围和商品陈列对顾客的购物行为有着重要的影响。当零售商感到在商品、价格、促销、服务和地理位置方面很难获得差别优势时,就会在商店提供一个制造差别的机会。事实上,今天的消费者已经拥有了多重购物选择,他们可以通过商品目录和观看电视进行商品选择并购物,可以通过互联网在家中购物,甚至通过智能手机随时随地购物。因此,零售商必须设计令人兴奋的商店气氛,使消费者有兴趣走出家门去商店购物,感受一种坐在家中无法经历的购物体验。

本章所要回答的问题是:
- 店面布局形式;
- 商店氛围营造;
- 货位空间分配与布局依据;
- 商品群的创造;
- 商品陈列方式;
- 橱窗展示要求。

第一节 商场设计

商场设计就是通过店面布局、灯光、色彩、音乐、气味和商品展示等多种因素营造一种氛围,来刺激顾客的知觉和情感反应,并最终影响他们的购买行为。研究资料显示,顾客购物行为并非是完全理智的,他们的购买决策在很大程度上受着环境因素和对购物过程满意与否的影响。许多零售商发现,营造商店的优美氛围可以让顾客流连忘返,慷慨解囊。

一、店面布局

一个好的店面布局需要考虑许多因素。

(1) 由于店面有限,寸土寸金,零售商要考虑如何放置更多的商品,但又要让顾客不感觉拥挤,以便于购买。过于拥挤的店面常常让顾客心烦意乱,不愿久留,形成不良印象,而过分宽敞又造成商场空间的浪费,降低单位面积的营业绩效。

(2) 零售商需要使货架摆放与通道设计富于变化,激起顾客购物兴趣,尽量引导顾客逛完整个商场,增加其冲动性购买。

(3) 零售商还要考虑一些细节问题,如理货员如何进行补货、购物手推车的摆放、商店安全管理、残疾人的特殊需求等。

目前,店面布局主要有三种类型:格子式布局、岛屿式布局、自由流动式布局。

(一) 格子式布局

这是传统的店面布局形式。超市卖场一般呈格子式布局。格子式布局是指商品陈列货架与顾客通道都呈长方形状分段安排,而且主通道与副通道宽度各保持一致,所有货架相互成并行或直角排列。这种布局在国外或国内超级市场中常可以看到。购物者在走道上推着购物车,转个弯就可以到达另一条平行的走道上,这直直的走道和 90 度的转弯,可以使顾客依同一方向有秩序地移动下去,犹如城市的车辆依道而行一样。

1. 格子式布局的优点

(1) 创造一个严肃而有效率的气氛。

(2) 走道依据客流量需要而设计,可充分利用销售空间。

(3) 由于商品货架的规范化安置,顾客可轻易识别商品类别及分布特点,便于选购。

(4) 易于采用标准化货架,可节省成本。

(5) 有利于营业员与顾客愉快合作,简化商品管理及安全保卫工作。

2. 格子式布局的缺点

(1) 商场气氛比较冷清、单调。

(2) 当较拥挤时,易使顾客产生被催促的不良感觉。

(3) 室内装修方面创造力有限。

格子式布局可以根据商店规模、卖场特点、顾客习惯而采取各种具体形式。图 11-1 是超级市场的一般布局。

(二) 岛屿式布局

岛屿式布局是在营业场所中间布置成各不相连的岛屿形式,在岛屿中间设置货架陈列商品。这种形式一般用于百货商店或专卖店,主要陈列体积较小的商品,有时也作为格子式布局的补充。

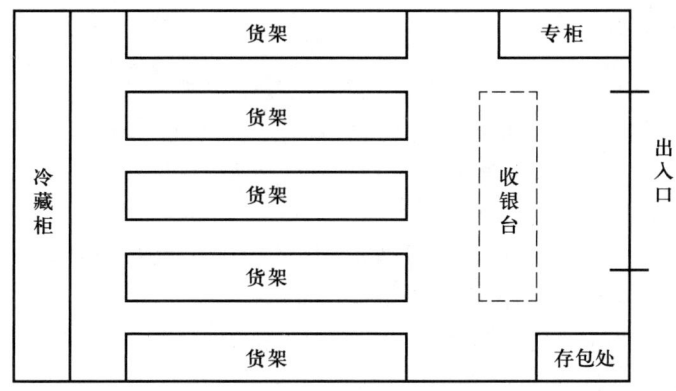

图 11-1　格子式布局的基本形式

现在国内的百货商店正在不断改革经营手法，许多商场引入各种品牌的专卖店，形成"店中店"的形式，于是，岛屿式布局被改造成专业店布局形式而被广泛使用。专业商店布局可以按顾客"一次性购买钟爱的品牌商品"的心理设置。例如，在顾客买某一品牌的皮革、西装和领带时，以前需要走几个柜台，现在采用专业商店式布局，则在一个部门即可买齐。

1. 岛屿式布局的优点

（1）布局富有创意，采取不同形状的岛屿设计，可以装饰和美化营业场所。

（2）商场气氛活跃，能增加顾客的购物兴趣，并延长其逗留时间。

（3）容易促成顾客冲动性购买。

（4）满足顾客对某一品牌商品的全方位需求，对品牌供应商具有较强的吸引力。

2. 岛屿式布局的缺点

（1）布局过于变化会使顾客迷失，顾客会因无耐心寻找而放弃一些计划内购物。

（2）不利于最大限度地利用营业面积。

（3）现场用人较多，不便于柜组营业员的互相协作。

（4）货架不规范，货架成本较高。

岛屿式布局要依靠相互关联的商品，给顾客购买带来方便，在一个地方就能满足顾客更多的购买要求。

图 11-2 是岛屿式布局的一种基本形式。

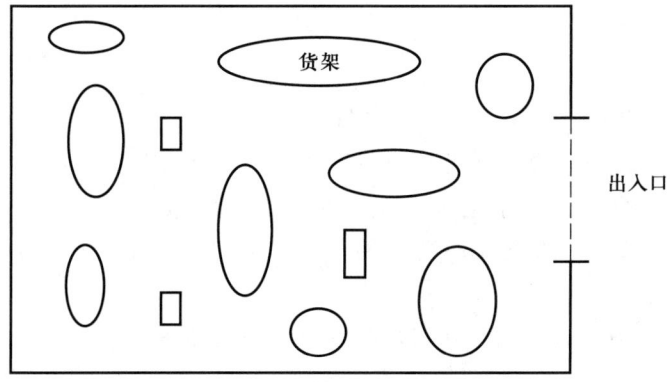

图 11-2　岛屿式布局的基本形式

(三) 自由流动式布局

自由流动式布局是以方便顾客为出发点,它试图把商品既有变化又较有秩序地展示在顾客面前。这种布局综合了上面两种布局的优点,根据商场具体地形和商品特点,有时采用格子形式,有时采用岛屿形式,是一种顾客通道呈不规则路线分布的布局。

1. 自由流动式布局的优点

(1) 货位布局比较灵活多变,顾客可以随意穿行各个货架或柜台。

(2) 卖场气氛较为融洽,可促使顾客产生冲动性购买。

(3) 便于顾客自由浏览,不会产生急迫感,增加顾客的停留时间和购物机会。

2. 自由流动式布局的缺点

(1) 顾客挤在某一柜台,不利于分散客流。

(2) 不能充分利用卖场,浪费场地面积。

(3) 这种布局方便了顾客,但对商店的管理要求却很高,尤其要注意商品安全的问题。

图 11-3 是自由流动式布局的基本形式。

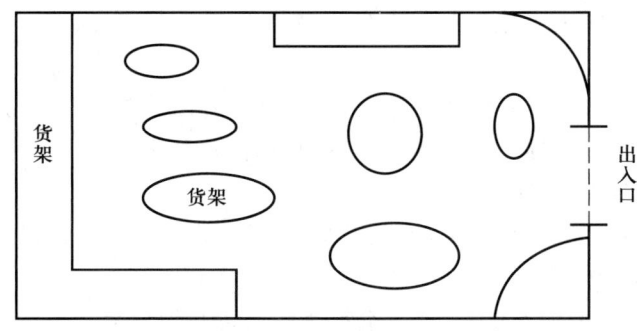

图 11-3　自由流动式布局的基本形式

现在,许多零售商借助计算机软件进行店面设计。这方面的软件已经很多,零售商只需将现场测量的尺寸输入系统,立刻会得出商店地形图。然后,用命令和鼠标来设计什么地方摆放什么样的货架和通道宽度,还可以将灯光的强弱、色彩的运用以及家具和橱窗陈列一起设计出来。甚至可以键入一些标志,显示电话插口和电线插座应放在哪里。计算机设计图还可以不断修改,直到满意为止。

二、色彩的运用

色彩在现代商业中起着传达信息、烘托气氛的作用。通过色彩设计可以创造一个亲切、和谐、鲜明、舒适的购物环境。在商店内部环境设计中,色彩可以用于创造特定的气氛,它既可以帮助顾客认识商店形象,也能使顾客产生良好的记忆和深刻的感受。不同的环境色彩能让顾客产生不同的联想和不同的感受,激发人们潜在的消费欲望;同时,还可以使顾客产生即时的视觉震撼。

不同的颜色会给人不同的感觉,是因为颜色本身就具有感觉含义。表 11-1 列出了不同颜色代表的不同含义,供参考。

表 11-1　颜色及其含义表

颜色名称	具有的感觉含义
红色	热情,活泼,是进取性和积极的颜色,给人以"有活力"的印象。中国认为红色代表喜庆和吉祥,通常在节日或喜庆的日子里人们都爱用红色
橙色	活泼,年轻,富贵
黄色	明亮,年轻。在商店内使用,由于有刺激视觉的作用,会使顾客感到疲劳,可以少量使用,不要用于主色
褐色	保守,消极,容易被信赖。其中,茶色、咖啡色、巧克力色给人以强烈的活动之感。总体说来,素净的颜色用于外观较理想
绿色	新鲜,年轻,是顾客疲劳时希望看到的颜色。同时,使人感到放松、协调、健康、温和,具有家庭气息。其中,浅绿色最适合商店内使用
青色	理智,安静,清洁。也有人称之为"服从色"
紫色	优雅,高贵,稳重。有神秘的色彩感。直感敏锐、言谈直爽的人多喜欢这种颜色。如将它作为商店的主色,该店将显得时髦,漂亮
粉红色	华丽,年轻,明朗,也被称为"愿望色",是人们在有所要求的时候喜欢的颜色
灰色	沉静,是一种稳重的颜色
黑色	严肃,坚强,认真,刚健
白色	神圣,洁白,清洁。商店内的墙壁、顶棚经常使用,但易给人以苍白感和冷静感

人们对色彩的感觉来自物理的、生理的、心理的几个方面。由于人们从火和太阳那里获取温暖,自然就形成了一种直觉的心理反应:红色给人以温暖的感觉。色彩的冷暖是最基本的感受,暖色如赤、橙、茶、黄等;冷色如青、绿、紫等。暖色是前进的颜色,给人柔和、温暖的感觉,一般可作为点缀或局部主调;冷色是后退的颜色,给人清凉、冰冷的感觉,一般可作为背景色彩。

超市在色彩方面的运用上,面包区多采用黄色调,明快的黄色容易让人联想到烤得金黄黄、香喷喷的面包;蔬果区多采用绿色调,摆放有致的蔬菜加上仿真绿叶果藤缠绕,使人仿佛回到大自然,感到新鲜环保;水产区多采用蓝色调,这是大海的颜色,海鲜在这种色调映衬下显得更加新鲜、有活力。商店在色彩的运用中,要考虑"适时""适品""适所""适人"的原则。

(一) 适时

"适时",指颜色要适合商品销售的季节。例如,出售夏季用品时,店内可采用天蓝色进行装饰,以表现海水、天空,突出清凉的感觉。

(二) 适品

"适品",指商店的装饰色应该与商品相协调,不应造成不和谐之感。

(三) 适所

"适所",指店内的色调应该与商店的性质、风格相一致,否则会影响商店的形象,使之失去个性。

(四) 适人

"适人",指商店在进行色彩规划时,务必充分考虑目标顾客对色彩的偏好和敏感程度,使顾客进店之后,能够产生一见如故的感觉,从而有一份轻松、愉快的购物心情。

【案例 11-1】

野兽派花店的品牌设计

作为一个高端鲜花电商品牌,野兽派花店把目标消费者锁定为追求精神愉悦、愿意为高品质生活而消费的高收入人群。新媒体上惊艳的花卉图片构成了消费者对野兽派花店最初的品牌印象。

网站和线上店铺古朴、雅致的页面设计、复古的品牌标志和充满视觉冲击力的线下实体店,使得野兽派花店的整个视觉识别系统散发出高贵、文艺的气息。野兽派花店还邀请了众多艺术家和设计师设计视觉元素,他们设计的作品也让野兽派花店的线上线下的陈列展示具有更强的视觉冲击力。

野兽派花店线下实体店铺设置了不同的主题,每家店铺都有各自专属的镇店神兽。动物形象与花店的完美结合形成了极强的视觉冲击力,构成了鲜明的品牌符号特色,加深了消费者的品牌印象,同时提高了品牌认知度。例如,野兽派花店的首个实体店铺——上海连卡佛店,镇店野兽是由铜浇筑的重半吨、高两米的大屁股熊;而重庆野兽水族馆店的镇店野兽则是三米长的座头鲸,视觉冲击力极强。

野兽派花店有两个品牌:一是优雅知性的 Ms Beast,二是时尚奔放的 Little B。两个品牌调性各有侧重,一方面,有助于准确区分消费人群,为消费者创造认同感和提供个性表达;另一方面,还有利于传递产品属性,帮助品牌表达其功能、益处和个性。

资料来源:数字营销市场微信公众号,2020-01-21。

总之,色彩的选择和搭配是一门艺术,商家必须学会利用色彩的原理,制造出吸引顾客的效果,用不同的色彩特点体现商店的面貌和风格,根据色彩对比的原理,使每个售货区域都有变化,吸引顾客在多个售货区域停留、比较,增加购物的可能。

三、商场照明

灯光照明是对商场的"软包装",体现着商店在一定时期内的经营思想,也可以向顾客传递信息。商场内明亮柔和的照明,可以准确地传达商品信息,消除陈列商品的阴影,展现商品魅力,美化环境;同时,还可引导顾客入店,便于顾客选购商品,缩短其选购时间,提高购买效率,加速商品周转。所以,照明是营造商场气氛的一种经济有效的装饰手段。

商店照明一般有以下类型。

(一) 基本照明

这是为了使整个商店各个部分能获得基本的亮度而进行的照明,也是商场最重要的照明。由于许多商场是向消费者提供家居日常用品,且采用消费者自选方式,为了使消费者能看清商品的外观及标价,商店的基本照明的要求就是明亮。只有灯光够亮,才能吸引顾客。一般来说,卖场内部照明度要达到 700 勒克斯(lx)(100 瓦的白炽灯的正下方 1 米距离处的亮度为 100 lx),通常选用日光灯,日光灯管应安装在天花板内,使天花板形成光面,可以使店内灯光通明。店内照明度不一定平均分配,一般在出入口、主要通道以及营业场所最里面的地方,照明度要有所增强。出入口的照明主要为了达到吸引一般过往行人的注意,吸引他们进入店内;营业场所最里面的照明是为了把被吸引入店的顾客进一步诱导到商店的深处,使他在行走过程中产生冲动购买,这几个关键地方的照明应达到 1 000 lx 以上。此外,灯光在天花板上的排列走向十分重要,应与货架保持一致,呈自然走向,这样才能最大范围地照亮商品,消除阴影。

(二) 特殊照明

这是为了突出某一特定商品而设置的照明,多采用聚光灯、探照灯等照明设备。特殊照明是为了突出显示商品,因而要考虑如何吸引顾客注意力,与商品色彩协调烘托。一般来说,白光易展示商品本色;色光易调节视觉的丰富感。灯光的近效果,使顾客观看清晰,易展示商品的品质;灯光的远效果,易引起视觉注意,渲染商品外形美。在百货商店或专卖店,以聚光光束强调珠宝玉器、金银首饰、美术工艺品、手表等贵重精密商品的耀眼,不仅有助于消费者观看欣赏、选择比较,还可以显示出商品的珠光宝气,给消费者以强烈的高贵稀有的感觉。而在超级市场,特殊照明主要用于生鲜食品,尤其是瓜果蔬菜和鲜花等,在柔和的有色灯光照明下,既能起到装饰作用,又能让顾客产生丰富联想,爱不释手。

(三) 装饰照明

装饰照明对商店光线没有实质性的作用,主要是为了美化环境、渲染购物气氛而设置的,多采用彩灯、壁灯、吊灯、落地灯和霓虹灯等照明设备。一般大型百货商店多使用装饰照明来显示其富丽堂皇,而超级市场如果规模不大,应注重简洁明快,但若在节假日点缀一下,或在门面上设置 CI 标志特殊的霓虹灯广告牌,也能以其鲜明、强烈的光亮及色彩给人留下深刻印象。

不管是经营何种商品的商店,照明一定要清晰,要保证让顾客看清楚商品,看清楚店内的通道。现在有一些比较前卫的商店一味追求个性色彩,把商店的光线和色彩搞得昏昏暗暗,以为这样可以与众不同,其实不然。顾客真正感兴趣的是商品,商店的形象只能为销售商品而服务,通过商店的形象加深顾客的印象,吸引他们进入商店,但最终决定顾客购买的还是商品。所以,切莫本末倒置,以致适得其反。

为了让管理者更清楚地了解照明的技巧,图 11-4 提供了一般商场内部不同区位在照明亮度上的设计,以供参考。

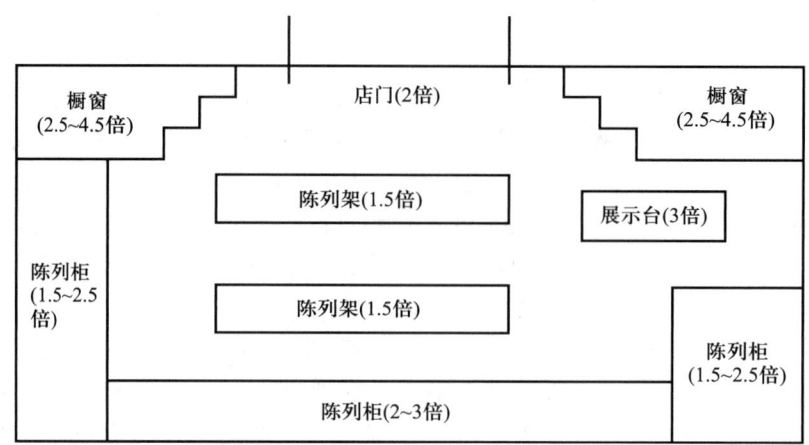

说明：假设店内平均照明度为1，超过1表示尤应加强照明之处。

图 11-4　商店照明设备规划与效果图

四、音乐与气味

（一）音乐

在古代，人们以"击鼓前进，鸣金收兵"号令军队；在现代，人们用音乐来治疗疾病，消除不安和恐惧感，这些都是以声音作用于人的心理所产生的某种效果。而在商店里，利用声音刺激消费者的购买欲望就更加普遍了。

声音在商店销售中经常被运用。据一项调查显示，在商店里播放柔和而节拍慢的音乐，会使销售额增加40%；快节奏的音乐会使顾客在商店里流连的时间缩短而购买的商品减少。这个秘诀早已被零售商店经营者熟知。所以，每天快打烊时，商店就播放快节奏的摇滚乐，迫使顾客早点离开。如果一家零售店在入口处经常有悦耳的音乐，门外的顾客会更愿意入店。一项调查结果表明，有77%的调查对象在其购物活动中偏爱有背景音乐的伴随。一些轻松柔和、优美动听的乐曲能抑制噪声并产生欢愉、轻松、悠闲的浪漫气氛，使店内顾客有一种舒适的心情，放慢节奏，甚至流连忘返。商店在大拍卖时，就可以播放一些节奏比较快的、旋律比较强劲的乐曲，使顾客产生不抢购不罢休的心理冲动。

声音是商店气氛的重要组成部分，声音的种类和密度可对商店气氛产生积极的影响。但店内的各种声响一旦超过一定的限度，不仅会使顾客心情烦乱，注意力分散，还会使顾客反感。有些声音从局部看是必不可少的，如顾客与营业员的交谈声，挑选商品时试听、试用、试戴等产生的声音。但各种声音的相互交织极易变为噪声，对其他顾客形成干扰，使顾客形成对该商店购物环境差的印象。对于这类声音的利用与消除，一般通过商品合理布局的方式解决。如需要一个安静的购物环境的商品，应集中摆放在高层或深处，以使其有一个相对安静的购物空间。

商店在选择背景音乐时一定要结合商店特点和顾客特征，以形成一定的店内风格；同时，还要注意音量高低的控制，既不能影响顾客用普通音量说话，又不能被店内外的噪声淹没。另外，音乐的播放也要适时有度，如果音乐给顾客的印象过于嘈杂，使顾客产生不适感，注意力被分散，甚至厌烦,将不仅达不到预期的效果,而且会适得其反。

(二) 气味

如同优美的音乐能使人精神放松一样,宜人的气味通常对人体也有积极的影响。空气污浊、有异味的商店顾客不会久留,无味的商店顾客情绪疲软。而在清新如野、令人心旷神怡的环境中购物,则使顾客得到美的享受。商店内部如能根据所经营的商品特征适宜地散发一些宜人的气味,能使顾客在购买活动中神清气爽、心情舒畅。因此,气味也是店内刺激中不可缺少的一味"添加剂"。

美国国际香料公司将各种人工香料装在精美的罐子里用来销售。根据定时设置,香料罐子每隔一段时间会将香味喷在零售店内,以吸引顾客上门,实验结果表明这种方法效果奇佳。因此,这种喷香味的罐子在美国的销路非常好,许多零售店经营者用它们来吸引顾客、留住顾客,并且每天的花费只是几十美分而已。

商店中的气味大多与商品质量相关,特别是在专业店中更为突出。气味正常,往往会吸引顾客购买这些商品。人们的嗅觉会对某些气味做出反应,以至于可以只凭嗅觉就知道某些商品的滋味。例如巧克力、新鲜面包、橘子、玉米花和咖啡等物品的气味对增进人们的愉快心情是有帮助的。花店中的花香气味、皮革店中的皮革气味、茶叶店中的清香气味等,也是与这些商品协调的,对促进顾客的购买有帮助。在现实生活中,许多顾客是从商店中散发的气味来判断其商品的质量状况。比如在水果店中,水果的清香气味,可使顾客认定水果是新鲜的,如果散发出"霉味",就说明水果不新鲜或已开始霉烂变质。

气味同声音一样,有正面影响也有负面影响。在商店中,化妆品的香味,蛋糕食品的香味,糖果、巧克力的诱人气味都能对顾客产生积极的影响。商品与其气味的协调,对刺激顾客购买有积极的作用。不良气味会使人反感,有驱散顾客的副作用。令人不快的气味,包括有霉味的地毯,吸纸烟的烟味,强烈的染料味,残留的尚未完全熄灭的燃烧物的气味,汽油、油漆和保管不善的清洁用品的气味,洗手间的气味,等等。这些味道会使顾客感到极不舒服。

专论:

什么是真正的消费体验?

大多数购物中心和实体店都相信,只要不断提升消费者体验,就能持续获得消费者的青睐。比如随着高科技的发展,智能购物车、智能穿衣镜、智能试衣间、机器人导购、虚拟商品墙等智能化商业应用,或许是不久后商业场景中最为常见的景象。多方舆论也都认为:科技改善了购物体验。

然而,消费者真的为之所动吗?据悉,移动商务分析公司GPShopper和市场调研机构YouGov的调查显示,只有18%的人认为智能穿衣镜会提高他们的购物体验。除了技术尚未足够成熟而导致体验感不足的原因外,或许我们还应该思考,到底消费者喜欢什么样的体验,到底什么样的消费体验能够满足和引导消费者的真实需求。

多数零售商认为，客户体验主要与审美观念有关，更多是有关商店、网站的外观如何、给人的感觉如何。因此，你会经常看到零售商的客户体验设计项目出发点是更新或改变品牌的视觉效果——新的标识、新的网站、新的店内布局，这些往往需要巨大资金支出。然后增加市场营销预算，用广告去宣传新的、提升了的"体验"。其他零售商则认为客户体验只是等于提供更高质量、更友好或更个性化的服务，所以他们在人员招聘和培训上投资，且更加努力捕获客户数据。

真正的客户体验设计，意味着将整个客户的购物旅程分解到最小的组件，然后重新设计每个组件的外观与感受，最重要的是要以与之前不同、与竞争对手不同的方式去运作展开。这意味着将公司独特的品牌故事重新连接起来，编入与每一个客户互动的过程之中。只有运用与竞争对手不同的语言、方法、仪式、过程，才能让客户产生实实在在新奇的、迷恋的体验。

真正卓越的客户体验就好像舞台制作，演员、工作人员、布景设计、科技都聚集在一起，将每一句台词、每一个场景、每一幕剧带入生活，对精心编写的品牌剧本在每一方面都精心执导、排练与演出。观众能从中感到与故事建立了情感上的联系，能与表演真正融为一体。每一天，当你的品牌拉开帷幕，就能让人欣赏到精心制作的表演。这才是客户体验。如果做得好，客户会久久回味，渴望得到更多。

卓越体验包括5大要素：

（1）互动性。是指体验与人类的视觉、听觉、嗅觉、味觉、触觉全部五种感官连接，以一种发自本能的方式与客户联系起来。我们对某种体验的看法或许只会延续几小时，但我们的听觉、嗅觉、触觉、视觉与味觉，则能将这段记忆保存一生。

（2）独特性。是指与体验结合的方法、语言与习惯独特，令人惊喜或专属某一品牌，同时也是真实自然的。所有这些独特的元素的结合，能让客户感到不仅进入了一家与众不同的商店，而且是进入了一个完全不同的新世界。

（3）个性化。要让客户感到这些体验是为他们专门打造的。最简单的可以是从早期进店中回忆细节和客户偏好，最复杂的是去为客户提供全定制产品或服务设计。无论什么方式，关键是要让客户感到自己是特别的，是受到重视的。

（4）惊喜感。要包含完全让人意想不到的元素或交互。在体验中加入微小但令人愉悦的惊喜能给人留下持久印象。

（5）可重复性。采用规范的、久经考验的方法去执行，在整个企业中达成高度统一的连贯性与卓越表现。设计建造与实践卓越得好像是自然发生，偶然事件几乎不会发生；与此同时，实验性的设计能为人们提供足够自由度，让他们不同的个性发光。

资料来源：商业与地产微信公众号，2017-03-15。

第二节 货位布局

消费者进入商店后最关心的通常是商品。商品摆放位置如何，直接影响消费者的心理感受，对商品推销关系重大。如果店内商品杂乱无章、堆积如山，道路受阻，则这些店的生意多半惨淡。

仔细观察一下也会发现,许多商店所谓的死角无外乎是商品陈列无序、光线太暗的地方。所以,商品布局必须讲究方便、新颖、别致、合理,使消费者感到清新舒适,便于寻找,并最大限度地发挥销售场所每一块地方的价值。

一、空间分配

在进行商品具体的布局之前,先要探讨一下每一种类商品需要占据销售场地的空间大小。由于销售空间有限,对一种商品提供的销售空间多,就意味着对另一种商品提供的销售空间少。但是,零售商不能平均地分配销售空间,必须根据每一种商品的销售能力和获利能力分配空间,才能最有效地利用整个销售空间。

目前,零售商分配销售空间最常用的有两种方法:销售生产率法和存货模型法。

(一) 销售生产率法(sale-productivity ratio)

销售生产率法是零售商根据每单位商品的销售额或盈利程度分配销售空间。高盈利的商品种类获得较大空间,微利商品获得较小空间。公式如下:

$$某商品或商品部的空间规模(平方米) = \frac{某商品或商品部的计划销售额(或利润)}{每平方米预期的销售额(或利润)}$$

对于已经开业的商店来说,商店的商品或商品部的计划销售额(或利润)来自过去的销售记录和对未来因素的分析,每平方米的预期销售额(或利润)也来自经验。但对于新开业商店,商品部的计划销售额(或利润)和每平方米的预期销售额(或利润)要根据调查同行业的实际情况,以及行业的平均水平确定。

国外有关的零售协会报告、商业性杂志经常披露有关方面的数据,为零售商确定每平方米销售额和某一商品部的销售额提供参考依据。

需要注意的是销售空间与销售额之间并非呈线性关系。当一个商品部的销售处于饱和状态时,即使再增加销售空间也不会提高销售额。例如,一家商店的男士服装部每平方米销售额高于鞋部,于是,商店决定削减鞋部的销售空间,扩大男士服装部的销售空间,希望能创造更多的销售额。但结果却是男士服装部的每平方米销售额下降了,鞋部的总销售额也下降了。

(二) 存货模型法(model stock approach)

存货模型法是零售商根据每个商品部需要陈列的商品数量和备售的商品数量决定销售空间规模。每个商品部先提供出本部门经营的商品种类、式样、颜色、品牌、价格范围等资料,再列出各种单品的备售存货,商店对此仔细评估,最后确定各商品部的销售空间大小。

零售商采用这种方法的步骤是:

(1) 确定每一商品部的经营品种和存货数量。

(2) 确定每一商品部所经营商品的陈列方式和存货方式,并确定陈列和存货所需要的货架数量。

(3) 确定每一商品部销售的辅助场所,如试衣间、收银台等。

(4) 评估每一商品部需要的总的销售空间。

零售商根据每个商品部逐一评估其所需要的总空间,如果加起来超过了商店总的营业面积,零售商就要仔细研究,修正每一商品部的经营商品和存货数量,减少一些花色品种,淘汰一些销路不好的商品,保留贡献大的商品。

二、货位布局的依据

(一)考虑商品本身的特性

商品根据其性质、特点不同可以分成三大类:方便商品、选购商品、特殊商品。顾客购买方便商品时,大多希望方便快捷地成交,而不愿意花长时间进行比较挑选,故这类商品宜放在最明显、最易速购的位置,如商店前端、入口处、收款机旁等,方便顾客购买以及达到促销目的。顾客购买选购商品时,大多希望获得更多的选择机会,以便对其质量、功能、样式、色彩、价格等方面进行详细比较,因而,这些商品应相对集中摆放在商店走道较宽、光线较强的地方,以便消费者在从容的观察中产生购买欲望。顾客购买特殊商品时,往往经过了周密考虑,甚至先确定购买计划才采取购买行为,因而这些商品可以放置在店内最远的、环境比较优雅、客流量较少的地方,设立专门出售点,以显示商品的高雅性、名贵性和特殊性,满足消费者的心理需要。

商品之间的连带性对商品货位地点有一定的要求。顾客到某一商店购物,有时候会购买多种相关商品,或临时产生冲动性购买。这就要求零售商在货位布局时考虑商品的连带性。例如,家庭主妇购买面包时,会想到购买黄油、果酱等。商品在消费方面的某种连带性,要求零售商对有关商品的货位互相邻近衔接,最大限度地方便顾客购买。

(二)考虑顾客购物行走特点

要合理地分布商品,还应该研究分析顾客在商场内行走的特点。一般来说,顾客进门的走动有以下习惯:不愿走到店内的角落里,喜欢曲折弯路,不愿走回头路,有出口马上要出去,不愿到光线幽暗的地方。因此,零售商店(尤其是超级市场)应该设计多条长长的购物通道,避免设捷径通往收款处和出口,这样可以吸引更多顾客走完主干道后,能转入各个支道,把店内浏览一遍,产生一些冲动性购买。另外,大多数人习惯用右手,喜欢拿取右边的东西,因此,商店一般都将利润高的商品陈列在右边;消费者也有先向两边走动的习惯,因此,两边的商品也特别讲究。据研究资料表明,消费者逛商店多是自觉或不自觉地沿着逆时针方向行走,因此,一些购买频率较高的商品可以摆放在逆时针方向的入口处,而一些挑选性强的商品则可以摆放在离此较远处。

此外,商店中商品位置应按消费者购买商品的正常心理趋向做出规划。这样一可方便顾客购买,二可刺激顾客的消费冲动。例如,超级市场可以按如下顺序进行商品布局:蔬菜、水果—畜产—水产—冷冻食品—调味品—糖果、饼干—饮料—面包、牛奶—日用杂品。因为,通常家家户户消费总是从"食"开始,因此,超级市场倾向于以"菜篮子"为线索来沟通全店的商品位置陈列。

(三)考虑商品盈利程度

一些商店,在进行商品布局时,事先对商品的盈利程度进行了分析,然后,将获利较高的商品摆放在商店最好的位置,以促其销售,而将获利较低的商品摆放在较次的位置。通常,商店的前端和入口处是顾客流动最频繁的地区,因此,也成为商店摆放获利高的商品的最佳地点。不过,有时也有例外。例如,为了扶持或加强不太赚钱的部门的商品,商店也会考虑将这些商品放置于最好的地点;有一些商店将新产品放置在最佳位置,以便引起顾客注意;还有些商店为让顾客形成良好的第一印象而将外表美观的商品放置在入口处。

(四) 考虑配合其他促销策略

有些商店在研究商品布局时还注意与其他促销策略结合起来。例如,香港的百佳超级市场每周都推出一系列特价商品,它通常将最吸引人的特价货放置在入口处特设的第一组陈列架上,其余的特价货则分散陈列在店内各处,务求使顾客走完商场一周,才能全部看到推出的特价商品。同时,它们还注意在灯火通明的入口处陈列各种新鲜、干净、整齐的水果蔬菜,甚至还设烤面包的柜台,通过这些色、香、味的引诱,促使消费者流连忘返,争相购买。广州新大新公司每年都要进行两次过季大降价活动,吸引了不少顾客。它将降价商品有意识地陈放在商场最高的第九层,诱使顾客在购买降价商品时,顺便逛完一至八层商场。

(五) 考虑商店的位置优劣

商店内不同的位置由于吸引的顾客量不同而具有不同的价值。商店里最好的位置取决于楼层、楼层内的安排和与交通要道、入口、电梯等的相对位置。一般而言,在多楼层的商店里,同一楼层最好的地方是那些最靠近商店的入口、主要通道、自动扶梯和电梯的位置,距离出口处越远,位置的价值就越低。每一个楼层的价值也大不一样,随着楼层上升,楼层价值会因顾客减少而下降。如果商店的营业场所是租来的,那么每层的租金是不同的。有些专家认为,不同楼层负担的租金应该是下列情况,以三层商店为例:

三层	15%
二层	30%
一层	40%
地下层	15%

高租金的楼层实际上意味着能够创造较高的营业额,因而更具有价值。

有些学者用磁石理论来解释位置的优劣。所谓磁石,顾名思义,即卖场中最能吸引顾客眼光、最能引起购买冲动的地方。而要发挥这些磁石的作用,必须依靠一些布局技巧。在商品布局中运用磁石效应,具体而言,就是在卖场中最优越的位置陈设最合适的商品促进销售,并且以此引导顾客顺畅地逛遍整个卖场,达到增加顾客随机消费和冲动性购买的目的。

以超级市场为例,一般磁石点可分为四个。

1. 第一磁石点,位于商店主通道两侧

这是顾客必经之地,也是商品销售最主要的部分,此处应布局的是主力商品,超级市场可布置购买量最多、购买频率最高的商品。这类商品大多数是消费者随时需要,又时常购买的,如蔬菜肉类、日用品等都应放于主通道两侧。

2. 第二磁石点,位于主通道尽头,通常处于商店最里面的位置

第二磁石点陈设的应是能诱导顾客走入商店最里面的商品,一般是:

（1）应配置最新的商品,因为消费者总是不断追求新产品。把新的商品布局在第二磁石点,就可以把顾客吸引到卖场最里面。

（2）可以配置部分季节性商品,利用商品的季节性差价形成对顾客的吸引力。

（3）配置一些华丽、明亮的流行和时髦商品,还可以弥补第二磁石点位置偏暗的缺点。

3. 第三磁石点,位于商店陈列架两端的位置或出入口处

端架和出入口处（包括店内楼梯口）是卖场中顾客接触频率最高的地方。因此,布局在第三磁石点的商品,就是要能刺激顾客、留住顾客。所以,可布局特价商品、高利润商品、季节性商品和购买频率高的商品等。

4. 第四磁石点,位于商店中的副通道两侧

这是个需要让顾客在长长的陈列中注意到的位置,因此,在商品布局上必须突出品种繁多,可挑选性强。一般以品种规划为主,搭配各个单品来布局。为了使这些商品引起顾客的注意,应下功夫在商品陈列技巧和促销方法上对顾客做刻意的诉求表达。

货位布局确定下来后,并不是一成不变的,商店还应根据市场情况和季节变化、经营规模和经营方向的变动等主客观条件,适当加以调整。目前,国外有些商店为了检查自己商店的货位布局是否理想,专门研究了一套"动线调查法"。所谓动线,就是顾客从门外进店四处浏览购货或走进之后兜一圈又走出去的流动路线。商店先绘好一张店内配置图,仔细观察每一位顾客的行走路线,再绘成动线;最后,将大量顾客的动线画在一起,可显示哪些部位是顾客经常走到的地方,哪些部位是顾客很少走到的死角。继而对死角的成因进行分析:是商品配置不当,是通道设置不良,还是照明不佳等。最后,根据所分析的原因加以调整,即可改变现状。

第三节　商　品　陈　列

商品陈列是零售商店最有力的促销手段之一。商品陈列能将真实的商品经过艺术性的处理直接展现在顾客面前,不仅能加强顾客的兴趣,发挥其选择商品的自主性,激发其购买行为,同时,还有助于塑造商店良好的形象,给顾客留下深刻的印象。有调查发现,进店的顾客中有87%的人是由于受商品陈列的影响而购买的,可见商品陈列的重要性。

一、商品群

（一）什么是商品群

所谓商品群,是指商店根据其经营观念,创意性地将某些相关的商品集合在一起,成为卖场之中的特定群落或单位。商品群是商品陈列的基础。它是一个非标准化的概念,可以有多种组合方式,出人意料而又合情合理的商品群能显示出一家商店独特的陈列创意。

常见的商品群是根据商品的用途组合在一起的,比如厨房商品群,可以集家用电器（如冰箱、微波炉、电烤箱、电子消毒碗柜、洗碗机、电热水壶）、燃气具（煤气灶）、厨房洁具、厨房用具、不锈钢制品、调味品等于一体;再如卧室商品群,可以集家具、卧具、灯具、地毯、睡衣、内衣、化妆品、护理用品于一体。

商品群一般由主力商品、辅助商品、联想商品和刺激商品组成。

1. 主力商品

主力商品也可称为拳头商品或主要商品,它尤其强调品种齐全、内容充实,具有强烈的吸引力和竞争力,拥有相当大的潜在市场份额。主力商品不是一成不变的,而是随着商品市场生命周期、商品流行以及季节等变化而改变。

2. 辅助商品

它和主力商品有着密切的相关性。在配置辅助商品时,不过于强调它的独特性和竞争性,而着眼于商品的销售力,强调现实市场份额。具体来说,辅助商品可以是物美价廉的、顾客容易接受或经常购买的日用品、"大路货"。

3. 联想商品

它是置身于由主力商品和辅助商品构筑的商品群中最易让顾客直接联想到的,或最易启发顾客联想到的商品。比如在西装区域增设的领带、领结、夹扣、衣领饰品、胸袋饰巾、手表等,在护理用品区域增设的发夹、丝巾、帽子、化妆盒、女士皮包、化妆镜、梳妆台等。

4. 刺激商品

这是为了刺激顾客的购买欲望,从上述三类商品中刻意挑选出来,并在显著位置突出陈列的商品。它是商品群的点缀,明眼人可以将此视为策划商品群的一种"噱头"手法。但其作用是不可忽视的,它可以明显地起到促销作用,以带动整个商品群的整体销售。

刺激商品不一定都是廉价折扣销售的商品,它可以是未来的主力商品,先以刺激商品的形式出台,以测示未来的战略效应,可以是新开发的商品,推出来投石问路,兼以带动整体销售,也可以是特选的某种商品小组合,对顾客具有较强的吸引力,还可以是以某一节日的特别需要为原则,形成的特定节日商品群。

表 11-2 和表 11-3 是商品群的两个例子。

表 11-2 两种厨房商品群

商品组合	A 商品群	B 商品群
主力商品	不锈钢炊具和餐具	咸菜、酱菜和调味品
辅助商品	各种调味剂和佐餐配料	瓷及仿瓷器皿
联想商品	小家电如微波炉和电热水壶等	快餐食品如麦片、炸薯片、爆米花等
刺激商品	厨房清洁剂	塑料容器如饭盒等

表 11-3 三种卧室商品群

商品组合	A 商品群	B 商品群	C 商品群
主力商品	成套床上用品	拉舍尔毛毯	席梦思床垫
辅助商品	毛毯、太空被	毛巾被	床上用品
联想商品	室内芳香剂	女式内衣	睡衣
刺激商品	睡衣	凉枕、凉垫	窗帘布

商品群是商店陈列商品的基本单位,做好商品群的策划工作能提升商店的形象,稳定客源。商品群可按商品种类来划分,如大分类、中分类、小分类等,但这种划分很难体现商店特色。所以,商品群主要根据消费者需求划分。例如,礼品、熟料、火锅料理、组合菜等都可以作为商品群。但是,如果能对这些商品群赋予新的概念,其销售效果可能会更佳。在商品日益丰富的现代社会

里,消费者选择商品时往往会无所适从,这就需要经营者对消费者予以适当的引导,用新概念、新组合来带动商品的销售。

(二) 商品群的创造

走进几家同业态的卖场,多数人会感到似曾相识,但有时也会感到耳目一新。再仔细审视初感耳目一新的卖场,顾客又会发现这里的每一种商品其实和别的商场大同小异。那么,使顾客耳目一新的秘密在哪里呢? 秘密来自商品群的创造。

不能把商品群的创造简单地看成商品陈列时的配搭,其实质仍然是商品经营范围的选择。前面已经介绍了商品群是由主力商品、辅助商品、联想商品和刺激商品四部分构成,创造商品群需要丰富的想象力。人们所看到的厨房商品和卧室商品,就是现时不少商场运用想象力创造出来的成功的商品群。

顾客对某一家商场的偏好,不是来自所有商品,而是来自某个商品群。正是特色商品群对顾客偏好产生最直接的影响,所以,商场要不断推出和强化有创意的商品群组合,吸引更多的顾客来卖场消费购物。一般来说,商品组合通常有以下几种:

1. 增加商品种类——宽度组合

在已有的商品群中增加新的商品种类,即拓展商品组合的宽度。如围绕西服,增加衬衫、领带、腰带、领带夹、皮鞋、鞋油、鞋擦,即形成西装配套商品群。

2. 扩大商品项目——深度组合

在已有的商品群中不增加商品种类,每一种类之下增加品种、规格和花色,即拓展商品组合的深度。如文具类中的簿册经过深度组合可以建立一个新的商品群,包括记事簿、日记本、备忘录、袖珍电话本、名片夹、袖珍名片夹、普通信笺、情人信笺、便条等,在这些商品中划分出主要商品、辅助商品、联想商品和刺激商品,就形成一个新的商品群。

3. 等价变换组合

调整已有的商品群,将商品群构成中的一个或几个成分经过等价变换组合成新的商品群。例如,将卧室用品商品群中的主力商品由套装子母被换成拉舍尔毛毯或毛巾被,所谓"等价"不是指价格,而是指"效价",即商品的效用。

4. 类比思考组合

类比思考可以启发组合出许多崭新的商品群。例如,既然有卧室用品商品群,自然可以创造出卫生间用品商品群,又何不创造出睡眠用品商品群呢?

5. 主辅调整组合

只需在已有商品群中将其主要商品和辅助商品加以调整,即可组合成新的商品群。主、辅调整时,成为主力商品的原辅助商品的商品项目规格和花色要精简,一定要突出重点;相反,由主要商品调整为辅助商品的商品项目要扩充。

6. 使用环境组合

突破传统的商品分类,将在同一使用环境中的不同商品组合起来,形成新的商品群,如上面所列举的厨房商品群、卧室商品群等。

7. 特定使用目的组合

同样也是突破传统的商品分类,将为同一使用目的的不同商品组合起来,形成新的商品群,如常用礼物商品群、儿童节商品群、小学生开学日商品群、重阳敬老商品群等。商场还可以充分利用节假日的特点开发一系列商品群。如礼品群可以提供"太太生日礼品""丈夫生日礼品""父母生日礼品""儿童节礼物""情人节礼品""端午节礼品""中秋节礼品"等多种概念;休闲用品群可以提供"登山用品组合""烧烤用品组合""旅游用品组合"等,一定会大受欢迎。

8. 消费意境组合

为适应当今消费潮流,在满足消费者物质消费需求的同时,注重其精神消费需求,创造出美好的消费意境,并根据消费者意境创造出崭新的商品群。例如,和谐意境商品群,以滋补保健品为主要商品,辅之以精美糕饼、方便食品;又如浪漫意境商品群,以香槟酒为主要商品,辅之以红酒、咖啡,或以新型香水为主要商品,辅之以小首饰、唇膏之类的化妆品;再如温馨意境商品群,以女式皮包为主要商品,辅之以丝巾、领带、丝袜、棉袜、内衣。消费意境组合奥妙无穷,它已远远超出商品品种的选择,深含着市场营销策划的智慧。

9. 根据供应商进行商品组合

为突出某一品牌,强调该品牌的影响力,可以将该品牌的所有商品组合起来,成为一个同一品牌商品群。例如,将海尔生产的电冰箱、洗衣机、空调、热水器、电视机、小家电等组合成一个"海尔商品群",既促进了海尔家电的销售,又方便了品牌忠诚者选购。

【案例 11-2】

"调色师"打造让人"尖叫"的新场景

国内最大规模的彩妆集合店调色师(THE COLORIST)2019 年国庆节在广州一亮相就十分火爆。亲历过调色师第一家门店揭幕的人回忆,2019 年国庆节当日,调色师广州丽影广场店开业。源源不断的人流挤爆了这家近 400 平方米的门店,队伍排了数百米长。如今,它在全国上百家城市的 A 类商圈开出超 300 家直营店,且依旧在不断攻城略地。

为深度吸引年轻人,调色师的每家店铺都会从每一处细节入手,打造出一个个让年轻人惊艳尖叫的消费场景。走进调色师门店,复古雕花彩妆盘、卡通印花眼影盘、糖果造型的唇釉等充满设计感、拥有个性外观的各种新锐美妆品牌产品,直接击中消费者的"少女心"。

然而,真正让年轻人怦然心动的是店里两大网红打卡点——美妆蛋墙和口红墙,设计极富创意,有强烈的视觉冲击力。美妆蛋墙是用 30 多种颜色的美妆蛋,从墙角到吊顶,拼出的一整面彩虹色的渐变墙。这面墙的卖点不在于 9.9 元一个的美妆蛋,而在于美妆蛋墙这个背景,它已经成为打卡圣地。口红墙则是由 16 000 支各色各样的口红堆砌而成,色彩斑斓,足足有 20 米,十分壮观,也是拍照打卡的热门之地。这面墙经常出现在一些社交平台上,但现场看到之后更让人震撼。这是将调色师与其他美妆店区别开的一大标志,也是它频繁被刷上社交媒体的主要原因。

打开小红书、微博或抖音等年轻人聚集的社媒平台,与调色师相关的内容里,出现频率最高的就是美妆蛋墙和口红墙。由于引流效果突出,类似的设计成为很多零售新物种或转型中的传统零售"抄作业"的对象。

资料来源:化妆品观察微信公众号,2021-04-11。

二、商品陈列原则

卖场气氛是经营成功的重要因素,卖场气氛与商品陈列有直接的关系。合理的商品陈列要符合以下五项原则。

(一) 充实感

商品陈列给顾客的第一印象极为重要,货架一定要摆满,不能空置,要展现出商品的丰富性与充足性,品种齐全、琳琅满目,给顾客充分的选择,使顾客产生一种想拥有的欲望。如果货架上商品摆放不满,会让消费者产生商品是被选剩下的感觉而失去购物欲望,也会让消费者产生商店在衰败的印象而不愿再次光临。

(二) 美感

商品陈列应是艺术的表现,要给人一种美的享受。商品陈列所体现的美感,既是商品本身所焕发出来的特性,也是商店的形象定位的综合体现。每种商品都有其优点,商品陈列要突出这一特点,如丝绸面料的服装要突出其轻盈飘逸,西服展现其挺直、潇洒,给顾客一种强烈的吸引力。商店本身的定位也要通过陈列显示出来,或是雍容华贵之美,或是透过色调与整洁所营造出朴素淡雅之美。超级市场若讲究豪华之美,反而给光顾的消费者以心理压力,清爽之美可以使顾客轻松愉快地采购。而百货商店若简单整齐地陈列会显得单调,降低了商品档次,使顾客失去"掘宝"的兴趣。

(三) 亲切感

商品陈列仅有美感是不够的,因为商品毕竟不是供人欣赏的艺术品,而是具有使用价值的。因此,商品陈列要使人产生亲切感,使人愿意拿取,希望拥有。商品陈列的亲切感应该通过商品布局、陈列方式以及货架 POP 广告体现出来。亲切感由商品陈列的吸引力和拿取商品的方便两方面的因素所构成,包括:容易看清楚和判断商品的品质,价格标签和条码清晰,有关的商品信息齐全,顾客举手易取。除了高档商品需要封闭的玻璃柜陈列外,其他商品的陈列要尽量开放,鼓励顾客触摸。

(四) 新鲜感

新鲜感主要有两层含义:

(1) 对于生鲜食品而言,要尽量让顾客感觉商品非常新鲜,刚刚出炉、刚刚从果树上摘下或刚从田地里运来,这需要商店在各个环节对生鲜食品进行鲜度管理。

(2) 对于一般商品而言,要不断推陈出新,有新的商品、新的式样或新的品种展示出来,卖场的特殊陈列或陈列焦点需要不断变化,不要总是一副老面孔,要给人一种常来常新的感觉。

(五) 关联感

将关联性强的商品靠近陈列。凡是邻近的商品区域或商品货架,一定要彼此密切关联。

顾客在卖场中由一个商品区域到另一个商品区域时,其感觉应该是在关联中逐渐过渡。关联感能诱导顾客延长采购时间,走过尽可能多的商品区域,经过尽可能多的货架,从而增加采购量。

三、商品陈列方法

商品陈列是零售商在商店中如何向顾客展示商品的一种特殊技术,它常被称为"向顾客做购买前最后一分钟的提示"。作为商店的现场广告,商品陈列的促销作用要比电视广告和报纸广告更为有效。市场营销专家指出,超级市场中顾客 2/3 的购买决定都是参看商品的各式陈列而决定的。其实在其他不同业态的商店中商品陈列也同样重要。

下面介绍一些常用的商品陈列方法。

(一) 分类陈列

这是根据商品质量、性能、档次、特点或消费对象分门别类地展示陈列。例如,电器商品按电视机、电冰箱、洗衣机、空调、抽油烟机、消毒碗柜、计算机等商品分类展示,食品按糕点、饼干、面包、奶粉等分类排列,蔬菜、水果按不同种类和品种排列展示等。分类陈列有利于顾客对卖场销售的商品一目了然,又可以在不同的种类、花色、质量、价格之间比较挑选,是零售商店运用最广泛的一种陈列方式。

在分类陈列时,如果不能把商品的所有品种都陈列出来,则应把最适合本店消费层次和消费特点的主要商品品种陈列出来,或将有一定代表性的商品陈列出来,而其他的品种可放在货架上或后仓内,出售时可根据具体情况向顾客予以推荐。也就是说,分类陈列也要讲究陈列重点,如果只是一味地将同类商品全部摆放在一起,只注重齐全性,不注重焦点突出,容易给人单调乏味的感觉,会降低商品陈列的效果。

(二) 主题陈列

主题陈列又叫专题陈列,是将商品陈列在一个主题环境中的一种形式。主题选择有很多,如各种节日、庆典活动、重大事件都可以融入商品陈列中去,营造一种特殊的气氛,吸引消费者注意。如"六一儿童节"来临之际,可将各种儿童用品集中陈列在一个陈列台上,再加上鲜花等装饰品,渲染出一种活泼、热烈的氛围。

主题陈列的商品在布置时应采用各种艺术手段、宣传手段、陈列用具,并利用色彩突出某一主题商品。对一些新产品或者是某一时期的流行产品,以及由于各种原因要大量推销的商品,可以在陈列时利用特定的展台、平台、陈列道具台等突出宣传,必要时,配以集束照明的灯光,使大多数顾客能够注意到,从而产生宣传推广的效果。另外,商店还可与生产厂家合作,利用主题陈列的形式,共同开展某种商品的展销促销活动,将厂家生产的主要商品专门辟出一块场地,配以适当的用具展示出来,使这类商品同其他同类商品明显区分开来。一方面,给商品陈列带来变化;另一方面,促进这类商品的销售,扩大市场。

主题陈列的商品可以是一种商品,如某一品牌的某一型号的电视机,某一品牌的服装等,也可以是一类商品,如系列化妆品、工艺礼品等。不论是一种还是一类,应注意:

(1) 重点突出,主题明确。

（2）陈列位置与其他商品有明显的陈列区别。

（3）营造小环境，烘托气氛。

（4）一般在陈列时，有推销人员配以解说，以加大商品的吸引力。

（三）端头陈列

端头即货架两端，这是销售力极强的陈列位置，尤其在超级市场。端头陈列即在货架两端进行的商品陈列。端头陈列的商品可以是单一品种商品，也可以是组合商品。

需要注意的是：

（1）端头商品组合陈列时商品种类不宜过多。

（2）组合商品之间要有关联性，绝不可将无关联的商品陈列在同一货架内。

（3）在几种组合商品中可选择一种商品为牺牲品，以低廉价格出售，目的是带动其他商品的销售。

（4）端头的特殊位置可以用来专门陈列特价商品、高利润商品、新商品、重点推荐商品或热卖中的商品。

（四）突出陈列

突出陈列即将商品超出通常的陈列线，面向通道突出陈列的方法。突出陈列有很多种做法，有的在中央陈列架上附加延伸架，据调查这可以增加180%的销售量；有的将商品直接摆放在紧靠货架的地上，但其高度不能太高。突出陈列打破了一般陈列的单调感，其陈列效果是：

（1）商品的露出度提高，可增加商品出现在顾客视野中的频率。

（2）突出商品的廉价性、丰富感，并给顾客一种店铺非常热闹的感觉。

（3）可实现单品大量贩卖。

需要注意的是：

（1）突出陈列的高度要适宜，既要能引起顾客的注意，又不能太高，以免影响货架上商品的销售效果。

（2）突出陈列不宜太多，以免影响顾客正常的行动路线。

（3）不宜在窄小的通道内做突出陈列。即使比较宽敞的通道，也不要配置占地面积较大的突出陈列商品，以免影响顾客顺畅通行。

（4）适用于新产品、促销商品、廉价商品等希望特别引起顾客注意、提高其周转率的商品。冷藏商品避免选用此种陈列方法。

（五）关联陈列

关联陈列也称配套陈列，即将种类不同但效用方面相互补充的商品陈列在一起，或将与主力商品都有关联的商品陈列于主力商品的周围以吸引并方便顾客购买的陈列方法。例如，将浴液与洗发水、香皂与香皂盒、皮鞋与鞋油放在一起，顾客在购买了A商品以后，顺便会购买旁边的相关商品B或C。关联陈列增加了商店陈列的灵活性，加大了不同种类商品陈列的机会，是商品群原理在商品陈列中的一个集中体现。在运用关联陈列时一定要注意商品之间的相关性，确保顾客产生连带购买行为。

常见的关联陈列有：

（1）用途上的关联。如空调、电视机、影碟机、立体音响、录像机等商品相邻陈列；再如在销售家庭装饰用品时，把地毯、地板装饰材料、壁纸、吊灯等共同布置成一个色调和谐、图案美观、环境典雅的家庭环境，形成一种装饰材料的有机组合，让顾客在比较中感受到家庭装饰对居住环境的美化作用。

（2）附属上的关联。如旅行用品中的电动刮胡刀、电吹风、照相机、望远镜等相邻陈列。

（3）年龄上的关联。如老年用品中的助听器、按摩器、小型电器、电热毯、频谱仪等相邻陈列。

（4）商标上的关联。陈列商品以商标为纽带进行系列陈列，如强生（Johnson & Johnson）用品系列的婴儿润肤露、婴儿无泪洗发水、婴儿爽身粉、洗面露、面部调理液、面部凝露等产品可摆放在一起。

（六）悬挂陈列

悬挂陈列是用固定的或可以转动的有挂钩的陈列架来陈列商品的一种方法。悬挂陈列能使顾客从不同角度来欣赏商品，具有化平淡为神奇的促销作用。常规货架上一般很难实施商品的立体陈列，尤其是一些小商品如剃须刀片、电池、手套、袜子、帽子、小五金、头饰品等，使用悬挂陈列既方便顾客挑选，又方便商店修改陈列。

悬挂陈列的适用范围是：

（1）中小型轻量商品。

（2）常规货架上很难实施立体陈列的商品。

（3）多尺寸、多颜色、多形状的商品。

（七）量感陈列

量感陈列一般是指商品陈列数量的多寡。应指出，只强调商品的数量并非最佳做法，应更注重陈列的技巧，从而使顾客在视觉上感到商品很多。例如，所要陈列的商品原本是50件的话，那么，量感陈列要让顾客感觉有超过50件商品。量感陈列一方面是指"实际很多"；另一方面，则是指"看起来很多"。量感陈列一般适用于食品杂货，以丰满、亲切、价格低廉、易挑选等来吸引顾客。

量感陈列的具体手法很多，如店内吊篮、店内岛、壁面、堆头、平台、售货车及整箱大量陈列等。其中，堆头陈列是大中型超市常用的一种陈列手法，即在商场中辟出一个空间或拆除端架，将单一商品或2~3个种类的商品堆放起来进行量感陈列。

（八）箱式陈列

箱式陈列也称为盘式陈列，是量感陈列的一种方法。一般做法是将包装用的纸箱按一定的深度进行裁剪，以底为盘，以盘为单位，将商品一盘一盘地堆上去。箱式陈列主要是为了突出商品的量感，告诉消费者该商品既廉价，又是可以整箱出售的。在实际操作中，理货员只剪去商品包装纸箱的一半或1/3部分，主要露出纸箱中的一排商品即可。这种陈列方法给顾客的印象是：价格低廉、量感突出、亲切、易接近。它可以节省操作的人力、物力，易补充撤收商品。通常可布置成直线、V形、U形。

(九) 岛式陈列

岛式陈列指商店的入口处、中部或底部有时不设中央陈列架,而配置以特殊陈列用的展台,这种陈列方法就称为岛式陈列。岛式陈列可以使顾客从四个角度看到和取到商品,因此,其效果也是非常好的。这种陈列能强调季节感、廉价感、时鲜感或丰富感,诱发顾客的购买欲望。

岛式陈列需注意的是:

(1) 陈列的商品应该是颜色鲜艳、包装精美的特价品、新产品,才能发挥招徕作用。

(2) 陈列工具一般适宜于放置在卖场的前部和中部,这样就能向顾客充分展示岛式陈列的商品,如果陈列在后部往往会被货架挡住视线。

(3) 陈列工具不宜太高,不能超过普通消费者的肩部,以免影响顾客的视线。

(4) 陈列工具最好装有滑轮和搁板,以便根据需要而调整。

(5) 陈列工具要牢固、安全。

(十) 散装或混合陈列

它是指将商品的原有包装拆下,单一商品或几个品项组合在一起,陈列在精致的小容器中出售,往往是以一个统一的价格或在一个较小的价格范围内出售。这种陈列方式使顾客对商品的质感能观察得更为仔细,从而诱发购买的冲动。例如,广州市各百货商店曾经流行的甘迪安娜糖果屋,即采用这一方法一炮打响,诱人的散装糖果陈列在透明的容器中,十分引人注目。

(十一) 交叉堆积陈列

它是指一层一层使商品相互交叉堆积的方法。这种陈列方法可增加商品的感染力,具有稳定感。适用于此种陈列方法的商品有:中大型商品;可放入箱袋托盘中的商品;预计毛利低,周转率、销售额高的商品;希望充分发挥展示效果的商品。

(十二) 缝隙陈列

缝隙陈列是将卖场的中央陈列架上撤去几层隔板,留下底部的隔板形成一个槽状的狭长空间,用来突出陈列商品的一种方法。缝隙陈列打破了陈列架上一般商品陈列的单调感,富有一定的变化,能够吸引顾客的注意力。但这种陈列方法要适度使用,用得不好会给人一种凌乱感,影响顾客的购买情绪。

(十三) 投入式陈列

这种陈列方法是将商品投入某一容器中进行陈列,给人一种仿佛是将商品随意投入陈列筐中的感觉。投入式陈列给顾客一种价格低廉的形象,即使陈列量较少也易给人留下深刻印象,可成为整个商店或某类商品销售区的焦点。投入式陈列法操作简单,陈列位置易变换,商品易撤换,陈列时间往往较短。这种陈列方法适用于:中小型商品;一个一个进行陈列很费工夫的商品;其商品本身及价格已广为人知的商品;冲动性购买的商品;简便性的商品;低价格、低毛利的商品;不易变形、损伤的商品。

（十四）情景陈列

这是为再现生活中的真实情景而将一些相关商品组合陈列在一起的陈列方式。如用家具、室内装饰品、床上用品布置成一间室内环境,用厨房用具布置一个整体厨房等。目前,国外一些商店十分注重这种情景陈列,尤其是家具专卖店。其陈列组合如床头挂有艺术壁挂、床头柜上有雅致的台灯、餐桌上摆着精美的花饰、酒柜里陈列着各色名酒等。这种陈列使商品在真实性中显示出生动感,对顾客有强烈的感染力,是一种颇为流行的陈列方式。

四、橱窗展示

商店橱窗展示是以商店为主体,通过布景、道具和装饰画面的背景衬托,并配合灯光、色彩和文字说明,进行商品介绍和商品宣传的综合形式。橱窗既是一种重要的广告形式,也是装饰商店店面的重要手段。它是商店的窗口,是商店的眼睛,也是无声的售货员。一个构思新颖、主题鲜明、风格独特、手法脱俗、装饰美观、色调和谐的商店橱窗,不仅起到美化商店和市容的作用,还能向消费者推荐、介绍店内商品。

（一）橱窗展示的心理效应

1. 引起顾客的注意

心理试验表明,当消费者漫步在繁华的商业街时,即使是有明确购买目的的消费者,目光也常常是游移不定的,在走向目标商店或无目标漫步时,其总是四处观望,店门、招牌、橱窗等都在其视线之内。由于近距离观看时,橱窗处于最佳视觉范围,所以,会最先引起注意。同时,橱窗内琳琅满目的商品,对视觉的直接刺激作用大于门面其他部位,因而具有引起注意的重要功能。

2. 激发顾客的购买兴趣

在橱窗内精选店内经营的主要商品进行陈列,并根据消费者的兴趣和季节、节假日的变化,将热卖或特色商品或推荐商品展示于橱窗内,创造某种适应消费者心理的意境,迎合人们"耳听为虚,眼见为实"的心理;再加上橱窗设计的艺术手法,能增加消费者的新鲜感和亲切感,并引起顾客对商店和商品的需求。

3. 通过联想促进购买

橱窗展示是使消费者接受某种暗示的有效途径。橱窗展示作为一种无声的暗示,对于消费者的诱导在于意境引发的遐想。橱窗的装饰艺术、民族风格和时代气息,不但使消费者对商品有一个良好的直观印象,还会引发他们对事物的美好联想,获得精神上的满足,从而增强购买的心理欲望。

4. 增强购买信心

橱窗用实在的商品组成货样群,如实地介绍商品的功能、用途、使用和保管方法,直接或间接地宣传商品的质量可靠、价格合理等,不但可以提高消费者选购商品的积极性,还可以给他们货真价实的感觉,增强购买商品的信心。例如,某商店在电扇展示橱窗内,摆放几台昼夜连续运转的电扇,并且每日用醒目的大字附以说明:"××电扇,现已连续运转××小时。"消费者看到长期运转的电扇和文字说明,自然会增强对商品质量的信任。

【案例 11-3】

"渔"服装品牌的橱窗展示

来自深圳的服装品牌"渔",橱窗设计非常精美。下面是它的几个作品。

2019年春夏"嘉年华"主题橱窗。整个橱窗氛围既明媚又欢乐,既热闹又喜庆,黄包车等东方元素非常显眼,让这个橱窗别具特色。设计师巧妙地运用了当年潘通的流行色活力珊瑚橙和布鲁克绿,非常贴合春夏季节的清新、朝气感。从整个大背景可以看出,橱窗的嘉年华主题:凉亭、草木、山水、彩云。一副春季出游的嘉年华好景色,引人入胜。

2018年秋冬"踏雪寻梅"主题橱窗。通过灯光打造出整体呈金黄色的氛围,像大雪过后阳光照耀大地的那一瞬间。道具讲究、细腻,麋鹿和梅花形象的组合很有意境,道具错落摆放,展示服装上的花卉刺绣和背景的花卉互相映衬。最美的是另一侧的藤编茶座,上面摆放着茶具,营造雪中赏梅、煮茶品茗的风雅之趣。甚至还有蘑菇灯和花枝,来营造冬季里的温暖感。

2018年春夏"翠堤春晓"主题橱窗。运用了奥地利象征主义画家古斯塔夫·克里姆特的作品,突出神秘意境的效果。金饰、镶嵌,加上大量填充的螺旋和几何图形,把画面堆砌得令人目眩神迷。内置摆件上的蕾丝、手工制的盘扣、绚丽的配饰以及各种精致刺绣,都散发着浓郁的古典气息。既有西方名画的影子,又融合了东方文化独特的底蕴。

2017年秋冬"蓝莲花"主题橱窗。漫画《蓝莲花》的特点是既有中国墨单线白描,又有极具西方特色的大胆用色。橱窗的背景墙运用了和漫画一样浓烈而鲜明的色彩。专门独立于背景板的灯笼,体现出立体的视觉冲击力。背景板上的"随意小酌""一路莲升"展现了中文汉字的独特韵味和美感,让人不仅能看到服装的展示,还能看到东西方文化碰撞的火花。

资料来源:橱窗陈列微信公众号,2019-02-02。

(二)橱窗展示的构思

1. 情节型构思

把商品放在一个有简单情节的故事场景中进行展示。其特点是带给顾客一种家的温馨、舒适,这无疑会吸引大都市中每日奔波的上班族和远离亲朋在外工作、学习的消费者。商店因此大大缩小了同"上帝"的距离,成为顾客的时常寻求温暖的家庭。

2. 现代派构思

在橱窗中运用抽象手法,传达给人的只是色彩感、形式感、节奏感。这种构思在西方国家备受青睐,它主要适用于定位在"高、新、尖"的现代豪华商厦,通过抽象的图形、线条等各种信号的刺激把消费者带入一个新奇、神秘的店堂,不仅能引起他们对本商店商品的仰慕追求,而且还能体现本店卓越超群、清新脱俗的风格。

3. 寓意型构思

这种构思给顾客的第一印象与橱窗无关,甚至往往给人以莫名其妙的感觉,但只要细加推敲便会发现橱窗主题巧妙地寄寓于形象设计之中,使人恍然大悟。当顾客苦思冥想,终于悟出其中奥妙时,会不由自主地对经营者的聪明才智感到由衷佩服,甚至会被经营者的良苦用心深深打动,从内心产生共鸣,从而会更愿光顾商店购买商品。

（三）橱窗展示的要求

随着时代的不断进步,橱窗反映的内容、表现形式、艺术手法、制作材料、制作工艺等都有了较大的发展。橱窗设计方法不断推陈出新,每一种设计方法都力求贴合消费者的心理,满足消费者的需要,赢得消费者的喜爱,刺激消费者的购买欲望。要充分发挥商店橱窗对消费者的影响功能,在设计橱窗展示时必须注意以下几个方面。

1. 选择理想的陈列商品,以满足商店促销和顾客选购需要

在商店橱窗里,商品是消费者最关心的对象,大多数顾客驻足观看橱窗的目的,是为了观赏、了解、评价橱窗中的陈列商品,以便选购。因此,橱窗设计首要的一步是选择理想的陈列商品,并把这些商品的优良品质和个性特征通过艺术处理清晰地展示在消费者面前。展示商品主要选择:

（1）货源充沛、代表本店经营重点和特色的商品。

（2）适合时令的季节性商品、流行性商品。

（3）新上市的商品,包括新品种、新花色、新式样。

（4）需要推广介绍的连带性商品和试销商品。

（5）符合创作意图以及规格、颜色、尺寸合理的商品。

展示商品的正确选择和组合,能迅速引起消费者的注意和兴趣,便于消费者选择,扩大商店销售。

2. 橱窗构思新颖,主题明确,富有时代气息,能满足消费者的精神需要

橱窗展示要强烈地吸引消费者的视线,仅有商品的简单罗列还不行,还必须突出一个明确的耐人寻味的陈列主题。如果将一个富有时代感和生活气息浓厚并广为消费者喜爱的主题寓于橱窗内展示的商品中,则能使消费者在观赏之余联想到美妙愉快的意境,从而满足其精神上的需要,并留下深刻印象,迅速接受和认同它。橱窗主题可以从商品与周围客观事物的联系中选择,如床上用品橱窗,可以利用景物布置一个优雅、舒适的卧室,让人犹如置身于真实的环境,感受到生活的美好;计算机产品橱窗可以布置一个模特人学计算机、搞科研的场面,让人感受到一种奋发向上的精神;新春佳节促销橱窗,可以布置一个春意盎然、百花争艳的花园,让人感受到浓厚的喜庆气氛。

3. 橱窗构图优美、完整,具有强烈的艺术感染力,能满足消费者的审美需要

有了理想的展示商品和新颖独特的构思,还要将两者完美地统一起来,这就必须借助道具、背景装饰、色彩、灯光等进行艺术处理,塑造出具有强烈艺术感染力的橱窗整体形象,以有助于消费者感受橱窗展示的内容与主题思想,留下深刻印象。橱窗构图要均衡和谐、层次鲜明、排列新颖、疏密有致,形成一个统一的整体。一般可以运用对称与均衡、变化与统一、对比与和谐、条理与反复、节奏与韵律等艺术处理手法,将各种物体有机地结合起来,使整个构图达到稳定而不呆

板、和谐而不单调、变化而不紊乱的整体效果。

对商品单一、造型色彩单调的商品,在展示中侧重变化,以求清新活泼;对品种繁多、形态各异的商品展示侧重于统一,以求主次分明。在色彩调配上,一般根据商品本身的色彩和季节的变化,以及题材的要求,合理灵活地运用单一色、邻近色和对比色等用色规律,处理好色彩上的对比关系、调和关系和冷暖色调的变化,给人以清新、舒服的感受。展示夏令商品的橱窗,可以采用偏冷色,令人感到清新、凉爽;展示冬天服装的橱窗,可以采用偏暖色,令人感到温暖、活泼。此外,在橱窗构图上恰当地采用商品布局的疏密对比、背景画面与商品实物之间的虚实对比、灯光照明与商品实物之间的明暗对比、装饰色彩同商品实物之间的衬托对比等手法,能较好地表现主题,装饰商品,增强橱窗的艺术魅力,引起消费者的兴趣,使消费者在观赏时获得一定的艺术享受。

4. 橱窗展示要有一定的变换性,不能永远是一副面孔

由于橱窗是商店外观的一部分,直接影响到每日过往的顾客,对商店形象的塑造尤为重要,因此,橱窗陈列必须经常变化。如果一家商店的橱窗展示四五个月都是同样的摆设,这就无异于告诉来往的行人:"我的店是一个懒惰的店。"这种懒惰,并不只显示在陈列方面,它会让顾客以为这个店的各个方面经营都是如此。橱窗中长年累月都是相同的陈列,顾客就会熟视无睹,会觉得这家商店没有新意,没有新商品,是一家保守的商店,以后顾客就不愿意光顾该店了。相反,经常变换橱窗展示,给顾客一种常来常新的感觉,顾客会认为这个店总有新的东西,过一段时间不去,就会有失去机会的感觉。这样提高了商店对顾客的吸引力,即使没有新商品出售,因橱窗展示的变化,顾客也会有耳目一新的感觉。

本 章 小 结

商场设计就是通过店面布局、灯光、色彩、音乐、气味和商品展示等多种因素营造一种氛围,来刺激顾客的知觉和情感反应,并最终推动他们实现购买行为。零售商店一般有三种店面布局方式可供选择,分别是格子式布局、岛屿式布局和自由流动式布局。

在商店内部设计中,货位如何布局是很关键的。不同货品的销售空间分配,一般可采用销售生产率法和存货模型法来测算。至于不同商品应该摆放在什么具体位置,应该根据商品本身特点、顾客行走规律、商品盈利程度、商店位置优劣和各种促销策略等因素综合考虑。

商品群一般由主力商品、辅助商品、联想商品和刺激商品组成。商品群是商品陈列的基础。它是一个非标准化的概念,可以有多种组合方式,出人意料而又合情合理的商品群能显示出一家商店独特的陈列创意,显著增加商店业绩。

商品陈列是零售商在商店中如何向顾客展示商品的一种特殊技术。科学、合理的商品陈列要满足以下五方面要求:充实感、美感、亲切感、新鲜感、关联感。橱窗展示与店内商品陈列一样是吸引顾客注意力的重要手段,零售商在陈列商品时要考虑如何让顾客容易看到、产生购买兴趣并最终达成交易,这也许是零售商与制造商营销管理的区别所在。

学习思考

党的二十大报告指出："中国式现代化是人与自然和谐共生的现代化。""我们坚持可持续发展,坚持节约优先、保护优先、自然恢复为主的方针。"当前,环境问题引起人们广泛关注。中国对世界做出"2030年碳达峰,2060年碳中和"的庄严承诺。目前,许多零售商纷纷响应号召,在商场设计与商品陈列方面开始行动起来。例如,购物手推车采用回收材料制成;减少高功耗照明;设有电池回收站和物料回收站;多种蔬菜以散装的形式出售,以去除或减少店内的塑料包装;购物纸袋由80%的再生纸制成,可完全回收;客户休息凳由至少97%的回收商业包装塑料制成。相信将来会有越来越多的绿色环保商店兴建起来,有更多的零售企业加入环境保护的大潮流中。

即测即评

 请扫描二维码,在线测试本章学习效果。

思考题

1. 为什么说商店氛围是影响顾客购物行为的一个重要因素?
2. 格子式布局、岛屿式布局和自由流动式布局各有何优缺点?各适用于何种商店?
3. 色彩的变化会给人的心理带来不同的感觉吗?
4. 音乐和气味在什么样的情况下会对商店经营产生负面影响?
5. 商品货位布局应考虑哪些因素?为什么货位布局需要不断地调整?
6. 商品群一般由哪些商品所构成?
7. 橱窗展示对潜在顾客的心理有何影响?零售商进行橱窗展示时应注意哪些方面?

【案例分析】

案例一:新大新穿越历史的国风设计

新大新百货是一家百年老店,从1916年起就屹立在广州"千年古道"的北京路商业步行街,一直至今。它2021年进行升级改造,并于7月1日重新开业。开业后的新大新完全换了容貌,除一楼作为华为旗舰体验店之外,二至六楼皆以唐、宋、元、明、清朝等风格元素为主题进行设计。新大新的国风设计在广州北京路步行街"千年古道"上绽放。

新大新二楼以唐朝风格为主题,其名为"金玉满唐",业态为黄金珠宝、美妆,搭配中西方茶饮及轻餐品牌。顾客登上手扶电梯,映入眼帘的是诗仙李白《静夜思》的投影。手扶电梯底部是象征富贵吉祥的牡丹花。顾客看着头顶上方的斗拱屋檐,脚踏着仿古青砖,来到唐朝的历史长廊,天花悬挂的牛皮纸红灯笼,尽显唐朝长廊的建筑风格。

新大新三楼以宋朝风格为主题,其名为"霓裳雅宋",业态为轻淑女装、家居服饰。宋人的建筑文化一切从"简",榫卯结构技术发展至巅峰。这里用简约线条衬托宋代至简的建筑艺术,地面铺满彰显宋代制陶文化的岭南花街砖。该楼层的宋代文化长廊,犹如徐徐展开的宋代风俗画卷,加上代表家庭的人居与服饰,以及楼层的服饰业态,让顾客感受到宋朝浓郁的文化魅力。

新大新四楼以元朝风格为主题,其名为"元之印象",业态为少淑女装,内有汉服和职场装。这里的斗拱、栏杆建筑元素变得厚重了,加大了结构支撑,木栏杆换成花岗岩石柱、石栏杆,地面采用了仿古砖点缀岭南花街砖,彰显元人粗犷风格。该楼层的元代文化长廊,用蒙太奇叙事手法,提取蒙古包、戏台、元青花、白塔、观星台、关帝庙作为陈列符号,结合元朝多民族文化交融发展、延续汉风又具备蒙古族风情的朝代风格,给人一股粗犷野性的气息。

新大新五楼以明朝风格为主题,其名为"锦绣大明",业态为绅士男装、家居用品。五彩斑斓、花纹繁多的建筑斗拱和通铺艳丽的岭南花街砖风格宏大严谨,气象雄伟又不失精致。大明建筑文化长廊,以传世瓷器、明朝小说书架、山水画、明朝服饰等作为陈列元素,采用博物馆陈列形式进行陈述。

新大新六楼以清朝风格为主题,其名为"水木清华",业态为精品馆。本层结合清朝繁盛的建筑园林元素,体现饰纹繁复、式样多变、追求奇巧的朝代风格,提取屋檐斗拱、花纹、莲花、岭南花街砖、五彩缤纷的色彩为建筑元素,以故宫的春夏秋冬四个场景作为陈列元素。走在这里,犹如漫步于清宫之中。

新大新七至九楼为岭南文化风格区。这里体现了岭南建筑风情,有岭南特色艺术品,还有老广最爱的特色餐饮。

资料来源:北京路新大新微信公众号,2021-06-15。

问题:

新大新百货的升级改造采用了哪些国风元素?其设计反映了当代年轻消费者的哪些消费特点?

案例二:方所书店呈现的"中国山水画"

设在太古汇的广州方所书店,是一家集书店、生活美学、咖啡、展览与服饰时尚于一体的复合型书店。

方所书店很容易引起路人注意,因为周边的商店都特别亮堂,而方所书店却是暗暗的,给人一种曲径通幽的感觉。设计师颠覆了大众对书店的印象,不是宽敞明亮,而是平静专注。方所书店门口设计像是一个渺无人烟的山洞,洞里好像是有天有地的另一个苍穹,适合修行人不被打扰地静坐冥想。

进门不远处有几根大柱子斜斜地顶在那里。平常的室内设计,会把这些柱子用木头或者石头包起来,再加上一些点缀。但方所书店设计师就这样让几根柱子裸露着,给人一种原始质感,就像树林一样。这种理念在方所书店内部随处可见。

稍往里走就是一片"水域"了。这是一个比较开阔的区域，经常调整以布置各种展览。此处斜放着几叶小舟，以突出水域的特征。在道家学说中，水是包容一切的。"上善若水，水利万物而不争"，正是形容一个人德行的最高境界，即至高的品性像水一样，泽被万物而不争名利。水域放在入口处，可能是想提醒众人，修行目的是尽力拥有像水一样至柔却能包容天下的胸襟和气度。

再往深处走，便来到"岛屿"区域了。这是一个咖啡经营区，设计的卡座就像水中显露的一座座小岛，人们可以安静地坐在其间，边品咖啡边读书思考。岛与岛之间既相互隔开又彼此连接，如同我们现实生活中的真实场景。

走进了山洞，穿过了水域，又路过了岛屿，大自然怎么能缺少森林呢？其实，整个书店的顶端都是纵横交错裸露着的管线，就像枝繁叶茂的原始森林。但设计师又在书店深处设计了一些树屋，树屋上描绘的昆虫与法布尔的《昆虫记》相吻合，让人一望便知是儿童读物区。

设计者在书店的一侧设计了一个狭长的书廊，通道两边高高的书架上摆满了书。通道不是笔直的，有一定的坡度，且是一个弯道，象征着一条曲折向上的山路。如同告诫我们，读书就是在攀登一座座高山，就是在推动自己不断往上走。当你爬完一座座书山，最终登高望远，你就能看到不一样的风景。

书店的另一侧设计了一个较为宽敞的书屋，两边的书架上密集地摆满了书，中间的矮架上平时也堆着书。但一到周末，这些矮架一撤，放上凳椅，便成了一个开设讲座的学堂。许多作家在这里开过讲座，这里就如同一个分享思想的殿堂。

方所书店的设计者就这样把山、水、洞、岛、森林和殿堂巧妙地融在一起，把大自然装了进去，成功地在书店里做出了一幅"中国山水画"，并且吸引了一批又一批的读书人，成为广州文艺青年的必到之地。

资料来源：零售与连锁经营微信公众号，2019-04-22。

问题：

方所书店的设计体现了中国山水画中的哪些元素？设计者希望为顾客带来一种怎样的书店氛围？

第十二章

零售数字化与智慧商店

每隔二三十年,零售业就会发生一次重大变革,面临一次重新洗牌。每一波变革浪潮袭来之时,虽然并未完全消灭旧事物,但是重塑了整个行业格局,也或多或少改变了消费者的购物行为与购物期望。全渠道零售的出现标志着现代零售业进入了新一轮重大变革周期,它意味着消费者可以在任何场所、任一时间完成购物。这是一种无处不在的购物方式,在带给购物者全新体验的同时,也给零售业带来脱胎换骨的变化。

面对扑面而来的新型零售模式,零售商必须采用全新视角,重新设计购物体验,把各种渠道的购物体验完美地融合起来,将各种迥然不同的渠道整合成"全渠道"的一体化无缝式体验。这意味着零售商会加速企业的数字化转型,而数字技术的发展将使全渠道零售的各个流量入口水乳交融,分不清彼此,也难以测量每个渠道所占的份额。

当所有零售商都能运用数字技术进行精益求精的商品管理、精准的一对一营销以及精细化的顾客服务时,零售数字化的目标将为时不远。当然,对于零售业所有应用新技术而达成的解决方案,其最终目的都是更好地了解消费者和满足消费者,因为最终,零售业的一切都要归于"顾客第一"的原则。

本章所要回答的问题:
- 全渠道零售的优势和经营重点;
- 私域流量运营的基本策略;
- 零售数字化发展阶段;
- 零售数字技术的开发及运用;
- 崭露头角的智慧商店。

第一节 全渠道零售

一、顾客有趣的全渠道购物旅程

某位消费者在办公室度过了漫长的一天,要为做晚餐做购买食材或半成品的准备。与十多年前相比,现在的消费者已经有了更多的选择。他可以上大型综合商场去选购,可以在楼下小区里的生鲜超市买几样简单食品,也可以通过手机选择盒马鲜生、叮咚买菜或某个社区团购 App 下单,或者在连锁企业的小程序下单。他有两种收货方式:一个小时后回到家时,食材也准时送上门,或者在回家路上的定点小店提货。今天,在中国的大城市,完备的电子商务基础设施、移动支付技术和便捷的物流链,可以让消费者在任何时间买到想要的各种商品。

购物正成为一种越来越便利的行为。麦肯锡全球研究院不久前发布的一份调查报告指出,数字化浪潮正在重新定义零售行业的客户体验。在消费与零售行业,高达85%的中国消费者已成为全渠道购物者,他们对购物体验的期望也水涨船高。品牌商和零售商应注重打造全渠道体验。

仅仅20年时间,消费者购物方式和购物习惯已经发生了天翻地覆的变化,消费场景日益多元和分散。对消费者来说,实体店不再是唯一购物场所,数字化浪潮使得消费者变成了数字经济的冲浪者,越来越习惯在数字场景中游曳。于是,越来越多的购物终端,如电脑、手机、智能音箱、智能电视、智能手表、虚拟现实设备等,都可能成为购物界面。当前被许多企业看好的智能汽车,也将成为消费者另一个畅游数字经济的载体。消费者正拥有众多的屏、场景和购物入口。

全渠道购物已经不是一种发展趋势,而是一种已经发生的现实。随着购物场景日益丰富和分散,企业和消费者的触点不再局限于单一商场、网站等高流量入口,移动性和数字化为消费者提供了越来越多沟通和交互的接触点。于是,布局全渠道零售、提升消费者购物体验成为行业的突围方向。

根据一项调查表明,当今的消费者购物呈现出如下几个特点。

(1)越来越多的消费者既在线下购物,也在线上购物。对于大多数消费者而言,线上和线下购物之间的界线正变得模糊,他们希望得到不同渠道的无缝体验。

(2)现在的人们已离不开手机,由各种场景触发的购买欲望希望能随时随地得到满足。这为企业提供了一种刺激消费者在恰当时刻购买的方式。如何在移动设备上呈现和沟通是企业不应低估的接触点。

(3)新技术可以使购物过程变得越来越令人兴奋。消费者想要创新的购物体验,虚拟现实技术的运用为零售商带来了无限机会的同时,也为消费者提供了新的购物体验。一些新技术能引起消费者的共鸣,如聊天机器人、语言助手、触摸屏、信息橱窗互动等,都可能成为顾客的兴趣所在。零售商应该有效利用这部分消费者的强烈好奇心。

可见,数字经济时代,消费者的购物行为和习惯发生了巨大变化。消费者可以随时随地进行实体店购物、网络购物、移动购物。互联网商业的本质就是场景,企业需要连接碎片化、多元化、多边化的场景。这对零售企业而言是一个挑战,对消费者而言是一个全新的体验。

2020年突发的新冠疫情,使得零售数字化经营趋势越来越明显,推动众多线下企业纷纷转型并加码线上销售,以生鲜为代表的电商在原本渗透率较低的那些品类取得突破性进展。一份调查资料统计,在美妆消费全旅程中,有约60%的Z世代和千禧一代消费者会使用7个以上的信息渠道。这一代年轻消费者获取信息的渠道呈现出碎片化、多渠道的特点,消费者倾向于通过更多渠道知晓、深入了解产品,在参考各类信息后,根据自己的判断选择最终的购买渠道。

不同年龄阶段人群对不同零售渠道有着不同的偏好。50岁以上的人群对线下零售渠道仍然有较高的忠诚度,但新冠疫情发生之后,已逐渐接受线上渠道的购买体验;35~50岁的人群对传统电商平台习惯依旧显著,超过80%的"80后"消费者表示主要通过传统电商平台购买鞋服产品。而Z世代消费者更偏好内容电商,如热衷于在小红书上分享交流今日穿搭(outfit of the day,OOTD),以及了解品牌故事和品牌价值观。此外,内容电商社区的评论、点赞功能极大地提升了年轻人的满足感,超过30%的Z世代消费者把小红书、抖音等列为购买鞋服的主要渠道。

作为零售企业,尽管全渠道化很重要,但关注顾客在全渠道中的旅程体验更是当务之急。换言之,如果顾客通过任何渠道获得的体验都同样糟糕,那么企业的一切努力就是白费力气。所以,对零售商来说,更重要的还是专注于增强顾客体验以及端到端顾客旅程,即从顾客产生需求、收集评估信息、产生购买意向,到下单、支付、收货、安装、维修等整个流程。

顾客购物旅程中的体验感觉如何,不仅和接触点涉及的一线店铺员工有关,可能还和顾客亲友、社交网络好友及粉丝、企业的竞争对手、替代产品,以及社交媒体意见领袖和知名博主等诸多因素有关,即顾客全渠道购物旅程的体验,是零售商接触消费者的所有接触点之和,包含了成本、质量、时间等数不清的隐蔽的商业流程特性,还包含互动状况、顾客需求、影响购买的限制条件等问题。这些环节中的很多问题,并不为零售商所知,有时也很难控制,但会影响顾客体验。任何一个环节的疏漏,都可能导致顾客选择其他企业渠道,渠道的转换已经变得更加轻而易举。因此,如何识别出覆盖多个渠道的接触点,并在能控制的点上增强顾客全渠道购物旅程的体验感知,对零售商而言是至关重要的。

今天,中国互联网产业高度发达且竞争激烈,中国消费者对技术创新有较高的期待和接受度,商业模式的迭代和创新技术的应用及渗透速度远远高于其他市场。新的购买渠道和客户触点在中国层出不穷、日新月异,让中国消费者的购买方式和渠道日渐复杂和多样化,从购买动机激发到最后转化为下单,可能会经历几十个不同的触点。中国消费者的全面在线,推动整个零售行业进入全渠道零售时代。如果零售商还死守在线下传统渠道,用传统办法做生意,很快就会被时代所淘汰。

二、全渠道零售定义和经营重点

(一) 全渠道零售的定义

中国连锁经营协会于2021年3月18日发布了《连锁经营零售企业全渠道经营关键指标》(T/CCFAGS021-2021),该标准明确定义了全渠道零售,即利用线上线下多种渠道实现一体化经营的零售形式。

全渠道零售是一种全新的零售经营模式,它意味着消费者可以通过一种方式查看商品,而通过另一种方式购物,再通过第三种方式提货或退货。这种模式为零售商带来了新的机遇,也给那些仅仅采用单渠道的零售商带来了新的挑战。全渠道零售的优势体现在如下几个方面。

1. 接触不同的目标市场

不同的消费者有着不同的购物偏好。有人喜欢进店挑选商品,享受面对面的服务;有人喜欢足不出户,坐在家中通过点击鼠标、搜索信息进行购物;有人希望尽量节省时间,利用工作学习空暇进行购物;有人休闲时刷着抖音,突然心血来潮想要购物。单渠道的零售商面临的困境是只能接触到某一类购物习惯的群体,而全渠道零售商则能吸引不同购物习惯的潜在顾客群,满足各类人群的不同购物偏好。有调查表明,与仅将购物过程局限在单渠道内的顾客相比,多渠道顾客在购物时消费更多,忠诚度也更高。

2. 不同的商品以最佳渠道来销售

不同的商品,因其特性不同,适合在不同的零售渠道中销售。如顾客倾向于亲眼查看、感受、嗅闻和试用的商品(如蔬菜、水果和新产品),适合在实体商店销售;而一些无差别的文化用品(如书籍和CD),适合在网上销售。没有一种渠道可以完全替代另一种渠道,也没有一种渠道可以将目标顾客"一网打尽"。这就给全渠道零售商更多的销售机会,通过整合不同的渠道卖出更多的商品或抓住更多的潜在顾客。

3. 提升企业资产价值

全渠道零售为企业带来了增加有形资产和无形资产的机会。基于商店销售的零售商用富余的仓储能力服务于网络销售,可以提高资产的利用效率;同样,这家公司还可以在没有开店的地区通过网络销售提高其品牌知名度。零售商还可以与渠道伙伴合作以增加共同资产。亚马逊公司的结账服务是一项新服务,它允许其他网络零售商使用亚马逊的一键订单系统,并让消费者轻易获知订单状态,这使消费者不必向互联网提供信用卡卡号就能订购商品。

4. 整合各种渠道,增强顾客的吸引力

对潜在顾客而言,不同渠道有不同的吸引力,有效地整合潜在顾客生活环境中的各个可能的购物界面,将增强零售商的吸引力。已有研究表明,网络零售并非对实体零售的冲击,现实是网络作为一种营销工具越来越有效,而实体商店现在是未来也仍然是一个有效的购物场所。在全渠道零售模式下,消费者行为将发生这样的变化:他可能在某个场所偶尔发现感兴趣的商品,然后上网搜索相关信息,对比不同的购物地点和不同零售商、制造商的价格,再利用当地商店的便利性去看、去感受,最后决定买下这个商品。促成这一行为的两种最基本的要素是效率与便利性,而无缝衔接各种渠道将带给顾客更多的便利和更高的效率。

(二)全渠道零售经营重点

如今仍然有许多零售企业在全渠道运营中感到无所适从。其实,无论渠道如何变迁,零售经营的本质不会改变。全渠道经营的基础是数字化,本质是通过线上线下商品与用户数据打通,提升企业经营管理效率,优化资源使用效率。零售商通过平衡企业资源在线下实体店、电商平台、直播、App、小程序、外卖平台、社区团购等各个渠道,实现线上线下一体化发展,满足用户到家、到店的购物需求,从而满足消费者全场景的无缝购物体验。

零售商要提升企业的全渠道运营能力,可以从下面关键指标入手,将自身业务经营情况与指标进行对比评估,从而有针对性地进行提升。

1. 通用指标

全渠道零售经营的通用指标主要包括销售额(或营业收入)、客(订)单数(量)、客单价、自助收银占比、扫码购占比、毛利率、净利润率、线上订单转化率、线上促销转化率、线上销售占比、门店坪效、前置仓坪效、人效、拣货超时率、同比增长率、环比增长率、可比增长率、库存周转天数、库存周转率等。

可以看出,通用指标主要衡量零售商全渠道运营的主要经济指标,以了解企业经营的整体规模、业绩成长性、盈利水平、资源的利用效率、消费者的贡献水平,以及不同渠道的表现优劣等情况。

2. 商品运营

商品运营指标主要包括品效、商品贡献率、门店损耗率、门店缺货率、订单缺货率、汰换率、上新率、动销率等。商品运营指标主要反映的是零售商经营的所有商品中平均每一个单品产生的营业收入和毛利贡献、商品经营过程中的损耗情况、商品更新速度和销售速度等。这一系列指标体现了零售商的选品能力、仓储物流能力、新产品开发能力,以及与供应商的关系等,是零售商的商品力高低的主要体现。

3. 用户运营

用户运营指标主要包括数字会员占比、全渠道会员增长率、MAU(月活人数)同比增长率、MAU环比增长率、复购率、退货率、客诉率、顾客满意度、差评率等。用户运营指标主要反映的是从顾客角度来体验的零售商全渠道经营水平,如零售商沉淀的数字化会员数、这些数字化会员的增长情况、活跃客户增长情况、顾客对零售商的满意程度等。一个全渠道运营的零售商,首先必须清楚了解企业顾客的购物偏好和满意情况,才能进行精准营销,不断提升顾客的购物体验。而这一切工作的改进必须建立在企业数字化转型基础上(包括数字化会员水平)。

4. 订单履约

订单履约指标主要包括履约成本、妥投率、履约及时率、订单满足率等。订单履约指标主要反映零售商为消费者在实体店之外各种渠道购买商品时的交付能力,包括及时准确的交付能力和成本控制能力。在全渠道运营环境下,商品的交付能力显然已经成为零售商实施全渠道运营的一个关键服务指标,能快捷、准确并高效率地交付商品是零售商的一项核心竞争力。

资料

全渠道零售部分经营指标解读

1. 商品交易总额(GMV)。多用于电商行业,即电脑端、移动端等线上成交总额,包含付款和未付款的部分,无论商品是实际出售、交付还是退货。具体包含销售额、取消订单金额、拒收订单金额、退货订单金额。

2. 客单价。客单价=销售额/客单数。

3. 自助收银占比。自助收银占比=自助结账顾客单数/线下客单数×100%。

4. 毛利率。毛利率=毛利额/销售额×100%。

5. 线上订单转化率。线上订单转化率=完成支付的线上订单数/访客点击数×100%。

6. 线上销售占比。线上销售占比=线上销售额/全渠道销售额×100%。

7. 年度库存周转天数。年度库存周转天数=(期初库存+期末库存)的平均值×365/年销货成本=库存月度平均值×365/年销货成本。

8. 库存周转率。库存周转率=365/库存周转天数。

9. 品效。品效=单品销售额/本品类销售额×100%。

10. 商品贡献率。商品贡献率=商品周转率×该商品毛利率×100%。

11. 上新率。上新率=统计周期内新品数量/该周期平均在架单品数量×100%。

12. 动销率。动销率=当月被售卖单品数量/当月在架单品数量×100%。

13. 数字会员占比。数字会员占比=数字会员数量/全渠道会员数量×100%。

14. 全渠道会员增长率。全渠道会员增长率=新增全渠道会员数量/原有全渠道会员数量×100%。

15. 复购率。复购率=统计周期内有复购行为的客户数/周期内购物客户数×100%。

16. 客诉率。客诉率=统计周期内有投诉记录的订单数/周期内所有妥投订单数×100%。

17. 妥投率。妥投率=妥投订单数/当日应送达的全部订单数×100%。

18. 履约及时率。履约及时率=(顾客期望时段内+期望时段前)妥投的订单数/全部当日应收货的订单数×100%。

资料来源：微信公众号：中国连锁经营协会，2021-03-18。

当然，规划并维持一个精心整合的全渠道战略并不容易，零售商需要建立一个能够有效链接多种渠道的基础设施，并要清楚地知道各种交叉购物的机会是什么、各种渠道扮演什么角色，以及各种渠道如何有机地整合在一起。但无论如何，今天的零售商正在努力探究这些问题。

面对扑面而来的新型零售模式，零售商必须采用全新视角，重新设计购物体验，把各种渠道的购物体验完美地融合起来，将各种迥然不同的渠道整合成"全渠道"的一体化无缝式体验，这不仅可以扩大零售商的生存空间，还能够在顾客购物体验方面带来一场革命。

【案例 12-1】

全渠道经营助推良品铺子营利双增

自 2006 年在武汉广场对面开出第一家门店，良品铺子已经走过了十多年的光阴，最终成为一家市值超百亿元，营收超 70 亿元的上市公司。在 2021 年半年报中，线上收入 22.23 亿元，同比增长 19.34%；线下收入 20.87 亿元，同比增长 23.58%。良品铺子将营业收入增长归因于全渠道发展。

良品铺子于 2010 年设立独立电商业务团队，2012 年正式进入主流电商平台开展线上业务。同时，线下门店信息化建设也同步开展，门店、仓库、物流均实现了信息化。经过 15 年的积累，良品铺子的全渠道布局包括了门店零售渠道、门店外卖渠道、团购渠道、平台电商渠道、社交电商渠道、社区电商渠道等。

2021 年，良品铺子进一步提升传统渠道运营效率，渠道抗风险能力进一步增强。例如，2021 年它新成立流通渠道事业部，负责与大型零售重要客户、便利店、社区商超及新零售等伙伴合作，推动线下渠道全覆盖。目前已入驻零售通、京喜通两大新零售平台，并与沃尔玛、盒马鲜生、永辉超市达成战略合作。

良品铺子线下门店也在持续扩张。截至 2021 年 6 月底，其线下直营门店和加盟门店一共有 2 726 家。此外，良品铺子积极拥抱社交电商，建立企业私域流量。良品铺子搭建了自己的专属直播地，合作了上千位抖音快手优质主播达人。同时针对社交平台消费群体的差异化需求，打造了一系列差异化产品。而当社区团购迅猛来袭之际，良品铺子反应迅速，2021 年上半年进入 7 个主要社区团购平台、75 个城市，覆盖社区用户约 1 650 万人。

可见，良品铺子能够在高手如云的零食领域持续保持高速发展，和它能够顺应时代发展、不断尝试新的营销手段密不可分。

资料来源：中国经营报微信公众号，2021-08-20。

三、私域流量的运营

零售商在全渠道运营中,无论是线上渠道还是线下渠道,都需要面临一个重要的课题:私域流量的运营。私域流量运营的崛起是 2020 年以来零售经营中发生的最大变化。这一崛起速度之迅猛,让业界人士达成一个共识:私域流量运营不再是锦上添花,而是零售企业的标配,是一种常态化运营。私域流量的运营已经逐渐从"锦上添花的新渠道"转变为关乎企业未来生存的"关键能力"。

互联网上的流量分为公域流量和私域流量。公域流量指的是今日头条、抖音、百家号、微博、美团、拼多多、淘宝等面向大众的流量,内容热度不稳定,粉丝转化率低,变现方式单一。如果想在这些平台获得更多的公域流量,企业往往需要投入一些费用,如淘宝的直通车、今日头条的信息流推广、拼多多的付费推广,类似于线下实体店的通道费用。

私域流量是指企业或者个人能自主运营,可以反复利用,无须付费又能随时直接触达的流量资源,它是企业沉淀下来的流量私有资产。它就像建一个属于自己的鱼塘,把鱼给囤起来,可以反复触达,还不花广告费。而将公域流量截留到自己的私域流量池来,并通过运营而变现的过程,就是私域运营。

过去,零售商是否要做私域运营还停留在意愿强弱上。如今在公域流量达到瓶颈,没有增量,或者无法承受高费用的公域流量时,发展私域流量,开启精细化用户管理,降低营销成本,实现精准营销,逐渐成为企业的共识。当然,这并不是说公域流量不重要,而是需要企业打通公私域,不断优化全链路的衔接点,进而促进企业销售增长。

零售商的私域流量的运营包括以下步骤:

(一)准备

零售商在实施私域流量经营前,必须做好前期准备工作,尤其是在组织制度上进行调整,设计好激励措施,并从上到下统一认识。例如,波司登在进入私域流量运营时,在组织上做了一番调整。一是为全国 1 万多名导购安装企业微信,拥有自己的 ID;二是设计富有吸引力的激励机制,小到导购添加一个顾客好友可以拿到多大的红包、老客人带新人可以领到什么礼品,大到导购线上销售提成比例的升高等,充分激发导购的积极性。三是为每个分公司设置一位数字化协调人,经由总部"新零售运营中心"团队统一培训,再将所学以及总部的新工具、新政策,不断传导渗透到各个分公司。经过充分的前期准备,波司登在较短时间积累了 1 200 多万会员顾客,并在 2020 年完成了小程序 GMV 突破 2 亿元的不俗成绩。可见,前期准备是企业做私域绕不开的一环,通过组织创新,解决好内部员工的问题,是私域运营成功的基础。

(二)引流

前期准备工作完成,接下来是通过各种手段建立自己的私域流量池,这一过程也叫引流。引流的方法很多,主要有公众号、小程序、微信支付页、服务通知、搜一搜、朋友圈、门店、社媒、包裹卡等引流。每一种方法在不同阶段、不同人群和不同产品中的效果都不一样,需要设置不同的引流福利。企业在引流时要注意分析不同工具的引流效果,并把最有效的方式做深做透。

例如，公众号是一种常用的引流手段，使用时要结合目标顾客喜爱的内容，在文章中穿插多个带有超链接或二维码入口的图片，让顾客感兴趣时立刻加到企业微信，避免流失。又如包裹卡引流，虽然只是小小的一张包裹卡，但当它的材质、设计、文案、福利、微信人设等各个细节精妙组织在一起时，才能影响用户拿起卡片，打开手机扫码添加好友。至于是采用"零元免费送"还是"满减优惠券"等哪种具体福利，还需要了解目标顾客的喜好。

（三）转化

这一阶段是将搭建好的私域流量池转化成真实的顾客池。最常见的是建好了群之后，运营人员或导购天天在群里发优惠券，或者群发最近上新、活动链接、公司新闻等想让用户付费的信息。久而久之，用户感觉没有新意，购买意愿会逐渐下降，最后不断流失。所以，企业应该把社群当成"用户运营阵地"，首先考虑的不应该是"成交"，而是内容运营和用户运营，需要先给用户创造价值。

最好是先将引流进来的顾客精准分组，准备好有价值的内容、有价值的服务，建立了信任和黏性，成交是水到渠成的事情。这时需要根据对用户的理解做出各种标签和画像报告，设定好话题板块逐一测试，并持续观察，在用户真实、活跃的群里面，收集他们到底在聊什么、关心什么、喜欢什么、因什么而活跃，然后持续对话题进行分析。最后企业需要不断测试迭代经营策略，找到不同群的用户共同感兴趣的工具，从而提高转化率。

（四）促活裂变

这一阶段也称为养群，不仅要让社群持续活跃，还要不断扩大规模。运营人员要持续给社群用户提供价值，不断往用户的"情感账户"充值，让积攒的势能可以长期释放。除了定期推送相关内容消息外，最好每月做一次较大规模的促销活动，如每月举办一次"会员购物节"，让用户感受到社群的价值。有些企业在群里策划"许愿抽奖"活动，让用户接龙想要一个什么礼物，然后随机抽取一个或几个用户来赠送礼品，这种方式也大大活跃了社群，留住了用户。当企业举办大型促销活动时，还可以让用户转发朋友圈来获取更多的优惠，以此形成裂变式拉新，扩大社群用户规模。

总之，随着流量红利的消失，更多企业将把营销重心迁移到私域流量上。未来几年私域运营发展将呈现以下几个特点。

一是存量深度挖掘。高质量的用户是有限的，当企业私域流量的体量达到一定程度时，再想做更多"拉新"比较困难，因此企业要实现持续增长，就要对私域中的每个存量用户的价值进行深度挖掘，最大化发挥私域流量价值。

二是精准获客及精细化运营。在私域流量发展之初，大多企业追求的是用户数量和广度，但随着对这些用户不断了解，发现真正有效用户并不多，且很难形成营销闭环和销售转化，还造成了营销成本高居不下。因此在进行了大量的实践以后，企业认识到精准获取与企业产品和服务具有高匹配度的用户更加重要，这样的用户具有更高的运营价值，对企业提升投资回报率具有更实际的意义。

三是从商品运营向用户运营转化。获得私域流量只是一个开始，对私域用户的运营和维护才是实现转化的重点。企业的营销模式早就摒弃了面向全部用户、并对其售卖的产品进行大量、单一宣传的方式。而是更加注重对用户需求的深刻洞察,进行有温度的用户沟通,维护忠诚度,真正实现私域流量价值转化。

可见,私域运营的核心不在于如何建立一个庞大的私域流量池,而在于"蓄能沉淀用户价值",即聚焦用户体验,循序渐进地盘活具有强复购和裂变能力的用户终身价值。在这个过程中,企业应当围绕用户购买旅程,环环相扣,层层推进,实现可持续地沉淀用户资产,提高忠诚度及培养好感,储蓄用户终身价值。

【案例 12-2】

安奈儿提升全链路运营效率

高端童装品牌安奈儿目前在全国拥有超过 1 300 家线下门店,其中直营店占 900 多家,在线下触点上具有天然优势。但品牌在公众号、小程序上推出的促销活动形式比较固定,缺少持续调动用户关注的"兴奋点"。因此,安奈儿采取了发掘线下触点优势、补足线上触点短板、引入更具吸引力的运营转化方式等措施,使得小程序日均 GMV 有了大幅度提升。

1. 激活线下终端对小程序的参与度

为提升线下导购对小程序和社群的参与度,安奈儿为导购设定了 2 倍于线下的私域激励,且获得激励的方式既可通过小程序实现销售转化,也包括会员拉新,从而有效提升线下导购参与引流和促进私域转化的积极性。最终安奈儿导购在小程序私域的登录率和开单率,分别提升了 51%和 76%,使线下触点与品牌私域达成更好的对接与协同。

2. 拓展引流拉新渠道

在线上,安奈儿也开始探索广告商业流量。其中与小程序活动相关联的朋友圈直购广告向老会员定向投放,获得的点击量和转化下单量都比以往单纯投放品牌广告有所提升。

为打破活动固化的局面,安奈儿基于小程序私域的社交能力,发起一系列砍价、抽奖、游戏互动、拼团等活动,推动私域用户主动分享好友,加速私域裂变拉新,日均引流人数大幅提升。

在公众号内容方面,安奈儿与受众重合度较高的亲子品牌开展异业合作,采用公众号互推、商城互链、高级 VIP 发放专属礼物互换等方式,7 天内引入数千新会员。

随着线上、线下引流触点的激活,安奈儿随后在小程序私域内着手提升后端转化率。安奈儿推出分阶段爆款限时折扣,并结合优惠券、满赠等方式,有效带动复购及连带销售,最终达成日均 GMV 的成倍增长。

资料来源:腾讯智慧零售微信公众号,2021-04-07。

第二节 零售数字化

一、零售数字化发展阶段

零售商的全渠道经营或私域流量运营,都是建立在企业数字化基础之上的。要识别全渠道上顾客可能接触的每个触点,零售商必须进行彻底的数字化转型。首先要做的是顾客购物过程的数字化,要将顾客购物旅程的各个足迹都记录下来;然后是企业全经营管理过程的数字化,需要无缝实时整合客户、订单和产品信息,包括企业支持系统、管理流程和商品订销存全过程的数字化。零售商在理解并完全支持消费者旅程的情况下,会更懂得从何处入手。

当然,零售商从部分了解消费者需求到完全洞察消费者需求,并能提供相应的个性化产品和服务,满足消费者的全渠道无缝体验,不会一蹴而就,而是需要经过不断探索、不断进化的过程。从当前零售业数字化转型实践来看,再考虑未来零售业数字化转型方向,零售业数字化发展可以分成以下五个阶段。

(一)第一阶段:导入阶段

零售商仍然主要沿袭传统的销售渠道、经营流程、业绩指标、商业模式和POS技术、电商技术进行运作,业务和数字技术融合度不高,对公司战略和愿景的承接力差,对消费者的行为分析停留在"百人一面,铜墙铁壁"状态,客户体验差。此时,零售商已经开始涉足电子渠道、线上交易,但各部门收集各自的数据,形成即时报表,没有将企业数据连接在一起,对消费者行为的分析表现为后知后觉。

(二)第二阶段:起步阶段

零售商开始注重改善数字化流程、接触点和客户体验,打造公司内的数字化能力,形成对全方位零售业务的动态感知,但尚未建立明确的数字化转型目标、路径和时间表。此时,零售企业信息架构主要包括POS、ERP及WMS。其中POS沉淀收银、门店信息等数据;ERP包括人员、采购等财务数据;WMS收集物流数据。零售数字化功能体现在全程客户经营、多渠道运营、客户视图、企业数据仓库、经营可视化等。

(三)第三阶段:拓展阶段

零售商有组织地在局部采纳新技术,寻找合作伙伴和外部资源,推动产品数字化、服务创新和提升客户体验,并将实验结果在公司内部推广。但数字化触点有限,零售商对消费者画像仍不清楚,对消费者洞察比较粗浅,属于描述性分析,处于"千人百面,若即若离"状态。同时,线上线下两条线作战,实施差别化经营,客户体验的实时互动性差。此时,零售企业信息架构在之前的基础上衍生出客户关系管理(CRM)系统及零售仓库数据(RDW)系统。零售商通过数字技术能做出一些预测性分析、客户价值分层、用户分群、行为分类、风险分类、生命周期分段,并能对企业经营做出诊断和进行改善。

(四)第四阶段:优化阶段

零售商在企业层面制定数字化转型战略,搭建在企业容纳和融合数字技术新基础设施上的客户体验、流程和系统,以支持转型。此阶段的零售商十分关注消费者需求,有较强的消费者洞察力,利用数字技术围绕客户体验持续改造经营流程,包括智能识别、智能投放、精准营销、智能推荐、智能定价、运营优化等。此时,零售企业开始注重私域流量运营,尽量沉淀客户,深挖消费者终身价值。因此,零售商的信息架构在之前的基础上,会引入数据管理平台和持续数据保护系统。数据管理平台位于营销链路前端,持续数据保护位于中后端,实现数据整合、清洗、打标签等功能,更好地实现用户培育。

(五) 第五阶段:智慧阶段

零售商运用 AI 技术,围绕消费者生活场景的全渠道数字化触点,传达一致、精准的个体体验,真正形成"千人千面、永远在线"的状态。此一阶段,数字技术与零售经营的融合成为常态,进入自我良性优化循环阶段。零售数字化功能体现在决策自动化、实时营销、精准触达、社交裂变、人工智能、边缘计算、敏捷制造、动态自适应等。此时商业模式迭代与数字化技术演进同步,通过提前布局和迭代方式对效果进行循环监控,最终形成自我进化的良性循环。

AI 技术可以切入并提供支持的角度有很多。例如,通过算法模型描绘每个用户画像,为用户推送更精准的商品内容;结合语音转文字技术,为线上直播提供字幕及翻译功能等。还可以通过 OCR 光学文字识别技术、AI 图片识别技术等,快速将纸质的内容转变为电子介质。通过创新探索智能化的升级方向,推动了服务体验和产品差异化程度的提升,用户将能得到更符合自己需求的产品服务。

总之,没有进行彻底的数字化转型,零售商很难了解不同渠道的顾客偏好,难以进行精准营销,无法做到"千人千面,千店千面"。今天,零售业需要满足顾客购买场景的"任何地点""任何时间""任何渠道"。面对千头万绪的复杂环境,面对当前的消费者诉求和购物方式的急剧变化,零售商必须借助数字化工具对企业的商业模式进行变革,加快全渠道数字化转型升级,不断调整自己的商业模式,找准自己的定位,赢得自己的生存空间。

二、零售数字技术的开发

随着全渠道零售时代的来临,大数据技术在零售经营中的运用越来越普遍和深入,从精准营销、闭环营销扩展到了消费者价值挖掘、消费者全生命周期运营,并结合各种个性化场景,发挥着越来越大的作用。下面是零售商常用的几种数字技术系统。

(一) POS 系统

POS(point of sale)系统也称为销售点实时管理系统,是采用条形码技术、设备与收款机联合进行销售数据的实时输入,采用信用卡技术、刷卡设备与收款机联合进行商品销售的实时结算,能够及时地跟踪处理销售与结算支付业务,并根据这些数据为销售进行详细、正确、迅速的分析,为商品的补货和管理提供依据的信息管理系统。利用 POS 系统可以及时了解商品的销售动态、周转情况以及库存信息,还可以帮助进行商品结构的 ABC 分析,实现对商品的单品管理。这对于零售商研究消费者偏好、把握消费趋势是非常有意义的。

当前,随着时代发展,传统零售行业发生了巨大变化,为了响应企业业务的快速发展,传统的 POS 系统也在逐步完善和向云 POS 转变。POS 系统上云之后可以提供更高的可用性、更好的稳定性和安全性。同时,系统也具有了更好的弹性伸缩能力和更高效率的运行维护操作,能降低企业的整体 IT 建设和运维成本。因此,越来越多的零售商开始将 POS 系统在云上进行部署。

(二) ERP 系统

ERP(enterprise resource planning)也称为企业资源计划,最早是由美国高德纳咨询公司于

1990 年提出的企业管理概念。ERP 是指建立在信息技术基础之上,通过先进的管理思想和方法,对企业内部资源和外部资源进行整合,通过标准化的数据和业务操作流程,把企业的人、财、物等进行紧密集成,最终实现资源优化配置和业务流程优化目的的方法。

ERP 发展至今已经非常成熟,各业务模块之间形成了千丝万缕的联系,进销存管理、生产控制、会计核算、财务管理、人力资源等模块,从技术上看是一个个模块或组件,从业务上看则是业务之间相互融合的生态。ERP 未来将发展成云原生 ERP,其定义为"在新一代云技术、数字化技术的加持下,为客户提供极致体验的 ERP 服务"。与传统 ERP 相比,云原生 ERP 并不是简单地将 ERP 从本地服务器搬到"云上",而是将 ERP 所有应用和功能进行"云化"处理,形成 SaaS 服务,在每个流程环节都增加了分析数据查询能力,系统通过历史数据的分析给出业务的决策参考,让业务变得更加智能,从而为零售商提供更敏捷、更高效、更稳定、更智能的数字化服务。

(三) WMS 系统

WMS(warehouse management system)系统也称为仓储管理系统,它可以满足零售商精细化的库存管理需求,全面提升仓储作业效率。2012 年以来,传统仓库作业模式正在逐渐被智能仓储替代,国内的仓储管理软件(WMS)如雨后春笋般涌现。WMS 的优势体现在:可以通过无纸化、自动化、智能化、仓库运营分析诊断、视频采集监控,来确保货品进出的高效、精准。

仓库管理中用到最多的智能设备即手持终端设备 PDA,一般主要用于收货与发货的全流程,根据拣货订单任务下发,设备会提醒并指引操作人员及时领取任务。在这个过程中,WMS 系统会按照最优拣货路径合理推送任务,以最高效、避免重复的拣选路径完成上架或拣货的操作工序。

(四) CRM 系统

CRM(customer relationship management)系统也称为客户关系管理系统。CRM 是企业选择和管理有价值客户及其关系的一种商业策略,要求以客户为中心的商业哲学和企业文化来支持有效的市场营销、销售于服务流程。作为解决方案的客户关系管理(CRM),集合了当今最新的信息技术,包括互联网和电子商务、多媒体技术、数据仓库和数据挖掘、专家系统和人工智能、呼叫中心等。一个应用软件的客户关系管理凝聚了市场营销的管理理念,市场营销、销售管理、客户关怀、服务和支持构成了 CRM 软件的基石。

客户关系管理将客户视为企业的一项重要资产,客户关怀是 CRM 的中心,客户关怀的目的是与目标客户建立长期和有效的业务关系,在与客户的每个"接触点"上都更加接近客户、了解客户,最大限度地增加利润。所以,CRM 的核心就是客户价值管理,它将客户价值分为既有价值和潜在价值,通过一对一营销原则,满足不同价值客户的个性化需求,提高客户忠诚度和保有率,实现客户价值持续贡献,从而全面提升企业的盈利能力。

(五) DMP 系统

DMP(data management platform)也称为数据管理平台,主要是营销链路前端数据平台。DMP 是集数据采集、存储、处理、分析、输出应用于一体,具有标签自定义、数据多样、跨平台场景使用、数据自主权及安全系数高等特点,可有效作用于广告、市场、销售、运营、服务等各环节,为企业深入用户洞察、全景业务分析、高效准确决策提供有力支持。

DMP 能建立 360 度人群画像,通过将企业全渠道数据进行连接,多维度激活企业平台的用户。DMP 能理解企业首席营销官(chief marketing officer,CMO)及其他关键决策者的需求,具备收集、分析、激活企业数据的能力,同时根据目标需求输出有价值的数据以支持营销决策。DMP 能深度挖掘及评测企业用户行为偏好,并形成千人千面匹配创意和到达页,直接触达企业用户。同时,DMP 能提供评估媒体投放效率展示,实时监控投放效果并形成报告,真正实现沉淀企业数据资产,将企业数据价值最大化。

(六) CDP 系统

CDP(customer data platform)也称为客户数据平台,是支持流量运营、用户运营、客户运营、潜在客户运营的人群细分的中后端数据系统。近两年 CDP 的热度显著升高,因为零售商开始热衷于自建接触点、自组私域流量、自留数据,而 CDP 正好是在企业自建的触点上收集数据,是帮助运营私域流量的企业自有数据系统,因而受到了企业的重视。CDP 所包含的数据主要是关于人的数据,较之 DMP 系统,CDP 侧重的是营销后链路的数据。

由于营销后链路主要是指企业在自有触点(第一方触点)上与消费者沟通的环节,因此 CDP 中存储的数据是企业第一方数据(即私域数据)。对于在触点上进行消费者沟通,CDP 会将人群数据输送给 MA(marketing automation,营销自动化)系统,然后 MA 会针对这些人群进行相应的营销执行。例如,针对不同的人群展示不同的界面(不同的落地页、不同的推荐商品等),或是给不同人群推送不同信息(微信对话、短信、邮件、弹窗、智能电话等)。

DMP、CDP 和 CRM 各自获取的数据有一定的差异。其实,业内被大家强调的企业私域数据,就是由它们三者组成。

三、零售数字技术的应用

(一) 数据仓库

数据仓库是集中收集、分类和存储信息的地方。零售商将所有的针对特定主题收集的相关信息以数据库的形式存储在同一个地方,可供员工在任意地点打开利用。通常,数据仓库被安放在企业服务器上,是企业全部数据或关键数据的中央仓库。数据仓库具有如下优点:管理层和员工可以在任意地点快速、方便、同时接入数据库,在公司范围内提供更多的访问许可;将信息存储在同一个地方,可以增强数据的一致性;由于信息存储在同一个地方,还可以更好地实现对数据的分析和操控。

数据仓库的建立需要解决数据采集问题。数据包括企业内部数据和外部数据两部分。内部数据归纳起来包括财、物、人三方面的数据(人包括员工和顾客)。外部数据包括主要竞争对手信息、行业信息、宏观经济信息等数据。内部数据中,财和物比较容易获取,绝大多数的 POS 系统、ERP 系统等都能提供比较完善的元数据。人的数据中员工数据比较容易获取,但交易行为中最重要的顾客数据,即以客流量、顾客行为、顾客习惯等为核心的数据却没有那么容易采集,所以经常在企业发展初期被忽视和搁置。目前,国内零售商已经开始意识到这些数据的重要性,并引入 DMP 和 CDP 系统逐步完善这些数据的收集。

精确的数据仓库建立之后,在 IT 服务商的帮助下,零售商可以根据各种信息系统直接生成有价值的、不同格式的电子报表,供不同级别的管理者使用。电子报表按形态功能可分为时报、日报、周报、季报、年报、客流量、销售排行榜、客单价、交易记录、对比分析等。电子报表还可以根据岗位不同要求进行个人定制以及图形化。

电子报表对于零售经理了解业务日常运转是大有帮助的。假设某网络零售商一天有 5 170 个订单业务,电子报表软件可以显示每一笔交易所组成的数据库。每一个顾客记录的数据项为:顾客代码、购买区域、支付方式、联络源、采购数量、购买的商品和购买时间。在这样一个报表中蕴藏着大量有价值的数据,可能帮助零售经理回答以下重要问题和做出决策:

(1)我们的顾客大多数来自哪里?这个回答可以告诉零售经理应在哪里投入较多的市场资源,或启动新的市场。

(2)平均采购量较高的地方在哪里?这个回答可以告诉零售经理市场和销售资源应集中到哪里,或投放不同的信息到不同的地方。

(3)最常用的支付形式是什么?这个回答可能有利于零售经理在广告中强调顾客最希望采用的支付方式,如"本商品支持货到付款"。

(4)每天最常用的采购时间是什么时间?顾客是否在工作时间(白天)买产品,或者晚上(在家)购买。

(5)平均采购量是否有地区差异?如果某个区域是利润丰厚的,零售经理应集中他的市场和广告资源用于该区域。

(6)我们的顾客源是否有地区差异?或许,在某些区域电子邮件是最有效的市场工具,而在别的区域网络旗帜广告较有效,回答这个复杂的问题将能帮助零售经理制定一个区域的市场战略。

(二)数据挖掘

数据挖掘是指依赖特殊的软件在数据仓库中进行筛选,通过对信息的深度分析,获取有关消费者、产品种类和供应商的具体有价值的信息,以帮助零售商进行有效决策。

最经典的数据挖掘案例是"啤酒+尿布"的品类关联分析。在超市里,将啤酒和尿布摆在一起销售,两者的销量都翻番。原来下班回家的先生们在给宝宝买尿布的同时也喜欢给自己捎上几罐啤酒。没有人事先知道这两者有关系,而是用惯常的数学分析方法进行运算时偶尔发现了两者的关联。

能够从数据挖掘中获得的信息类型包括关联信息、顺序信息、分类信息、串联信息和预测信息。

(1)关联信息。关联信息是指与单一活动相联系的事件。例如,超市购买模式的调查显示,顾客购买玉米片时,有 65% 的概率会同时购买一瓶可乐;增加促销活动后,有 85% 的概率会买可乐。经理将从这一信息中判断促销活动能否获得更高的利润,这样有助于更好地制定促销计划和商品陈列计划。

(2)顺序信息。这是指在某一时段里相联系的一系列事件。从百安居的客户信息系统中会发现,如果为客户装修完了一套公寓,有 65% 的概率在二个星期之内会售出一台冰箱和热水器,有 45% 的概率在一个月之内会售出一台炉灶。

（3）分类信息。这是指通过审查现有已分类的信息和根据一系列的准则描述某信息归类于哪一组的模式。例如，零售商担心可能丧失稳定顾客，通过分类，公司便能找出那些喜欢更换公司的顾客特征，经理根据分类中的模式能够预测哪些顾客喜欢更换公司，并实施相应的策略留住顾客。

（4）串联信息。当一大堆数据杂乱无章地摆放在那里时，数据挖掘工具能在数据间发现不同的规律并进行分类，比如将众多的会员卡归类到相似的区域里或根据顾客统计和顾客个人购买种类将数据进行分区。

（5）预测信息。虽然上述应用中已经包括预测的成分，但预测信息使用了不同的方法，它利用现有的一系列价值来预测将会产生怎样的其他价值。例如，通过预测，经理可能在数据中发现连续变量的未来价值，如销售数据的模式。

过去，几乎所有大型快速消费品零售商都热衷于一种数据挖掘技术——购物篮分析。购物篮分析是以购物篮为研究对象，来分析里面商品的相关性。一只小小的购物篮，里面蕴藏着大量的消费信息，诸如"买尿布的男性顾客80%会购买啤酒"或者"90%的写字楼顾客在购买纸杯的同时购买速溶咖啡"之类的信息。了解这些信息可以洞察目标顾客的购买行为和消费倾向，并使商店的经营始终与顾客保持一致。

现在，许多零售商已经能熟练运用大数据技术，使得数据挖掘更加深入、精细，而且还能精确捕捉到每一位数字客户的购物足迹和行为偏好，并据此实施千人千面的精准营销活动。未来，零售商借助人工智能技术，不仅可以洞察消费者需求，还能培育、激发消费者新的需求，为消费者提供更美好的购物体验。

（三）扩展性运用

零售商开发的许多信息系统，事实上并非单一的用途，例如最初用于商店选址的地理信息系统（GIS），如今正广泛运用于其他方面。零售商在运营过程中希望了解商圈里的大量信息，诸如商圈里每个小区人口规模、小区档次、楼价等具体数据，门店消费群体的男女比例、年龄、收入水平、受教育程度、消费能力等，年轻的职业女性主要在哪个区域，以中老年为主的消费群主要在哪一带活动，中高档收入人群密集区域在哪里……这些多维度的顾客分析是零售商成功的必要信息，而这些信息现在可以通过地理信息系统获取。

地理信息系统已不只用于选择地块，而是将功能扩大至识别收购标的、调整营业时间，甚至重组商品组合。不少零售商都能活用GIS。例如，彭尼百货公司利用汇集起来的GIS数据实现了门店商品组合的多样化，以满足不同地区消费者的不同品味。此外，彭尼的研究员还在着手创建一个用于购物中心排序的标准化网络升级系统，以及一个在建门店建造进度的追踪系统。彭尼的管理层还通过GIS数据库，调整了部分门店的营业时间，使之做到盈利最大化。沃绿（Walgreen）也在掌握实际销量和客流的基础上，通过GIS确定营业时间，以及确认商店收购的可行性。在美国中西部拥有20家购物中心的United Properties公司运用GIS收集详尽的区域竞争图和当地消费者的购物喜好。公司根据不同地区投入不同种类的商品和服务，既可试探当地的消费潜力，又能应对市场竞争。

专论：

发展中的零售信息技术

未来发展中，以下技术的走向将对零售信息化带来重大影响。

1. RFID 与二维码

RFID 和二维码是一维码的替代型技术。和一维码相比，二维码和 RFID 技术的信息容量几何倍增加，容量的增加不是量变，而是给上层应用带来质变。二维码是用特定的几何图形按一定规律在平面分布的黑白相间的矩形方阵记录数据符号信息的新一代条码技术，通过专用读码设备或者智能手机，就能读取二维码中的大量信息。它具有信息量大，纠错能力强，识读速度快，全方位识读等特点。与 RFID 相比，从一维码切换到二维码，除了印刷，几乎不需要增加成本。RFID 可同时识别多个标签，抗污染能力和耐久性强，具有穿透性和无屏障阅读、可重复使用等优点。目前，成本是 RFID 的主要推广瓶颈。大多数专家认为，未来两种技术将长期并存，无法相互取代。二维码在零售日化制造等低利润率行业发展较快，但在交通管理、物流的行李包裹、货箱、集装箱、车辆管理、医药和食品的安全管理、人员证件和可以重复使用的票证应用中，RFID 将有更大优势。

2. 可视化

可视化技术可以帮助零售商回答很多问题，如人们是怎样在店中购物的，他们为什么这么做。通过在录像中捕捉购物者从迈入店铺到走出店铺的完整过程，分析其中的行为模式，能够让零售商了解真实的购物景象，了解购物体验的质量，以及店铺设计中存在的问题。另外，可视化技术在商店选址、商店设计和商品陈列中运用得也很普遍，它能模拟出商店的各种情景。现在，可视化发掘技术兴起，它和内存分析不是同义词，尽管业界有一些混淆和许多可视化发掘工具都有内存引擎。可视化技术将是信息系统应用的一个热点。

3. 社交网络分析

随着社交媒体的兴起，越来越多的公司希望分析这些由网站产生的海量数据。新推出的分析应用工具支持人类语言处理、情感分析和网络分析等统计数据，这些并不是典型商业智能工具套件的组成部分，而是全新的社交媒体分析技术。这一领域内的技术还处于起步阶段，但是未来在公司数据挖掘中社交网络分析所提供的数据将发挥重要作用。例如，如果社交媒体数据显示一家公司在中西部地区的社会评论越来越负面，那么管理者希望了解如果公司在该地区就价格策略进行调整是否会扭转这一负面发展趋势。这种分析是基于大数据的分析。在数据爆炸时代，新兴事物的大量涌现使企业认识到数据信息的重要性，从而挖掘到适宜的商业价值。于是，处理和挖掘海量社交媒体帖子的价值分析工具便应运而生。

4. 云计算

云计算(cloud computing)是基于互联网的相关服务的增加、使用和交付模式，通常涉及通过互联网来提供动态易扩展且经常是虚拟化的资源。狭义云计算指 IT 基础设施的交付和使用模式，指通过网络以按需、易扩展的方式获得所需资源；广义云计算指服务的交付和使用模式，指通过网络以按需、易扩展的方式获得所需服务。这种服务可以是和 IT、软件、互联网相关，也可以是其他服务。它意味着计算能力也可作为一种商品通过互联网进行流通。

> 通过使计算分布在大量的分布式计算机上,而非本地计算机或远程服务器中,企业数据中心的运行将与互联网更相似。这使得企业能够将资源切换到需要的应用上,根据需求访问计算机和存储系统。越来越多的企业把云作为一种降低硬件成本,并在高峰计算时间内提供灵活性的解决方法来采用。尤其对中小企业来说,云商业智能使得众多中小零售商将无须构筑基础设施就能实施管理信息系统,这必将借助云计算大大降低投资成本,从而促使信息技术在零售业中的应用更为广泛。

第三节 智慧商店

一、智慧商店的定义和功能

智慧商店引起社会的关注,源于无人商店的兴起。2016 年 12 月,亚马逊公布了一段在美国西雅图试运行的无人商店 Amazon Go 的视频。视频展示了这样一些图景:一个人走进商店,用手机扫了一下码,从货架上拿取一个面包后,他就直接走出这个商店了,甚至连手机支付的动作都没有,因为商店直接通过人脸识别就把费用从其关联账号里扣除了。

亚马逊的无人商店一经公布便立刻引起了人们的广泛关注。2017 年 7 月,阿里巴巴在杭州也开了一家无人超市——"淘咖啡",同样在社会上引起轩然大波。在我国,除了阿里的"淘咖啡"之外,还有其他企业也在尝试无人商店,如 Take Go、缤果盒子、便利蜂、Wheelys、F5 未来商店等。各种现代信息技术纷纷运用于零售企业的经营。

根据中华人民共和国商务部办公厅于 2021 年 6 月 29 日发布的《智慧商店建设技术指南(试行)》,智慧商店是指运用现代信息技术(互联网、物联网、5G、大数据、人工智能、云计算等),对门店商品展示、促销、结算、管理、服务、客流、设施等场景及采购、物流、供应链等中后台支撑环节,实行全渠道、全场景的系统感知、数据分析、智能决策、及时处理等功能,推动线上线下融合、流通渠道重构优化,以更优商品、更高效率和更好体验满足顾客便利消费、品质消费、服务消费需求的商店。

具体来看,智慧商店的功能建设应包含如下内容。

(一) 购物场景数字化

应用 5G、物联网、大数据、云计算、人工智能、虚拟现实等新技术,推动线上线下融合,实施全场景、全链条、全用户、全品类的数字化,深挖信息数据,促进价值转化,改善门店经营,提升消费者体验。创新线下应用场景,推进智能导购、智能停车、电子结算、自助收银、电子价签、智能支付、个性定制、虚拟试衣间等智能化、便捷化技术及其设施设备应用。推进线上数字化转型,推广立体展示、网络营销、直播带货、网订店取(送)等新模式。

(二) 供应链智能化

推动零售流通渠道重构,推广集采集配、统仓统配、反向定制等新模式,打通结算、采购、物流等信息系统数据,利用数据助力降本增效和价值转化,发展柔性供应链、敏捷供应链,促进供应链扁平化、透明化、协同化。强化物流支撑,推广自动订货、组货选货、智能盘点、前置仓、无人仓库、周转筐循环共用,促进降本增效。鼓励第三方数字化服务商进行专业赋能,输出成熟的技术、服务和标准,引导线上线下渠道资源共享,促进商产联动、产销适配,实现"以大带小"和规模化复制推广。

(三)服务精准化

运用小程序、App 等营销工具,为消费者提供卡券线上发放、全渠道兑换及活动发布、智能推送、积分通兑等数字服务,提升服务水平。鼓励线上导流、线下体验,线上线下流量共享,推动线上线下商品"同标、同质、同价",统一即时送达服务,提供终端便捷查询、订单跟踪、售后服务等全链条、全流程服务。发展无接触交易等创新模式,配备智能储物柜、自助租赁设备,实行智能停车、扫码找车等服务。

资料

智慧商店分业态专门要求

1. 百货店要求

(1) 智能引导。应配置智能导购系统,通过配置智能导购屏或智能导购机器人,集成商品信息发布、营销活动信息发布、优惠、活动信息展示等功能,为消费者提供人工智能(AI)自助咨询、增强现实(AR)室内导航、虚拟现实(VR)直播、自动识别等智能化查询和导引,营造更便捷、更人性化的购物体验。

(2) 信用管理。应在依法合规前提下,建立基于大数据的商家征信体系,通过共享信用信息,向中小商家提供征信服务。在门店内每个店铺设置信用二维码,消费者可通过二维码查询商户信用信息,进行销售服务评价或投诉维权。

(3) 智能体验。应运用 AR、VR、AI 等智能技术,通过设置虚拟试衣镜、智能试衣间、智能货架等智能硬件和互动系统,增强服务体验功能。

(4) 反向定制。针对消费者个性化需求进行量身定做(如服装、化妆品、家具、家电等),推动 C2M 反向定制,精简流通环节,提供良好的服务体验。依托定制化形成的大数据,与众多供应商和品牌商联合预测消费者需求及购买行为,实现整个供应链的智能化、柔性化管理,快速响应市场,促进供需匹配和动态平衡。

(5) 智能监控。应在门店主要出入口、停车场、核心公共区域内配备视频监控系统,支持图像识别等 AI 视觉技术,能实现图像的实时远程观看和客流量监测。

(6) 智能停车。应设有智能化停车设施,支持停车场电子收费和先离场后付费无感停车,提供停车场数据监控、智能化管理车位等服务,支持手机扫码找车。

(7) 巡更巡检管理。应配置智能化巡检系统,具备通过视频巡更代替或补充人工巡更的功能,能够通过巡检机器人、监控视频等实现智能化巡检。

2. 超市、便利店要求

(1) 智能采销。应具备自动订货系统和智能选品决策系统,结合客流分群统计、线上线下销售、门店标签、用户喜好、商品指标等分析,利用人工智能、大数据技术实现商品销售预测、补货计算、智能选品和精准定价,提高商品数字化能力。超市、便利店等要加强信息采集和数据分析,对临近保质期的食品进行提前预警、分类管理,及时作特别标示或集中陈列出售,最大限度地防止食品浪费。鼓励生鲜商品采取预售制,当日订、次日达,通过推广标准托盘和周转箱循环共用、全程不倒托不倒箱等模式,降低库存损耗。

(2)智慧仓储。应具备标准化仓库和自动盘点系统,能够实现商品分布式智能分拣、配送,实现货物存储量和周转速度最大化。引导上下游供应商共同推广统仓统配、门店直达等模式,减少无效的物流环节,推动前置仓与区域仓、门店等共享商品信息,做到库存通、商品通、价格通、数据通和店仓配一体化,提高供应链数字化水平。有条件的企业可开展无人仓、机器人作业等技术应用。

(3)综合集成管理。通过建设统一的供应链管理平台,打通收银结算系统、订单采购系统、物流系统、会员管理系统、供应商管理系统等,实现数据共享、功能协同和有效集成,提升供应链管理智能化水平。

资料来源:中华人民共和国商务部官网。

【案例12-3】

小佩宠物智慧门店

小佩宠物是提供宠物洗护、美容、零售、寄养、医院等服务和解决方案的宠物生活一站式服务平台。创立7年间,小佩宠物的经营发展经过了从智能产品到智慧门店的转变。

2013年,小佩宠物发布了第一款宠物智能产品,希望借助最前沿的技术和创新的设计,来简化养宠生活,为更多养宠用户节省时间,提供一个更为简单、轻松、快乐的养宠体验。2015年,小佩宠物在上海开了第一家门店,提供洗护、美容、零售、寄养等服务。据悉,小佩宠物累计投入超4 000万元,开发了用于宠物店/宠物医院的全生命周期SaaS运营管理软件。

小佩的智能硬件一年的销售额翻一番,打造了全屋智能养猫产品,实现养猫自动化。从开店情况来看,从2020年开始,每年开店数量都是行业里发展比较快的。此外,它还有医院为门店做一些赋能。

小佩网络科技(上海)有限公司创始人兼首席执行官认为,数字化才是连锁的未来。虽然开店速度极快,但要保证了解每一个客人,还要保证了解员工。如果不能通过系统做到这点,连锁就做不起来。

在所有人都拥抱数字化时,首席执行官却提醒大家,数字化看起来很美,但会增加巨大的人力成本,线上线下系统如果不打通,所有的东西都是看上去很美好但完全不能用。C端购买和B端的收银、供货,要在体系里实现自动流转,才叫数字化,否则就是割裂的。小佩的实践经验是:所有的东西都要自己掌握。

小佩宠物开创了宠物智能家居,将科技带入了宠物行业,引领宠物智能硬件的研发,给爱宠家庭带来革命性提升的体验。小佩宠物还将继续优化产品端、拓宽渠道、高效扩张宠物连锁店端的门店,打造行业内最具影响力的"一站式"宠物消费平台。

资料来源:中国连锁经营协会微信公众号,2021-07-15。

二、商店智能技术的运用

目前,智能技术受到零售商越来越多的关注,已经形成一股浪潮。许多智能技术开始在国内外零售商店中运用。未来的商店将是集智能产品、智能场景、顾客智能体验于一体的商店。下面介绍目前零售商正在应用智能技术的几个领域。

(一) 智能购物车

现在,一些零售商开始采用智能购物车。该智能购物车是在普通购物车的把手上加上了一个液晶触摸显示屏,通过点击搜索可以迅速找到自己关心的商品的打折信息。更让顾客欣喜的是,当自己走到某个货架前,购物车可以主动通过语音和图片提示身边哪些商品正在打折。当顾客经过货架时,货架旁的一个屏幕会用数字显示有多少人已购买了货架上的商品。如果顾客发现已购买这种商品的人很多,那他很有可能也会去购买,于是跟风效应就出来了。这样,顾客就和商品实现了零距离的沟通,真正将门店的促销活动发挥到了极致。智能购物车作为方便顾客购物的超级工具,将在实体商店得到广泛的应用。

(二) 智能价格标签

智能价格标签也被称为电子价签或电子货架标签(electronic shelf label, ESL),是一种带有信息收发功能的电子显示装置,主要应用于超市、便利店、药房等显示价格信息的电子类标签。将它放置在货架上,可替代传统纸质价格标签。每一个电子货架标签通过有线或者无线网络与商场计算机数据库相连,并将最新的商品信息通过电子货架标签上的屏显示出来。电子货架标签成功地将货架纳入了计算机程序,摆脱了手动更换价格标签的状况,实现了收银台与货架之间的价格一致性。

智能价格标签最大的意义在于这是一整套打通了线上线下、价格变动信息同步的电子系统。使用智能价格标签后,商家不仅可以实现一键调价、灵活展开促销活动,还可以自定义编辑二维码,自主配置营销活动,精准促进转化。在仓储和物流环节,智能价格标签可以让店员更快速地定位到商品货位。未来智能价格标签的作用和应用范围都将被极大地提高,尤其是电子价格标签添加二维码,可以直接把消费者从线下体验拉到线上。

(三) 自助收银机

自助收银机是自助结账方式的一种,顾客通过自助收银机屏幕上的视频和语音指引,自己动手扫描商品、装袋和付款,免除人工收银排队的烦恼。商店引入自助收银机,可以减少人工成本,增加无人自助结算通道,节约排队等待时间,提升了顾客购物体验。自助收银机支持24小时营业,可实现全天收银结算;支持多种付款模式(支付宝、微信、刷脸),还能将线下销售数据数字化、智能化,实现会员管理,对销售数据进行数据统计分析,掌握会员顾客的兴趣爱好进行大数据营销,帮助智慧新零售运营管理。

自助收银机可以支持零售商的各种营销措施。例如,盒马鲜生的门店在购物和支付场景进行了适老化匹配。工作人员对老年人进行一对一购物辅助,采用自主研发ReX智能自助收银结算终端,针对性为老人提供更友好的交互语言,设置老年人现金服务窗口,开发和加强适合老年人"一日三餐"的商品。得益于盒马鲜生良好的适老化软硬件优化举措,盒马的老年用户占比达10%,且其复购率高达 80%~90%。

(四) 智能信息亭

智能信息亭是独立的、互动的电子计算机终端,它在电视屏幕上展示产品和相关信息,消费者通过触摸屏做出选择。智能信息亭可以放置在商店内,也可以放置在其他任何场所,作为商店的延伸。一些零售商利用它来帮助顾客订货、完成交易和安排送货,也用来帮助提高店内顾客服务水平。美国纽约州罗切斯特市从 2010 年夏天开始引入智能信息亭,顾客在 Wegmans 的旗舰超市里选购食品时,能够享受到更加全面的食品信息服务。例如,消费者选中一盒德瑞斯克公司出产的草莓,利用店内智能信息亭中的装置,扫描包装盒上的编码,就可以了解草莓对人体的益处、商家的品牌信息以及这些草莓种植者的姓名、草莓采摘的时间和地点等详情。智能信息亭的设立可以增强顾客对超市食品安全的放心感与信任感。

(五) VR/AR 技术

零售商店正积极尝试虚拟现实或增强现实(VR/AR)的智能技术用以改善消费者的购物体验,以及提升商店管理水平。

1. 智能魔镜

它不是普通的镜子,而是一套由摄像头、显示屏和增强现实显示技术整合而成的"魔镜"。消费者站在"魔镜"前,摄像头可以拍下他的样子,自动抓取和分析消费者身上穿的服装,然后在显示屏上投影为其他的颜色甚至服装类型,从而帮助消费者提高衣服选购的效率。在高科技的未来商场里,你可能不会看到那些专门重新叠放消费者试穿过的衣服的员工了。例如,曼马库斯百货的"智能魔镜"、丝芙兰的虚拟化妆镜等,这些技术的核心都是提升消费者体验,并帮助消费者做出最适合的决定。

2. 家居设计

VR/AR 技术已经被许多全屋定制家居零售商采用。设计师在为顾客进行家装设计时,可以把自己做的图放到企业的模拟使用场景中,消费者也可以立刻"看"到自己选的家居产品和家装设计是什么氛围,而不是完全依靠想象。目前,宜家(IKEA)和家居电商 Wayfair 都已经使用 AR 解决了这一问题,同时顾客还能在"墙上"喷涂各种颜色,来找到最喜欢的配色。

3. 店铺设计和商品管理

重新设计店内布局对于零售商来说是件很麻烦的事情,虚拟现实技术已经帮助零售商实现店铺设计的可视化以及对客流动线的可视化了,这样零售商可以很好地进行小范围测试,毕竟建立一个虚拟的商店比真实的商店要便宜得多,而且零售商从虚拟商店中获得的反馈可以直接用在对真实环境的改变上。对于零售商来说,虚拟现实还有个特别应用,就是对虚拟体验进行分析。管理层只要坐在总部办公室内,就可以实现"虚拟巡店",并能了解商品的实时销售情况。

4. 店铺娱乐体验

英国零售商 Topshop 一直都在将虚拟现实融入传统店内体验。2017 年 5 月底,在伦敦市牛津街的旗舰店中,Topshop 就为消费者带来了一个全新的"清凉夏日 VR 体验"。Topshop 在店内建造一个滑梯,而滑梯的入口放置于橱窗处,消费者戴上眼镜后就可以坐上滑梯——在 VR 眼镜的帮助下,他看到的将是自己在伦敦市中心区街道中央的滑梯上滑行。事实上,这已经不是Topshop第一次这样做了。2014年,Topshop就将伦敦时装周搬到了VR上,让用户可以360度地沉浸在VR现场直播当中。

(六) 机器人导购

机器人导购是人工智能技术运用于实体商店的一个重要方面。经过最早期的单纯用机器人做噱头之后,零售商家和机器人厂商都不约而同地转向关注零售场景下如何更好地为顾客提供服务。科沃斯为零售业定制的商场机器人曾在苏州地区多家大型购物中心亮相,这是科沃斯商场机器人为零售业用户提供的首批正式试用产品。在现场可以看到,机器人已经可以代替一部分传统的服务职能和岗位,为顾客提供一些甚至比过去更专业的服务。以下就是机器人一天中的主要工作内容:

(1) 当顾客进入或离开商场时,机器人可以主动迎客及送客,协助商场工作人员解答顾客问题,包括位置引导及商场基本问题咨询。

(2) 通过智能硬件载体,机器人能向顾客推送商场实时购物信息,并向顾客推荐其可能感兴趣的热销商品,充当商场导购的角色。

(3) 商场客流量较低时,机器人可以通过才艺表演和机智幽默的对话增强顾客的参与感和互动性,吸引顾客的同时也能拉高消费频次。

(4) 在顾客排队结账或休息时,机器人还可以推送二维码、引导顾客关注商场信息,为商场获客吸粉。

(5) 可以利用顾客在商场的碎片时间,向顾客提供饮料或零食等小金额、需求频度较高的商品购买服务。

(6) 在影院或餐厅客流量较大时,为顾客打印排队号码,起到引导分流的作用。

(七) 无人机送货

无人机送货是目前零售业和物流业最为关注的智能技术之一。全球很多大公司普遍认为无人机快递市场具有广阔前景,它们也在该领域早早地进行了布局。比如起步最早的亚马逊,以及后来的谷歌、敦豪、顺丰、京东,甚至连便利店巨头7-Eleven也在开发无人机送货业务。亚马逊在此技术领域处于领先水平,它还不满足于只应用无人机递送货物这种简单模式。一项新专利显示,亚马逊未来计划为无人机配备数据传感器,以分析客户的购买行为,并为客户推荐更多的商品。例如,无人机在向客户交付物品的同时录制视频,获取的数据可由后台系统接收并分析识别,再由所得到的属性来为客户生成消费建议。而在国内,京东的无人机送货也已取得显著成绩。京东在2015年12月就宣布进入无人机行业,2016年的"618"活动期间,京东已经完成了无人机农村物流首单配送。2020年以来,京东实现了多省市无人机物流配送常态化运营。

(八) 智能包装

智能包装主要指通过云计算、移动互联网、物联网等技术实现在产品包装上使用二维码、增强现实(图像识别)、隐形水印、数字水印、点阵技术、RFID电子标签等对产品的信息进行采集,进而构建智慧物联大数据平台,实现产品防伪、追溯、移动营销、品牌宣传等功能。每个包装上的 RFID 拥有唯一的编码,若商品信息和消费者信息打通,商品在哪里生产、被谁买走、是不是真货、哪个顾客喜欢买什么等都可以进行大数据挖掘,然后给每个消费者做个性化推荐。未来智能包装技术与无人商店深度融合的趋势将不可阻挡。

(九) 全息投影技术

全息投影技术(front-projected holographic display)也称虚拟成像技术,是利用干涉和衍射原理记录并再现物体真实的三维图像的技术。全息投影技术可以提供立体、沉浸式的交互体验,具有无须借助外部设备、三维立体真实性、数据可复原性等特点,现已被应用在越来越多的场景中。在零售领域,全息投影技术为零售商数字化、科技化进程提供了更多可能。对企业自身来说,全息投影技术可以帮助拓展服务的边界,扩大业务范围;通过全息投影技术对商品进行展示,能够有效激发顾客的兴趣,同时对商家打造自己的数字 IP 有着重要意义。对顾客来说,全息投影技术可以提供非真人的服务模式,有助于提升交互体验。

现有的全息投影技术通常被分为真全息投影和伪全息投影两种。其中真全息投影指的是不借助其他介质,仅在正常空气中就能投影出物体的三维形态,同时观察者也不需要借助任何观测设备,通过裸眼即可观察到投射出的三维物体的技术。伪全息投影技术是指基于全息膜、亚克力板、透明玻璃、小水滴等各种介质,类似真全息投影效果的投影方法。目前,全息投影技术更多的是在营造商店氛围中运用,尤其新兴购物中心大多采用这一技术进行场景的打造。随着 5G、AI 等技术的成熟,未来全息投影将会出现更大的市场空间。

(十) 能源管理系统

目前很多零售企业对门店进行节能改造,但由于各节能设备之间的分散管理,节能效果受到制约。而能源管理系统(EMS 系统)能将各自独立运行的设备(冷冻、空调、照明等系统的节能设备)结成相互关联的系统,从而更好地帮助零售商降低能耗和减少运营成本。EMS 通过精确控制温度、优化机组运行参数和先进的管控方案,以及根据事先安排的时间表及实际环境变化调整设备的运行,根据需求进行系统自动调整设置,提高设备使用寿命,并适时提供各类预警信息。同时,零售商还可以建立监控呼叫中心,利用相关软件对门店实施远程监控与管理。这些软件不仅能实时接收各个门店的报警,还能实现对门店的冷冻、空调及照明系统中不同设备的参数及运行日程表进行设定与更改。如家乐福的节能工程较早引入了先进的信息管理控制系统,门店的节能设施均由位于上海的中央监控中心(COS)监控。COS 可以通过设在各门店的监控系统,对所有冷冻冷藏、照明以及空调的运行状态进行即时监控。监视系统可自动设置日间模式和晚间节能运行模式,自动按时开启和关闭所有的照明等。

本 章 小 结

随着移动信息技术不断发展,一种新的零售模式——全渠道零售模式迅速崛起。这是利用线上线下多种渠道,实现一体化经营的零售形式。零售商通过平衡企业资源在线下实体店、入驻电商平台、直播、App、小程序、入驻外卖平台、社区团购等各个渠道,实现线上线下一体化发展,满足用户到家、到店的需求,从而满足消费者全场景的无缝购物体验。

全渠道零售离不开数字技术的支持,零售数字化发展将经历导入、起步、拓展、优化、智慧五个阶段。目前,零售商常用的信息系统包括 POS 系统、ERP 系统、WMS 系统、CRM 系统、DMP 系统、CDP 系统等。数据仓库、数据挖掘和系统扩张性运用是零售信息系统运用的主要方面,能够从数据挖掘中获得的信息类型包括关联信息、顺序信息、分类信息、串联信息和预测信息,它们将有效地帮助零售商做出各种决策。

数字技术的发展和人工智能技术的运用正推动着零售商店越来越智慧化,智慧商店的建设正在兴起。同时,许多智能技术也正在运用于实体商店中,如智能购物车、智能价格签、自助收银机、智能信息亭、VR/AR 技术、机器人导购、无人机送货、智能包装、全息投影技术、能源管理系统等,这些智能技术的运用将给零售业带来巨大变化。

> **学习思考**
>
> 党的二十大报告指出:"坚持面向世界科技前沿、面向经济主战场、面向国家大需求、面向人民生命健康,加快实现高水平科技自立自强。"科学技术是第一生产力。科教兴国,科技兴行业。今天,人工智能、5G、物联网、AR/VR、无人机等技术逐渐走入零售企业,推动了零售业加速数字化的进程,也给消费者带来了前所未有的良好体验。所有科学技术的发展,最终都要落实到提高人们生活水平上,落实到为人们带来更多的幸福感上。尽管中国零售业近几年在数字技术和人工智能技术的推动下发生了巨大的变化,但如果一味模仿别人、采取"拿来主义",只能使自己永远居于人后,唯有自主创新才是中国零售业在世界舞台上独领风骚的必由之路。

即测即评

 请扫描二维码,在线测试本章学习效果。

思考题

1. 什么是全渠道零售?零售商实施全渠道经营有什么好处?
2. 零售商的私域流量运营包括哪几个环节?
3. 零售业数字化发展会经历哪些阶段?
4. 零售商能够从数据挖掘中获得哪些有价值的信息?
5. 智慧商店的功能建设应包含哪些内容?
6. 目前有哪些智能技术应用于零售企业中?

【案例分析】

案例一：周大福的智慧门店

根据周大福珠宝集团年报，2021 财年（2020 年 4 月 1 日至 2021 年 3 月 31 日）的营业额为 701.6 亿港元，同比增长 23.6%；本公司股东应占溢利 60.3 亿港元，同比大幅增长 107.7%。公司认为，2021 年的业绩增长得益于采取双管齐下的策略性措施：一方面加速渗透三四线城市及县级城镇的部署，抓住中国城镇化带来的机遇；另一方面，把创新的智慧零售科技融入主要业务领域，突破线上线下渠道的界限，为顾客提供无缝的全渠道顾客体验及提升营运效益。

近年来，珠宝行业在线上的发展已经得到不少消费者的认可。后疫情时代，国内奢侈品市场正在迅速恢复，并实现高速增长。面对珠宝行业的发展趋势，周大福在 2021 年财报中提出：将在"Smart+2020"策略框架为公司建立稳固品牌、创新、科技力的基础上，发展"实动力"和"云动力"结合的"双动力策略"，未来一方面继续扩展实体店版图，另一方面推动科技赋能。

周大福珠宝集团执行董事认为，现在的线上销售渠道非常多元化，除了传统电商平台，还多了很多社交平台；而在销售方式上，还有直播、关键意见领袖带货等新的软性营销手法，更能借各式各样的消闲兴趣和喜好，吸引不同人群。不只是线上体验，珠宝行业的线下渠道也在悄然转变。"以前大部分顾客去百货公司，是为了去购物去逛街。但现在不一样了，现在他们去享受、去娱乐、去体验，不一定是要购物，消费也以体验式的消费为主。周大福跟随时代转变，多年前于珠宝业尚以扩充实体门店为主的时候，已着力投资大数据、后台管理系统，充分了解顾客的需要和喜好，助集团在线上线下全面发力，满足更多变的消费需求。"

在顾客体验为先的时代，周大福将"全渠道数字化运营"作为重要课题，着重通过不同渠道收集的大数据来了解顾客的消费行为，对顾客做到分层管理，从而在产品和服务上做到差异化输出。"经过这次疫情的考验，我们加快了线上的发展，令它变得更多元化。以前的线上还是聚焦在电商平台，现在则扩展到社交平台、直播等。"谈及应对措施，周大福相关负责人非常有信心，因为早在新冠疫情暴发之前，周大福就已经准备好了。

据了解，2021 财年周大福电商及零售科技应用的零售值同比增加了超过 90%。以珠宝数码化定制平台 D-ONE 为例，目前已经可以做到大部分定制款式在 24 小时内发货，大幅提升了顾客的个性化购物体验和满意度。过去要定制一个产品，顾客要等很长时间，因为从选料到制作，整个过程要经过十几个部门或者程序，平均需要一个月至一个半月。

据公司最新年报显示，截至 2021 年 3 月 31 日，周大福超过 40% 的内地零售点配置了云柜台，让顾客在实体店可使用云柜台浏览线上更广泛的商品，并缩短交易时间。智慧零售工具云商 365 推出不久也已成功接触逾 370 万名顾客，开拓通过个人联系的私域客群。这些智慧零售工具在销售转化率和平均销售单价上都比传统电商更高，也更能赢得顾客的心。

资料来源：21 世纪经济报道微信公众号，2021-07-16。

问题：

周大福为什么要实施全渠道数字化运营？其数字化营销创新主要体现在哪些方面？

案例二:海尔衣联网 001 号店

海尔衣联网作为海尔生态品牌战略下涌现出来的新物种,从用户需求出发,打造衣物洗涤、护理、存储、搭配、购买的全场景、全流程、无断点的智慧生活方式。日前,在中国家电及消费电子博览会(AWE)上,海尔衣联网正式发布 3D 云镜家庭版,这一基于 AI 人工智能在服装零售场景下的新应用引发外界关注。

海尔衣联网 3D 云镜采用了先进的 3D 图形图像技术及人工智能算法,为用户提供 AI 穿搭推荐、3D 智能量体以及超高真实度的虚拟试衣体验。值得注意的是,此次推出的 3D 云镜家庭版,还支持体型管理、运动健身、洗护预约、衣橱收纳等功能。3D 云镜技术已在海尔衣联网 001 号店率先落地使用。

海尔衣联网 001 号店位于青岛国际特别创新区,是海尔衣联网的首家全场景智慧体验中心。门店主要分为海尔精致生活馆和洗衣先生两个专区。在精致生活馆,消费者可以实现购衣、定制、搭配等;在洗衣先生专区,消费者可以享受到洗衣、洗鞋、洗家纺、皮具护理、奢侈品养护等综合服务。

作为一家新型体验门店,用户不仅可以享受到关于服装需求的一站式服务,还可以享受到"服装穿搭+洗衣机家庭洗护+洗衣先生社区洗护"的全套跨界解决方案。用户在选购产品的过程中,还可以在门店的休闲区喝咖啡、查阅资料、读书等。门店也会定期开展穿衣搭配、美妆沙龙、皮具护理等社群活动,为用户提供更完善的增值服务。

在场景和黑科技上,除了上述 3D 云镜技术,海尔衣联网 001 号店还应用了智慧门禁、人脸识别、RFID、区块链、刷脸支付、智慧书橱、云货架等。

以 RFID 射频识别技术应用为例。在店内,无论是衣物还是书籍,都内置有一枚 RFID 标签,不需要导购人员参与,用户通过标签就可以自助查询产品的详细信息,进行线上下单等;在生产阶段,海尔衣联网与服装品牌、企业互联合作,将 RFID 芯片前置到衣物中,相当于为每件衣服建立一个专属电子档案;在洗护阶段,当用户进店专属洗护时,基于 RFID 识别技术,将自动识别衣物材质,匹配最佳洗涤程序,让洗衣过程可追溯、可视化。

目前,海尔衣联网 001 号店通过智能衣物的数字化管理,为用户提供量身定制、穿衣推荐、上门送洗、衣物管理、专属洗护等专属管家服务,建立起衣物洗、护、存、搭、购全生命周期的解决方案。海尔衣联网 001 号店用户一站式体验背后,是服装行业的一场数字化变革。

以 3D 云镜应用为例。用户海量试衣的前提是,成千上万款商品已经通过建模上传到了智能云货架;为实现补货、物流的高效运转,3D 云镜精准统计的大数据可以提供参考;而要满足用户的定制化需求,有赖于云镜收集的精准需求反馈至工厂端,服装工厂需要具备数字化快速反应能力。海尔衣联网生态新物种,通过搭建起互联互通平台,实现家电、服装、家纺、洗染等行业跨界合作,共建生态圈、共赢增值,有望推动更多关联产业转型升级,实现高质量发展。

资料来源:马蹄社微信公众号,2021-04-05。

问题:

海尔衣联网 001 号店采用了哪些人工智能技术?为什么说它是服装行业的一场数字化变革?

主要参考文献

1. 巴里·伯曼,乔尔·R.埃文斯.零售管理[M].11版.吕一林,宋卓昭,译.北京:中国人民大学出版社,2011.
2. 罗玛丽·瓦利,莫尔曼德·拉夫.零售管理教程[M].胡金有,译.北京:经济管理出版社,2011.
3. 肯尼斯·C.劳顿,简·P.劳顿.管理信息系统[M].薛华成,译.北京:机械工业出版社,2011.
4. 利丰研究中心.供应链管理:香港利丰集团的实践[M].北京:中国人民大学出版社,2009.
5. 亨德里克·迈耶·奥勒.日本零售业的创新和动态:从技术到业态,再到系统[M].盛亚,李靖华,胡永铨,等,译.北京:知识产权出版社,2010.
6. 帕特里克·M.邓恩,罗伯特·F.勒斯克.零售管理[M].5版.赵娅,译.北京:清华大学出版社,2007.
7. 孟韬,毕克贵.营销策划——方法、技巧与文案[M].2版.北京:机械工业出版社,2012.
8. 顾嘉禾.新兴网络零售商业[M].上海:上海人民出版社,2011.
9. 杨坚争.电子商务网站典型案例评析[M].3版.西安:西安电子科技大学出版社,2010.
10. 高勇.啤酒与尿布——神奇的购物篮分析[M].北京:清华大学出版社,2008.
11. 彼得·J.麦戈德瑞克.零售营销[M].裴亮,译.北京:机械工业出版社,2004.
12. 乔纳森·雷诺兹,克里斯廷·卡思伯森.制胜零售业[M].王慧敏,译.北京:电子工业出版社,2005.
13. 托尼·肯特,欧基尼·奥马尔.什么是零售[M].爱丁,译.北京:电子工业出版社,2004.
14. 迈克尔·利维,巴顿·韦茨.零售管理[M].俞利军,王欣红,译.北京:人民邮电出版社,2004.
15. 威拉德·N.安德,尼尔·Z.斯特恩.零售商的定位策略[M].庞瑞芝,译.北京:电子工业出版社,2005.
16. 迪特尔·布兰德斯.只放一只羊:零售大王阿尔迪战胜沃尔玛的11大秘密[M].陈艳,译.北京:电子工业出版社,2005.
17. 李飞,王高,等.中国零售业发展历程(1981—2005)[M].北京:社会科学文献出版社,2006.
18. 中国连锁经营协会.零售创新案例[M].北京:中国商业出版社,2005.
19. 帕科·昂德希尔.顾客为什么购买[M].穆青青,刘尚焱,译.北京:中信出版社,2011.
20. 迈克尔·利维,巴顿·A.韦茨.零售学精要[M].郭武文,王千红,刘瑞红,等,译.北京:机械工业出版社,2000.
21. 大卫·E.贝尔,沃尔特·J.萨蒙.零售学[M].孙晓梅,高鹏,译.大连:东北财经大学出版社,2006.

22. 中国流通生产力促进中心,中国人民大学流通研究中心. 中国零售业研究与实战解析[M]. 北京:中国经济出版社,2010.

23. 菲利普·科特勒. 市场营销管理:亚洲版[M]. 洪瑞云,梁绍明,陈振忠,译. 北京:中国人民大学出版社,1998.

24. 瓦拉瑞尔·A.泽丝曼尔,玛丽·乔·比特纳. 服务营销[M]. 张金成,白长虹,译. 北京:机械工业出版社,2002.

25. 迈克尔·波特. 竞争战略[M]. 陈小悦,译. 北京:华夏出版社,1997.

26. 迈克尔·波特. 竞争优势[M]. 陈小悦,译. 北京:华夏出版社,1998.

27. 肖怡. 企业连锁经营与管理[M]. 5版. 大连:东北财经大学出版社,2018.

28. 肖怡. 特许经营管理[M]. 3版. 大连:东北财经大学出版社,2018.

29. 宁德煌. 市场营销学[M]. 北京:高等教育出版社,2016.

30. 吴声. 场景革命[M]. 北京:机械工业出版社,2016.

31. 大卫·贝尔. 不可消失的门店[M]. 杭州:浙江人民出版社,2017.

32. 谷仓学院. 小米生态链战地笔记[M]. 北京:中信出版社,2017.

33. 杜凤林. 新零售:打破渠道的边界[M]. 广州:广东经济出版社,2017.

34. 林左鸣. 新消费升级[M]. 北京:中信出版社,2016.

35. 李彦宏. 智能革命[M]. 北京:中信出版社,2017.

36. 腾讯智慧零售. 超级连接[M]. 北京:中信出版社,2020.

37. 马晓东. 数字化转型方法论:落地路径与数据中台[M]. 北京:机械工业出版社,2021.

38. 大前研一. 低欲望社会[M]. 姜建强,译. 上海:上海译文出版社,2018.

39. 林光明. 敏捷基因:数字纪元的组织、人才和领导力[M]. 北京:机械工业出版社,2020.

40. 劳伦斯·英格拉西亚. DTC创造品牌奇迹[M]. 汤文静,译. 天津:天津科学技术出版社,2021.

教学支持说明

建设立体化精品教材,向高校师生提供整体教学解决方案和教学资源,是高等教育出版社"服务教育"的重要方式。为支持相应课程教学,我们专门为本书研发了配套教学课件及相关教学资源,并向采用本书作为教材的教师免费提供。

为保证该课件及相关教学资源仅为教师获得,烦请授课教师清晰填写如下开课证明并拍照后,发送至邮箱:jingguan@pub.hep.cn 或 lihf@hep.com.cn,也可通过市场营销教学交流QQ群628911490,进行索取。

咨询电话:010-58581020,编辑电话:010-58581838

证　　明

兹证明_____大学_____学院/系第_____学年开设的_____课程,采用高等教育出版社出版的《_____》(_____主编)作为本课程教材,授课教师为_____,学生_____个班,共_____人。授课教师需要与本书配套的课件及相关资源用于教学使用。

授课教师联系电话:_____ E-mail:_____

学院/系主任:_____(签字)
（学院/系办公室盖章）
20____年____月____日

郑重声明

高等教育出版社依法对本书享有专有出版权。任何未经许可的复制、销售行为均违反《中华人民共和国著作权法》，其行为人将承担相应的民事责任和行政责任；构成犯罪的，将被依法追究刑事责任。为了维护市场秩序，保护读者的合法权益，避免读者误用盗版书造成不良后果，我社将配合行政执法部门和司法机关对违法犯罪的单位和个人进行严厉打击。社会各界人士如发现上述侵权行为，希望及时举报，我社将奖励举报有功人员。

反盗版举报电话　（010）58581999　58582371
反盗版举报邮箱　dd@hep.com.cn
通信地址　北京市西城区德外大街4号　高等教育出版社法律事务部
邮政编码　100120

读者意见反馈

为收集对教材的意见建议，进一步完善教材编写并做好服务工作，读者可将对本教材的意见建议通过如下渠道反馈至我社。

咨询电话　400-810-0598
反馈邮箱　gjdzfwb@pub.hep.cn
通信地址　北京市朝阳区惠新东街4号富盛大厦1座
　　　　　高等教育出版社总编辑办公室
邮政编码　100029

防伪查询说明

用户购书后刮开封底防伪涂层，使用手机微信等软件扫描二维码，会跳转至防伪查询网页，获得所购图书详细信息。

防伪客服电话　（010）58582300